Karibik · Mittel- und Südamerika

ULLSTEIN

mit freundlicher Unterstützung von

MEIER'S WELTREISEN

dem Spezialisten für alles Ferne

Autorinnen und Autoren:
Ulrike Beinlich
Günter Eggers
Gesine Froese
Wolfgang Merkel
Christian Mühlhausen
Birgit Müller-Wöbke
Winfried E. Ortwald
Klaus Trompeter
Ralf-D. Uhlig
Manfred Wöbcke

Die Deutsche Bibliothek – CIP-Einheitsaufnahme
Karibik, Mittel- und Südamerika : Reisehandbuch /
[Autorinnen und Autoren: Ulrike Beinlich ... Red.: Klaus Trompeter]. – Berlin : Ullstein, 1997
ISBN 3 550 07882 X

Idee, Koordination und Redaktion: Klaus Trompeter, Flörsheim
Recherchen, Tabellen und Kurzdarstellungen: Tourism Marketing Service GmbH, Flörsheim
Layout: Andrea Dörschel, Univers.exakt GmbH, Berlin
Produktion: Univers.exakt GmbH, Berlin
Druck und Verarbeitung: Graphischer Großbetrieb Pößneck, ein Mohndruckbetrieb
Printed in Germany 1997

ISBN 3 550 07882 X

Vorwort

Mit dem Erfolg des ersten Reisehandbuchs Nordamerika hat sich bestätigt, daß ein übersichtliches, informatives und aktuelles Handbuch mit Kompendiumcharakter in einem zunehmend unübersichtlicher werdenden Angebot von Reiseführern sinnvoll ist.

Die Systematik, knappe, aber ausreichende Informationen zu den Themen Geschichte und Kultur, Geographie und Geologie, Staat und Gesellschaft sowie Religion der einzelnen Länder, gefolgt von den touristisch attraktiven Orten und Sehenswürdigkeiten, in alphabetischer Ordnung darzustellen, wurde von Lesern und Handel positiv aufgenommen.

Die Routenvorschläge sind gedacht für diejenigen, die in kleinen Gruppen mit erfahrenen, deutschsprachigen Reiseleitern die entsprechende Region erleben wollen. Mit einer Auswahl von deutscher und englischer Sekundärliteratur in den Bereichen Reiseführer und Belletristik sowie den einzelnen Punkten direkt zugeordneten Internetadressen wird auf weiterführende und spezielle Informationen hingewiesen. Komplettiert wird das Reisehandbuch durch ein A–Z, das als Reiseplaner mit aktuellen Tips und Informationen bei der Vorbereitung und Durchführung der Reise nützliche Daten, Adressen und Termine anbietet.

Die Auswahl der in diesem Handbuch dargestellten Länder, Orte und Sehenswürdigkeiten stellt keine Wertung dar.

Die Autorinnen und Autoren, die zum Teil viele Jahre in den von ihnen dargestellten Regionen gelebt haben, wollen mit ihren Beiträgen Appetit und Neugierde wecken, diese unterschiedlichen Länder zu entdecken und informieren deshalb auch über landestypische Besonderheiten abseits der allgemeinen touristischen Routen.

Internetadresse

http://www.
auswaertiges-amt.government.de/
(Hier erhalten Sie aktuelle Informationen über Einreisebestimmungen sowie Reisehinweise.)

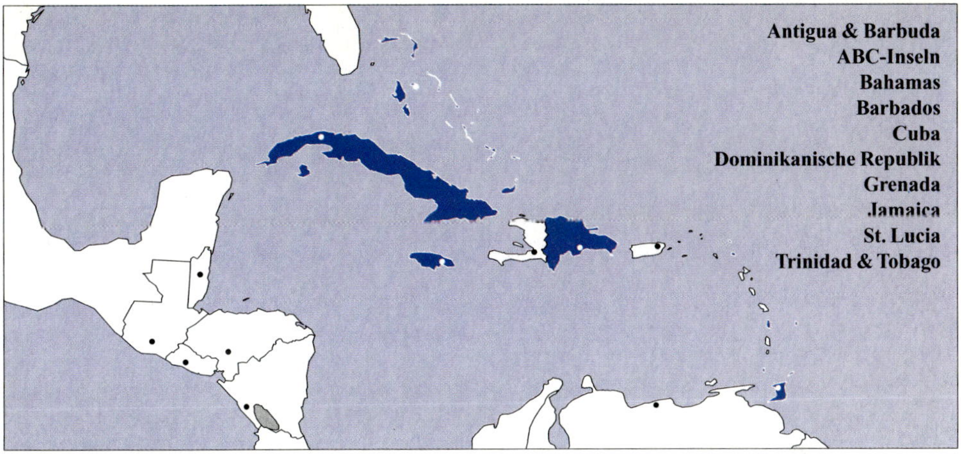

Karibik

„Hier zeigt die Erde ihr schönstes Gesicht", schwärmte einst der amerikanische Komponist George Gershwin, als er zum ersten Mal seinen Fuß auf karibischen Boden setzte. Der Entdecker „Westindiens", Christopher Kolumbus, zeigte sich eher angetan von der unvoreingenommenen Freundlichkeit der einheimischen Lucayan-Indianer. Aus welchen Gründen auch immer – fest steht, daß die Karibik seit nunmehr 500 Jahren Menschen aus aller Herren Länder anlockt. Waren es früher Piraten, Schmuggler, Freibeuter und die europäischen Kolonialherren, die in dieser exotischen Welt ihr Glück versuchten und mitunter zu großem Reichtum und Wohlstand gelangten, so kommen heute alljährlich Millionen Touristen. Sie wollen sich in dieser vermeintlichen Traumwelt von ihrem Alltagsleben erholen und das „süße Leben" genießen. Läßt doch allein der Name Karibik postkartenreife Bilder entstehen: Endlose, puderweiße Strände, sich im Wind wiegende Palmen, kristallklares Wasser, wo der Schwimmer seinem eigenen Schatten auf dem Meeresboden begegnet, romantische Sonnenuntergänge, ausgelassene Menschen, temperamentvolle Musik und bunt dekorierte Rum-Cocktails, die dazu beitragen, die ganze Welt in ein noch schöneres Licht zu tauchen. Jede der über 25 karibischen Inseln erfüllt sicherlich einen Teil dieser schon klischeehaften Idylle. Selbst die Länder, die mittlerweile vom Massentourismus mit all seinen negativen Begleiterscheinungen überrollt wurden, verfügen noch über ihr Stückchen Paradies. Geprägt wurde die Region durch ihre ehemaligen europäischen Besitzer. Der englische, französische, spanische oder auch holländische Einfluß hat auf den jeweiligen Inseln seine Spuren hinterlassen und sich besonders in Sprache, Kultur, Architektur oder dem Verwaltungswesen niedergeschlagen. Doch auch die geologische Struktur zeigt sich von unterschiedlicher Seite. Einige Inseln sind flach und karg und bestehen lediglich aus Muschelkalk, andere bersten fast über in ihrer üppigen Vegetation, die auf dem vulkanischen Boden bestens gedeiht. Aber wo viel Licht ist, ist

Informationen
Arbeitsgemeinschaft Karibik,
Großer Hirschgraben 15,
60311 Fankfurt/Main,
Tel.: 069/29705715,
Fax: 069/29705716.

Karibische Gastlichkeit

Land	Geogr. Lage	Hauptstadt	Größe km²	Bevölkerung	Einw. km²
Anguilla	Kl. Antillen: I. unter d. W.	The Valley	89	7.200	80
Antigua & Barbuda	Kl. Antillen: I. über d. W.	St. John's	440	66.500	151
Aruba	Kl. Antillen: I. unter d. W.	Oranjestad	190	70.000	368
Bahamas	90 km vor Küste Florida.	Nassau	11.405	260.00	23
Barbados	Kl. Antillen: I. über d. W.	Bridgetown	431	254.00	59
Bonaire	Kl. Antillen: I. unter d. W.	Kralendijk	244	12.000	49
British Virgin Islands	Kl. Antillen: I. über d. W	Road Town	153	16.000	105
Cayman Islands	200 km südlich v. Cuba	George Town	259	26.841	104
Cuba	Große Antillen	Havanna	110.992	11.000.000	99
Curaçao	Kl. Antillen: I. unter d. W.	Willemstad	444	160.000	360
Dominica	Kl. Antillen: I. über d. W.	Roseau	751	71.794	96
Dominikanische Rep.	Große Antillen	Santo Domingo	48.442	7.300.000	151
Grenada	Kl. Antillen: I. unter d. W	St. George's	344	99.000	288
Guadeloupe	Kl. Antillen: I. unter d. W	Basse-Terre	1.520	408.000	268
Haiti	Große Antillen	Port-au-Prince	27.750	6.486.000	234
Jamaica	Große Antillen	Kingston	11.500	2.400.000	209
Martinique	Kl. Antillen: I. über d. W.	Fort-de-France	1.106	350.000	317
Montserrat	Kl. Antillen: I. über d. W.	Plymouth	66	11.000	167
Puerto Rico	Große Antillen	San Juan	8.900	3.500.000	393
Saba – St. Eustatius	Kl. Antillen: I. über d. W.		37	3.300	89
St. Barthélemey	Kl. Antillen: I. über d. W.	Gustavia	25	5.043	202
St. Kitts-Nevis	Kl. Antillen: I. unter d. W.	Basseterre	261	44.600	171
St. Lucia	Kl. Antillen: I. über d. W.	Castries	620	148.183	239
Saint Martin	Kl. Antillen: I. unter d. W.	Marigot	54	28.500	528
Sint Maarten	Kl. Antillen: I. unter d. W.	Philipsburg	42	32.000	762
St. Vincent and the Grenadines	Kl. Antillen: I. über d. W.	Kingstown	389	120.000	309
Trinidad & Tobago	Kl. Antillen: I. unter d. W.	Port of Spain	5.128	1.300.000	254
Turks & Caicos Islands	Turks Island Passage	Cockburn Town	311	12.350	40
US Virgin Islands	Kl. Antillen: I. über d. W.	Charlotte Amalie	344	130.000	378

Legende:
I. unter d. W. = Insel unter dem Winde; I. über d. W. = Insel über dem Winde
MEZ = Mittel Europäische Zeit.

Antigua, English Harbour

Zeit zu MEZ in Std. Winter	Sommer	Sprache	Währung	Verkehr	Staatsform
–5	–6	Englisch	EC-$	Links	British Dependency
–5	–6	Englisch	EC-$	Links	Parlam. Monarchie im Commonwealth
–5	–6	Holländisch	Afl	Rechts	Parlamentarische Demokratie
–6	–7	Englisch	BM-$	Links	Parlam. Monarchie im Commonwealth
–5	–6	Englisch	BDS-$	Links	Parlam. Monarchie im Commonwealth
–5	–6	Holländisch	NAF	Rechts	Autonomes Gebiet der Niederlande
–5	–6	Englisch	US-$	Links	British Dependency
–6	–7	Englisch	C-$	Links	British Dependency
–6	–7	Spanisch	CUP/US-$	Rechts	Sozialitische Republik
–5	–6	Holländisch	NAF	Rechts	Autonomes Gebiet der Niederlande
–5	–6	Englisch	EC-$	Rechts	Französisches Département
–5	–6	Spanisch	RDS	Rechts	Präsidialrepublik
–5	–6	Englisch	EC-$	Links	Parlamentarische Demokratie
–5	–6	Französisch	FF	Rechts	Französisches Département
–6	–7	Französisch	GDS	Rechts	Präsidialrepublik
–6	–7	Englisch	JA-$	Links	Parlam. Monarchie im Commonwealth
–5	–6	Französisch	FF	Rechts	Französisches Département
–5	–6	Englisch	EC-$	Links	British Dependency
–5	–6	Englisch	US-$	Rechts	Assoziiertes Territorium der USA
–5	–6	Holländisch	NAF	Rechts	Autonomes Gebiet der Niederlande
–5	–6	Französisch	FF	Rechts	Französisches Département
–5	–6	Englisch	EC-$	Links	Parlam. Monarchie im Commonwealth
–5	–6	Englisch	EC-$	Links	Parlam. Monarchie im Commonwealth
–5	–6	Französisch	FF	Rechts	Französisches Département
–5	–6	Holländisch	NAF	Rechts	Autonomes Gebiet der Niederlande
–5	–6	Englisch	EC-$	Links	Parlam. Monarchie im Commonwealth
–5	–6	Englisch	TT-$	Links	Präsidialrepublik im Commonwealth
–6	–7	Englisch	US-$	Links	British Dependency
–5	–6	Englisch	US-$	Links	Assoziiertes Territorium der USA

Währungen:
Afl = Aruba Florin, BDS-$ = Barbados Dollar, BM-$ = Bahamas Dollar, CI-$ = Cayman Islands Dollar, CUP = Cubanischer Peso, EC-$ = Eastern Carribean Dollar, FF = Französischer Franc, GDS = Gourdes, JA-$ = Jamaica Dollar, NAF = Niederländischer Antillen Florin, RDS = Dominikanischer Peso, TT-$ = Trinidad & Tobago Dollar, US-$ = Amerikanischer Dollar.

Cuba, Havanna

Cuba, Landesinnere
Cuba

auch Schatten. Armut und Arbeitslosigkeit sind auf vielen Inseln immer noch das beherrschende Thema. Durch Naturkatastrophen wie Vulkanausbrüche, Erdbeben oder die tropischen Wirbelstürme, genannt Hurricanes, haben die Menschen in der Vergangenheit oft Hab und Gut verloren und mußten stets von neuem ihre armseligen Hütten wieder aufbauen. Nicht zu vergessen das große Leid und Elend, das die Sklaverei damals mit sich brachte. Doch trotz allem drückt sich die Grundstimmung der Insulaner in einer mitreißenden Lebensfreude aus, die den streßgeplagten Besucher schnell seine Alltagssorgen für ein paar Wochen vergessen läßt.

Die Geschichte der Karibik ist geprägt von Sklaverei, Ausbeutung und kriegerischen Auseinandersetzungen. Als Kolumbus 1492 auf der bahamesischen Insel San Salvador, damals Guanahani genannt, landete, wähnte er sich in Indien und nannte diese Region westindische Inseln. Dies war auch gleichzeitig der Anfang vom Ende der karibischen Ureinwohner. Durch Krankheit, Mord und ungewohnt schwere Arbeit in den Minenfeldern von Kuba und der Insel Hispaniola wurden die Arawak, die Lucayans und die Kariben ausgerottet. Die ersten afrikanischen Sklaven wurden bereits im Jahr 1524 in die Karibik verschleppt. Später brachten sämtliche europäische Kolonialstaaten über vier Millionen Sklaven auf die Inseln, die überwiegend in den Zuckerrohrplantagen und anderen Pflanzereien eingesetzt wurden. 150 Jahre lang behaupteten sich die Spanier als Herren der Karibik, doch im 17. Jahrhundert begannen die Verteilungskämpfe. Die Franzosen und Engländer besetzten diverse Gebiete, und die Spanier verloren ihre Pfründe. Die sogenannten „Freibeuter", die nur wenig mit den romantischen Piratenfilmen aus der Hollywood-Ära gemein hatten, machten die Inseln und die Meere unsicher. Schiffe wurden geplündert und Menschen umgebracht. Es war eine bewegte Zeit. Die Inseln wechselten vielfach den Besitzer und wurden zum Spielball der Mächte. Allein um die Insel St. Lucia stritten sich England und Frankreich insgesamt vierzehnmal. Im Jahr 1804 riefen die Sklaven Haitis die erste „selbständige Negerrepublik" aus. Zwischen 1834 und 1886 wurde die Sklaverei dann endgültig abgeschafft. Anfang des 20. Jahrhunderts „entdeckten"

Sekundärliteratur
Reiseführer deutsch

Kurt Amsler, Karibik. Tauchführer, Hamburg 1996.
Anne Brauner, Reise durch die Karibik, Würzburg 1996.

Jamaica, Sonnenuntergang
Jamaica, Rafting auf dem Martha Brae

die Amerikaner die Karibik und bauten ihre politische Vormachtstellung aus. Sie machten Kuba zu ihrem Satellitenstaat, besetzten Puerto Rico und kauften den Dänen die U.S. Virgin Islands ab. Nach dem zweiten Weltkrieg entdeckten sie die Karibik zum zweiten Mal: als ihre Urlaubsregion. Die meisten Inseln wurden zwischen 1962 und 1983 in die Unabhängigkeit entlassen. Sie pflegen zwar alle noch Beziehungen zu ihren europäischen Mutterländern, doch wirtschaftlich werden sie von den US-Amerikanern dominiert.

Geographisch wird die Karibik in die Großen und die Kleinen Antillen eingeteilt, wobei man bei den Kleinen Antillen nochmals differenziert zwischen den Inseln über dem Winde (von den Virgin Islands bis nach Trinidad) und den Inseln unter dem Winde (außerhalb des Hurricane-Gürtels), die sich in ost-westlicher Richtung von der Isla Margarita bis nach Aruba ziehen. Die englische Einteilung der Leeward Islands umfaßt die Region zwischen Anguilla und Guadeloupe, und zu den Windward Islands gehören alle Inseln zwischen Dominica und Grenada. Allen gemeinsam ist der Name westindische Inseln, den besonders die Engländer verwenden. Eine Sonderstellung nehmen die Bahamas und die Turks & Caicos Islands ein, die, da sie keine Küste zum Karibischen Meer besitzen, weder zu der einen noch zu der anderen Region gehören. Es handelt sich hierbei um unzählige flache Koralleninseln und Inselchen, die durch wunderschöne, lange Strände bestechen.

Große Antillen

Zu den großen Antillen zählen Cuba, Jamaica, die Insel Hispaniola mit den Staaten Haiti und der Dominikanischen Republik sowie Puerto Rico. Diese größten Inseln der Karibik erstrecken sich südöstlich von Florida und zeichnen sich aus durch eine bergige Landschaft sowie eine recht üppige Vegetation. Sie sind vulkanischen Ursprungs und gelten als geologische Fortsetzung der nordamerikanischen Kordillieren, die vor circa 50 Millionen Jahren eine durchgehende Landbrücke zwischen Nord- und Südamerika bildeten. In

Sekundärliteratur
Reiseführer englisch
Margaret Zellers, Fielding's Carribbean, Redondo Beach 1994.

Sekundärliteratur
Belletristik deutsch

Rosario Ferre, Isabel, München 1997.
Jimmy Buffet, Margaritaville, Berlin 1996.
Laura Esquivel, Das Gesetz der Liebe, Berlin 1996.
Philip Shelby, Ums Paradies betrogen, München 1995.
Margaret Atwood, Verletzungen, Frankfurt/Main 1990.

der Dominikanischen Republik befindet sich der höchste Berg der Karibik, der Pico Duarte mit 3.175 Metern. Die Pflanzenwelt findet hier nahrhaften Boden. Es gibt teilweise noch große Gebiete mit tropischem Regenwald, obwohl in der Vergangenheit für den profitablen Zuckerrohranbau viel abgeholzt wurde. Die einstigen Wälder der jetzt fast kahlen Berge von Haiti wurden überwiegend zu Brennholz verarbeitet. Die Spanier vermuteten bzw. erhofften sich große Gold- und Silbervorkommen. Da sie aber nicht genügend fanden, legten sie Großplantagen an, auf denen Kaffee, Tabak, Kakao und Gewürze angebaut und ertragreich nach Europa verkauft wurden. Auf den Inseln Hispaniola, Kuba und Puerto Rico entstanden die ersten großen Siedlungen, und die Altstädte der spanischen Gründungen Havanna, San Juan oder Santo Domingo – übrigens die älteste Stadt in der neuen Welt – haben sich noch heute ihren kolonialen Charme erhalten. Ihr iberisches Erbe läßt sich nicht verleugnen. Typisch für diese Plätze sind die großen Befestigungsanlagen, mit denen sich die Spanier gegen die europäischen Konkurrenten schützen wollten. Jede Insel präsentiert sich anders.

Das englischsprachige Jamaica verfügt über eine einzigartige Mischung von schönen Stränden, bewachsenen Bergen, rauschenden Wasserfällen, üppiger Vegetation und einer gut entwickelten touristischen Infrastruktur. Die östlich von Jamaica liegenden Cayman-Inseln zeichnen sich aus durch herrliche Tauchgründe und gelten als renommierter off-shore-Bankenplatz. Kuba, der politische Exot in der Region, bemüht sich erfolgreich, mit dem Tourismus seine kranke Wirtschaft anzukurbeln. Der Renner unter den Karibikzielen, die Dominikanische Republik, macht mit ihren zahlreichen Billigangeboten auf sich aufmerksam. Das Nachbarland Haiti ist aufgrund langjähriger politischer und wirtschaftlicher Mißstände fast von der touristischen Landkarte verschwunden, obwohl der Staat zwischen Port-au-Prince und Cap Haitien einiges zu bieten hat. Die „Zitadelle“, eine kolossale Festung, bei deren Bau über 20.000 Menschen ihr Leben lassen mußten, gilt noch heute als Wahrzeichen des Landes. Haiti zählte einst zu den wohlhabendsten Ländern der Region und gründete den ersten freien Staat in der Karibik. Erhalten hat

Cuba, Havanna
Cuba, Pinares de Mayari

sich der künstlerische Ausdruck in den unzähligen Malereien, ob nun als Gemälde oder Mauerschmuck. Oder die mystische Voodoo-Kultur, die das Alltagsleben der Bewohner nach wie vor entscheidend prägt. Obwohl Puerto Rico den Status eines US-assoziierten Territoriums besitzt, wird im Land Spanisch gesprochen. Die Insel bietet viel Sehenswertes. Im El Yunque Nationalpark laden malerische Wege zu schönen Spaziergängen und Wanderungen ein. Golfspieler rühmen die Insel wegen der fantastischen Plätze, und die Hauptstadt San Juan gilt als eine der schönsten der Region. Vom Hafen starten mittlerweile zahlreiche Kreuzfahrten in die karibische Inselwelt.

Sekundärliteratur
Belletristik englisch
Herman Wouk, Don't stop the Carnival, London 1966.

Kleine Antillen

Die Virgin Islands, auch Jungferninseln genannt, führen den Bogen der kleinen Antillen an, der sich bis zur Küste Venezuelas hinzieht. Diese Gruppe der kleinen Karibikinseln unterscheidet sich individuell in geologischem Aufbau, Vegetation und Geschichte. Die einen sind vulkanischen Ursprungs, andere bestehen lediglich aus Muschelkalk.

Die Virgin Islands gehören teilweise zu den USA und teilweise zu Großbritannien als Kronkolonie. Das gesamte Gebiet gilt als ideales Segelrevier und Zentrum des Yachtsports. Während auf den U.S. Virgin Islands die Inseln St. Thomas und St. Croix touristisch schon sehr gut erschlossen sind und zu den beliebten Anlaufhäfen mit duty-free-Shopping für die Kreuzfahrtschiffe zählen, genießt das kleine St. John ebenso wie die British Virgin Islands mit ihren Inseln Virgin Gorda, Tortola oder Anegada den Ruf als Refugium der Ruhe und der unberührten Natur. Anguilla, die Insel, die ihren Namen ihrer aalförmige Silhouette verdankt, erfreut sich langer, geruhsamer Strände und einer abwechslungsreichen Unterwasserwelt. Ein besonderes Phänomen stellt die Insel St. Martin / St. Maarten dar. Hier treffen auf einem 96 km^2 großen Territorium Frankreich und die Niederlande aufeinander. Philipsburg, die Hauptstadt des holländi-

Barbados
Jamaica

Punta Bonita-Strand, Las Terrenas, Dominikanische Republik
Guadeloupe, Pointe des Chateaux

schen Teils, verzeichnet eine ständig zunehmende Anzahl von Kreuzfahrtpassagieren. In Marigot genießt man am Yachthafen bei Café au lait und kulinarischen Köstlichkeiten den französischen Lebensstil. St. Barthelémy, ebenfalls zu Frankreich gehörend, hat sich eher als Treffpunkt des Jet-Sets einen Namen gemacht. Saba und St. Eustatius, auch kurz Statia genannt, sind Bestandteil der Niederländischen Antillen. Die beiden kleinen Inseln warten nicht mit palmengesäumten Stränden auf, sondern nennen fantastische Tauchgründe ihr eigen. Fischreiche Korallenriffs und gesunkene Frachtschiffe lassen das Herz eines jeden Tauchers höher schlagen. Eine weitere „Perle" in der karibische Kette stellen die Schwesterinseln St. Kitts & Nevis dar. St. Kitts war die erste britische Kolonie in der Region und rühmt sich somit als „Mutterkolonie", aber auch als „Gibraltar der Karibik". Das altehrwürdige Fort Brimstone Hill zählte zu den gewaltigsten Festungen in der Karibik und war ständiger Zankapfel zwischen Franzosen und Engländern. In St. Kitts zeugen noch prächtige Herrenhäuser von den vergangenen Zeiten, als hier der Zuckerrohr noch Geld brachte. Die kleine Nachbarinsel Nevis besticht durch ihre nostalgisch angehauchte Atmosphäre. Zu einem aufstrebenden Seniorenrefugium entwickelt sich die Insel Montserrat. Landschaftlich reizvoll mit heißen Quellen und schwarzsandigen Badestränden sowie einem Golfplatz dient sie immer mehr amerikanischen und irischen Pensionären (die Iren waren die ersten Siedler) als Alterssitz. Bekannt ist Montserrat aber auch für seine akustisch nahezu perfekten und weltberühmten Musikstudios, wo sich die Größen der Pop- und Rockbranche ein Stelldichein geben, um in Ruhe und Abgeschiedenheit ihre neuesten Kompositionen zu produzieren. Die beiden großen französischen Bastionen in der Karibik heißen Martinique und Guadeloupe. Hier herrscht eine einzigartige Mischung von französischer Lebensart und karibischem Feeling. Guadeloupe beeindruckt mit seinem großen Nationalpark, in dem der Vulkan La Soufrière zum letzten Mal in den siebziger Jahren sein Unwesen trieb. Naturliebhaber kommen aber auch auf Martinique auf ihre Kosten. Der Montagne Pelée bietet gute Möglichkeiten zum Wandern und Bergsteigen. Seine Asche begrub 1902

Antigua

St. Lucia, Soufrière

fast 30.000 Menschen. Auf beiden Inseln wird natürlich französisch gesprochen, doch die Umgangssprache ist Patois.

Die gebirgigste Insel der kleinen Antillen ist Dominica. Sie eröffnet den Reigen der Windward Islands, doch zählt sie nicht zu den typischen Badedestinationen. Puderweiße Strände gehören nicht zu den Attraktionen. Hier ist der Sand schwarz gefärbt vom Vulkangestein, aber Natur pur heißt das Motto. Tropischer Regenwald bedeckt fast das ganze Eiland, durch den verschlungene Pfade zu unzähligen kleinen Wasserfällen führen. Orchideen entfalten ihre Pracht, und durch die Lüfte schwirren Schmetterlinge, Kolibris und Pirole. Mit ihren über 350 Wasserläufen gilt die Insel als äußerst fruchtbar. Bananen, Grapefruits und Kokospalmen gedeihen in Hülle und Fülle. Im Dominican Carib Reserve leben noch ungefähr 400 Menschen indianischer Abstammung, von denen allerdings nur sehr wenige direkte Nachkommen der Kariben sind. Als erstklassiges Segelrevier haben sich die Grenadinen einen Namen gemacht. St. Vincent & the Grenadines, wie der Mini-Archipel offiziell heißt, besteht aus zahlreichen, wie hingetupften, Inseln, Inselchen und Cays. Auch St. Vincent entstand einst durch vulkanische Bewegung, was die überwiegend schwarzen Strände beweisen. Einzigartig dürfte die St. Mary's Cathedral sein, die sich in einem seltsamen Stilgemisch aus romanischen, gotischen, barocken und Renaissance-Elementen präsentiert. Die Grenadinen mit Inselnamen wie Mustique, Bequia, Mayreau oder Petit St. Vincent lassen nicht nur die Seglerherzen höher schlagen, sondern auch ruhesuchende Strandurlauber fühlen sich in dieser abgeschiedenen Umgebung wohl. Nicht umsonst haben sich gerade auf Mustique viele Prominente ihr Ferienrefugium geschaffen.

In der Karibik gehen die Uhren anders, sie lassen die rauhe Welt – zumindest für die Touristen – außen vor. Hier kann jeder sein individuelles Paradies finden, unberührt oder mondän, einfach oder luxuriös, all inclusive oder à la carte. Die Karibik ist die Kreuzfahrtregion schlechthin, und das ganzjährig. Anders als in Europa, wo Kreuzfahrten das Etikett „teuer und für ältere Leute“ anhaftet, erfreuen sich, vor allem die sogenannten Fun Cruises, besonders bei Amerikanern unter 45 Jahren, größter Beliebtheit.

English Harbour

Antigua & Barbuda

Wertvollstes Kapital dieses Inselstaats sind die unzähligen, traumhaft schönen Strände. Das „Herz der Karibik“, wie sich Antigua selbst nennt, wirbt mit 365 Stränden, also für jeden Tag des Jahres einen. Ein zweiwöchiger Urlaub dürfte demzufolge nicht ausreichen, um alle verschwiegenen Buchten kennenzulernen. Der Besucher darf jedoch versichert sein, daß sich seine Ferienanlage zumindest an einem dieser wunderbaren Flecken befindet. Da ausreichend Platz vorhanden ist, verteilen sich die einzelnen Hotels großzügig an der Küste, und auch innerhalb der Anlagen wird Weitläufigkeit groß geschrieben. Bis auf eine Ausnahme verfügen die Gebäude stets nur über zwei Stockwerke.

Geschichte und Kultur

Informationen
Department of Tourism Antigua und Barbuda, Thomasstraße 11, 61348 Bad Homburg, Tel.: 06172-21504, Fax: 06172-21513.

Archäologische Funde deuten auf erste Siedlungen bereits vor ungefähr 12.000 Jahren hin. Im ersten Jahrhundert unserer Zeitrechnung wanderten die Arawaks aus Südamerika ein, die der Insel den Namen Wadadli gaben. Als 1493 Kolumbus dieses Eiland entdeckte, benannte er sie nach der Kirche Santa Maria la Antigua in Sevilla. Die Briten machten Antigua dann 1667 zur Kronkolonie. Mit den Engländern kamen unzählige afrikanische Sklaven ins Land, die in den Zuckerrohrplantagen arbeiteten. English Harbour, Sitz des berühmten Admiral Lord Nelson, galt seinerzeit als einer der bestgeschützten britischen Flottenhäfen in der Karibik. Bis auf ein kurzes Gastspiel der Franzosen im Jahr 1766 regierten die Briten bis 1967 die Insel. Dann erhielten die Inseln Antigua, Barbuda und Redonda zunächst innere Autonomie, bis sie 1981 in die Selbständigkeit entlassen wurden.

Die einheimische Bevölkerung zeichnet sich durch die für die Region typische Lebensfreude aus, was sich ganz besonders in den zahlreichen Festen und in der Musik niederschlägt. Das größte und temperamentvollste Spektakel, der Antigua Karneval, findet alljährlich im August statt. Hier erlebt der Besucher Karibik pur. Die Menschen singen, feiern und tanzen fröhlich in den Straßen. Aus riesigen Lautsprechern tönen Calypso, Reggae und die typische Steelbandmusik. Die ganze Insel scheint in Bewegung zu sein.

Sommer-Karneval

Geographie und Geologie

Antigua mit ihren Schwesterinseln Barbuda und Redonda liegt in der nordöstlichen Karibik und gehört zu den kleinen Antillen, auch Leeward Islands oder Inseln unter dem Winde genannt. Ihre Hauptstadt heißt St. John's. Die 280 km² große und von Korallenriffen umrahmte Hauptinsel Antigua sitzt auf einem Sockel aus vulkanischem Gestein, das im Boggy Peak, der höchsten Erhebung mit 403 Metern Höhe, gipfelt. Entlang der Küste befinden sich außer den besagten 365 Stränden und Buchten mehrere ausgezeichnete Naturhäfen. Das Landesinnere ist flach und sehr fruchtbar. Barbuda, 40 Kilometer nördlich von Antigua gelegen, präsentiert sich als eine absolut flache Koralleninsel, umgeben von Mangrovenlagunen und einem Riff. Die felsige, unbewohnte Mini-Insel Redonda weist eine Gesamtfläche von nur 1,5 km² auf.

Staat und Gesellschaft

Seit ihrer Unabhängigkeit sind Antigua & Barbuda eine konstitutionelle Monarchie, in der die britische Königin, vertreten durch einen Generalgouverneur, als Staatsoberhaupt fungiert. Regierungschef ist der Premierminister. Das Parlament besteht aus einem Senat mit 17 ernannten und einem Abgeordnetenhaus mit 17 erwählten Mitgliedern.

Auf Antigua leben circa 65.000 und auf Barbuda 1.500 Menschen. 95% der Bevölkerung blicken auf afrikanische Vorfahren zurück. Die Inselbewohner gehören überwiegend der Anglikanischen Kirche und anderen christlich geprägten Religionsgemeinschaften an. Die Landessprache ist Englisch.

Wirtschaft und Industrie

In der Zeit der 300-jährigen englischen Kolonialherrschaft stellte Zuckerrohr die ausschließliche Einnahmequelle dar. Heute werden 70% des Bruttosozialproduktes durch den Tourismus erwirtschaftet. Den Touristen stehen derzeit 3.200 Betten in circa 40 Hotels und über 50 Pensionen und Appartmentanlagen zur Verfügung. 1996 kamen über 202.000 Besucher auf die Insel, davon 7.600 Deutsche. Um aber nicht ausschließlich auf den Tourismus angewiesen zu sein, versucht die Regierung, auch Alternativen wie den Fischfang oder Produktionsstätten der Leichtindustrie auszubauen.

Antigua & Barbuda

Durchschnittswerte	Tagestemperatur °C	Nachttemperatur °C	Sonnentage*	Sonnenstunden / Tag	Wassertemperatur °C	Rel. Luftfeuchtigkeit %
Jan	29	21	16	7	26	77
Feb	29	21	14	7	26	72
Mär	29	21	20	8	26	70
Apr	29	22	20	8	27	73
Mai	30	23	20	7	27	73
Jun	31	24	18	7	28	76
Jul	31	24	16	7	28	77
Aug	31	24	16	8	28	77
Sep	31	24	15	7	28	79
Okt	30	23	15	7	28	81
Nov	31	23	16	7	28	84
Dez	29	22	15	7	27	80

* weniger als 1 Liter/m² Niederschlag
Quelle: Deutscher Wetterdienst, Hamburg

Internetadressen
http://www.caribbean-on-line.com/ab/ab.html
http://www.interknowledge.com/antigua-barbuda/

Allgemein

Obwohl Antigua geradezu für einen Strandurlaub prädestiniert ist, sollte eine Inselrundfahrt nicht im Programm fehlen. Die meistfotografierte Sehenswürdigkeit der Hauptstadt St. John's, in der 36.000 Menschen leben, dürfte die gleichnamige Kathedrale mit den beiden georgeanischen Glockentürmen sein. Typisch karibisch quirlig und farbenfroh gibt sich der Obst- und Gemüsemarkt in der Altstadt, vor allem am Samstagmorgen. Von den renommierten Stränden Runaway Bay und Dickenson Bay mit ihrer gut entwickelten, touristischen Infrastruktur starten die Bootstouren nach Bird Island mit einer artenreichen Vogelwelt. Im Süden der Insel liegt die wohl bekannteste Ortschaft, English Harbour. Dieser Hafen gilt heute noch als einer der sichersten Naturhäfen der Welt. Alljährlich im April treffen sich hier ungefähr 200 Segelyachten zur traditionellen „Sailing Week". Vom Nelson's Dockyard lief einst der gleichnamige britische Admiral mit seiner Flotte aus. Einen unübertroffenen Panoramablick genießt der Besucher von der Befestigungsanlage Shirley Heights, die zusammen mit dem Fort Great George den Hafen gegen mögliche Angreifer schützte. Die faszinierende Unterwasserwelt lernen Taucher und Schnorchler am besten am Cades Reef kennen. Die Halbinsel von „Five Islands Harbour" bietet erstklassige Ferienanlagen für Sonnenanbeter, Segler und Wassersportler.

Barbuda

Barbuda liegt nur ca. 15 Flugminuten oder mehrere erholsame Segelbootstunden von Antigua entfernt. Die Insel gilt als unberührtes Naturparadies mit zahlreichen exotischen Vögeln und schier endlosen, rosa schimmernden Stränden. Grandiose Korallenriffe, reiche Fischbestände und über 100 Schiffswracks ziehen Taucher und Schnorchler an. Die italienische Modemacherin Krizia hat hier für die Prominenz ein äußerst exklusives und nobles Urlaubsrefugium geschaffen.

Hawksbill Beach
Deep Bay

Strand auf Curaçao

ABC-Inseln (Aruba, Bonaire, Curaçao)

Die drei holländisch geprägten Inseln Aruba, Bonaire und Curaçao liegen unmittelbar vor der Küste Venezuelas, wobei die Nähe zum südamerikanischen Kontinent geographisch einen unschätzbaren Vorteil bietet: sie liegen außerhalb des „Hurricane belt“ und blieben deshalb von den tückischen karibischen Wirbelstürmen, deren Anzahl und Intensität offensichtlich zunimmt, bisher stets verschont.

„Klein- Holland unter karibischer Sonne“ ist wohl die treffendste Gesamtdefinition für die drei Inseln, die unterschiedlich stark von ihrer Geschichte und vom Tourismus geprägt sind. Wobei das Hauptkontingent der Gäste traditionell aus Nord-, Mittel- und Südamerika stammt. Allerdings: Die Europäer sind stark im Kommen.

Entdeckt wurden die einstmals von Caiquetio-Indianern (ein Stamm der Arawak Indians) besiedelten kleinen Inseln – Aruba ist gerade 193, Bonaire 288 und Curaçao 444 km² groß – im Jahre 1499 von spanischen Seefahrern und gelangten schon 1636 unter die Herrschaft der Niederländer. Deren weltoffene Einstellung beinhaltete auch sehr großzügige Einwanderungsgesetze; folglich sind auf den ABC-Inseln bis heute Rassen und Religionen aus aller Welt vertreten. Daran änderte auch ein Besitzwechsel Anfang des 18. Jahrhunderts nichts mehr, als die Inseln für neun Jahre zu England gehörten.

Die Zuwanderer brachten auch ihre Heimatsprachen mit. Daraus entstand beispielsweise das höchst populäre Papiamento, ein klangvoller Mix aus etlichen europäischen und afrikanischen Sprachen. Papiamento ist Umgangssprache auf allen ABC-Inseln, aber Holländisch, Englisch und Spanisch sind die gebräuchlichen Sprachen, was die Verständigung für Besucher höchst einfach macht. Gleiches gilt für die Währungen: Auf Aruba heißt sie „Aruba Florin“, auf Bonaire und Curaçao „Netherlands Antilles Guilder“. Aber: der US-Dollar ist die Leitwährung und umgerechnet wird problemlos und auf den Cent genau. Es besteht folglich kaum Notwendigkeit, Dollars in ABC-Währungen umzutauschen.

Internetadressen

http://www.arubaaccess.com/
http://www.arubatourism.com/arubahom.html
http://www.aruba-tours.com/
http://www.caribbean-on-line.com/ar/ar.html
http://www.discoveraruba.com/
http://www.interknowledge.com/aruba/

Aruba

Aruba

„Nicht bedeutend“ steht im – authentischen – Logbuch des spanischen Seefahrers Alonso de Ojeda verzeichnet, der 1499 Aruba entdeckte. Die kleine Insel, die wohl schon damals landschaftlich kaum mehr bot als ein von trockenem Dornengestrüpp, Kakteen sowie Korallen- und Felsgestein geprägtes Szenario mit einem spitzkegeligen kahlen Berg in der Mitte, erschien dem Spanier wohl alles andere als einladend. Mehr Interesse – allerdings aus strategischen Gründen – zeigten die Holländer, als sie 1636 die Spanier vertrieben und Aruba ebenso wie Bonaire und Curaçao sowie etliche andere Inseln in Besitz nahmen. Zumal die indianischen Ureinwohner schon zu jener Zeit beträchtlich dezimiert waren. Erst recht interessant war Aruba aber lange Zeit für Generationen von Freibeutern, denen das verzweigte Höhlensystem an der Nordostküste – es ist bis heute nicht vollständig erkundet und eine Touristenattraktion – als idealer Unterschlupf diente.

1954 entließ Holland seine Niederländischen Antillen zwar in die Unabhängigkeit, aber die Bande zum Königreich blieben viel intensiver erhalten als anderenorts in der Karibik. Erst recht in Aruba, wo der 1. Januar 1986 einen Meilenstein in der Geschichte bildet. An diesem Tag scherte die Insel aus dem Verband der Niederländischen Antillen mit Amtssitz auf Curaçao aus und wurde durch Volksabstimmung ein Teil der Niederlande. Seither besteht das Königreich aus Holland, Aruba und – lose – den Niederländischen Antillen.

Hintergrund: 1985 schloß der US-Konzern Exxon seine Raffinerie in San Nicolas im Südosten der Insel, die jahrzehntelang Erdöl aus Venezuela aufbereitet hatte und Hauptarbeitgeber war. Angesichts drohender Massenarbeitslosigkeit suchte man einerseits Unterstützung durch das Mutterland, andererseits besann man sich aber auf Arubas touristisches Potential. Was bis dato „Spielbein“ war, wurde „Standbein“, und heute ist der – absolut florierende – Fremdenverkehr Wirtschaftsfaktor Nr. 1.

Die Voraussetzungen dafür waren und sind mehr als günstig. Aruba ist mit seinem idealen Klima rund ums Jahr und seinen weißen Muschelsandstränden eine Top-Destination für sämtliche Wassersportaktivitäten. Durch die ständig wehenden Passatwinde wird es trotz intensiver Sonneneinstrahlung niemals unerträglich heiß und der Passat macht besonders Malmok an der Nordwestküste Arubas zum Mekka der Windsurfer. Oranjestad, die Inselhauptstadt mit pastellfarbener Zuckerbäcker-Architektur, ist ein pulsierendes Einkaufszentrum mit interessanten zollfreien Angeboten, und der moderne Reina Beatrix International Airport verbindet Aruba mit der Welt. Am Palm Beach liegen die „High rise“ - Häuser der internationalen Konzerne, am Eagle Beach die Hotelanlagen der „Low rise“ - Kategorie mit maximal drei Etagen.

Beste Restaurants: „Chez Mathilde“ und „Ruinas del Mar“. Am originellsten ißt man im „The Pirate´s Nest“ und inseltypisch im „Brisas del Mar“. Für Golffans: Der erst seit 1994 existierende 18-Loch-Championship Golf Course „Tiera del Sol“ (unter Hyatt-Management) ist bereits Schauplatz der Senior PGA Tour. Für Trockentaucher: Mit dem Touristen-U-Boot „Atlantis“ gelangt man trockenen Fußes in die farbenprächtige Unterwasserwelt Arubas.

Informationen

Aruba Tourism Authority,
Postfach 12 04, D-64333 Seeheim,
Tel.: 06257/962 921,
Fax: 06257/962 919.

Aruba

Durchschnittswerte	Tagestemperatur °C	Nachttemperatur °C	Sonnentage*	Sonnenstunden/Tag	Wassertemperatur °C	Rel. Luftfeuchtigkeit %
Jan	30	24	24	8	26	76
Feb	30	24	25	9	25	74
Mär	31	25	29	9	26	74
Apr	31	25	28	8	26	74
Mai	32	26	29	8	27	76
Jun	32	26	27	8	27	75
Jul	32	26	28	9	27	76
Aug	33	26	28	9	28	75
Sep	33	26	27	9	28	75
Okt	32	26	25	8	28	77
Nov	31	25	22	8	28	79
Dez	30	25	22	7	27	77

* weniger als 1 Liter/m² Niederschlag
Quelle: Deutscher Wetterdienst, Hamburg

Strand auf Aruba
Taucher auf Bonaire

Bonaire

Landschaftlich etwas abwechslungsreicher als Aruba, liegt Bonaire rund 80 km östlich von Curaçao; bis zur Küste von Venezuela sind es ca. 60 km. 1499 entdeckte der Spanier Amerigo Vespucci Bonaire; in der Sprache der Arawak-Indianer hieß die Insel „Bojnay", was „niedriges Land" bedeutete. Obwohl sie ebenfalls 1634 von den Holländern erobert wurde und seit 1954 zum Verband der Niederländischen Antillen gehört, dauerte der Dornröschenschlaf Bonaires viel länger als etwa der in Aruba oder Curaçao.

Trotz internationalem Flughafen in der Hauptstadt Kralendijk und Nonstop-Verbindungen in die USA und nach Europa, blieb dieses Flair erhalten. Mit knapp 12.000 Einwohnern, aber über 15.000 Flamingos im Washington/Slagbaai National Park und an der Grottomeer-Bucht ist Bonaire das erklärte Ziel derjenigen, die wirklich „reif für die Insel" sind und nichts weiter wollen als abschalten, sich ausruhen sowie die einsamen Strände und das kristallklare Meer genießen, vorausgesetzt, sie gehören nicht zu jener „neoprenhäutigen" humanen Spezies, für die Bonaire seit langem einen ganz besonderen Reiz als einzigartiges Tauchparadies hat. Die bizarre Unterwasserwelt Bonaires, mit Schiffswracks, interessanten Riff-Formationen und farbenprächtiger Meeresflora und -fauna, zieht Sport-und Hobbytaucher aus der ganzen Welt ebenso magisch an, wie das Great Barrier Reef in Australien, das Rote Meer in Israel oder Little Cayman im Gebiet der Cayman Islands. Damit die Faszination noch lange erhalten bleibt, steht das gesamte Meer um die Insel seit 1979 als Unterwasserpark unter striktem Naturschutz. Etliche Tauchbasen Bonaires sind spezialisiert auf die Anforderungen behinderter Taucher oder Schnorchler. Die Sportprogramme, die dort für Behinderte erarbeitet wurden, haben Modellcharakter und finden internationale Beachtung. Ausflugsziele sind der Nationalpark mit dem Brandaris Hill und die Solar Salt Works, große Salinenanlagen zur Meersalzgewinnung; wobei auch jene winzigen Sklavenhütten besichtigt werden können, in denen früher die „Salt Slaves" zusammengepfercht wurden.

Sekundärliteratur
Reiseführer deutsch
Gerhard Heck, Niederländische Antillen, Köln 1995.

Informationen
Bonaire Tourism Corporation,
Visseringlaan 24,
NL-2288 ER Rijswijk,
Holland, Tel.: 0031 70 395 4444,
Fax: 0031 70 336 8333.

Curaçao

Curaçao, Hafen von Willemstad

Informationen

Curaçao Tourist Board,
Arnulfstraße 44, 80335 München
Tel.: 089/598 490,
Fax; 089/523 2212

Curaçao

Durchschnittswerte	Tagestemperatur °C	Nachttemperatur °C	Sonnentage*	Sonnenstunden / Tag	Wassertemperatur °C	Rel. Luftfeuchtigkeit %
Jan	29	24	23	8	26	76
Feb	29	24	23	9	26	75
Mär	29	24	28	9	26	74
Apr	30	25	27	8	26	76
Mai	30	25	28	8	27	77
Jun	31	26	27	9	27	77
Jul	31	25	25	9	28	76
Aug	31	25	26	9	28	77
Sep	32	26	25	9	28	77
Okt	31	25	23	8	28	77
Nov	30	25	20	8	27	78
Dez	30	24	19	8	27	78

* weniger als 1 Liter/m² Niederschlag
Quelle: Deutscher Wetterdienst, Hamburg

Curaçao

„Isla de los Gigantes“ nannten die ersten Spanier die Insel, als sie 1499 dort einen besonders großgewachsenen und muskulösen Caiquetio-Indianerstamm antrafen. Die Geschichte Curaçaos ist fast identisch mit der Arubas und Bonaires. Auf die Spanier folgten die Holländer, dann kurzzeitig die Briten und ab 1815 erneut die Holländer. Seit 1954 ist Curaçao Hauptverwaltungssitz der Niederländischen Antillen und vertritt die Interessen aller Inseln in Den Haag. Von der Vergangenheit künden gleich sieben Forts in der Hauptstadt Willemstad, die zu besichtigen sind und die zum Teil sehr typische Restaurants oder Einkaufspassagen beherbergen. Historie pur bietet der Ortsteil Otrobando mit ursprünglicher, restaurierter Architektur und anderen Relikten aus dem 18. Jahrhundert. Weil Curaçao über die zweitgrößte Meerwasserentsalzungsanlage der Welt verfügt , wird dort auch das bekannte Amstel-Bier mit aufbereitetem Meerwasser gebraut. In einem der über die Insel verstreuten „Landhuises“, meist ehemalige Herrenhäuser der Plantagenbesitzer, wird aus der luftgetrockneten Schale einer bestimmten Orangensorte der echte Curaçao-Likör gebrannt. Die „Curacao Liquer Distillierie“ im Landhuis Chobolobo unweit von Willemstad kann besichtigt werden. Taucher und Schnorchler haben auch auf Curaçao die Qual der Wahl. Diverse Tauchschulen bieten Exkursionen verschiedener Schwierigkeitsgrade zu den schönsten Tauchrevieren an der Südwestküste an. Wobei auch Schnorchler voll auf ihre Kosten kommen, weil im flachen Wasser liegende Schiffswracks, Korallenformationen und Fischschwärme in allen Regenbogenfarben auch von der Oberfläche aus zu bestaunen sind. Ein „Seaquarium“ und das neue Projekt „Animal Encounters“, wo die Besucher hautnah mit den Meeresbewohnern schwimmen und sie beobachten können, gehören ebenfalls zur großen Angebotspalette für abwechslungsreiche Ferien auf Curaçao.

Kutschenfahrt in Nassau

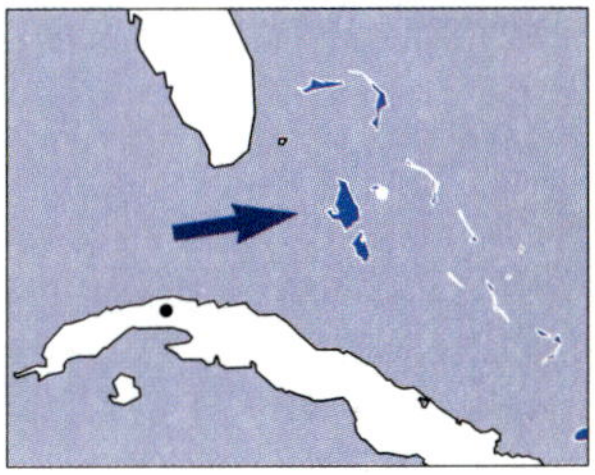

Bahamas

„It's better in The Bahamas" – mit diesem griffigen Slogan lockt der 700–Insel-Staat Besucher aus aller Herren Länder an. Aber was ist denn nun „besser"? Vielleicht New Providence mit der quirligen Hauptstadt Nassau und dem luxuriösen Ferienzentrum Paradise Island oder eher Grand Bahama, wo glitzernde Spielcasinos und unberührte Natur ein interessantes Doppel ergeben? Oder möglicherweise doch die „Out Islands", die mit ihren menschenleeren, puderfeinen Stränden Ruhe, Einsamkeit und Erholung pur bieten. Die Bahamas sind eine Welt voller Kontraste: amerikanische Hotelburgen, romantische Gästehäuser, elegante Parkanlagen, wilde Naturschutzgebiete, Shopping und Island-Hopping – es gibt alles in diesem Urlaubsparadies. Nicht umsonst erholt sich hier die Prominenz aus Business und Showbusiness von ihrem anstrengenden Leben. Aber auch der Normalbürger findet auf den von kristallklarem Wasser umgebenen Inseln Entspannung und Abwechslung, und unabhängig vom Geldbeutel herzliche und freundliche Menschen.

• • • Wer fernab des Tourismus Kontakt zur Bevölkerung sucht, dem sei eine Teilnahme am „People-to-People" Programm empfohlen. Hier werden kostenlos Treffen zwischen einheimischen Gastgebern und ausländischen Besuchern arrangiert. Infos gibt es beim Fremdenverkehrsamt.

Informationen

Bahamas Tourist Office, Leipziger Straße 67d, 60487 Frankfurt/Main, Tel.: 069/9708340, Fax: 069/97083434.

Abaco, Hope Town

Internetadressen

http://TheBahamas.com/

http://www.bahamas-on-line.com/

http://www.bahamasmon.com/hotels.htm

http://www.bahamasvg.com/

http://www.interknowledge.com/bahamas/

Bahamas						
Jan	25	17	25	8	23	78
Feb	25	17	23	8	23	76
Mär	27	18	27	9	23	73
Apr	28	20	26	9	24	72
Mai	29	22	23	9	25	75
Jun	31	23	17	8	27	79
Jul	31	24	17	9	28	76
Aug	32	24	16	8	28	77
Sep	31	24	16	7	28	81
Okt	30	22	18	7	27	80
Nov	28	20	23	8	26	79
Dez	26	18	25	7	24	78
Durchschnittswerte	Tagestemperatur °C	Nachttemperatur °C	Sonnentage*	Sonnenstunden / Tag	Wassertemperatur °C	Rel. Luftfeuchtigkeit %

* weniger als 1 Liter/m² Niederschlag
Quelle: Deutscher Wetterdienst, Hamburg

Geschichte und Kultur

Als Kolumbus am 12. Oktober 1492 zum ersten Mal Land erblickte, wähnte er sich in Indien, doch in Wirklichkeit landete er auf der zu den Bahamas gehörenden Insel San Salvador, auch bekannt unter dem Namen Guanahani. Da die Spanier kein Gold vorfanden, zeigten sie wenig Interesse an den Inseln, doch sie verschleppten die circa 20.000 einheimischen Luyacan-Indianer als Arbeitskräfte auf die Insel Hispaniola. Im Jahr 1647 landeten englische Siedler, die wegen ihres Glaubens von den Bermudas flüchten mußten, auf der Insel Eleuthera, wo sie die erste Verfassung der Bahamas konzipierten und somit die erste Demokratie der westlichen Hemisphäre gründeten. Die Inselwelt mit ihren zahlreichen versteckten Buchten, Kliffs und Riffen entwickelte sich im 17. und 18. Jahrhundert zum beliebten Schau- und Kampfplatz von Piraten, Schmugglern und Blockadebrechern. „Shipwrecking“, also das Entern und Ausplündern von Schiffen, galt als die vornehmliche Einnahmequelle. Im Jahr 1717 wurden die Bahamas zur britischen Kronkolonie erklärt, nachdem ungefähr 20 Jahre zuvor das ehemalige Charles Town auf New Providence seinen neuen Namen Nassau, zu Ehren von König William III aus dem Hause Oranien-Nassau, bekam. Von 1750 bis zur Abschaffung der Sklaverei im Jahre 1834 dienten die Bahamas als wichtigster Umschlagplatz für den Sklavenhandel. Seine innere Autonomie erhielt der Inselstaat 1964, die Unabhängigkeit erlangte er im Jahr 1973. Die „Progressive Liberal Party“ unter Lynden Pingling regierte 25 Jahre lang das Land, bis sie 1992 abgewählt und von der „Free National Movement“ abgelöst wurde. Diese stellt auch gegenwärtig die Regierung.

Die Musik ist allgegenwärtig auf den Inseln. Überall erklingen Calypso, Reggae, Salsa und Steelbandrhythmen. Als typisch bahamesisch gilt jedoch die aus Afrika stammende Goombay-Musik, die auf mit Ziegenfell bespannten Trommeln, Kuhhörnern und Trillerpfeifen gespielt wird. Sie begleitet auch akustisch das wichtigste Fest der Einheimischen: Junkanoo, der bahamesische Karneval, der jeweils am 26.12. und am 01.01. stattfindet. Unzählige Gruppen mit prächtigen Kostümen und Paradewagen aus Kreppapier ziehen in den Morgenstunden, begleitet von der ausgelassenen Bevölkerung, durch die Straßen.

Geographie und Geologie

Wie an einer Perlenkette aufgereiht, erstrecken sich die aus Kalkgestein bestehenden Inseln der Bahamas südöstlich von Florida über einen fast 1.200 Kilometer langen Bogen. Zu dem Archipel gehören 700 größere und kleinere Inseln sowie 2400 kleine Cays und Felsklippen. 30 sind bewohnt, 15 touristisch erschlossen. Die größte Insel Andros bedeckt eine Fläche von 5.955 km^2 – vor ihren Küsten befindet sich übrigens das drittgrößte Riff der Welt – und die kleinste bewohnte Insel heißt Spanish Wells mit 1,3 km^2. Die Hauptstadt Nassau liegt auf New Providence. Da die Gewässer teilweise recht flach sind, nannten sie die Spanier Baja Mar, woraus sich der Name Bahamas ableitete. Die höchste Erhebung, der Mount Alvernia auf Cat Island, gipfelt in 63 Metern.

Tauchen

Staat und Gesellschaft

Die Bahamas sind eine konstitutionelle Monarchie im britischen Commonwealth mit der englischen Königin als Staatsoberhaupt. Sie wird vertreten durch einen Generalgouverneur. Das Parlament setzt sich aus dem Senat mit ernannten und dem Repräsentantenhaus mit gewählten Mitgliedern zusammen. Wahlen finden alle vier Jahre statt.

Auf den Bahamas leben insgesamt 283.000 Menschen, davon über 170.000 auf New Providence. 80% der Bevölkerung sind Nachkommen der westafrikanischen Sklaven, die restlichen 20% stammen von den einstigen englischen Siedlern ab oder gehören zu anderen Minderheiten. Die meisten Bahamesen bekennen sich zu einer der christlichen Religionen oder der zahlreichen Religionsgemeinschaften. Die Landessprache ist Englisch.

Sekundärliteratur
Reiseführer deutsch

Dirk Kruse-Etzbach, Inselführer Bahamas, München 1996.
Axel Pinck, Bahamas, Köln 1996

Wirtschaft und Industrie

Die Bahamas zählen zu den wohlhabendsten Inseln in der karibischen Region. Wichtigste Erwerbsquelle ist der Tourismus, der direkt und indirekt zwei Drittel des Bruttosozialproduktes erwirtschaftet. Im Jahr 1996 besuchten 1.633.000 überwiegend amerikanische Touristen (ohne Kreuzfahrer) die Inseln. Aus Deutschland kamen knapp 26.000 Besucher. An zweiter Stelle steht das Finanzgeschäft, gefolgt von Industrie, Landwirtschaft und Fischfang. Die Inseln zählen zu den sogenannten Steuerparadiesen, und Nassau gilt als einer der wichtigsten Off-shore-Bankplätze der Welt.

Freeport, Grand Bahama

Eleuthera

Eleuthera und ihre Schwesterinsel Harbour Island gehören zu den verträumten „Out Islands". Rosafarbene, puderfeine Strände, idyllische Hotels und hübsche, pastellfarbene Häuser im Zuckerbäckerstil prägen das Bild. Schwimmen, Schnorcheln und Tauchen in den einmalig klaren Gewässern zählen zu den beliebten Freizeitaktivitäten. Besonders beeindruckend auf Eleuthera ist die Glass Window Bridge, wo die dunkelblauen Tiefen des Atlantiks mit dem hellblauen Meer des Golfs zusammentreffen.

• • • Angela's Starfish Restaurant auf Harbour Island serviert deftige einheimische Küche, u.a. leckere Gerichte aus der Conch-Muschel. Besonders delikat ist der Hummersalat.

Grand Bahama

Grand Bahama, die Insel mit den zwei Gesichtern, bietet außer verlockenden Shopping-Zentren, schillernden Spielcasinos und amerikanisch geprägtem Nachtleben auch unberührte Natur, pudrigweiße, einsame Sandstrände und ein umfangreiches Sportangebot. Ob Tauchen mit Delphinen, eine Partie Golf auf einem der drei renommierten 18-Loch-Golfplätze, ein Spaziergang durch den „Garden of the Groves" mit über 5.000 Pflanzen oder eine Kanu-Tour durch die Mangrovensümpfe – hier findet jeder seine Art von Erholung.

• • • Jeden Tag ab 19.00 Uhr werden im Restaurant „Pier No. 1" am Hafen stündlich die Haie gefüttert. Ein Erlebnis der besonderen Art!

New Providence

Auf dieser Insel pulsiert das Leben. Nassau, Cable Beach und Paradise Island sind die Schlagworte für einen abwechslungsreichen Aufenthalt. Der Regierungssitz Nassau bietet mit seinen rosafarben gestrichenen Gebäuden noch viel kolonialen Charme. Am besten lernt man die Stadt auf einer Fahrt mit der Pferdekutsche oder einem geführten Spaziergang kennen. Shopping ist auch angesagt. Die vielen Läden in der Bay Street, die ihr Hauptgeschäft mit den tagtäglich Tausenden von Kreuzfahrtpassagieren machen, lassen keine Wünsche offen. Typisches erhält man auf dem Strohmarkt. Sehenswert ist auch das Junkanoo-Museum am Hafen, wo die besten Karnevalskostüme und Paradewagen ausgestellt werden (täglich von 09.00 – 16.00 Uhr geöffnet). Am Cable Beach, dem längsten Strandabschnitt von Nassau, reihen sich die großen Ferienhotels aneinander und bieten dem Urlauber ein umfangreiches Freizeitangebot.

Das Graycliff-Restaurant in der West Hill Street, eines der wenigen wirklichen Gourmet-Restaurants in der Karibik, besitzt den größten Weinkeller der Region.

Als neuestes Highlight kann der Besucher auf Blue Lagoon Island mit den Stachelrochen tauchen.

Out Islands

Hier gibt es keine eleganten Nachtclubs, geschäftige Spielcasinos oder belebte Einkaufsstraßen. Die Out Islands bestechen durch unberührte Natur, menschenleere Strände und erholsame Ruhe. Jede Insel hat ihren eigenen Charme: die Biminis, wo einst schon Hemingway die großen Fische an Land zog, die Exumas mit dem einzigartigen Land- und Meeresnationalpark, oder die Abacos, eines der besten Segelreviere. Die südlich gelegenen Inseln wie Cat Island, San Salvador oder Long Island, die früher ausschließlich von den afrikanischen Sklaven bewohnt waren, unterscheiden sich in Vegetation und Architektur von den nördlich gelegenen Inseln, die einst von den weißen Loyalisten besiedelt waren. Doch ihnen allen gemein ist die Herzlichkeit und Freundlichkeit der Menschen sowie die fantastisch klaren, sauberen Gewässer, die in allen Grün- und Blauschattierungen leuchten und für sämtliche Wassersportarten geradezu prädestiniert sind.

Out Islands

Paradise Island

Das mit Nassau durch eine Brücke verbundene Paradise Island entwickelt sich immer mehr zum Hauptstandbein des Tourismus auf den Bahamas. Das Hotel Atlantis, das derzeit zur größten Freizeitanlage der Welt außerhalb Las Vegas ausgebaut wird, verfügt schon jetzt über das imposanteste Freiluftaquarium der Welt und ist einen Besuch wert. Auch sonst findet der Besucher auf Paradise Island eine komplette Urlaubswelt, sogar einen französischen Klostergang in den Versailles-Gardens.

Genießen Sie bei einem Drink auf der Terrasse des Hotels Ocean Club den herrlichen Panoramablick auf das offene Meer.

Segelregatta

Reggae

Strand an der Nordwestküste

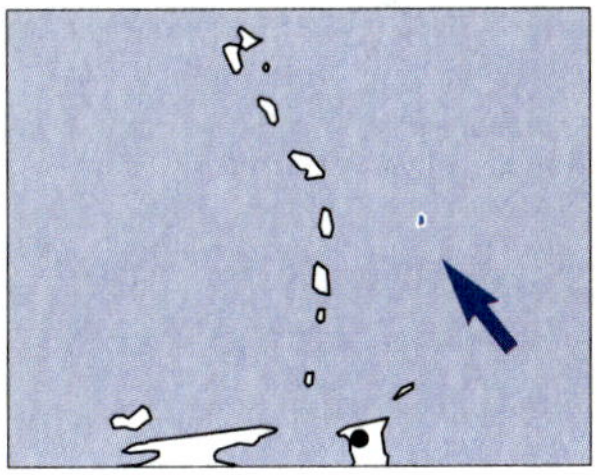

Barbados

Barbados, die als „Insel der Bärtigen" zuerst in die Seefahrergeschichte einging, verdankt ihren Namen den Ficus-Bäumen, deren Luftwurzeln wie hängende Bärte aussahen. Die Einheimischen nennen ihre Insel auch „Sanssouci", also die „Sorgenfreie", was durchaus seine Berechtigung hat, denn im Vergleich zu anderen Karibikinseln blieb Barbados von Kriegen und Krisen weitgehend verschont. Diese für die Region ungewöhnliche Stabilität prägt die Kultur, die Politik und den Charakter der Menschen. Highlife und Nightlife, gepaart mit einer exzellenten touristischen Infrastruktur, haben Barbados zu einem der beliebtesten Ferienziele in der Karibik gemacht.

Geschichte und Kultur

Als östlichste Bastion der karibischen Inseln wurde Barbados nicht von Kolumbus entdeckt, sondern die Portugiesen landeten hier 1536 auf dem Weg nach Brasilien. Später verschleppten bzw. töteten spanische Sklavenjäger die ursprünglich dort lebenden Arawak-Indianer. Im 17. Jahrhundert nahmen dann die Briten die Insel für sich in Anspruch, gründeten die ersten Siedlungen, und bereits 1639 erhielt Barbados sein erstes Parlament. 1637 führten holländische Siedler das Zuckerrohr ein, und gegen Ende des 17. Jahrhunderts arbeiteten über 80.000 afrikanische Sklaven in den Plantagen. 1834 wurden diese zwar in die Freiheit entlassen, doch sie verdienten sich weiterhin ihren Lebensunterhalt auf den Zuckerrohrfeldern. Als einzige westindische Insel wechselte Barbados nie den Kolonialherren und war somit bis zur Unabhängigkeit im Jahr 1961 die älteste britische Kolonie im mittelamerikanischen Raum. Seit 1966 gehört das Land zum Commonwealth und ist assoziiertes Mitglied der Europäischen Union.

Das Leben auf Barbados ist englisch geprägt, weshalb die Insel auch den Beinamen „Little England" trägt. Das Schulwesen und die

Informationen

Barbados Tourism Authority
Neue Mainzer Straße 22
60311 Frankfurt/Main
Tel.:069/232366, Fax: 069/230077

Internetadressen

http://www.barbados.org/
http://www.bajan.com/barbados/
http://www.best.com/~ctr.bar.htm
http://www.caribbean-on-line.com/br/br.html
http://www.gocarib.com/
http://www.prideofbarbados.com/barbados.htm

Barbados						
Jan	28	21	18	8	26	72
Feb	29	21	20	9	25	69
Mär	29	21	23	9	25	66
Apr	30	22	23	9	26	67
Mai	30	23	21	9	27	68
Jun	30	23	16	8	28	71
Jul	30	23	13	9	28	73
Aug	30	23	15	9	28	74
Sep	30	23	15	8	28	75
Okt	30	23	16	7	28	76
Nov	30	23	14	8	28	77
Dez	29	22	17	9	27	74
Durchschnittswerte	Tagestemperatur °C	Nachttemperatur °C	Sonnentage*	Sonnenstunden / Tag	Wassertemperatur °C	Rel. Luftfeuchtigkeit %

* weniger als 1 Liter/m² Niederschlag
Quelle: Deutscher Wetterdienst, Hamburg

Verwaltungsstruktur entsprechen dem britischen Vorbild ebenso wie die viktorianischen Herrenhäuser, der traditionelle Five-o'clock-Tea oder die Leidenschaft für Cricket. Aber das schwarze Erbe zeigt sich in der Lebensfreude und der Vorliebe für temperamentvolle Steelbandmusik und fröhliche Feste.

Geographie und Geologie

Barbados liegt als östlichste Insel der kleinen Antillen im Atlantischen Ozean. Die Insel ist ein aus Korallenkalk gebildetes, hügeliges Plateau, das in sanften Terrassen von Süd nach Nordost ansteigt und im Mount Hillaby (340 Meter hoch) gipfelt. Die Strände im Süden und Norden bestehen aus feinem, teilweise rosafarbenem und goldgelbem Strand. An der Ostküste hat die tobende Brandung des Atlantiks eine bizarr geformte Felsküste geschaffen. Ausgedehnte Zuckerrohrfelder prägen das Landschaftsbild. Von der ursprünglichen Vegetation, einem tropischen laubabwerfenden Wald, sind durch die intensive landwirtschaftliche Nutzung nur noch ungefähr 18 Hektar erhalten. Insgesamt weist die Insel eine Fläche von 430 km² auf. Die Hauptstadt heißt Bridgetown.

Staat und Gesellschaft

Sekundärliteratur
Reiseführer deutsch
Jürgen Gruler, Barbados, Singen 1995.

Barbados bildet eine parlamentarische Monarchie im Commonwealth, mit der englischen Königin als Staatsoberhaupt. Diese wird derzeit von einer Generalgouverneurin vertreten, die wiederum den Premierminister und auf dessen Vorschlag die Kabinettsmitglieder ernennt. Das Parlament besteht aus dem Senat und dem Repräsentantenhaus.

Auf Barbados leben 260.000 Menschen, womit die Insel eine der am dichtesten besiedelten der Region ist. Etwa 70% der Bevölkerung sind die farbigen Nachkommen der afrikanischen Sklaven, der Rest stammt von Briten, Indern oder Juden ab. Der größte Teil der

Parlamentsgebäude
Strand an der Westküste

Bajans bekennt sich zum anglikanischen Glauben, daneben existieren zahlreiche andere Religionsgemeinschaften.

Wirtschaft und Industrie

Der Zuckerrohranbau bestimmt noch immer weitgehend die Wirtschaft. Etwa 60% der landwirtschaftlichen Fläche wird hierfür genutzt. Zucker, Melasse, Sirup und Rum zählen zu den wichtigsten Exportgütern. Zahllose Kleinbetriebe bauen Obst und Gemüse, hauptsächlich für den heimischen Bedarf, an. Größter Devisenbringer und Arbeitgeber ist jedoch der Tourismus. Im Jahr 1996 besuchten über 447.000 Touristen die Insel, davon kamen 25.000 aus Deutschland.

Allgemein

Barbados bietet dem Besucher viel Abwechslung und Unterhaltung. Wassersportler kommen hier voll auf ihre Kosten, und besonders die Windsurfer fühlen sich an der rauhen atlantischen Ostküste wohl. Die Ferienanlagen befinden sich wegen der besseren Strände meist an der dem karibischen Meer zugewandten Südwest- oder Westküste. Die „Platinküste" zeichnet sich aus durch noble Hotels sowie ehrwürdige, elegante Herren- und Plantagenhäuser, deren Weitläufigkeit und Eleganz vom Reichtum der Besitzer zeugen. Besonders sehenswert ist der Adelssitz Nicholas Abbey mit seinem wertvollen Inventar und den üppig blühenden Gärten. Im Folkestone Underwater Park kann der Besucher per Glasbodenboot oder Schnorchelbrille die Unterwasserwelt erkunden. Speightstown im Norden trägt wegen seiner ehemaligen engen Beziehungen zur englischen Hafenstadt Bristol noch heute den Spitznamen „Little Bristol". Von diesem einstigen Walfängerort starten jetzt die Fahrten zum North Point mit den – allerdings nur für Taucher – erreichbaren Unterwasserhöhlen mit herrlichen Tropfsteinbildungen und eindrucksvollen Meeresgrotten. Die Harrison's Cave befindet sich im Inselinneren. Der Besucher gelangt mit einer kleinen Elektrobahn in die imposante Welt der Tropfsteinhöhlen mit Wasserfällen, Grotten und Bächen. An der Südostspitze Ragged Point errichtete der Seeräuber Sam Lord seinen prächtigen Schlupfwinkel. Heute beherbergt das imposante Gebäude ein Hotel der Luxusklasse, dessen exquisite kulinarische Angebote zu den Highlights zählen. Die Hauptstadt Bridgetown wirkt besonders englisch. Hier gibt es sogar eine Miniaturausgabe des Trafalgar Square mit einer Statue von Admiral Lord Nelson. Sehenswert ist das einmal wöchentlich stattfindende Spektakel „1627 and all that sort of thing" im Kongresszentrum, wo die Bajans ihre Geschichte mit Musik, Tanz und Gesang darstellen.

Nationalsport Cricket

Am Strand von Varadero

Cuba

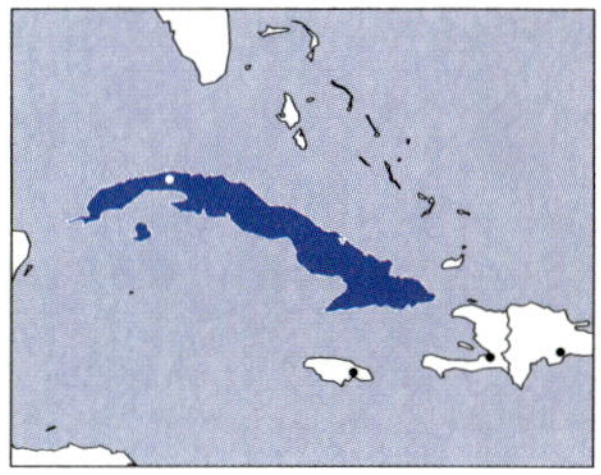

Am 16. Tag seiner ersten Amerikareise, dem 27. Oktober 1492, ankert Kolumbus in der Bucht von Banay und „entdeckt" die größte Insel der Karibik.

Geschichte und Kultur

Funde primitiver Werkzeuge aus Stein, Holz und Muscheln, die bis zu 8.000 Jahre alt sind, weisen auf eine frühe Existenz von Menschen auf der Insel hin. Zwischen 1000 v. Chr. und 1000 n. Chr. wandern erst die Siboney und danach die Taino ein; die Häuptlinge teilen die Insel in Kazikenreiche ein. Diego Velázquez gründet 1512 mit Baracoa die erste neuspanische Stadt, wenig später wird Santiago de Cuba Inselhauptstadt. 1552 verlegt der Gouverneur seinen Regierungssitz nach Havanna, das sich schnell zu einem Sammelpunkt der Schatzschiffe aus den anderen Kolonien entwickelt und bald mit einer gigantischen Festungsanlage vor den Angriffen der Piraten geschützt werden muß. 1762 erobern die Engländer Havanna, tauschen es aber wenig später gegen das nahe, damals noch spanische Florida (heute USA) ein. Ab 1789 erlebt die Insel einen ungeahnten Aufschwung in der Zuckerwirtschaft durch die rund 30.000 wohlhabenden Farmer, die vor den Revolten auf Haiti nach Cuba flüchteten. 1820 ist die Insel umsatzstärkster Zuckerexporteur

Informationen

Cubanisches Fremdenverkehrsbüro,
An der Hauptwache 7,
60313 Frankfurt/Main,
Tel.: 069/288322,
Fax: 069/296664.

Routenvorschläge

1. *Große Cuba-Rundreise, 2 Wochen*
2. *Höhepunkte Cubas, 1 Woche*
3. *Naturerlebnis Cuba, 1 Woche*

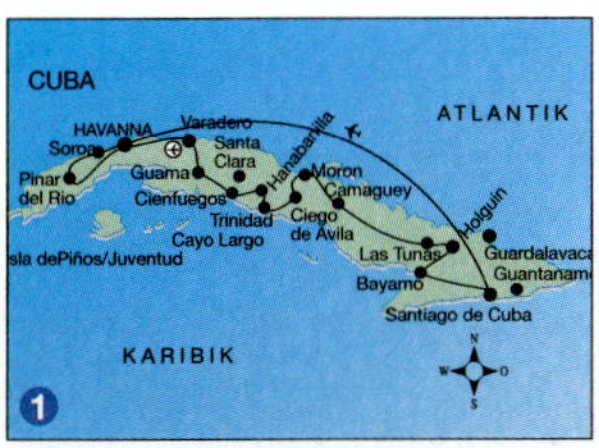

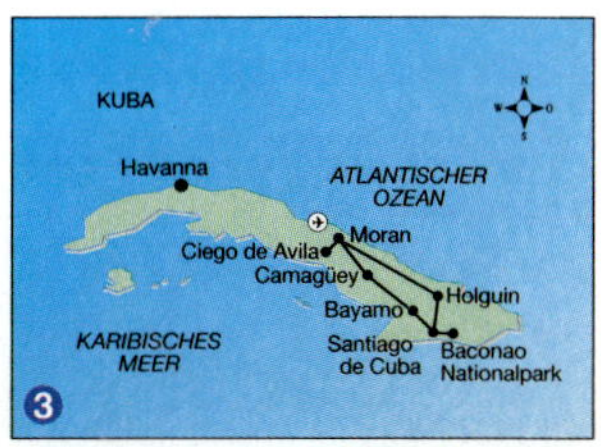

Die Helden der Revolution

der Welt. Für lateinamerikanische Verhältnisse spät, beginnt 1868 unter Carlos Manuel de Céspedes ein erster erfolgloser Unabhängigkeitskrieg. Einen zweiten zetteln der Schriftsteller José Martí und General Máximo Gómez 1895 an, der jäh durch die Explosion eines US-Kreuzers im Hafen von Havanna weltpolitische Dimensionen annimmt. Die USA greifen ein, setzen eine Militärregierung ein und sichern sich Guantánamo als Militärstützpunkt. In der Folge entwickelt sich eine starke politische und wirtschaftliche Abhängigkeit von den USA, die erst 1959 durch die Revolution von Fidel Castro unterbrochen wird. Den Weg in den Sozialismus begann er mit der Enteignung der Großgrundbesitzer (ab 400 Hektar); der gewonnene Raum wurde an Bedürftige verteilt. Der extrem niedrige Bildungsgrad der Bevölkerung wurde durch eine systematische Alphabetisierung behoben, schulische und universitäre Ausbildung waren kostenlos. Die Reformen gipfelten in einer erstklassigen medizinischen Versorgung; Lebensmittel, Kleidung und andere lebenswichtige Waren wurden staatlich mit dem persönlichen Bezugsheft „libreta" zugeteilt. Politisch driftete Castro schnell in die Richtung des sowjetisch gefärbten Kommunismus. Eine Entwicklung, die sich von selbst durch die Reaktion der USA auf Castros Revolution ergab. Früher der Hauptabnehmer für Produkte aus Cuba (Zucker, Rum, Tabak, Zigarren), verhängten sie in ihrer damaligen Kommunismus-Phobie in der Zeit des Kalten Krieges (zwischen Weltmächten USA und Sowjetunion) über Cuba sofort das immer noch wirksame Wirtschafts-Embargo. Unterstützt wurden sie dabei von den zahlreichen Cubanern, die Castro enteignet hatte, und die in den USA eine mächtige Lobby gegen ihn bildeten und immer noch bilden.

Geographie und Geologie

Cuba besticht vor allem durch seinen ungewöhnlichen Reichtum an herrlichen Korallenstränden. Allein auf der circa 7.000 km langen Küstenlinie wurden 280 gezählt; der berühmteste breitet sich vor Varadero auf der Halbinsel Hicaco im Nordwesten der Hauptstadt Havanna aus. Dazu gesellen sich die Strände der zahlreichen vorgelagerten Inselchen (Cayos). Die Form der Insel verglich der cubanische Dichter Nicolás Guillén mit der eines Krokodils. Die weitgehend flache Inselmitte prägen Zuckerrohrfelder und Viehweiden, die vereinzelt immer wieder von der majestätischen, für Cuba so typischen Königspalme überragt werden. Im Süden breitet sich das ökologisch bedeutendste Feuchtgebiet Cubas aus: der Parque Nacional de Ciénaga de Zapata, Heimstatt seltener Wasservögel und -pflanzen und letzter wild lebender Krokodile. Unterbrochen wird die flache Inselmitte im Süden zwischen Cienfuegos und Sancti Spiritus vom schwermütig-herben Escambray-Gebirge mit seinen Stauseen (Habanilla, Zaza). Im äußersten Osten erhebt sich mit dem höchsten Landesgipfel, dem 2.005 m hohen Pico Turquino, die Sierra Maestra. Eine geologische Besonderheit an ihrem Ostrand bei Baracoa, der ersten kolonialen Stadtgründung Cubas, ist der Tafelberg Yunque. Noch zur Zeit des letzten großen Kaziken Hatuey, der von den Spaniern hingerichtet wurde, diente dieser Berg den Indianern als heiliger Zeremonienplatz.

Sekundärliteratur
Reiseführer deutsch

Ulli Langenbrinck, richtig reisen - Kuba, Köln 1996.

Karl-Wilhelm Berger, Insel-Führer Kuba, München 1994.

Frank Niess, Zwanzigmal Kuba, München 1991.

Bacanao Nationalpark

Eine andere geologische Besonderheit findet sich in der Tabak-Provinz Pinar del Río im äußersten Inselwesten: die Mogotes-Berge. Bucklig geformt von Wind und Wetter ragen sie wie verlorene Riesenkuppen aus der tafelflachen Ebene des Valle Viñales. Der Kalkuntergrund ist hier stark unterhöhlt durch versickerte Flüsse. Einige der Cuevas (Höhlen) können besucht werden. Die größte der vorgelagerten Inseln ist mit 2.231 km² die Isla de Juventud (auch Schatzinsel genannt) im südlichen Golfo de Batabanó. Östlich von ihr, im Archípielago de los Canarreos, findet sich die bekannte kleine Ferieninsel Cayo Largo. Daneben gewannen zwei Cayos vor der Nordwestküste Cuba an touristischer Bedeutung: Cayo Coco und Cayo Guillermo, die beide zum Archipíelago de Sabana-Camagüey (insgesamt rund 400 Cayos) gezählt werden.

Staat und Gesellschaft

Wer Cuba heute besucht, erlebt einen Sozialismus, der innerhalb von nur wenigen Jahren in eine Schattenzone gerückt ist. 1996 klagte Cubas Verteidigungsminister öffentlich über eine „ideologische Verweichlichung durch ausländische Einflüsse" – durch den Tourismus. Für die Cubaner jedoch scheinen sie nicht negativ zu sein. Zum einen, weil sie demokratisches Gedankengut ins Land bringen, zum anderen wegen der Dollars. Denn die staatliche Versorgung per libreta funktioniert schon lange nicht mehr. Lebenswichtiges wurde erst auf dem Schwarzmarkt für Dollars angeboten und ist nun nur noch in zahlreichen neuen Läden für Dollars zu haben (20 cubanische Peso = 1 Dollar; Monatsgehalt durchschnittlich: 200 Pesos, bzw. umgerechnet 10 Dollar). Zur Zeit führt sich auch das erstklassige Bildungssystem ad absurdum, denn für die große Zahl der ausgebildeten Akademiker gibt es kaum Stellen. Und die wenigen, die Arbeit haben, verdienen unter dem Existenzminimum (ein Lehrer monatlich 175 cubanische Pesos, also 8,75 US-Dollar). Eine Entwicklung, die das soziale Schreckgespenst aus alter, vorrevolutionärer Zeit wieder auf den Plan rief: die Prostitution.

Internet
http://www.latinworld.com/countries/cuba/
http://www.lonelyplanet.com/dest/cam/cub.htm

Wirtschaft und Industrie

Für das industriearme Land begann die derzeitige „sanfte“ Wende zum kapitalistisch gefärbten Sozialismus mit dem Zusammenbruch des Ostblocks. Ohne Abnehmer für seine Zuckerernten, die früher zu garantierten Mengen und Preisen in die Sowjetunion exportiert wurden, mußte sich Castro nach neuen Handelspartnern umsehen. Überall dort, wo das US-Embargo umgangen werden konnte, in Europa wie in Lateinamerika, Kanada und freien karibischen Staaten, bot er sein neues Produkt „Tourismus“ an. Ausländische Hotel- und Touristikgesellschaften lockte er mit sogenannten „Joint venture“-Abkommen ins Land, die den Investoren Profite ermöglichen, ohne daß die Regierung von Cuba die Kontrolle über die Projekte verliert (49% für den Investor und 51% für Cuba). Auf diese Weise kurbelte Castro innerhalb von nur fünf Jahren den Tourismus auf eine in der Karibik einzigartige Weise an: 1994 besuchten 620.000 Touristen Cuba, ein Jahr später waren es schon 750.000. Tendenz steigend.

„Joint Venture“-Hotel in Varadero

Cayo Coco

Die 364 km² große Insel liegt im Westen des langgestreckten Archipiélago de Sabana-Camagüey an der von Lagunen durchsetzten, flachen Nordwestküste Cubas und gehört zu den größten Inseln dieses Archipels. Den für die Region auch benutzten Namen „Jardines del Rey“ (Gärten des Königs) soll Diego Velázquez, Gouverneur Cubas, erstmals benutzt haben, als er zwischen 1513 und 1514 die cubanische Küste erkundete. Cayo Coco war früher von Fischern bewohnt und wurde in den 90er Jahren von der Castro-Regierung entsiedelt und zu einem rein touristischen Gebiet erklärt, das Cubaner nur mit staatlicher Genehmigung betreten dürfen. Ziel war es, auf dieser an Lagunen und Mangrovensümpfen reichen und von Stränden gesäumten Insel, ein rein touristisches Gebiet für naturverbundene Individualisten zu schaffen, ohne die reiche Fauna und Flora (159 Vogelarten, darunter eine Flamingobrutkolonie, und viele seltene Wasserpflanzen) zu zerstören. Die Insel wurde durch die piedraplén, eine 17 km lange, befahrbare Brücke, mit dem Inselfestland der Provinz Ciego de Avila verbunden; ein Hoteldorf wurde errichtet. Die Baumaßnahmen haben dennoch das Ökosystem empfindlich gestört. Erst in jüngerer Zeit gelang es dem auf Cayo Coco angesiedelten Centro de Investigaciones de Ecosistemas Costeros (Forschungszentrum für Küstenökosysteme), die Probleme zu ergründen und weitgehend zu beheben. So ist es dieser Forschungsstation zu verdanken, daß die Brücke endlich untertunnelt wurde und die natürliche Strömung zwischen Inselfestland und Cayo Coco wieder ungehindert fließen kann. Außerdem siedelte es den Mückenlarven fressenden Fisch Larvifargos an, um das bislang übliche Pestizid-Stäuben gegen Mücken (nur im Sommer) überflüssig zu machen. Zur Forschungsstation gehört ein kleines Naturkundemuseum, außerdem veranstalten Angestellte dort naturkundliche Touren (keine regelmäßigen Öffnungszeiten, Anmeldung unter Tel.: 30 11 61 erbeten). Die Strände liegen an der Atlantikküste, der schönste und größte ist der Playa Larga beim Tryp Cayo Coco und

Cayo Coco

Las Coloradas. Angeboten werden jede Art von Wassersport (Tauchen, Surfen für Anfänger, Katamaransegeln und Kanuverleih). Besonders reizvoll für Taucher sind die Ausflüge zu den Riffs und Cayos der Umgebung. Ein Centro de Buceo (Tauchzentrum) liegt westlich des Hoteldorfs Tryp Cayo Coco. Etwa 6 km weiter westlich, am Wanderweg Sendero Las Dolinas, lädt eine natürliche Höhle, die Cueva del Jabalí (Höhle des Wildschweins, das in dieser Gegend häufig vorkommt) zur Einkehr ein; sie wurde zum Lokal umgestaltet (tgl. 9–24 Uhr Live-Musik mit Imbiß). Westlich an Cayo Coco schließen sich die unbewohnte Cayo Romano und das kleine vorgelagerte Cayo Paredón Grande mit einem auf Fels erbauten Leuchtturm an (mit dem Auto ab Cayo Coco über eine Brücke erreichbar).

Cayo Guillermo
Cayo Largo

Cayo Guillermo

Die nur 13 km² große Insel ist mit Cayo Coco (siehe oben) durch eine befahrbare Brücke verbunden. Dank ihrer abgeschiedenen Lage und ihrer Überschaubarkeit vermittelt sie mehr noch als Cayo Coco das oftmals ersehnte „Inselgefühl". Der Strand an der Atlantikküste zieht sich relativ schmal über fast die ganze Breite der Insel. Ein Yachthafen beim Hotel Villa Cojimar rundet das Wassersportangebot ab (Tauchen, Surfen, Katamaransegeln, Kanufahren).

Cayo Largo

Urlaubsperle tief im Süden vor der cubanischen Festlandküste, rund 40 Flugminuten von Havanna (oder Varadero) entfernt. Die 38 km² große Insel besteht aus zwei Teilen: der langgestreckten Hauptinsel mit den Hotels am herrlichen, breiten und 25 km langen Korallensandstrand zur offenen Karibik hin, und einer seitlich der Mangrovenlagunen vorgelagerten unbewohnten Sandbank mit dem 2,3 km langen Playa Sirena. Mit seinen offenen Restaurants und Shops ist er ein beliebter Treffpunkt (Transfers ab dem Yachthafen).

Guardelavaca

Der kuriose Name bedeutet übersetzt „Paß auf die Kuh auf" und erinnert an Zeiten, als noch Piraten an diesem Abschnitt der nordöstlichen Küste Cubas ihr Unwesen trieben und den Bauern ihr Vieh raubten. Inzwischen hat sich an dieser einst einsamen, von einer natürlichen Bucht zerschnittenen Küste eins der wichtigsten touristischen Zentren Cubas entwickelt. Die Hotels verteilen sich zum kleineren Teil auf dem Rücken der Steilküste in der Tiefe der Bucht (oberhalb der Strände Playa Esmeralda und Playa Don Lino) und zum überwiegenden Teil am flacheren Playa Guardelavava beim Eingang der Bucht. Dort bilden sie, zusammen mit Restaurants wie der Pizzeria Nova, Supermärkten, Souvenirläden und der Diskothek La Roca, so etwas wie ein Ortszentrum. Wassersportlern werden Tauchbasen, Windsurfen und Katamaransegeln geboten. Eins der beliebtesten Ausflugslokale am wilden östlichen Teil des Playa Guardelavaca ist El Cayuelo (Spezialität frische Meeresfrüchte, dazu Blick auf die See). Rund 34 km südlich von Guardelavaca liegt der malerische kleine Ort Banes mit zwei bedeutenden archäologischen Museen: dem Museo Inducubano Baní (General Marrero 305, geöffnet Di–Sa 12–18 Uhr, So 14–18 Uhr); benannt ist es nach dem ehemaligen Indianerhäuptling (Kazike) der Region; zu sehen sind rund 1000 Ausstellungsstücke aus Bestattungsstätten der Maniabón, dem einst hier ansässigen Stamm der Taino-Indianer. Das zweite, das Museo Chorro de Maita (etwas außerhalb des Orts, Adresse: Chorro de Maita, geöffnet Di– Sa 9–17 und So 9–13 Uhr) zeigt 62 bis zu 2000 Jahre alte Skelette von Indianern, die Ende der 80er Jahre östlich von Banes gefunden wurden. Sehenswert in der Umgebung ist auch das Kolumbus-Denkmal auf Cayo Banay, wo Christoph Kolumbus am 29.Oktober 1492 seinen Fuß erstmals auf cubanischen Boden setzte. Die 16 indianischen Götterstatuen (Symbole für die altamerikanische Welt), die von griechischen Säulen in Form eines Schiffsrumpfs bedrängt werden (Symbol für die nahende Alte Welt Europas), schuf die Künstlerin Caridad Ramos Mosquera 1992 zum 500sten Jahrestag der Entdeckung Amerikas.

Bei Guardelavaca

Havanna

Das Einheitsgrau, das jahrzehntelang über der 3-Millionen-Einwohner-Metropole Cubas lag, ist heute mit Farbe aufgefrischt. An der alten Prachtstraße von Miramar, der Avenida 5, wurden die Prachtvillen aus der Jahrhundertwendezeit von der Regierung für neue, finanzkräftige, ausländische Firmen restauriert. Auch La Rampa, die Hauptgeschäftsstraße, ist wieder lebensprall. Überall findet man „paladares" (kleine private Restaurants mit maximal 12 Stühlen), Souvenirläden und Straßenverkäufer. Vor allem aber im Centro Viejo, der 1982 von der UNESCO zum Weltkulturgut erklärten Altstadt Havannas, wird allmählich die alte Pracht der einst so reichen historischen Inselhauptstadt wieder sichtbar – auch wenn hinter den restaurierten Häusern nach wie vor das Elend regiert.

In Havanna wird sichtbar, daß kein Land Lateinamerikas so lange im Besitz Spaniens und damit so lange von spanischer Aristokratie bevölkert war, wie die Metropole Cubas. Denn sie (und später der Geldadel) besaß neben ihren Landsitzen im Innern der Inseln meist auch einen repräsentativen Wohnsitz in der Hauptstadt. Gegründet 1514 von Diego Velásquez, war Havanna von Beginn an das Handelszentrum der alten spanischen Überseebesitzungen. Aus frühester Zeit blieben einige Reste der damaligen gewaltigen Befestigungsanlage erhalten: zum Beispiel das Castillo de la Real Fuerza (1558–1570) an der Plaza de Armas; auf dem Rundturm dieses ältesten Kastells Havannas erinnert das Wahrzeichen der Stadt , „La Giradilla" (Bronzestatue von 1631), an Inés de Bobadilla, die Gemahlin von Gouverneur Hernando de Soto; sie wurde in der Haltung gestaltet, in der sie sehnsüchtig (aber vergeblich) nach ihrem

Havanna

Durchschnittswerte	Tagestemperatur °C	Nachttemperatur °C	Sonnentage*	Sonnenstunden / Tag	Wassertemperatur °C	Rel. Luftfeuchtigkeit %
Jan	26	18	25	7	25	79
Feb	27	18	24	7	24	76
Mär	28	19	27	9	24	75
Apr	29	21	25	9	26	74
Mai	30	22	24	8	27	76
Jun	31	23	20	8	27	81
Jul	31	24	22	9	28	80
Aug	32	24	21	8	28	80
Sep	31	24	20	8	28	82
Okt	29	23	20	6	28	81
Nov	27	21	23	7	27	78
Dez	26	19	25	6	27	77

* weniger als 1 Liter/m² Niederschlag
Quelle: Deutscher Wetterdienst, Hamburg

Havanna, Altstadt

Havanna, Bodeguita del Medio

(in Florida von Indianerspeeren getöteten) Gemahl ausschaut. Auch das gegenüber, am anderen Ufer der Bahia de la Habana liegende Castillo del Morro (1589–1610) ist Teil der alten Festungsanlage (errichtet von Batista Antonelli, dem berühmtesten Festungsbaumeister der Spanier); einen Besuch lohnt dort vor allem das Waffenmuseum (tgl. 9–21 Uhr).

Stärker als die erste Blütezeit aber hat die zweite (18./19. Jahrhundert) das Stadtbild geprägt, als die Zuckerwirtschaft durch die Zuwanderung aristokratischer Flüchtlinge aus Haiti einen ungeheuren Aufschwung erlebt (1820 ist Cuba umsatzstärkster Zuckerexporteur der Welt). Das berühmteste Prachtgebäude dieser Zeit ist die barocke Kathedrale (1748) im Zentrum vor dem heute von einem Kunstgewerbemarkt bevölkerten Plaza de Catedral. Vis á vis von ihr liegt das sehenswerte Museo de Arte Colonial (Mo und Mi 9–17, So 9–12 Uhr) mit Mobiliar aus den reichen Wohnhäusern. Die damalige Hauptgeschäftsstraße, die nur zwei Parallelstraßen weiter verlaufende Calle de Obispo, hat als Flanier- und Kneipenmeile die Zeiten vom Zuckerboom bis zum Unabhängigkeitskampf (von 1868 bis 1895, berühmtester Held war der Schriftsteller José Martí), von der US-gesteuerten Militärregierung (1898, nach der Explosion des US-Kreuzers „Maine" im Hafen von Havanna) bis zu den diktatorisch regierenden Präsidenten (1929 Gerardo Machacho und 1940–1958 Fulgenico Batista) und schließlich auch Castros Revolution überlebt. Im frisch restaurierten Hotel „Ambos Mundos" (Calle Obispo/ Ecke Mercaderes) ist noch das Zimmer zu besichtigen, in dem der Schriftsteller und Literaturnobelpreisträger Ernest Hemingway in den 30er Jahren (Zeit der Alkohol-Prohibition in den USA) wohnte. Um die nächsten Ecken finden sich dazu auch noch seine damaligen Lieblingskneipen: „El Bodeguita del Medio" (Empedrado 207) und „El Floridita" (Calle Obispo/Ecke Monserrate). Dort werden bis heute seine Lieblingscocktails serviert: El Mojito und El Daiquiri. In die alten Regierungspaläste aus der spanischen und nachspanischen Zeit wurden nach Castros Revolution zum Teil Museen eingerichtet. So in den alten Palacio de los Capitanes das

Museo de la Ciudad (Stadtmuseum, Calle Tacón zwischen Obispo und O'Relly, Di–Sa 11.30–17.30 Uhr, So 9–12 Uhr). Einen Überblick über die Helden und Geschehnisse der Revolution gibt das Museo de la Revolución (Refugio 1 zwischen Ave. de las Misiones und Zulueta, Do–Sa 10–17 Uhr, So 10–13 Uhr); auf dem Vorplatz ist die „Granma" unter Glas ausgestellt, mit der die Revolutionäre nach Cuba gelangten. Die Malecón (Uferpromenade, die zum Teil auf den Grundrissen der alten Stadtmauer verläuft) führt heute westwärts in die jüngeren und eleganten Stadtviertel Havannas, nach Vedado und Miramar. Dort sind Botschaften und viele neue Hotels angesiedelt. Bademöglichkeiten bietet Havanna nur an den östlich der Stadt gelegenen Playas del Este. Beliebtes Ausflugsziel dort ist der kleine Ort Cojimar, wo sich Hemingway zu seinem preisgekrönten Roman „Der alte Mann und das Meer" inspirieren ließ. Sein Lieblingslokal, La Terraza, ist heute eine mit vielen Hemingway-Fotos dekorierte Touristenattraktion. Ein anderes beliebtes Ausflugsziel ist die Tabakregion im Westen Cubas: Pinar del Río. Ein Besuch der dortigen Tabakfabrik kann kombiniert werden mit einem Abstecher in das Valle de Viñales, das mit seinen eigentümlich geformten Mogotos-Bergen von besonderem landschaftlichen Reiz ist; außerdem können Höhlen besichtigt werden.

Havanna, „Tropicana Show"

Holguín

Die Hauptstadt der gleichnamigen (viertgrößten) Provinz (195 000 Einwohner) liegt etwa eine Autostunde (80 km) vom Ferienort Guardelavaca entfernt im Innern der Insel im Mayabetal. Am Stadtrand führt eine Treppe auf den Hügel Loma de la Cruz, von dem sich die schon 1523 gegründete und nach dem spanischen Kapitän Francisco García Holguín benannte Stadt schön überblicken läßt. Die Gebäude im Zentrum spiegeln auch hier die Glanzzeiten des Zuckerbooms im 19. Jahrhundert wider, vor allem die 1720 erbaute Kathedrale San Isidoro. In einem stattlichen Gebäude dieser Epoche ist auch das Naturkundemuseum mit Cubas größter Sammlung bunter Schneckenhäuser, wie sie typisch für Cuba sind, untergebracht (Maceo/ Plaza Central, So–Do 9–17 Uhr, Sa 13–17 Uhr); daneben gibt es das Kunstgewerbemuseum „ Museo Provincial" (Frexes 198, Mo–Fr 9–17 Uhr, Sa 9–13 Uhr) mit vielen Ausstellungsstücken, die deutlich indianisch beeinflußt sind.

Nach wie vor ist Holguín heute ein wichtiges Wirtschaftszentrum für die alten Inselprodukte Zuckerrohr und Tabak und der Viehwirtschaft, die im flachen Küstenland eine tragende Rolle spielt, aber auch für Fabrikprodukte (Möbel, Textilien, Leder). Auch Puppen werden in der Stadt hergestellt; die Fabrik (Fabrica de Muñeca folklorica, Carretera Gibar 560, Mo–Sa 8–16.30 Uhr) kann besichtigt werden.

Zu den schönsten Ausflugszielen Cubas gehört der Mirador de Mayabe auf einem Stadtrandhügel; an das Hotel auf dem Gipfel ist eine Museumsfinca angegliedert, die einen guten Eindruck von der ehemaligen kleinbäuerlichen Lebensweise vermittelt.

Holguin

Santa Lucía

Beliebter Ferienort der Provinz Camagüey im Nordosten Cubas, der sich in den letzten Jahren am Playa Santa Lucía, einem rund 20 km langen weißen Korallensandstrand, entwickelte. Der Strand säumt mit seinen zahlreichen Hotels die flache, offene Seeseite. Im Rücken breitet sich eine tief ins Land reichende Lagune mit Mangrovendickicht aus, die von Flamingos und anderen seltenen Wasservögeln belebt ist. Hobby-Ornithologen können sie schon gut während der rund 10 minütigen Fahrt zum malerischen kleinen Fischerdorf La Boca (viele gute Fischrestaurants am Playa de Los Cocos, z.B. Casa del Pescador oder Boucanero) im Norden von Santa Lucía beobachten. Kurze Bootsausflüge entfernt liegt die Halbinsel Cayo Sabinal mit dem Leuchtturm Faro Colón, einer Festungsruine und den Stränden Playa Los Pinos, Playa Brava und Playa Bonita; sie sind vor allem beliebte Ausgangspunkte für Schnorchel- und Tauch-Exkursionen zu den vorgelagerten Riffen (große Tauchbasis in Playa Santa Lucía). Die Halbinsel gehört zum langgestreckten Archipiélago de Sabana-Camagüey (siehe auch Cayo Coco und Cayo Guillermo). Einen Tagesausflug wert ist die Provinzhauptstadt Camagüey (rund 300 000 Einwohner), die erst 1923 von Santa María Puerto Príncipe nach einem Indianerfürsten der Region in Camagüey umbenannt wurde. Wahrzeichen der Stadt sind die tinajeros (große Tonkrüge zum Sammeln von Regenwasser). Besonders hübsch ist die restaurierte und unter Denkmalschutz gestellte, verwinkelte Altstadt, die sich stimmungsvoll in alten Kutschen besichtigen läßt. Schönstes koloniales Kleinod ist der Plaza San Juan de Dios (tgl. ab 20 Uhr Flohmarkt mit Imbißständen); dort kann man auch gut in ehemaligen spanischen Herrenhäusern speisen (El Orejito und La Campana de Toledo, beide an der Hermanos Agüero). Im restaurierten Teatro Principal (erbaut 1850) sind Vorstellungen des „Ballett de Camagüey“ zu sehen; das Ensemble wurde 1967 gegründet und gehört heute (nach dem Nationalballett von Havanna) zum besten der Insel. Wer Zeit hat und billig weiterreisen will: in Camagüey halten auch die Züge der Eisenbahnlinie Havanna-Santiago de Cuba.

Santa Lucía

Santiago de Cuba

Die südlichste Stadt Cubas breitet sich vor der Sierra Maestra in einer natürlichen Bucht zur Karibik hin aus. Mit ihrer pittoresken Anlage über die Buchthügel, den engen Gassen und Treppchen (z.B. Calle Padre Pico) zwischen Unter- und Oberstadt des schmucken historischen Zentrums, der trutzigen uralten Festung Castillo del Morro (mit Piratenmuseum, Di–So 9–18 Uhr) und nicht zuletzt ihrer heiteren, überwiegend farbigen Bevölkerung, vermittelt sie auf Anhieb den Eindruck der sonnigsten Stadt Cubas. Gegründet um 1520 von Diego Velázquez, dem ersten Gouverneur Cubas, war sie (nach Baracoa im äußersten Osten der Insel) bis 1549 Inselhauptstadt. Erst danach wurde die Regierung nach Havanna verlegt. Das 1522 für Diego Velázquez erbaute Holzhaus steht noch im Stadtzentrum am Parque Céspedes und gehört als ältestes Gebäude der Insel und Museum für die großbürgerliche Wohnkultur des 18./19. Jahrhunderts zu den großen Sehenswürdigkeiten (Casa de Velázquez/Museo de Ambiente Histórico Cubano, Parque Céspedes, Mo–Sa 8–18 Uhr, So 9–13 Uhr). Gegenüber erstrahlt heute das Grandhotel Casa Grande in neuem Glanz, und in der angrenzenden Calle Heredia findet jeden Abend der Sábado de Rumba, eine öffentliche Tanzveranstaltung in der Straße mit Live-Musik statt. In der Calle Heredia liegt auch die legendäre Casa de Trova, in der Uncle-Sam-Daddies mit französischen Namen in bester Jazz-Manier auf ihren Pauken und Trompeten üben – Nachfahren afrikanischer Sklaven, die nach der Revolution auf Haiti mit ihren französischen Pflanzer-Herren auf die Insel kamen.

Berühmt ist Santiagos heißer Karneval (ab 25. Juli); im Museo de Carnaval (Calle Heredia 330, Di–So 9–17 Uhr) kann man sich das ganze Jahr über vom Einfallsreichtum und der Farbenpracht der Kostüme überzeugen. Santiago de Cuba ist heute bewohnt von rund 300.000 Menschen. Als Hafenstadt ist sie vor allem ein Zentrum für Kaffee und Kakao, die Hauptprodukte, die im gebirgigen Hinterland gedeihen. Eine klassische Kaffee-Finca aus vorrevolutionärer Zeit (sie gehörte dem französischen Einwanderer Victor Constantin) ist heute Museum (Museo La Isabelica, Carretera Gran Piedra km 14, Di–Sa 9–14 Uhr, So 9–13 Uhr). An den ersten revolutionären Aufstand, den Fidel Castro schon 1953 auf der Insel initiierte, erinnern die Einschüsse an der Moncada Kaserne, heute Museo Historico 26 de Julio/Cuartel Moncada (Mo–Sa 8–18 Uhr, So 8–12 Uhr) und die Finca Granjita Siboney (ebenfalls heute Museum, Carretera Siboney km 13,5, Di–So 9–17 Uhr), in der die Gewehre für den Sturm auf die Moncada Kaserne versteckt waren. Auf dem Friedhof Santa Ifigenia (Ave. Crombet) kann das Grab des berühmtesten Freiheitshelden Cubas, von José Martí, besichtigt werden; daneben auch das Familiengrab der berühmtesten cubanischen Rum-Dynastie Bacardí (heute mit Firmensitz auf Puerto Rico), die Fidel Castros revolutionäre Gedanken erst finanziell unterstützt haben soll, aber nach seinem Sieg von ihm enteignet wurde. Überbleibsel der alten lokalen Rumwirtschaft ist die Fabrik Canay (Rumverkauf und Fabrikbesichtigung). Strandbuchten mit Badehotels findet man etwa eine halbe Autostunde von der Stadt entfernt an der Südküste am Rande des Parque Nacional de Bacanao; die schönsten heißen Playa

Santiago de Cuba						
Jan	29	20	29	7	26	74
Feb	29	20	25	7	25	73
Mär	29	21	27	7	26	74
Apr	29	22	25	7	26	75
Mai	30	23	24	7	27	78
Jun	31	24	25	6	27	79
Jul	32	24	27	7	28	77
Aug	32	24	27	7	28	77
Sep	31	24	24	5	28	79
Okt	31	23	24	5	28	79
Nov	30	22	25	6	27	77
Dez	29	21	29	7	26	75
Durchschnittswerte	Tagestemperatur °C	Nachttemperatur °C	Sonnentage*	Sonnenstunden / Tag	Wassertemperatur °C	Rel. Luftfeuchtigkeit %

* weniger als 1 Liter/m² Niederschlag
Quelle: Deutscher Wetterdienst, Hamburg

Santiago de Cuba

Santiago de Cuba

Daiquiri, Playa Jagua (mit beliebtem Ausflugslokal) und Playa Cazonal (Hotelstrand). Hauptattraktion des rund 80. 000 Hektar großen Nationalparks Bacanoa ist das „Prähistorische Tal" mit gut einem Dutzend naturgetreu nachgebildeter Dinosaurier. Bei der Playa Daiquiri befindet sich außerdem ein sehenswertes Automuseum (So–Di 8.30–17 Uhr) mit über 30 Oldtimern aus den Jahren 1912 bis 1958 sowie 2.000 kleine Automodelle.

Die schönsten Ausflüge in die Umgebung führen in die Sierra Maestra, zum Beispiel in den Wallfahrtsort El Cobre zur gleichnamigen Basilika, die 1927 auf einem Hügel neben den Abraumhalde von Kupferminen im Tal erbaut wurde (die kleinen metallhaltigen Steine der Region gelten als Heilsbringer); im Innern ist Cubas Schutzpatronin Virgen de la Claridad zu sehen. Eine Tagesreise entfernt liegt Baracoa, wo Kolumbus 1492, während seiner ersten Reise, ein Holzkreuz errichtete und Diego Velázquez 20 Jahre später die erste Stadt Cubas gründete (bis 1524 auch Inselhauptstadt). Über die Stadtgeschichte des heute unscheinbaren und provinziellen Ortes (rund 50. 000 Einwohner) informiert das Museo Municipal de Baracoa (Di–Sa 9–17 Uhr, So 9–13 Uhr). Etwa auf halber Strecke zwischen Santiago de Cuba und Baracoa passiert man Guantánamo, die rund 150. 000 Einwohner zählende Stadt am gleichnamigen US-Flottenstützpunkt (seit 1903); der Ort wurde berühmt durch das Lied „Guantánamera".

Trinidad und Playa Ancón

Auch gern als „Rothenburg Cubas" bezeichnete historische Stadt im mittleren Süden Cubas, die 1989 von der UNESCO zum Weltkulturgut erklärt wurde. Das unzerstörte historische Stadtbild stammt zum überwiegenden Teil aus der Blütezeit Cubas zu Zeiten des Zuckerbooms im 18./19. Jahrhundert; gegründet aber wurde die Stadt schon 1513 von Diego Velázquez. Seit der Sklavenbefreiung (1886), die die Blütezeit abrupt stoppte, scheint sich Trinidad kaum verändert zu haben. Kutschen fahren heute Touristen über das Kopf-

Trinidad

steinpflaster, das einst als Schiffsballast aus Boston ins Land kam; vorbei an den prächtigen, alten, spanischen Kaufmannshäusern, ihren hohen Ziergittern vor den Fenstern, den kühlen Patios sowie dem Mirador auf dem Dach, einem Ausguck mit Glocke, die bei drohender Sklavenrevolte geläutet wurde. In die Häuser zogen mittlerweile Souvenirläden, Kunstgalerien, Restaurants und Museen ein. So zum Beispiel das „Museo Municpal" (Simón Bolívar 423, Do–Di 8–17 Uhr) in das ehemalige Wohnhaus eines Zuckerbarons. Zu den schönsten Museen von Cuba gehört das „Museo Romántico" (Fernando Hernández Echemendía 52, Di–So 8–17 Uhr) in dem ehemals gräflichen Wohnhaus, das heute noch die ganze Pracht zeigt, in der die Reichen damals lebten. Funde aus vorkolumbischer Zeit sind im Museo de Arquelología Guamuhaya ausgestellt (Simón Bolívar 457, Sa–Do 8–17 Uhr). In die Kunst der kolonialen Bauart führt das Museo de la Arquitectura (Desengaño 83,Di–Sa 9–12 Uhr und 14–18 Uhr, So 9–13 Uhr) ein. Auch Trinidad besitzt sein revolutionäres Museum: das Museo de la Lucha contra Bandidos (Cristo Ecke Boca, Di–So 8–17 Uhr) zeigt eine Dokumentation der Kämpfe in den Bergen von Escambray gegen letzte Feinde der Revolution. Ein Muß für Besucher ist auch die kleine Kneipe „La Canchánchara" (in der Rubén Martínez Villena neben dem historischen Restaurant „El Jigüe"), die mit ihrem hausgebrauten gleichnamigen Getränk aus Honig, Rum und Zitronensaft berühmt wurde. Etwa zehn Fahrminuten von der Stadt entfernt liegt der kilometerlange und breite, weiße Korallensandstrand Playa Ancón mit seinen Hotels. Lohnende Ausflüge in die Umgebung führen in das Escambray-Gebirge zum Hanabanilla-Stausee (gute Angelmöglichkeiten) und nach Santa Clara, wo zur Zeit ein Museum für „Che" Guevara, den in Bolivien erschossenen Kampfgefährten Castros, vorbereitet wird.

Varadero-Strand

Varadero	Tagestemperatur °C	Nachttemperatur °C	Sonnentage*	Sonnenstunden / Tag	Wassertemperatur °C	Rel. Luftfeuchtigkeit %
Jan	26	19	25	7	25	78
Feb	26	19	22	7	24	77
Mär	27	20	26	9	24	76
Apr	28	22	25	9	26	73
Mai	29	23	23	8	27	77
Jun	30	24	20	8	27	80
Jul	31	24	23	9	28	78
Aug	31	25	12	9	28	79
Sep	31	24	18	8	28	81
Okt	29	24	21	7	28	80
Nov	29	24	21	7	28	80
Dez	26	20	25	6	27	79
Durchschnittswerte						

* weniger als 1 Liter/m² Niederschlag
Quelle: Deutscher Wetterdienst, Hamburg

Varadero

Der berühmteste Badeort Cubas breitet sich an einem breiten und ca. 12 km langen, weißen Traumstrand auf der 18 km langen Halbinsel Hicaco, rund zwei Autostunden nordöstlich von Havanna, aus. Ursprünglich war sie nur von Fischern bewohnt und zum Teil bedeckt von Salinen, die ganz Cuba mit Salz versorgten, bis Dichter wie der große Schriftsteller Lateinamerikas, der Chilene Pablo Neruda, die Schönheit dieser Halbinsel entdeckten und publik machten. Um die letzte Jahrhundertwende errichteten schließlich reiche Cubaner und US-Amerikaner erste Wochenendhäuser; wenig später wurden die ersten Segelregatten veranstaltet, und während der Prohibition in den USA entwickelte sich Varadero zum Lieblingsplatz von Mafiosi und neureichen Amerikanern. Castro unterbrach die „Karriere" Varaderos für rund 30 Jahre, indem er die Strände der Allgemeinheit zugänglich machte. Heute säumen den Strand wieder nahezu nahtlos Hotels, überwiegend ausländischer Hotelketten, die dort nach Joint-Venture-Abkommen mit der Regierung vorwiegend Häuser der gehobenen Kategorie bauten. Das Museo Municipal (zwischen Ave. Playa und Calle 57, Mo–Sa 10–19 Uhr, So 14–18 Uhr) zeigt die Entwicklung Varaderos. Im Zentrum des langgestreckten Ortes breitet sich der Erholungspark „Retiro Josone" (mit Gartencafés, Restaurants und Fahrradverleih) aus. Am Ostende, in direkter Strandlage (Ave. Las Américas), liegt die Villa Dupont (mit Golfplatz); im Erdgeschoß ist heute eine Luxusrestaurant. Weiter östlich liegt die Cueva La Pirata, die einzige der zahlreichen Discos am Ort, die in eine natürliche Höhle eingebaut wurde.

Varadero bietet alle Möglichkeiten für einen Aktivurlaub: einen 18-Loch-Golfplatz, ein Fallschirmspringerzentrum, Reitställe, Wassersportschulen (für Windsurfer, Segler und Taucher) wie Tennisplätze (bei den meisten Hotels). Ausflüge in die Umgebung führen in die Stadt der Kutschen, nach Cárdenas (18 km von Varadero entfernt); die älteste Kutsche steht im Museo Oscar María de Rojas (Calzada 4, Di–Sa 13–18 Uhr, So 9–13 Uhr). Oder in das ökologisch bedeutendste Sumpfgebiet Cubas, die Ciénaga de Zapata im Süden Varaderos. Hauptziel dort ist La Boca, der Eingang zur wildromantischen Laguna del Tesoro mit ihrer Krokodilzuchtstation; die Bootsausflüge in den Dschungel des Sumpfgebiets führen nach Guamá, einem künstlichen Indianerdorf, in dem die Künstlerin Rita Longa mit 32 Indianerskulpturen versuchte, die Lebensweise der Siboney wiederzugeben.

• • • 200 m neben den LTI-Hotels Bella Costa und Tuxpan, in traumhafter Lage am Varadero-Strand, liegt die ehemalige DuPont-Villa. Dieses herrschaftliche Anwesen mit einem ehemals privaten 9-Loch-Golfplatz besticht gleichermaßen durch seine Architektur und Einrichtung, die weitgehend erhalten ist.

Von der Terrasse hat man einen spektakulären Blick über Strand und Meer. Heute beherbergt die Villa eines der besten Restaurants der Region. Ein "Lobster Dinner" in dieser Atmosphäre wird zu einem unvergeßlichen Erlebnis.

Strand an der Südostküste

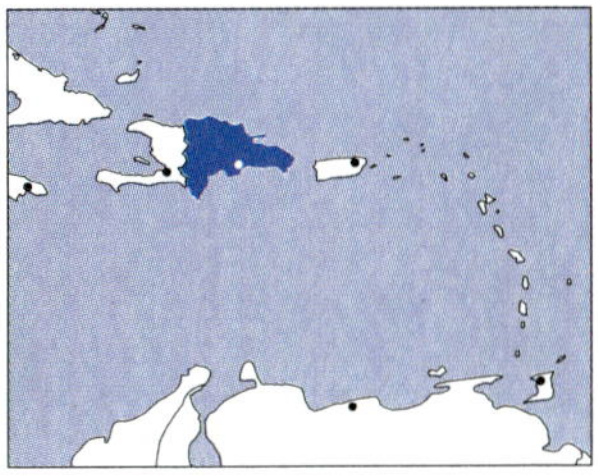

Dominikanische Republik

Kolumbus landet auf seiner ersten Amerika-Reise am Weihnachtstag auf einer Insel, die die einheimischen Indios „Quisqueya" (Mutter der Erde) und Aiti (bergiges Land) nennen. Er tauft sie in Hispaniola um; seinen Landeplatz nennt er „Navidad" (heute in Haiti). Als er 1493 zurückkehrt, findet er Navidad verwüstet vor. Er zieht ein Stück weiter östlich und gründet dort La Isabela, die erste Kolonial-Siedlung auf dem Terrain der Dominikanischen Republik, die er wenig später zugunsten von Santo Domingo im Süden des Landes aufgibt.

Geschichte und Kultur

Mit Santo Domingo gründeten Christoph Kolumbus und sein Bruder Bartolomé 1496/1502 die erste Stadt Amerikas. Zugleich wurden die einheimischen Taino, die Kolumbus aufgrund seines Irrtums, in Indien gelandet zu sein, „Indianer" nannte, per Gesetz (encomienda) zu Arbeitssklaven degradiert. Viele starben an der brutal schweren Arbeit, viele auch an eingeschleppten Krankheiten. Vierzehn Jahre nach der Ankunft von Kolumbus war die Urbevölkerung bereits von ursprünglich rund 300.000 Menschen auf 4.000 dezimiert. 1533 fand unter dem schon getauften Taino-Häuptling Enriquillo der letzte Indianeraufstand statt. Im Laufe der beginnenden Kämpfe um die neuen Besitzungen in der „Neuen Welt" plünderte der englische Pirat Francis Drake 1586 Santo Domingo und im Inselwesten ließen sich französische Piraten nieder. Rund hundert Jahre später wurde der Inselwesten Frankreich zugesprochen. Zur französischen Revolution wurde sie von Sklavenrevolten erschüttert. Es entstand die erste Republik freier Schwarzer und das „Imperium von Haiti", das fortan zum größten Aggressor für den spanischen Teil der Insel (die heutige Dominikanische Republik) werden sollte. Die blutigen Gemetzel, die in der Geschichte beider Länder die Versuche Haitis bestimmten, den spanischen Teil der Insel ein-

Informationen

*Generalkonsulat der Dominikanischen Republik, Fuchshohl 59, 60431 Frankfurt/Main, Tel.: 069/521035, Fax: 069/517792, T-Online: *5970330#*

Routenvorschlag

❶ *Hispaniola Total, 1 Woche*

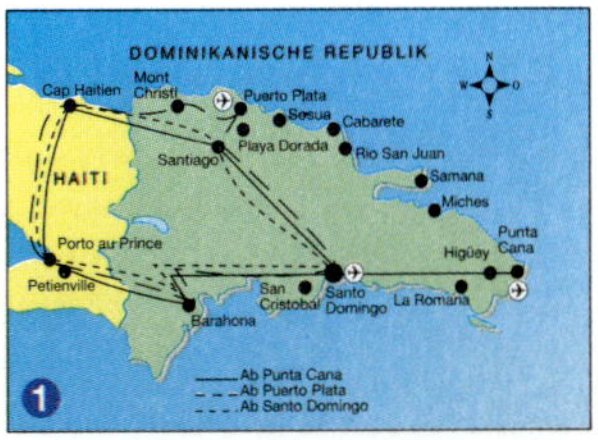

Sekundärliteratur
Reiseführer deutsch

Gesine Froese, Dominikanische Republik, Ostfildern 1996.
Ulrich Fleischmann, Dominikanische Republik, Köln 1995.
Christian Schwalbach, Dominikanische Republik, München 1995.

Internetadressen

http://www.caribbean-on-line.com/dr/dr.html
http://www.drtravel.com/
http://www.dr1.com/
http://www.hispaniola.com/

zunehmen, belasten bis heute das Verhältnis der Nachbarstaaten. Verschärft wird es durch religiöse Konflikte zwischen den Voodoogläubigen Haitianern und den erzkatholischen Dominikanern. Heute kommen die Menschen aus Haiti, das mittlerweile zum ärmsten Land der Welt absank, als billige Zuckerrohrschneider in die Dominikanische Republik. Den spanischen Teil der Insel führten am 27. Februar 1844 drei dominikanische Intellektuelle (Juan Pablo Duarte, Ramón Mella und Fracisco Sánchez) in die Unabhängigkeit von Spanien. 1916–1924 folgte ein Intermezzo der Amerikaner, die das Land unter dem Vorwand besetzten, Schulden einzutreiben. Danach schon kam der Diktator Rafael Leónides Trujillo an die Macht. 1961 wurde er ermordet . Noch vor seinem gewaltsamen Tod übertrug er dem damals jungen Juristen Joachím Balaguer sein Amt. Mit kurzen Unterbrechungen blieb Balaguer bis 1996 Präsident einer „präsidialen Republik". Ihn löste Leonel Fernandez von der Dominikanischen Befreiungspartei ab.

Geographie und Geologie

Der (nach Cuba) zweitgrößte Staat der Karibik breitet sich mit ungewöhnlich abwechslungsreicher Landschaft auf dem östlichen Teil der Insel Hispaniola über eine Fläche von 48.442 km^2 aus. Im Innern erhebt sich ein von Wasserfällen wie reißenden Flüssen durchzogenes und von Piniendüft erfülltes Gebirge, das in verschiedene Naturschutzgebiete gegliedert ist: die Cordillera Central mit dem höchsten Gipfel der Karibik, dem 3.175 m hohen Pico Duarte. Gen Norden fällt es erst in das fruchtbare Schwemmland des Valle Cibao ab, wo Tabak, Zuckerrohr und jede Menge Südfrüchte gedeihen. Und steigt dann wieder zur sanfteren Cordillera Septentrional an, dem Gebirge im Rücken der Nordküste und des größten touristischen Ballungsgebietes mit den Orten Puerto Plata, Sosua und Cabarete. Im Südwesten sinkt die Cordillera Central abrupt zur knochentrockenen Ebene des salzigen Enriquillo-See`s mit seiner Krokodilinsel ab, bevor es sich danach erneut in die von Kaffeeplantagen glitzernde gebirgige Halbinsel Baoruca mit dem gleichnamigen Nationalpark erhebt. Die Südküste ist Mündungsgebiet der größten Flüsse in die Karibik wie des Río Ozama in der Landeshauptstadt Santo Domingo, an die sich die Südostküste mit den Badeorten Boca Chica, Juan Dolio und La Romana anschließt. Und den Osten prägen Ebenen mit Zuckerrohrfeldern und Karstlandschaften mit kegelförmigen Bergen; hier liegt auch die große Bucht Samaná vor der gleichnamigen Halbinsel. Sie war früher eine Insel. Traumhafte Palmenstrände vor durchsichtig schimmerndem Meereswasser sind das Markenzeichen der Ferienorte dieses Ostens: von Punta Cana auf der Südseite der Samaná-Bucht bis Las Terrenas am Nordufer der Samaná-Halbinsel.

Bei Las Terrenas

Staat und Gesellschaft

Die 7,8 Mio. Menschen in der Dominikanischen Republik sind überwiegend Mulatten. Aufgrund mangelnder staatlicher Kontrolle wie Transport-Unterstützung durch Schulbusse beträgt die Analphabetenrate knapp 20 Prozent, obwohl es eine Grundschulpflicht von sechs Jahren (auf dem Land fünf Jahre) gibt. Folgen einer konservativen Politik, die über die letzten Jahrzehnte von Joaquín Balaguer bestimmt wurde. Bis zur Neuwahl im Mai 1996 prägte er das Gesicht des Landes. Weltweite Kritik rief der Dollarmillionen teure Bau des Faro de Colón zum 500sten Jubiläum der Entdeckung Amerikas durch Kolumbus hervor, für die er die Armenviertel am Ostufer des Río Ozama räumen ließ.

Wirtschaft und Industrie

Seit den 70er Jahren sorgte eine konsequente Investitionspolitik der Regierung für einen nahezu nahtlosen Ausbau der Landesküsten in „touristische Zonen“. Die Folgen: Kein Land der Karibik wird heute so häufig von Europa aus angeflogen wie die Dominikanische Republik; und kein anderes kann sich rühmen, jährlich fast zwei Millionen Touristen zu empfangen. Längst ist der Tourismus wichtigste Devisenquelle des Landes geworden; an zweiter Stelle stehen die Einnahmen aus dem Export landwirtschaftlicher Produkte wie von Rohrzucker, Kaffee und Kakao, aber auch von Tropenfrüchten. Einen nicht unbedeutenden Faktor in der Wirtschaft stellen daneben auch die Rohstoffe wie Nickel, Gold und Silber dar. Daß die Dominikanische Republik zu den armen Ländern der Dritten Welt gehört, liegt an der hohen Arbeitslosigkeit (rund 40 Prozent), hohen Geburtenraten und einer extremen Auslandsverschuldung.

Strand bei Boca Chica

Boca Chica

Der Ferien- und Badeort (rund 10.000 Einwohner) an der „größten Badewanne des Landes" liegt dem Internationalen Flughafen „Las Américas" am nächsten. Außerdem ist er nur rund 25 km von der Metropole Santo Domingo entfernt, und deshalb auch beliebtes Wochenendziel für die Hauptstädtler, die dann dort die öffentlichen Strände mit ihren Familien belagern und spontane Einlagen ihrer Lebenslust mit Merengue-Tänzen unter funkelndem Tropenhimmel abgeben. Seinen Beinamen „Badewanne" erhielt der Ort, weil er an einer besonders flachen, von einem Korallenriff und den zwei kleinen Inseln La Matica und Los Piños geschützten Bucht liegt, die auch Kindern gefahrloses Baden ermöglicht.

Boca Chica beginnt im Westen mit dem Ortsteil San Andrés, Sitz einer alten Zuckerfabrik und Wohnort der Einheimischen. Östlich geht er fast nahtlos über in den turbulenten Ferienort mit seiner Amüsiermeile und Hauptstraße Calle Duarte, wo sich Bars und Restaurants aneinanderreihen; beliebte Treffpunkte sind zum Beispiel Carlo & Anita, gleich gegenüber der großen Diskothek „Alcatraz". Die Resorts verteilen sich an den zum Teil schmalen (oder wie beim Don Juan Beach Resort künstlich aufgeschütteten) Stränden an den Ortsenden.

Wachsender Beliebtheit erfreut sich die ruhigere Zone im Ortsosten beim Hotel Hamaca; dahinter findet sich auch das erstklassige Fischrestaurant „Neptuno" und die private Villenanlage „Méson Isabela".

Eine gute Tauchschule (Treasure Divers, beim Hotel Don Juan Beach) bietet Unterricht und Ausflüge zum nahen Parque Nacional Submarino, zur Isla Catalina und zu Wracks, Grotten und Süßwasserhöhlen.

Attraktionen der näheren und weiteren Umgebung sind im Westen die Hauptstadt Santo Domingo und der einen Tagesausflug entfernte Lago Enriquillo mit seiner Krokodilinsel; im Osten vor allem das Künstlerdorf Altos de Chavón (bei La Romana).

Cabarete

Bei Cabarete

Der „sportlichste" Ferienort im Land, der seinen touristischen Aufschwung vor allem seinen guten Windsurf-Bedingungen verdankt. Die durchschnittliche Windstärke in der langen wilden Strandbucht des ehemaligen Fischerdorfs (heute rund 8.000 Einwohner) beträgt etwa 4–5 Beaufort, im Sommer und Herbst sogar darüber. Damit wurde Cabarete gefragter „Spot" für Windsurf-Freaks aus aller Welt. Ein knappes Dutzend Windsurfschulen ist heute im Ort vertreten, die mit erstklassigem Material international bekannter Ausrüsterfirmen arbeiten. Die Anhänger dieses Sports drückten Cabarete ihren Stempel auf: Die Atmosphäre ist lässig, unkompliziert und jung. Szene-Kneipen an der Hauptstraße des langgezogenen Straßendorfs, das längs der Landstraße zwischen Sosuá und Río San Juan liegt, ziehen selbst Urlauber aus den Nachbarorten an.

„Man" frühstückt im „Cabarete Beach Hotel", trifft sich am Tag in „Opa's Strandbar", am Abend im Meeresfrüchte-Restaurant „Leandro's" an der Hauptstraße, im „Las Brisas" (Restaurant, Bar und Disco) am Strand oder ein paar Häuser weiter im „New Wave Café". Die Hotels der unterschiedlichsten Kategorien (auch viele preiswerte Quartiere) verteilen sich auf beiden Seiten der Straße; zum langen Strand sind es stets nur ein paar Schritte.

Attraktion am östlichen Ortsrand sind die Cuevas de Cabarete, Höhlen mit einem natürlichen Badesee, in denen auch Shows gezeigt werden. In der weiteren Umgebung lohnen die Mangroven-Wildnis bei Río San Juan einen Ausflug (Bootstouren), außerdem der malerisch zwischen Felsen gebettete Playa Grande und das grüne Hinterland des fruchtbaren Cibao-Tals.

• • • Aussichtslokal El Molino an der Straße zwischen Jamao del Norte und Moca.

Juan Dolio

Zwischen Boca Chica und der Hafenstadt San Pedro de Macorís am schmalen und zum Teil wildromantisch geschwungenen Playa Juan Dolio gelegener alter Ferienort der Südküste, der alle Höhen und Tiefen der Tourismusentwicklung des Landes durchgemacht hat. In den 70er Jahren noch Lieblingsort von Aussteigern, geriet er mit den veränderten Urlauberansprüchen nach mehr Komfort in eine Strukturkrise, von der er sich seit der Ansiedlung zahlreicher beliebter Clubhotels wie des Decamerón, des Talanquera Country & Beach Clubs oder des Metro-Marina (mit 18-Loch-Golfplatz) am Ostende des langgezogenen Ortes rasch erholte. Lediglich im alten Zentrum an der Calle Principal ist von der Krise noch etwas zu spüren, zumal die dortigen kleinen Restaurants seit der Erfindung des All-Inclusive-Gedankens unter Gästeschwund leiden. Neuer Treffpunkt an der Landstraße nach San Pedro de Macorís ist das im bunten karibischen Stil erbaute Shopping-Zentrum mit Freiluft-Disco „El Batuey". Typisch dominikanische Atmosphäre können Ausflügler in der nahen Hafen- und Zuckerstadt San Pedro de Macorís schnuppern (150.000 Einwohner).

La Romana

Die „eleganteste“ Stadt (148.000 Einwohner) des Landes, das seinen wirtschaftlichen Aufschwung dem US-amerikanischen Konzern Gulf & Western verdankt, der in den dreißiger Jahren hier die bis heute größte Zuckerfabrik des Landes führte. Damals errichtete die Firma für ihre Angestellten einen luxuriösen Wohnpark mit allen Annehmlichkeiten für die Freizeit, aus dem sich das heute exklusivste Resort des Landes entwickelte: das Casa de Campo. Auf dem etwa 2.800 Hektar Areal dieser großen Hotelanlage an strandarmer Küste verteilen sich neben Restaurants und Bars zwei erstklassige 18-Loch-Golfplätze, ein riesiger Reitstall mit eigenem Springparcour und Polofeld, Tennisplätze, ein Tonscheiben-Schießgelände, ein Beauty- und Fitness-Center und ein eigener Yachthafen (regelmäßig Ausflüge zur vorgelagerten Insel Isla Catalina); angegliedert ist ein exklusiver, privater Villenbereich, wo Prominente wie der dominikanische Designer Oscar de La Renta, Liz Taylor oder Placido Domingo ihre luxuriösen Anwesen besitzen, und wo Michael Jackson heiratete.

Anziehungspunkt für das ganze Land ist das ebenfalls zum Hotelkomplex gehörige Künstlerdorf „Altos de Chavón“, das 1976 nach einer Idee des Gulf & Western Präsidenten Bluhdorn auf schwindelnder Höhe über dem Río de Chavón im Stil eines typisch spanischen Bergdorfes erbaut wurde. Von den verschiedenen Restaurants bietet sich ein herrlicher Blick; das erstklassige „Museo Arqueológico“ (tgl. 9.30–16.30 Uhr) zeigt die größte Auswahl an vorkolumbischen Fundstücken im Land; ein 5.000 Gäste fassendes „antikes“ Amphitheater steht für Megakonzerte internationaler und dominikanischer Musikstars zur Verfügung; außerdem leben und arbeiten die Studenten der „Parson-School“ (Zweigniederlassung der gleichnamigen New Yorker Design-Schule) in den Seitengebäuden der Anlage. Ihre Entwürfe sind zum Teil in den Galerien und Shops des Kunstdorfes zu sehen.

In der näheren Umgebung lohnt ein Ausflug zum idyllischen Fischerdorf Bayahibe im Osten von La Romana.

Das Landesinnere

Strand an der Südküste

Las Terrenas

Punta Bonita Strand bei Las Terrenas

Unter Insidern als schönster Ferienort im Land gehandelter ehemaliger Fischerort, der isoliert vom Rest der Welt an den kilometerlangen Palmenstränden der Nordseite der Samaná-Halbinsel liegt: Er ist nur über die serpentinenreiche Bergstraße des rund 600 m hohen Halbinselrückens zu erreichen, die gleich hinter Sanchéz zu Beginn der Samaná-Bucht abzweigt. Einheimische, Aussteiger aus aller Welt und Touristen leben hier in familiärer Harmonie; die Hotelszene beherrschen neben den großen All-inclusive Resorts im Zentrum immer noch überwiegend kleinere Herbergen, darunter das mit Sonnenenergie betriebene „Las Cayenas" (unter schweizer Leitung).

Mit großem Kunstverstand betrieben wird die kleine Kunstgalerie Haitian Caraibes Art Gallery in der Calle Principal. Traditionelle Treffpunkte sind das Strandrestaurant „Chez Paco" oder die Disco-Terraza Nuevo Mundo.

Besonders schön ist ein Spaziergang durch den Palmenhain Richtung Westen bis zur Freiluft-Restaurantbar „Las Ballenas" (Grill- und Brotspeisen aus dem Steinofen), die nach den vorgelagerten Inselchen „Las Ballenas" (Die Wale) benannt ist und malerisch am Rand des felsigen Cabo de Las Ballenas liegt. Dahinter breitet sich der stille Playa Bonita aus.

In der entgegengesetzten Randzone des Orts, im Osten, liegt El Portillo, wo der Strand ockerfarbener wird und die Vegetation sich in Bergbusch wandelt (Sitz des All-inclusive-Hotels „El Portillo Beach").

Wenige Kilometer bergeinwärts rauscht dort auch der kleine Wasserfall „Salto de Limón" durch dichten Dschungel über Felsbrocken.

Luperón

Fischerort in der Bahia de Luperón o de Gracias, rund 40 km vom Flughafen Puerto Plata entfernt. Seit an dem schönen Sandstrand ein großes Resort erbaut wurde, entwickelt er sich allmählich zum westlichsten Ferienzentrum an der Nordküste der Dominikanischen Republik. Reizvoll an Luperón ist vor allem das noch unverfälschte bäuerliche Hinterland.

Strand an der (fast) unberührten Nordwestküste

Außerdem befindet sich eine kulturhistorische Attraktion ersten Ranges in der Nähe: der „Parque Arquelógico de la Isabela" bei Cabo Isabela. Er wurde um die Grundrisse der ersten Siedlung von Kolumbus angelegt, die der Seefahrer 1494, nachdem er das Fort Navidad (auf haitianischem Terrain) zerstört wiederfand, in schwindelerregender Höhe über dem Meer errichtete und nach der damaligen spanischen Herrscherin La Isabela benannte. Es handelt sich dabei um die erste feste Siedlung nach seiner Entdeckung Amerikas (wenig später zog er allerdings in den Süden um und gründete dort Santo Domingo). Freigelegt ist auch ein Friedhof, auf dem sowohl Spanier als auch Taino, die Kolumbus anfänglich arglos zur Seite standen, bestattet wurden.

Playa Dorada

Playa Dorada

Die städtischen Hotels verstecken sich fast alle in den tropischen Gärten am östlichen Ende der breiten Meerespromenade „Malecón"; an ihrem Ende beginnt auch der überwiegend von Einheimischen genutzte wilde Long Beach. Weiter östlich geht er in den goldfarbenen breiten Playa Dorada über, an dem sich der gleichnamige Ferienkomplex entwickelte. Zwischen der Stadt und dem Internationalen Flughafen von Puerto Plata gelegen, ist der Playa Dorada-Komplex heute mit seinen zahlreichen erstklassigen (meist All-Inclusive-) Ferienhotels, vielen Restaurants, Diskotheken und seinem modernen Einkaufszentrum mit Cocktailbar- und Café eines der bedeutendsten touristischen Zentren im Land. Durch Schranken von der Außenwelt gegrenzt, gehören zum Angebot auch ein 18-Loch-Golfplatz, Reitstall, und Wassersport-Basen, die vom Wasserski bis zum Tauchausflug alle Wünsche von Wasserratten befriedigen.

Puerto Plata

Benannt nach dem silbernen Dunst, der die Berge in ihrem Rücken umwaberte, gehört Puerto Plata (97.000 Einwohner) zu den ältesten und schönsten Städten an der Nordküste des Landes. Gegründet 1496 unter Nicolas de Ovando am Fuß des Pico Isabel de Torres (793 m, Seilbahnbetrieb Do–Di 8–17 Uhr), erinnert an diese Zeit bis heute noch das 1502 begonnene Fort San Felipe an der Einfahrt zum Hafen. Das Fort, das später als Gefängnis genutzt wurde, birgt ein kleines Militärmuseum (Do–Di 9–16.30 Uhr, Sa und So 9–12 Uhr). Das hübsche historische Zentrum der Stadt, das sich über einen Küstenhügel ausbreitet, entstand zu ihrer letzten Blütezeit im 19. Jahrhundert, als durch die Unabhängigkeit die spanische Zollreglementierung entfiel. Architektonisches Schmuckstück ist der kleine Pavillon „Glorieta Siciliana" im Parque Central. In der nahen Calle Emilio Prudhomme befindet sich das sehenswerte Museo de Ambar (Bernsteinmuseum) mit den kostbarsten Exemplaren der im Land gefundenen Bernsteine, darunter zahlreiche mit Einschlüssen von Insekten und Pflanzenteilen. Ebenfalls in Spaziernähe liegt die historische Calle Beller mit ihren zahlreichen alten, karibischen Häuschen und gut sortierten Souvenirshops; im Arawak Plaza (Beller 22) zeigt das Museo Taino Art Tonfiguren aus der Taino-Zeit. Einen guten Eindruck in die Wohnkultur des letzten Jahrhunderts vermittelt die reich mit Antiquitäten möblierte kleine Lobby der preisgünstigen Hostal Jimessón in der Calle John F. Kennedy 41. Wer Rum kaufen will, kann ihn nach einer Führung durch die Produktionsräume der alten ortsansässigen Rumfabrik Brugal (Avenida Luís Ginebra, Mo–Fr 9–12 und 14–16 Uhr) kostenlos vor dem Kauf probieren. Nichts für empfindsame Gemüter ist der Besuch der „Gallera" (Hahnenkampfarena) in der Calle Ramón Hernández, wo zwischen Do und So-Nachmittag die bei den dominikanischen Männern so beliebten blutigen Wett-Hahnenkämpfe stattfinden; die Kämpfe enden stets mit dem Tod eines Tieres.

Puerto Plata

Durchschnittswerte	Tagestemperatur °C	Nachttemperatur °C	Sonnentage*	Sonnenstunden / Tag	Wassertemperatur °C	Rel. Luftfeuchtigkeit %
Jan	27	21	20	8	27	83
Feb	27	21	20	8	26	82
Mär	28	21	23	9	27	81
Apr	28	22	21	9	28	80
Mai	29	23	20	10	29	80
Jun	31	25	25	10	29	79
Jul	31	25	25	10	29	78
Aug	31	25	25	10	30	78
Sep	31	25	25	10	30	78
Okt	30	24	23	9	30	79
Nov	29	23	19	8	28	82
Dez	27	22	18	8	27	83

* weniger als 1 Liter/m² Niederschlag
Quelle: Deutscher Wetterdienst, Hamburg

Strand bei Punta Cana

Punta Cana

Der Ort an der äußersten Ostküste des Landes in der Provinz Altagracia entstand erst Anfang der 90er Jahre, als dort der größte europäische Tourismuskonzern sein erstes Hotel erbaute. Er konnte sich kaum eine schöneren Platz aussuchen: Den als Costa del Cocos bezeichneten, menschenleeren Küstenstrich fernab von aller Zivilisation säumen herrliche, kilometerlange, von Palmenhainen bestandene, breite und weiße Korallensandstrände, die in ein traumhaft klares, türkis schimmerndes und dazu noch flaches Wasser abfallen. Heute besitzt Punta Cana seinen eigenen internationalen Airport, und längst entwickelte sich entlang der einzelnen Strandabschnitte eine riesige Resort-Zone verschiedener gehobener Hotelgesellschaften, die allesamt ihre Häuser nach den neuesten landschaftsangepaßten Vorstellungen, z.B. mit lagunenähnlichen Pools in großen Parks, erbauten. Die Meile beginnt im Süden mit dem Playa Punta Cana und dem älteren Punta Beach Resort und zieht sich dann über den Playa Bávaro mit dem luxuriösen Meliá Bávaro Resort bis hinauf zum Playa Macao mit den vier Hotels der RIU-Gruppe. In der näheren Umgebung gibt es neben dem Fischerdorf Macao und der rund 50 km entfernten Provinzhauptstadt Higüey (38.000 Einwohner, sehenswerte, für Lateinamerika architektonisch bedeutsame, 1971 eingeweihte Kirche „Basilica de Nuestra Señora de la Altagracia") keinen nennenswerten Ort. Dafür liegt der Naturpark „Los Haitises" (grenzt an die Samaná-Bucht) in Ausflugsnähe: mit seinen dschungelähnlichen labyrinthischen Wasserwegen und vielen seltenen Vögeln ist er ein Paradies für Naturfreunde; Bootsfahrten führen dort auch in Grotten mit indianischen Felszeichnungen.

Die Hotels bieten alle Annehmlichkeiten, von unterschiedlichen Spezialitätenrestaurants, Diskotheken, Tennisplätzen und Fitneßzentren bis hin zu Wassersportbasen (Tauchen, Wasserski, Kanufahren) und Shoppingmeilen. Hotelübergreifende Attraktionen sind der Kunstflohmarkt beim Bávaro Beach, die Disco Pacha im RIU-Hotelkomplex und der Manatí-Park, der zum Schutz der in der Region bedrohten Seekühe eingerichtet wurde.

Punta Cana

Durchschnittswerte	Tagestemperatur °C	Nachttemperatur °C	Sonnentage*	Sonnenstunden / Tag	Wassertemperatur °C	Rel. Luftfeuchtigkeit %
Jan	27	23	26	7	26	84
Feb	27	22	24	7	26	84
Mär	27	23	27	8	26	82
Apr	27	24	27	8	27	83
Mai	28	25	25	8	28	83
Jun	29	25	25	8	28	82
Jul	30	25	27	8	28	81
Aug	30	26	27	8	28	82
Sep	30	25	24	8	29	83
Okt	29	25	25	7	29	84
Nov	28	24	24	7	28	83
Dez	27	24	25	7	27	85

* weniger als 1 Liter/m² Niederschlag
Quelle: Deutscher Wetterdienst, Hamburg

Santa Barbara de Samaná

Hafen mit Fähren bei Samaná

Hauptort der Provinz Samaná, die sich im Osten des Landes an der 60 km langen und bis zu 15 km breiten Bahia de Samaná als gebirgige, 990 km² große und bis 600 m hohe Halbinsel in den Atlantik schiebt. Früher ein kleiner Fischerort, entwickelte sich Santa Barbara de Samaná (50.000 Einwohner) in den letzten Jahren zum Mittelpunkt einer Ferienregion, die vor allem Individualisten anzieht. Sie finden verschwiegene Quartiere verschiedener Kategorien vor allem östlich des Ortes, zum Beispiel an der Felsküste (wie das elegante Gran Bahia), auf der kleinen vorgelagerten Badeinsel Cayo Levantado, deren schöne Strände angeblich schon als Kulisse für einen Barcardi-Spot dienten; oder an der weiten Strandbucht von Las Galeras am nahen Ostende der Halbinsel (wie die traumhafte kleine Villa Serena), das mit seinen urigen Fischerrestaurants am Strand zugleich ein beliebtes Ausflugsziel der Region ist. Der Ort Santa Barbara de Samaná besticht durch seine familiäre, vom Segler- und Bootstourismus beseelte Insider-Atmosphäre. Ein hübsches Bild gibt die zur kleinen Cayo Vigio über das Wasser der Bucht gebaute Spazierbrücke Puente la Escondida ab, vor der Pelikane nach Fischen tauchen. Die auch hier Malecón genannte Quaipromenade säumen gemütliche Treffs und Restaurants wie das „Café de Paris" oder „Samana Sam's Saloon". An dieser Ortshauptstraße hat auch eine Agentur ihren Sitz, die in den Monaten Dezember bis Februar Walbeobachtungstouren anbietet. In dieser Zeit kommen viele der etwa auf noch 3.000 Exemplare geschätzten, bis zu 15 m langen und bis zu 40 Tonnen schweren Buckelwale aus den Eismeerregionen in die warmen Gewässer der Samaná-Bucht herunter, um sich hier zu paaren und ihre Jungen zu gebären.

Santiago de los Caballeros

Zweitgrößte Stadt der Dominikanischen Republik (550.000 Einwohner), zwischen den Flüssen Yaque del Sur und Yuna gelegen. Sie ist das Wirtschaftszentrum des fruchtbaren Cibao-Tals. Anfang des 16. Jahrhunderts von spanischen Edelleuten gegründet, gilt Santiago bis heute als die „stolzeste" Stadt des Landes - trotz seiner ärmlichen Randzonen. Tourismus spielt eine untergeordnete Rolle, die Gäste der zahlreichen Hotels sind überwiegend Geschäftsleute. Dennoch gehört Santiago zu den Ausflugszielen der Reiseagenturen, denn in der Stadt befinden sich sehenswerte Museen, allen voran das Museo del Tabaco (Calle 30 de Marzo/ Calle 16 de Agosto, Di–So 8–12 und 15–17 Uhr), das eine Dokumentation der Tabakproduktion zeigt. Über das Brauchtum zur Karnevalszeit, die in Santiago besonders ausschweifend mit vielen phantasievollen Masken gefeiert wird, informiert das kleine Museo de Arte Folclórico Tomás Morel in der Calle Restauración 174 (unregelmäßige Öffnungszeiten).

Santo Domingo, Kathedrale Santa Maria mit Kolumbus-Denkmal

Santo Domingo						
Jan	28	20	23	6	27	81
Feb	28	19	21	6	26	82
Mär	29	20	25	8	26	80
Apr	29	21	23	7	27	79
Mai	30	22	19	6	27	82
Jun	30	23	20	6	27	82
Jul	31	23	21	6	28	82
Aug	31	23	21	7	28	83
Sep	31	23	20	7	28	84
Okt	31	23	20	7	28	85
Nov	30	22	20	6	27	84
Dez	29	21	21	6	27	82
Durchschnittswerte	Tagestemperatur °C	Nachttemperatur °C	Sonnentage*	Sonnenstunden / Tag	Wassertemperatur °C	Rel. Luftfeuchtigkeit %

* weniger als 1 Liter/m² Niederschlag
Quelle: Deutscher Wetterdienst, Hamburg

Santo Domingo

Landesmetropole an der Mündung des Río Ozama in die Karibik, bewohnt von etwa 2,3 Millionen Einwohnern. Sie kann sich rühmen, die erste Stadtgründung der von Kolumbus entdeckten „Neuen Welt“ zu sein. Die ersten Häuser ließen die Brüder Christoph und Bartolomé Kolumbus 1496 am Ostufer des Río Ozama errichten; nach einem Brand verlegte der erste Gouverneur Nicolás de Ovando die Stadt dann 1502 an ihre jetzige Position ans westliche Flußufer. Die größtenteils unverändert erhaltene Altstadt, seit 1990 von der UNESCO zum Weltkulturerbe der Menschheit erklärt, ist Santo Domingos große kulturhistorische Attraktion. Sie dehnt sich mit ihrem streng nach spanischem Vorbild parallel verlaufenden Kopfsteinplasterstraßen zwischen der alten Stadtmauer, vor denen heute Kreuzfahrtschiffe ankern, und etwa der Puerta del Conde am Ende der alten Einkaufsstraße El Conde aus. Hauptsehenswürdigkeiten dieser historischen Altstadt sind die 1510 begonnene Catedral Santa María la Menor mit dem Kolumbus-Denkmal am Plaza de Colón (gegenüber gutes Eckcafé, daneben Tabakboutique „ Monte Cristi“, zur linken die Touristinformation). Über die Calle Conde gelangt man dann zur Calle de Las Damas, in der sich die historischen Häuser nur so aneinanderreihen: das Casa Rodrigo de Bastidas (1512), Wohnhaus des Ehrenbürgermeisters von 1512. Das Fortaleza Ozama, ältestes militärisches Bauwerk (1502–1507), in dem Diego Colón 1509 seinen triumphalen Einzug als 2. Vizekönig (nach seinem Vater Christoph Kolumbus) hielt. Vom Torre del Homenaje bietet sich ein schöner Ausblick auf den Río Ozama und das 1992 zum 500sten Jubiläum der Entdeckung Amerikas durch Kolumbus errichtete Mausoleum „Faro de Colón“, dessen Scheinwerfer nachts ein Kreuz in den Himmel malen. Einige Schritte weiter auf der Calle de Las Damas finden sich auf der rechten Seite die ehemaligen Wohnhäuser des ersten Inselgouverneurs Nicolas de Ovando und der Familie Davila, heute die historische Herberge „Hostal Palacio Nicolás de Ovando“. Gegenüber halten Soldaten Wache vor dem Pantéon Nacionál, ehemals Jesuitenkirche aus dem 18. Jahrhundert, seit Trujillo Grabstätte für bedeutende dominikanische Persönlichkeiten verschiedenster politischer Couleur. Schließlich mündet die Calle de las Damas bei der Casa de los Capitanes (oder Museo de las Casas Reales, Di–So 9–12 und 15–17 Uhr), dem ehemaligen Gerichts- und Audienzgebäude, das zugleich Schatzkammer und Kontor war, auf den belebten Plaza de España mit dem 1510 für Diego Colón erbauten Regierungspalast „Alcazar de Colón", heute ein Museum mit Möbeln aus der frühen Kolonialzeit (Di–So 9–12 und 15–17 Uhr). Gegenüber reihen sich kleine Straßencafés und Restaurants aneinander (Tip: „Méson del Jamón"). Andere bedeutende historische Gebäude in den Seitenstraßen der Altstadt: das Casa del Cordón von 1503 (Calle Isabel de la Catolica), wo Diego Colón bis zur Fertigstellung seines Palastes wohnte; die Ruine des Hospital San Nicolás de Barí in der Calle Hostos; das „Casa de Tostado/Museo de la Familia Dominicana" in der Calle Arzobispo Meriño (Do–Di 10–17 Uhr) mit dem einzigen gotischen Fenster Amerikas.

Santo Domingo wuchs erst Anfang dieses Jahrhunderts über die Grenzen der Altstadt hinaus – besonders nach Westen, der mit seinem Centro Olympico, dem Plaza Cultura (Museo de Arte Moderno, Museo del Hombre Dominicana, Museo de Historia y Geografía Nacional, alle Di–So 9–16.45 Uhr) und dem Palacio Nacional überwiegend zur Zeit des Diktators Trujillo entstand. Gerahmt wird diese „Neustadt" von der breiten Meerespromenade, an der sich die besten Hotels der Stadt ansiedelten, darunter ein Sheraton-, Interconti- und Ramada-Renaissance-Hotel. Zahlreiche Discotheken, in denen Merengue bis zum Abwinken gespielt wird, beherrschen das Nachtleben, allen voran die im Art-Deco-Stil gestaltete Disco „Bella Blue" (Av. George Washington 165) und die Disco „Guacara Taino", die in einer gigantischen Höhle des karstigen Stadtwestens untergebracht ist und Platz für 1.500 Menschen bietet (tgl. 21–3 Uhr, Showprogramm). Im feinen Wohnviertel des Stadtwestens findet sich ein weiteres, in eine Höhle eingebettetes erstklassiges Lokal: das Restaurant „El Méson de la Cava" (Avenida Mirador del Sur). Sehenswerte Attraktionen in den Außenbezirken der Stadt sind außerdem das Acuario Nacional mit seinem Acrylglastunnel unter dem Haifischbecken (Di–So 9.30–18 Uhr, Avenida España, hinter dem Puerto Turístico auf der Ostseite des Río Ozama); und der Parque de los Ojos am Parque Mirador del Este (an der Stadtausfahrt Richtung Flughafen) mit seinen drei untereinander verbundenen Höhlen (tgl. 9–17 Uhr). Santo Domingo liegt auf einem unterhöhlten Kalkschild und besitzt deshalb keine Stadtstrände. Die Einwohner fahren deshalb am Wochenende zum Baden nach Boca Chica.

Santo Domingo: Das älteste Steinhaus Amerikas

Sosuá

Turbulenter kleiner Ferienort an einer romantisch, zwischen Steilküste eingebetteten Strandbucht zwischen Puerto Plata und Cabarete an der Nordküste des Landes. Sosuá teilt sich in den überwiegend von Einheimischen bewohnten, westlich der Bucht gelegenen Ortsteil Charamicos und den östlich gelegenen, touristischen El Batuey auf. Anfang der dreißiger Jahre wurde er von deutsch-jüdischen Familien besiedelt, von denen bis heute einige wenige in Sosuá leben. In Sosuá gibt es z.B. einen deutschen Bäcker und einen deutschen Metzger. Seit den siebziger Jahren entwickelte sich der ehemalige Fischerort zum lebenslustigsten Bohème-Dorf der Tourismusszene im Land. Enge Gassen, in denen es sich nachts bestens von Restaurant zu Restaurant oder von Bar zu Bar bummeln läßt, Feinschmecker-Lokale mit traumhaften Bucht-Blicken, die sich auf der Kliffkante ansiedelten (wie z.B. der Marco Polo Club), förderten diese Entwicklung. Einer der schönsten Treffpunkte ist das „Waterfront-Café" neben der Kliffküste in der Calle Dr. Rosen, wo man sich zur Sonnenuntergangzeit trifft. Größere Resorts wie das LTI Sol de Plata siedelten sich an den Randzonen des Ortes an. Tauchsportler finden eine gut ausgerüstete Tauchschule beim Hotel Casa Marina.

Ausritt an der Nordküste

Strand von Grand Anse

Grenada

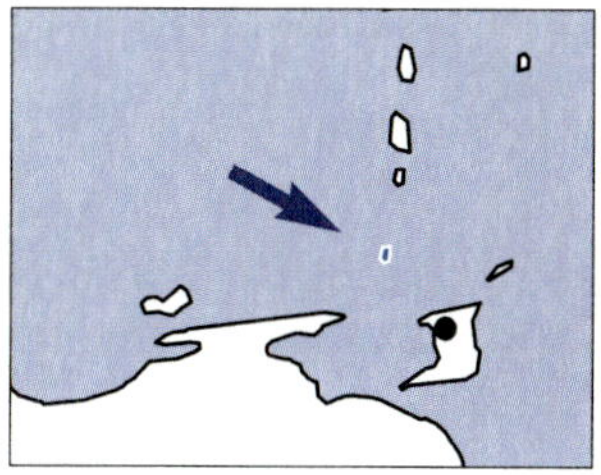

Grenada, bekannt als „Spice Island“, die Gewürzinsel, macht ihrem Namen alle Ehre. Überall umfängt den Besucher der exotische Duft von Muskatnuß, Vanille, Zimt, Ingwer und Nelken. Doch auch die gelungene Mischung von schönen Stränden, stillen Fischerdörfern, fruchtbaren Plantagen und tropischem Regenwald verleihen Grenada ihren besonderen Reiz. Der Massentourismus hat hier noch nicht Fuß gefaßt, so daß diese Insel trotz guter touristischer Infrastruktur noch viel Ursprünglichkeit bietet.

Geschichte und Kultur

Grenada, einst vom Stamme der Arawaks und später der wilden Kariben-Indianer besiedelt, wurde 1498 von Kolumbus quasi im Vorbeisegeln entdeckt. Er betrat die Insel nie, taufte sie jedoch auf den Namen „La Concepción“. Erst später wurde sie aus nicht bekannten Gründen Grenada genannt. Als erste Europäer ließen sich die Franzosen um 1650 auf der Insel nieder, stießen jedoch auf heftige Gegenwehr der Kariben. Die Franzosen siegten schließlich, und die letzten 40 überlebenden Indianer stürzten sich vom legendären Felsvorsprung „Carib's Leap“ (Morne des Sauteurs) ins Meer. Die Franzosen und später auch die Briten brachten die afrikanischen Sklavenarbeiter ins Land. Nach einigen heftigen Auseinandersetzungen zwischen den Franzosen und Engländern wurde Grenada 1877 zur britischen Kronkolonie erklärt. 1967 erhielt Grenada zunächst die innere Autonomie, 1974 folgte die völlige Unabhängigkeit. Der diktatorische Präsident Sir Eric Gairy regierte das Land, bis er 1979 durch einen unblutigen Putsch vom Sozialisten Maurice Bishop abgelöst wurde. Bishop versuchte, mit kubanischer Unterstützung, einen Mittelweg zwischen Kommunismus und Kapitalismus zu gehen. Als er und einige seiner Kabinettsmitglieder 1983 ermordet wurden, besetzten die Amerikaner, zusammen mit einigen anderen karibischen Staaten, kurzfristig die Insel und ernannten eine konservative Übergangsregierung.

Informationen

Grenada Board of Tourism,
c/o Marketing Services International,
Johanna-Melber-Weg 12,
60599 Frankfurt/Main,
Tel.: 069/611178,
Fax: 069/629264.

Einer der vielen einsamen Strände

Die Sklaverei verhinderte die Entwicklung einer eigenständigen Kultur; die englischen und französischen Einflüsse sind überall zu spüren. Das afrikanische Erbe lebt jedoch noch weiter im Big Drum Tanz auf Carriacou oder im Shango-Tanz auf Grenada. Wie überall in der Karibik spielt die temperamentvolle Steelbandmusik sowie Calypso und Reggae eine wichtige Rolle im Leben der Bewohner. Auch der Karneval im August vermittelt ein Stück dieser Ausgelassenheit und Lebensfreude. Landestypisches Kunstgewerbe sind Bastarbeiten und Holschnitzereien.

Geographie und Geologie

Zu Grenada gehören noch die Inseln Carriacou und Petit Martinique. Die Hauptstadt des „Three Islands State“ heißt St.George's. Grenada liegt in der südlichen Karibik und gehört innerhalb der Kleinen Antillen zu den Windward Islands bzw. den Inseln unter dem Winde. Die Insel ist vulkanischen Ursprungs, was zwei große Kraterseen und der Vulkan Mount St. Catherine, mit 840 Metern der höchste Berg, beweisen. Die von Norden nach Süden verlaufenden Gebirgszüge sind mit tropischem Regenwald bedeckt und fallen an der Westküste steil ab. Die Atlantikküste ist von schwarzen Vulkanstränden umsäumt, während die karibische Seite mit goldgelben Stränden aufwartet.

Staat und Gesellschaft

Grenada gilt als konstitutionelle Monarchie im britischen Commonwealth mit der englischen Königin als Staatsoberhaupt, vertreten durch einen Generalgouverneur. Das Parlament besteht aus zwei Kammern, dem Senat mit den ernannten und dem Repräsentantenhaus mit den gewählten Mitgliedern. Das dem Parlament verantwortliche Kabinett untersteht dem Premierminister.

Auf Grenada und den dazugehörigen Inseln leben insgesamt 92.000 Menschen. Circa 95% der Bevölkerung hat ihre Wurzeln in Afrika. Die kleine indische Minderheit stammt von den im 19. Jh. von den Engländern angeworbenen, indischen Kontraktarbeitern ab. Die Landessprache ist Englisch, Kreolisch gilt als Umgangssprache. Die meisten Bewohner bekennen sich zum christlichen Glauben.

Grenada

Durchschnittswerte	Tagestemperatur °C	Nachttemperatur °C	Sonnentage*	Sonnenstunden / Tag	Wassertemperatur °C	Rel. Luftfeuchtigkeit %
Jan	28	22	13	7	26	75
Feb	28	22	15	8	26	73
Mär	28	22	18	8	26	71
Apr	29	23	19	8	27	72
Mai	29	24	16	8	27	74
Jun	28	23	9	7	27	77
Jul	28	23	9	6	28	77
Aug	29	24	10	7	28	77
Sep	29	24	12	7	28	77
Okt	29	24	14	7	28	79
Nov	29	23	10	6	28	78
Dez	28	23	13	6	28	76

* weniger als 1 Liter/m² Niederschlag
Quelle: Deutscher Wetterdienst, Hamburg

Wirtschaft und Industrie

Grenada zählt als Agrarland. Der wichtigste Wirtschaftszweig ist die Gewürzherstellung. Aus Grenada stammt ein Drittel der gesamten Muskat-Weltproduktion. Aber auch der Tourismus stellt eine wachsende Einnahmequelle dar. 1996 übernachteten circa 108.000 Touristen auf den Inseln, davon 7.000 Deutsche.

Blick auf St. George's
Typischer Hotelstrand

Allgemein

Grenada hat einiges mehr zu bieten als Sonne, Sand und Strand. Die 55 Kilometer lange Rundfahrt über die Insel führt zu den wichtigsten Attraktionen: Grand Etang National Park & Forest Reserve, Urwaldpfade, plätschernde Wasserfälle und am nördlichsten Punkt der Insel der Carib's Leap, von dem die Kariben-Indianer in den Freitod sprangen.

Zu den am schönsten gelegenen Orten in der Karibik gehört St. George's, die Inselhauptstadt, mit ihrem hufeisenförmigen Hafen Carenage. Grenada und die umliegenden Inseln zählen zu den besten Segelrevieren in der Region.

Carriacou

Die einstige Fischer- und Schmugglerinsel Carriacou mit circa 8.000 Einwohnern entwickelt sich zwar immer mehr zu einem beliebten Ausflugsziel und Zentrum der Yachties, doch trotzdem scheint die Zeit hier stehen geblieben zu sein. Bei einer Inseltour mit einer der bunt bemalten Sammeltaxen stößt der Besucher auf zerfallene Plantagenhäuser und alte Zuckerrohrfelder. Kleine Hügel bieten grandiose Aussichten auf puderweiße Strände und türkisblaues Wasser. Auch ein Abstecher in die Unterwasserwelt lohnt sich.

Petit Martinique

Diese Mini-Insel mit 600 Bewohnern erhebt sich wie ein steiler Hügel aus dem blauen Meer. Die schönste Art, vom fünf Kilometer entfernten Carriacou dorthin zu kommen, ist eine Fahrt mit einem der buntbemalten, hölzernen Schoner, die typisch für diese ehemalige französische Bootsbauerinsel sind.

Strand an der Nordküste

Jamaica

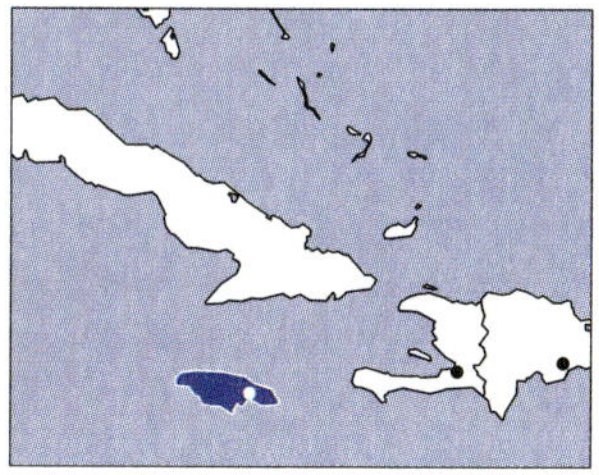

Jamaica, die drittgrößte Insel der Karibik, vereint eine große Vielfalt landschaftlicher Schönheiten und gilt selbst Weitgereisten als Sinnbild einer Tropeninsel. Schon Harry Belafonte besang Jamaica als „Island in the Sun“ und schürte damit vor Jahrzehnten die kollektive Sehnsucht nach der Karibikinsel. Mit ihren grünen Bergen, die hinabreichen zu palmengesäumten weißen Stränden und den ungezählten glasklaren Bächen und Flüssen versteht man noch heute, warum die Arawak-Indianer diese Insel „Land aus Wasser und Wald“ nannten.

Geschichte und Kultur

Arawak-Indianer waren die ersten Bewohner der Insel, die Kolumbus am 4. Mai des Jahres 1494 auf seiner zweiten Amerikareise erreichte. Nach dem Tode des Seefahrers war es sein Sohn Diego, der die Insel stellvertretend für die spanische Krone in Besitz nahm. Die einheimische Urbevölkerung wurde von den Spaniern im Laufe weniger Jahrzehnte ausgerottet. An ihrer Stelle mußten bald afrikanische Sklaven die Arbeit auf den neugeschaffenen Zuckerrohrplantagen übernehmen. 1596 wagten Briten einen ersten Angriff auf Jamaica, und zwölf Jahre später konnten sie die gesamte Insel in ihren Besitz bringen. 1670 folgte die offizielle Anerkennung Jamaicas als britischer Besitz durch Spanien im Vertrag von Madrid. In der Folgezeit avancierte die Insel zur Hochburg von Piraten und Freibeutern. Henry Morgan, der berüchtigste unter ihnen, wird später geadelt und steigt auf zum Gouverneur von Jamaica. 1834 verabschiedet das britische Parlament ein Gesetz zur Abschaffung der Sklaverei, 1866 wird Jamaica britische Kronkolonie. Und am 6. August 1962 jubelt ganz Jamaica über seine endgültige Unabhängigkeit. Zwei Parteien prägen seitdem die politische Landschaft: die eher konservativ ausgerichtete Jamaica Labour Party (JLP) und die linksorientierte People's National Party (PNP).

Informationen

Jamaica Tourist Board,
Postfach 900437,
60444 Frankfurt/Main,
Tel.: 06184/990044,
Fax:06184/990046.

Internetadressen

http://www.caribbean-on-line.com/jm/jm.html
http://www.jamaica-irie.com/
http://www.jamaicatravel.com
http://www.jamcon.com.jm/
http://www.jamweb.com/index1.htm
http://www.virtualjamaica.com/

Calypso-Band

Sekundärliteratur
Reiseführer deutsch

Kiki Baron, Merian live. Jamaica, München 1996.
Uschi Wetzels, Marco Polo Jamaica, Ostfildern 1996.
Paul Zach / Mike Henry, Jamaica, München 1996.
Sonia Gordon, Pocket Guide Jamaica, München 1995.
Torsten Greif / Dieter Jacobs, Hildebrand's Urlaubsführer Jamaica, Frankfurt/Main 1995.

Geographie und Geologie

Jamaica gehört zur Inselgruppe der Großen Antillen und verfügt über eine Landesfläche von rund 11.000 km². Die maximale Ost-West-Ausdehnung beträgt 230 km, seine Breite variiert zwischen 35 und 80 km. Höhen um 2.000 Meter erreichen die sich im Osten erstreckenden Blue Mountains. Sie sind geprägt von tropischen Regenwäldern in den Niederungen, von Nebelwäldern in den Höhenlagen ebenso wie von Kaffeeplantagen. Höchste Erhebung ist der 2.256 m hohe Blue Mountain Peak. Die Berge sind Lebensraum für seltene Bäume und Pflanzen, darunter fast 200 Orchideen-Arten. Den Nordwesten der Insel beherrscht das Cockpit Country, eine stark zerklüftete und kaum zugängliche Karstlandschaft, einst Rückzugsgebiet freigelassener Sklaven (genannt Maroons), deren Nachfahren hier noch heute siedeln. Mehr als 100 Bäche und Flüsse entspringen in den Bergen und stürzen zur Küste in die karibischen Fluten. Einige der Ströme ergießen sich in Wasserfällen oder bilden Stromschnellen, wie beispielsweise die weltberühmten Dunn's River Falls bei Ocho Rios. Schneeweiße Strandbuchten ebenso wie Steilküste findet man an der Nordseite, der touristisch am besten erschlossenen Region.

Staat und Gesellschaft

Jamaikaner gelten als Lebenskünstler und lieben ein Lächeln – auch in schwierigen Situationen. Sie sind aufgeschlossen, selbstbewußt und unkompliziert. Bald drei Viertel der 2,5 Mio. Einwohner sind Schwarze afrikanischer Herkunft, Nachfahren der im 16. Jh. von den Kolonialherren zur Arbeit auf den Zuckerrohrfeldern hergebrachten Sklaven. Obwohl es gemeinhin heißt „Out of many, one people", etwa „Aus vielen Rassen ein Volk", ist die Bevölkerung Jamaicas weit homogener, als dies auf anderen Karibikinseln der Fall ist. 15 % sind Mischlinge, meist Mulatten, weniger als 1 % der

Sekundärliteratur
Reiseführer englisch

Christopher Baker, Jamaica, Hawthorn 1996.
Harry S. Pariser, Jamaica - A Visitor's Guide, Edison 1996.

Bevölkerung sind weiß, weitere Minderheiten bilden die Nachkommen der als Händler ins Land gekommenen Chinesen, Inder und Araber.

Armut verbindet einen Großteil der Menschen. Wirtschaftliche Probleme der Tropeninsel erschweren den Jamaikanern zunehmend das Leben, und keine staatliche Unterstützung hilft aus der Misere. Offiziell sind über 20 % arbeitslos, doch addiert sich dazu fast ein ebenso hoher Anteil an Unterbeschäftigten. Nicht nur in wirtschaftlicher Not sichert die Familie Lebensqualität und materielles Auskommen. Tatsächlich wachsen viele Jamaikaner in einer matriarchalisch geprägten Großfamilie auf, und die Rate der außerehelich geborenen Kinder liegt bei über 60 %. Auch Bob Marley, der berühmteste Jamaikaner, ging mit „gutem" Beispiel voran: Seine zehn Kinder stammen von mehreren Frauen.

In Jamaica nahm die Rastafari-Bewegung ihren Anfang. Vorausgegangen (1930) war die Krönung des Äthiopiers Ras (Fürst) Tafari zum Kaiser Haile Selassie von Äthiopien, und in den Armutsvierteln von Kingston wurde die Botschaft geschürt, die Schwarzen der Karibik müßten sich auf ihre afrikanische Herkunft besinnen. Rastafaris tragen dreadlocks – Locken, die sie unter Wollmützen verpacken, als Zeichen ihrer Glaubensphilosophie wie ihres erstarkten Selbstbewußtseins. Der Rastabewegung hat die Welt die Reggaemusik zu verdanken.

Jamaica – no problem!

Wirtschaft und Industrie

Bedeutendster Wirtschaftszweig ist nach wie vor die Landwirtschaft: Zuckerrohr, Bananen und Zitrusfrüchte werden auf Plantagen angebaut. Bauxit, Rohstoff für die Aluminium-Herstellung, gehört zu den wichtigsten Exportprodukten. Als Devisenbringer geschätzt wird der internationale Tourismus. Die Zahl der jährlichen Besucher erreicht bald die Zwei-Millionen-Grenze. Die meisten Besucher kommen aus Nordamerika, gefolgt von Europäern, Südamerikanern und Japanern.

Sekundärliteratur
Belletristik deutsch

Evelyn Heinemann, Das Erbe der Sklaverei, Frankfurt/Main 1997.

Werner Zips, Schwarze Rebellen, Wien 1993.

Rumfabrik

Falmouth

40 km östlich von Montego Bay erreicht man an der Nordküste über die kurvige A1 Falmouth, ein Fischerstädtchen (8.000 Einwohner), das eine Reihe georgianischer Gebäude aus dem 18. Jh. vorzuweisen hat. Ein Blick in die Gemeindekirche (Parish Church) liefert einen Einblick in das Lebensgefühl der hart arbeitenden Seefahrer, und auch das ehemalige Gerichtsgebäude (Court House), 1815 in aufwendigem georgianischen Stil errichtet, veranlaßt an der langgezogenen Durchgangsstraße zu einem Stop. Vier dorische Säulen tragen den vorgebauten Giebel. Unweit davon werden die Meeresprodukte auf dem lebhaften Markt am Water Square angeboten. Ein Spaziergang entlang der Market Street und der Trelawny Street führt zu weiteren Prachtbauten der englischen Kolonialherren.

• • • 4 km südlich von Falmouth liegt am Ufer des Martha Brae River das Rafter's Village, dessen Bewohner darauf spezialisiert sind, Besucher mit leichten Bambusflößen – darauf eine Sitzbank für zwei – und einem langen Bambusstab über den von Grün umwucherten Fluß zu fahren.

Kingston

Im Zentrum der östlichen Südküste, an den Ausläufern der Blue Mountains, liegt Kingston (rund 1 Mio. Einwohner), eine der lebhaftesten und farbenprächtigsten Metropolen der Karibik. Die Lage könnte nicht besser sein: der Hauptstadt vorgelagert ist die langgestreckte Palisadoes-Halbinsel, die den Hafen schützt und vor tropischen Stürmen ideal abschirmt. Auf der Insel landen auch die Besucher, denn hier befindet sich der internationale Norman Manley Airport.

Licht und Schatten gehören in Kingston zusammen. Auch das historische Stadtzentrum (Downtown), in dem immer noch großartige koloniale Bauwerke der Briten zu bewundern sind, hat schon bessere Tage gesehen. Wohnungsnot und Geldmangel ließen Schuppen

Kingston, Devon House

entstehen und schöne Gebäude verfallen. Vom Hafen und seinem prächtig gestalteten Ocean Boulevard und der folgenden alten Harbour Street führt die ehrwürdige King Street hinauf zum ehemaligen Exerzierplatz The Parade mit dem Victoria Park. Er beherbergt die Denkmäler für Sir Alexander Bustamante und Norman Manley, Helden der Unabhängigkeitsbewegung, und lohnt einen ausführlichen Rundgang: An der North Parade erhebt sich das stuckverzierte Ward Theatre, 1912 von einem Rum-Produzenten gestiftet, eines der schönsten Gebäude der Stadt. An der South Parade gehört die Parish Church, 1695 erbaut und nach dem Erdbeben von 1907 erneuert, zu den vielbesuchten Bauwerken. Im Kircheninneren liegen historische Gräber, Pilgerziel für Gläubige. Das Institute of Jamaica in der East Street, ein weitläufiger Ziegelbau aus dem Jahre 1879, dokumentiert als historisches Museum alle Epochen der Inselgeschichte. Am Westende der Harbour Street liegt der Victoria Crafts Market mit einem umfassenden Angebote jamaikanischen Kunsthandwerks. Südlich schließen sich zwei Piers an, wo man die Fähre nach Port Royal (Palisadoes) und Schiffe für Rundfahrten findet.

Nordöstlich der Altstadt ist am Fuß der Blue Mountains ein neues modernes New Kingston entstanden, in dem zahlreiche Hotels, Restaurants und Attraktionen auf Besucher warten. Im ehemaligen Tonstudio Tuff Gong des Reggae-Stars (Hope Road) ist das Bob Marley-Museum untergebracht mitKleidungsstücken, weiteren Memorabilia und Bühnendekorationen. Ein Film (Bob Marley lives!) hält die Erinnerung an den genialen Musiker wach, der in Nine Mile geboren wurde, 1981 im Alter von 36 Jahren starb und in einem Mausoleum bei Nine Mile ruht. Das Devon House, ein von einem grünen Park (schöne Restaurants!) umgebenes Herrenhaus, wurde 1880 im klassizistischen Stil errichtet und ist heute ein Museum. Gezeigt werden Stilmöbel, Gemälde und Dekorationen des 19. Jh..

• • • Aus Kingston stammt auch Chris Blackwell. Der Begründer von Island Records, eine der weltweit erfolgreichsten Plattenfirmen, der auch Bob Marley und U2 unter Vertrag hatte, wuchs auf in der Villa Terra Nova in der Waterloo Road, 1924 im Kolonialstil erbaut, heute ein komfortables Hotel. Nach dem Verkauf von Island Records im Jahre 1989 widmete sich Blackwell dem Hotelgeschäft und gründete „Island Outpost“, eine kleine und feine Hotelkette. In der Nähe von Kingston, hinter Irish Town Richtung Buff Bay, 1000 m hoch in den Hügeln der Blue Mountains, liegt Strawberry Hill, eine der stilvollsten Unterkünfte Jamaicas, Treffpunkt von Rockstars und Models: Zwölf Villen, die Chris Blackwell im jamaikanischen Stil des 19. Jh. einrichten ließ, mit Plantagenmöbeln und altenglischen four poster-Betten. Von den Veranden genießt man atemberaubende Blicke in die Nebelwälder der Blue Mountains.

Kingston

Durchschnittswerte	Tagestemperatur °C	Nachttemperatur °C	Sonnentage*	Sonnenstunden / Tag	Wassertemperatur °C	Rel. Luftfeuchtigkeit %
Jan	30	20	29	8	26	73
Feb	30	20	25	8	26	72
Mär	30	21	28	9	26	71
Apr	31	22	27	7	27	71
Mai	31	23	25	7	27	73
Jun	32	24	25	8	28	72
Jul	32	24	27	8	28	70
Aug	32	24	24	8	29	73
Sep	32	24	23	7	28	76
Okt	31	23	22	6	28	78
Nov	31	22	25	6	27	77
Dez	31	21	27	7	27	74

* weniger als 1 Liter/m² Niederschlag
Quelle: Deutscher Wetterdienst, Hamburg

Kingston, Bob Marley Museum

Swamp Safari bei Montego Bay

Montego Bay						
Jan	28	21	20	7	26	80
Feb	29	21	19	8	26	78
Mär	29	21	24	8	26	78
Apr	30	22	23	8	27	78
Mai	30	23	19	8	27	81
Jun	31	23	19	8	28	81
Jul	31	24	23	8	28	79
Aug	31	23	21	8	29	80
Sep	31	23	16	7	28	81
Okt	30	23	17	7	28	85
Nov	30	23	17	7	27	82
Dez	29	22	20	7	27	83
Durchschnittswerte	Tagestemperatur °C	Nachttemperatur °C	Sonnentage*	Sonnenstunden / Tag	Wassertemperatur °C	Rel. Luftfeuchtigkeit %

* weniger als 1 Liter/m² Niederschlag
Quelle: Deutscher Wetterdienst, Hamburg

Montego Bay

Die zweitgrößte Stadt Jamaicas (90.000 Einwohner), gelegen an der Nordküste, ist das Touristenziel schlechthin. Bei Montego Bay, oder Mo'Bay (wie man bald herausfindet), liegt der Sir Donald Sangster International Airport. Die Besucher haben es also nicht weit in ihre Strandhotels. Weiße feinsandige Strände, türkis schimmerndes Wasser und jede Menge Sportmöglichkeiten, der Wetterbericht nennt täglich Sonnenschein, und sanfte Passatwinde sorgen für eine erfrischende Brise. Junge Leute schätzen die zahlreichen Discotheken und Nachtclubs, sowie die Freiluft-Cafés, in denen Reggae gespielt wird. Alljährlich im August treffen sich in Montego Bay Bob Marley-Freunde zum Reggae Sumfest, bei dem die Nacht zum Tage wird und sich jeder mitreißen läßt von den eingängigen Rhythmen. Musik-Cassetten, ebenso wie T-Shirts mit „Marley lives"-Aufschrift, Strohpuppen und phantasievolle karibische Mitbringsel ersteht man in großer Auswahl auf dem Crafts Market am Howard Cooke Boulevard. Morgens in aller Frühe kann man besonders gut handeln und mit dem Hinweis des „first business of the day" einen Preisnachlaß erzielen. Doch gilt zu bedenken: Die geforderten Preise sind (anders als bei Taxifahrern) in der Regel nicht zu hoch.

Einen nachmittäglichen Besuch lohnt auch Downtown. Das Old Court House genannte ehemalige Gerichtsgebäude ebenso wie die Parish Church und The Cage („Der Käfig"), wie das Gefängnis heißt, stammen aus dem frühen 19. Jh. und gruppieren sich um den Sam Sharpe Square. Heute dient The Cage als Museum (tgl. 10–18 Uhr), das an die Zeiten erinnert, als in seinen Zellen entflohene Sklaven eingesperrt wurden.

Liebhaber stilvoller Plantagenhäuser suchen das wenige Kilometer östlich der Stadt (in Richtung Falmouth) gelegene Rose Hall Great House (tgl. 9–18 Uhr) auf, ein romantisches Herrenhaus aus der Sklavenzeit des frühen 18. Jh.. Weitere 20 km – und deshalb gut auf einer Tour zu besichtigen – sind es zum Greenwood Great House (tgl. 9–18 Uhr). Wertvolle Antiquitäten. und eine hervorragende Sammlung alter Musikinstrumente, vermitteln einen Eindruck vom luxuriösen Lebensstil vergangener Tage.

Den Half Moon Golf, Tennis and Beach Club mit guten Sporteinrichtungen schätzt besonders das japanische Publikum.

Zwischen Montego Bay und Negril liegen zwei der exklusivsten Hoteladressen in der Karibik: Round Hill und Tryall. In gepflegten, tropischen Gärten liegen traumhafte Privatvillen mit Pool und Bediensteten, mit herrlichem Blick auf die naheliegenden Strände; außerdem luxuriöse Suiten im altehrwürdigen Herrenhaus, mit ausgezeichneten Restaurants.

Der 18-Loch-Championship-Golfplatz des Tryall Club gilt als einer der schönsten und schwierigsten der Welt: hier wird jährlich im Dezember in einem Einladungstunier der Weltmeister der Golfprofis ermittelt.

••• Die auf deutsche Urlauber spezialisierte Agentur Caribic Vacations, Tel.: 9539878, bietet mehrmals wöchentlich ein- bis dreitägige Flugexkursionen von Montego Bay nach Santiago de Cuba, Varadero und Havanna an.

Außerdem werden ab Montego Bay mehrmals wöchentlich Tagesausflüge mit deutschsprechender Reiseleitung zu den vielen Attraktionen der Insel durchführt.

Negril Beach

Negril

Schneeweiße Strände, die – so sagen die Negril-Anhänger – nirgendwo auf Jamaica schöner seien, begründeten den Ruhm von Negril (5.000 Einwohner). Heute steht am schneeweißen Negril Beach, der sich über 12 km erstreckt, ein Hotel neben dem anderen, und aus dem einstigen Treffpunkt der Hippies entwickelte sich eine touristische Hochburg. Auch die fliegenden Händler versuchen zu partizipieren und verkaufen geschnitzte Rasta-Figuren wie perlenbestickte Taschen. Frauen flechten hunderte winziger Rasta-Zöpfchen, und junge Männer lassen ihren Charme bei den Touristinnen spielen. Noch immer ist kein Ende der touristischen Expansion abzusehen, werden neue Hotels gebaut, eröffnen weitere Restaurants. Eine Institution im kurzlebigen Negril ist Rick's Café, an der sich um den Leuchtturm windenden West End Road gelegen. Hier trifft sich die Szene und die, die dazugehören wollen, um den täglichen Sonnenuntergang zu feiern.

Neben großen Hotelketten und den immer beliebter werdenden All-inclusive-Anlagen, Gebäuden mit vielen hundert Zimmern, die aber (zum Glück für die Landschaft wie die Gäste) nicht höher als die umgebenden Palmkronen gebaut werden dürfen, findet man in Negril auch kleine Pensionen abseits der Strände.

• • • Eine Besonderheit von Negril sind die während der Wintersaison veranstalteten Reggae-Konzerte, die bis in die frühen Morgenstunden dauern. Gleich mehrere Bühnen stehen zur Verfügung.

Sonnenuntergang

Dunn's River Wasserfall bei Ocho Rios

Ocho Rios

Kreuzfahrtschiffe legen bei Sonnenuntergang Anker im einstigen Fischerdorf und Bauxit-Exporthafen, heute eines der beliebten Touristenzentren Jamaicas. Das auf bald 20.000 Einwohner angewachsene Ocho Rios schmiegt sich entlang einer halbkreisförmigen Bucht an der Nordküste der Insel, etwa 90 km von Kingston entfernt. Gen Süden erheben sich die tropisch bewaldeten Hügel, und 3 km weiter westlich gelangt man zu den Dunn's River Falls. Die größte und bei Besuchern beliebteste Sehenswürdigkeit der Insel: Über zahlreiche niedrige Kalksteinterrassen stürzt der kristallklare Dunn's River silbern schäumend über 200 Meter hinab ins karibische Meer. In Badekleidung und mit Badeschuhen erklettert man die Fälle, genießt eine kalte Dusche und das Picknick am Sandstrand, dort, wo das Wasser ins Meer sprudelt. Die Higgler, wie man auf Jamaica die Kunsthandwerksverkäufer nennt, verdienen gut, denn die zahlreichen Kreuzfahrtpassagiere und Touristen schätzen ihr Angebot.

Verläßt man Ocho Rios nach Süden (Richtung Kingston), gelangt man nach wenigen Kilometern in das Fern Gully, von unterschiedlichen Farnen bewachsene Schluchten, die als einmaliges Naturschauspiel gelten. Die Straße windet sich mit immer neuen Ausblicken hindurch.

• • • Für Freunde karibischer Musik ist der Little Pub im Stadtzentrum am Uhrenturm eine gute Adresse. Dieser Shoppingkomplex mit Restaurant (Spezialität: Lobster) hat karibisches Flair und viermal wöchentlich Folklore-Lifeshows (ab 22:00 Uhr) sowie täglich (ab 21:00 Uhr) Live-Music. Tel.: 974-5826. Eintritt kostenlos.

Verschiedene Inselrundfahrten von 3–7 Tagen, in klimatisierten Kleinbussen mit deutschsprechender Reiseleitung, werden von Tourwise, Tel. 974-5363, angeboten.

Außerdem verschiedene Tagesausflüge mit deutschsprechender Reiseleitung.

Oracabessa

Oracabessa war in früheren Tagen eine wohlhabende, kleine Siedlung, man lebte vom Verladen der Bananen auf Übersee-Schiffe. Noch heute erinnern prachtvolle alte Häuser an diese vergangenen Zeiten. Touristen lernen Oracabessa, östlich von Ocho Rios über die Küstenstraße zu erreichen, meist während ihres Aufenthaltes in Ocho Rios kennen. Kurz vor dem Dorf liegt zudem ein luxuriöser All-inclusive-Ferienclub, genannt Boscobel. Südlich von Oracabessa, auf einem Hochplateau mit Blick auf die nördlich verlaufende Küstenebene, befindet sich Firefly, das einstige Landhaus des englischen Romanciers Noel Coward, der die letzten beiden Jahrzehnte seines Lebens (bis zum Tod im Jahre 1973) auf Jamaica verbrachte. Der gefeierte Schriftsteller, Komponist und Schauspieler schrieb hier einige seiner besten Werke und schuf zudem bezaubernde Landschaftsbilder. Dort, wo Coward einst seine Staffelei aufbaute, liegt er heute begraben. Da Firefly nur ein Schlafzimmer besaß, mußte Coward seine Gäste – darunter Sean Connery, Richard Burton und die Mutter der englischen Königin - ausquartieren und in der am Meer gelegenen Villa „Blue Harbour" unterbringen. Heute ist Firefly restauriert und ausgestattet mit vergilbenden Schwarzweiß-Aufnahmen, Cowards Tropen-T-Shirts, seinen Büchern und Lexika ebenso wie seiner alten Schreibmaschine – alles sieht so aus, als ob der Romancier nur für kurze Zeit sein Zuhause verlassen hätte, etwa um zu einer Premiere nach London zu fliegen.

• • • Cowards Gästehaus „Blue Harbour" läßt sich wochenweise mieten.

Port Antonio

Eine jamaikanische Kleinstadt (15.000 Einwohner) wie aus dem Bilderbuch: Das an der östlichen Nordküste gelegene Port Antonio galt einst als bedeutendster Bananen-Ausfuhrhafen der Insel. Deshalb ist es kaum verwunderlich, daß Harry Belafonte, wie er selbst sagt, in Port Antonio die Idee bekam zu seinem weltberühmten Lied: „Banana Boat Song". Heute ist sein „Hey, Mr. Tallyman, tally me banana", das immer noch in den Cafés und Bars gespielt wird, Geschichte, denn mit dem Beginn des 20. Jh. ging es mit dem Bananenhandel rapide abwärts. Vergangenheit ist auch die einstige Beliebtheit des Städtchens bei Hollywood-Stars. Noch heute liegt ein mit Blumen bewachsenes Boot auf der vorgelagerten Navy Island, das die Aufschrift trägt „Errol Flynn's Longboat". Tatsächlich verliebte sich der schneidige Filmstar vor mehr als einem halben Jahrhundert in die bis dato unbebaute Insel, erwarb sie und verbrachte hier mit seinen Angebeteten romantische Tage. Heute gelangt man per Fähre hinüber, und einfache Freiluft-Restaurants bieten kühle Tropen-Drinks. Bummeln Sie auch durch die beschauliche Harbour Street mit ihren provinziellen kleinen Läden, oder durch die palmengesäumte West Palm Avenue, ein etwas zu groß geratener Name für eine ansonsten stimmungsgvolle Straße. Ein eindrucksvolles Beispiel für den Zuckerbäckerstil der Briten – roter Backstein mit weißen Verzierungen – ist die erhabene Christ Church.

Navy Island bei Port Antonio

Port Antonio: Frenchman's Cove

Entlang der Küstenstraße gen Osten gelangt man zu weiteren traumhaften Sandstränden. Eindrucksvolle Felsenszenerie herrscht vor an der malerischen Bucht Blue Hole, benannt nach ihrem – je nach Lichteinfall – ultramarin bis türkisblau schimmernden Wasser.

• • • Einige Kilometer außerhalb von Port Antonio, in Boston, wurde eine kulinarische Spezialität erfunden: Jerk. Die meist runden Jerkbuden, die überall auf der Insel zu finden sind bieten Schweinefleisch, Fisch und Hähnchen, die hier auf der Asche verschiedener jamaikanischer Gewürzhölzer gegrillt und mit scharfer Soße, Red Stripe Bier und Weißbrot serviert werden: Köstlich und preiswert. Gegessen wird übrigens mit den Fingern! Hier kann man die Einheimischen beim Dominospielen, Diskutieren und Musikhören – bei entsprechender Lautstärke – erleben.

Runaway Cove bei Runaway Bay

Runaway Bay

Folgt man der Küstenstraße von Montego Bay aus gen Osten, so passiert man zunächst Falmouth, dann – nach 70 km – die Feriensiedlung Discovery Bay. Hier soll es gewesen sein, wo Kolumbus 1494 erstmals jamaikanischen Boden betrat. Nach weiteren acht Kilometern ist Runaway Bay erreicht. Der Name der aufstrebenden Hotel-Enklave verweist auch hier auf eine geschichtliche Episode. So sollen von der Runaway-Bucht aus die Spanier 1658 die Segel gelichtet haben und vor der britischen Übermacht gen Kuba geflüchtet sein. Heute setzen die Touristen ihre Segel, denn die Bucht prägen zahlreiche moderne Strandhotels. Taucher schätzen die vor der Küste liegenden Tauchgründe, die eine tropische Unterwasserwelt versprechen.

• • • Einen Besuch allerdings verdienen die Runaway Caves (tgl. 9–16 Uhr), an der Straße zwischen Discovery und Runaway Bay gelegene Tropfsteinhöhlen.

Grand und Petit Piton

St. Lucia

Tropisches „Juwel“ der Kleinen Antillen zwischen Martinique und St.Vincent.

Geschichte und Kultur

Ursprünglich bewohnt von den Arawaks, die noch vor der Ankunft der Europäer von den kriegerischen Kariben verdrängt wurden, gehörte die Insel lange zu den schwer einnehmbaren Plätzen in der Karibik. Um 1550 nistete sich der französische Pirat „Jambe de Bois“ (Holzbein) im Raum des heutigen Fischerdorfs Gros-Islet ein; später erbauten Holländer im Inselsüden das Vieux Fort (es liegt heute neben dem Internationalen Flughafen). Die Kariben vereitelten zunächst alle Siedlungsversuche. Erst 1654, als sich der französische Offizier Rousselan mit einer Karib-Frau vermählte, legte sich allmählich die Angriffslust der Kariben – nicht aber die der Briten. Bis 1814 gehörte St. Lucia 7mal den Engländern und 7mal den Franzosen (ihre letzte Hauptstadt war das heute noch in seiner Kolonialarchitektur größtenteils erhaltene alte Soufrière im Inselsüden). Die Sprachen beider Länder flossen in den außerdem afrikanisch gefärbten Inseldialekt ein, der Patois genannt wird. Seit 1979 ist St. Lucia unabhängiges Mitglied des Britischen Commonwealth. In Literaturkreisen wurde es auch berühmt als Geburtsort von Derek Walcott, der 1992 den Literatur-Nobelpreis erhielt. Der Schriftsteller lebt heute im Norden der Insel.

Geographie und Geologie

St. Lucia ist vulkanischen Ursprungs; seine charakteristischen rund 700 m hohen Zwillingskegel an der Südwestküste, der Grand und Petit Piton, werden gern als „Wahrzeichen der Karibik“ gerühmt.

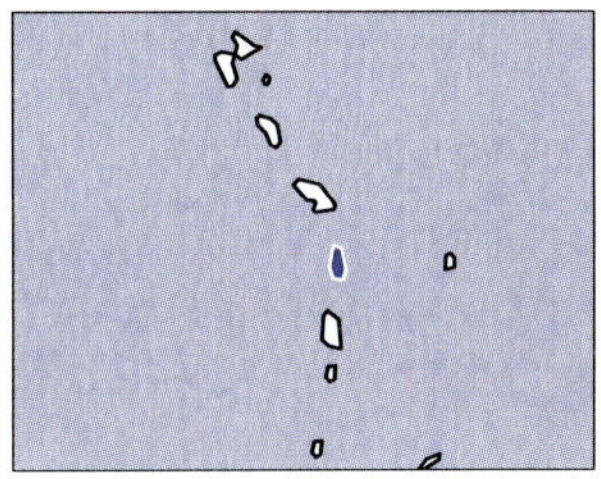

Informationen

St. Lucia Tourist Board, Postfach 1525, 61366 Friedrichsdorf/Ts., Tel.: 06172/778013, Fax: 06172/778033.

Schwefelquellen und Vulkane

Abendstimmung an der Nordwestküste

Internetadressen

http://www.best.com/~ctr/slu.htm
http://www.candw.lc/stlucia/stlucia.htm
http://www.caribbean-on-line.com/sl/sl.html
http://www.interknowledge.com/st-lucia/

Sekundärliteratur
Reiseführer deutsch

Irmeli Tonollo / Michael Auwers, Kleine Antillen, Ostfildern 1995.

Staat und Gesellschaft

Mit einer Fläche von 622 km^2 und nur 141.000 Einwohnern überwiegend afrikanischer Abstammung gehört St. Lucia zu den kleinsten Staaten der Welt. Seine Staatsform ist die Parlamentarische Monarchie im Commonwealth.

Wirtschaft und Industrie

Hauptexportprodukte sind Bananen und Ananas – nach jahrhundertelangem Anbau von Zuckerrohr. Als Einnahmequelle gewann der Tourismus an Bedeutung, der mit seinen zahlreichen erstklassigen Hotels vor allem die obere Einkommensschicht anspricht. Außerdem ist St. Lucia mit seinen Yachthäfen beliebter Zwischenstopp der Kleinen Antillen-Segler.

Castries und die Nordwestküste

Hauptstadt der Insel (52.000 Einwohner), die sich um eine natürliche Hafenbucht in der westlichen Inselmitte schmiegt. An ihrem Südufer liegt die kleine Landebahn des Vigie-Airports; am Nordufer überragt sie der Morne Fortune-Hügel mit dem Präsidentenpalast und dem erstklassigen Aussichtsrestaurant „San Antoine" (früher ein Great-House). Zentrum des 1948 nach einem verheerenden Brand wiedererbauten Städtchens ist der 1992 in Derek-Walcott-Square umbenannte, alte Columbus-Square mit dem 400 Jahre alten Saman-Baum gegenüber der grauen Kathedrale. An die alte karibische Stadtarchitektur vor dem Brand erinnert noch die Bar „Rain" in der nahen Brazil Street. Größte Attraktion, nicht nur für die Tagesgäste der Kreuzfahrtschiffe, ist der kreolische Markt am neugestalteten Cruise-Liner-Quai; im ersten Stock finden Souvenirjäger u.a. handgearbeitete kreolische Puppen und die auf der Insel hergestellten Tisch-Keramikgrillöfen. Nördlich der Stadt beginnt die Choc Bay mit unterschiedlichen Resorts. An einer schmalen Strandbucht liegt das elegante Windjammer-Landing, und danach breitet sich vor den Hotels Rex St.Lucian und Royal St.Lucian die breite, weiße Rêduit Beach aus. Vor beiden Hotels entwickelte sich eine vielbesuchte Restaurant- und Barzone mit dem Inseltreff „The Lime". Sie grenzt direkt an die große Rodney-Bay mit ihrem großen Yachthafen. Die dazugehörige Werft im Norden liegt dann schon in Spaziernähe des urigen Fischerdorfes Gros-Islets (jeden Freitagabend großes „Jump-up"-Festival; Tip: Scott`s Café). Eine unbebaute herrliche Strandbucht verbindet Gros-Islet mit der Halbinsel Pigeon Point (Ruinen des Fort Rodney, Jazzfestivals und Pigeon Island National Park-Museum im ehemaligen Haus der Opernsängerin Josset Agnes Hutchinson). Am stillen Inselnordende hat sich das All-Inclusive-Resort „Le Sport" mit dem angegliederten 18-Loch-Golf-Platz in einer schmalen Bucht niedergelassen.

Souffriere

Strand an der Südwestküste

Soufriére und die Südwestküste

Region der landschaftlichen Höhepunkte: An diesem Küstenstrich, der sich besonders malerisch während einer Bootsfahrt ab Castries präsentiert, liegen nacheinander die idyllische Palmenbucht Marigot Bay (Station der Mooring-Yachten), die vulkansandige Bucht des Spitzenhotels Anse Chastenet, die alte französische Hauptstadt Soufrière und die grünen Kegel des Grand und Petit Pitons mit dem Hotel Jalousie Plantations zwischen seinen Schenkeln und dem Hotel Ladera, dem besten Aussichtsplatz auf die beiden Berge, in ihrem aufsteigenden Rücken. Dahinter dampfen gleich St.Lucia's Schwefelquellen und ergießt sich der kleine Wasserfall Diamond Falls in ein altes Bad aus dem 18. Jahrhundert; außerdem führt eine Bergstraße hinauf zum großen Regenwald-Naturschutzgebiet um den Mount Gimmie. Die Hotels, die sich mit ihren Villen hier an den Hängen verteilen, scheinen Produkte von Architektur-Wettbewerben zu sein, so einfallsreich und individuell sind die Bungalows jeweils gestaltet. Taucher finden in der Tiefe vor den Pitons phantastische Korallengärten vor. Das 1746 gegründete Soufrière, das bis zum Bau der Westküstenstraße nur mit dem Boot von Castries aus erreichbar war und als Tagesausflugsziel bis heute von Castries aus per Boot angesteuert wird, besticht durch seine ewig gestrige Kolonialatmosphäre. Ihr Bild prägen Holzhäuser mit luftigen Veranden, über den Dächern verkabelt mit hängenden Stromleitungen; am Rand reihen sich ärmliche Fischerhäuser malerisch nebeneinander, wo die Frauen über dem offenen Feuer kochen und die Männer Netze zum Trocknen gespannt haben. Wermutstropfen der Idylle: die Atmosphäre ist gespannt: die lange vom Staat vernachlässigten Einwohner fühlen sich durch den Tagestourismus zu Schauobjekten degradiert und reagieren auf Fototouristen äußerst empfindlich.

Tobago - Insel der Buchten

Trinidad & Tobago

Auf seiner dritten Amerika-Reise im Jahr 1497 drohte Kolumbus eine Meuterei an Bord. Als er endlich drei Berge sichtete, schien ihm das ein Wunder des dreieinigen Gottes zu sein. Er nannte das Land daraufhin Trinidad.

Geschichte und Kultur

Beide Inseln gingen bis 1898 getrennte Wege: Die ersten Siedlungsversuche auf Tobago vereitelten lange die dort ansässigen Karib-Indianer („Robinson Crusoe", der 1719 von Daniel Dafoe erzählte Roman spielt auf Tobago, der Gefährte des Romanheldens ist eine romantisierte Darstellung des „edlen Wilden"). Später wurde sie Zuckerrohrinsel wechselnder Kolonialmächte (Niederlande, Frankreich und schließlich Großbritannien). Trinidad dagegen war spa-

Informationen

Fremdenverkehrsamt Trinidad & Tobago, c/o Basic Service Group, Am Schleifweg 16, 55128 Mainz, Tel.: 06131/99330, Fax: 06131/99331.

Golfen auf Tobago

Traumstrände

Internetadressen
http://anansi.mit.edu/tnt/
http://www.trinidad.net/trini/tourism.htm
http://www.tidco.co.tt/

nisch, daher noch der Name der Landeshauptstadt: „Port of Spain" (Hafen von Spanien), bis die Engländer 1797 die Insel eroberten. Nach der Abschaffung der Sklaverei (1845) bot Großbritannien den Menschen seiner Kolonie Indien die Möglichkeit, sich auf Trinidad als Plantagenarbeiter zu verdingen. Die Nachfahren dieser Einwanderer machen heute fast 50 Prozent der Bevölkerung Trinidads aus. Das „multikulturelle Flair" ist besonders während des weltberühmten Karnevals in der Port-of-Spain zu spüren.

Geographie und Geologie

Das überwiegend flache Trinidad gehört geologisch zum südamerikanischen Festland; im Südwesten breitet sich ein begehbarer Teersee aus, und es blubbern Schlammvulkane, aus denen unterirdisches Gas austritt. Im Norden erhebt sich die bis zu 950 m hohe Northern Range; Tobago ist bedeckt von der bis zu 500 m hohen Main Ridge.

Staat und Gesellschaft

Sekundärliteratur
Reiseführer deutsch
Gerhard Heck, Trinidad und Tobago, Köln 1996.

Zwei Inseln – ein Staat: Trinidad (4.827 km², 700.000 Einwohner) und Tobago (300 km², 50.000 Einwohner) liegen wie von Venezuela „verlorene" Inseln am Ende des Kleinen Antillenbogens und bilden zusammen seit 1962 die englischsprachige Republik „Trinidad & Tobago" im Commonwealth of Nations.

Wirtschaft und Industrie

Die Hauptinsel Trinidat ernährt heute beide Inseln durch ihre Erträge aus der Ölwirtschaft. Daneben spielen auf Trinidad noch Kaffee, Kakao und Zucker eine wirtschaftliche Rolle – und auf Tobago der Tourismus.

Cocktail am Strand
Unter Palmen

Tobago

Sanft abfallende kleine Strände, Traumreviere für Taucher vor der Küste, karibische Bilderbuchdörfer in Felsbuchten, in denen die Zeit stehen geblieben zu sein scheint, und viel tropische Natur, das sind Tobagos Attraktionen, die diese kleine Insel in letzter Zeit zu einem der Lieblingsziele anspruchvoller Urlauber werden ließ. Mini-Metropole der Insel ist das auf einem Uferhügel liegende Scarborough mit dem Fort King George auf dem Gipfel; ein kleines Museum zeigt dort Funde der Insel aus der Carib-Zeit (Di–Fr 9–18, Sa 10–13 Uhr). Dahinter beginnt das gebirgige Innere mit dem Tobago Forest Reserve (Wanderwege durch Regenwald). Herrliche Ausblicke bietet die Autofahrt über die Winward Road-Küstenstraße, die sich über Roxborough und die malerisch von Kokospalmen gesäumten King's Bay bis zum Taucherort Speyside über Kliffhöhen und Buchten windet. In Speyside findet sich auch das originellste Lokal der Insel: Jemma's Sea View Kitchen, eine Restaurant-Hütte in den Zweigen eines Seetraubenbaumes am Ufer. Weiter nördlich auf der anderen Inselseite liegt der abgeschiedene Ort Charlotteville mit seinen einfachen Hotels für Individualisten. Die großen Ferienresorts verteilen sich fast alle an der Nordwestküste zwischen dem Flughafen und dem kleinen Ort Plymouth. Kolibri-Fans finden hinter dem Grafton Beach Resort ein Beobachtungsgelände mit Fütterungsstellen. Und wenn die Meeresschildkröten ihre Eier in den Sand der Buchten legen, dann werden die Gäste in den Hotels informiert; in Begleitung kundiger Führer dürfen sie das Schauspiel aus einer für die Meeresschildkröten sicheren Entfernung beobachten. Taucher lockt an dieser Inselseite das Buccoo Reef mit seinem Unterwassergarten; angeboten werden Glasbodenboot-Ausflüge ab Pigeon Point, außerdem Tauchausflüge ab allen Hotels.

Tobago

Durchschnittswerte	Tagestemperatur °C	Nachttemperatur °C	Sonnentage*	Sonnenstunden / Tag	Wassertemperatur °C	Rel. Luftfeuchtigkeit %
Jan	29	24	21	8	27	78
Feb	29	24	21	9	26	76
Mär	29	24	25	8	26	75
Apr	30	26	23	9	27	76
Mai	30	26	21	7	27	77
Jun	30	26	16	7	27	80
Jul	29	25	17	7	28	83
Aug	30	26	17	7	28	82
Sep	30	26	19	7	29	82
Okt	30	25	17	7	29	83
Nov	29	25	15	7	28	84
Dez	29	24	19	7	27	81

* weniger als 1 Liter/m^2 Niederschlag
Quelle: Deutscher Wetterdienst, Hamburg

Apotheken

Apotheken sind – zumindest in allen touristisch entwickelten Orten – vorhanden. Die handelsüblichen Medikamente sind verfügbar. Die Beschaffung spezieller Medikamente kann einige Tage dauern. Medikamente, die regelmäßig eingenommen werden müssen, sollten von zu Hause mitgebracht werden.

Autoverleih

siehe Mietwagen

Banken

Die Öffnungszeiten variieren. Banken sind immer montags bis freitags von 9:00 bis 12:00 und in vielen Regionen bis 15:00 Uhr geöffnet. Freitags häufig auch nachmittags.

Bevölkerung

Im Blut der Menschen in der Karibik liegt Frohsinn, Lebensfreude und Musik. Man geht nicht, sondern man „swingt". Die Bevölkerung ist überwiegend schwarz, gefolgt von Mulatten und Weißen. Zu den Splittergruppen zählen Chinesen, Inder und Europäer.

Eine Ausnahme bilden Cuba und Trinidad & Tobago. Die Mehrheit auf Cuba sind Mulatten; die zweitgrößte Gruppe besteht aus den Nachfahren der ehemalige Kolonialmacht Spanien. Auf Trinidad & Tobago sind ca. 40% der Bevölkerung Inder.

Camping

Camping ist in den meisten karibischen Staaten nicht möglich bzw. nicht zu empfehlen. Weitere Informationen erteilen die Fremdenverkehrsämter.

Devisen

siehe Währungen

Diplomatische Vertretungen

Vertretung	Land	Stadt	Anschrift	Telefon	Fax
Schweiz (K)	Bahamas	Nassau	IBM House, East Bay Street, Nassau	001/242/325-1531	232-8561
Österreich (K)		Nassau	Sunrise Beach Club Villas, P.O. Box 6519-SS, Nassau	001/242/363-2929	363-2308
BRD (B)	Cuba	Havanna	Calle B, No. 652, Esquina á 13, Vedado, La Habana	00537/332 569	331 586
Schweiz (B)		Havanna	5ta Avenida no. 2005, entre 20 y 22, Miramar Playa Ciudad de La Habana	00537(332 611	331 148
Österreich (B)		Havanna	Calle 4, No. 101, e/1ra y 3ra. Miramar, Havanna	00537/332 825	332 394
BRD (B)	Dominikanische Republik	Santo Domingo	Condominio Plaza Intercaribe, 5to Piso Esq. Lope de Vega con R. Aug. Sanchez, Ensanche, Naco, Santo Domingo	001/809/565-8811	567-5014

Vertretung	Land	Stadt	Anschrift	Telefon	Fax
Schweiz (K)		Santo Domingo	Calle El Recodo 3, Edificio Monte Mirador, Santo Domingo	001/809/533-3781	532-3781
BRD (B)	Haiti	Port-au-Prince	Impasse Claudinette, Bois Moquette, Petionville, Port-au-Prince, Haiti	00509/577 280	574 731
Schweiz (GK)		Port-au-Prince	Rue Ogé 12, Pétion-Ville	00509/570 503	576 377
BRD (B)	Jamaica	Kingston	10 Waterloo Road, Kingston 10	001/809/926-5665	929-8282
Schweiz (GK)		Kingston	22 Trafalgar Road, Suite 13, Kingston	001/809/978-7857	978-8563
Österreich (K)		Kingston	Jamaica Hotel & Tourist Association, 2 Ardenne Road Kingston	001/809/926-3636	953-2558
BRD (B)	Trinidad & Tobago	Port of Spain	7-9 Marli Street, Port of Spain/Trinidad, W.I.	001/809/628-1630	628-5278
Schweiz (GK)		Port of Spain	c/o Nestle Trinidad & Tobago Ltd. Churchill-Roosevelt Highway, Valseyn, Trinidad & Tobago	001/809/663-6832	663-5467
Österreich (K)		Port of Spain	27, Frederick Street, Port of Spain	001809/623-5912	627-8444

Legende: B = Botschaft; GK = Generalkonsulat; K = Konsulat

Einkaufen

Das Angebot ist breit gefächert. Besonderheiten sind Holzschnitzereien, naive Malereien, Korallenschmuck, Bernstein (Dominikanische Republik), Muscheln, Stroh- und Modeartikel (meist aus Batik). Die Preise sind moderat. Handeln ist auf Märkten und bei „fliegenden Händlern“ ein Muß: Es gehört zur Lebensart der Kariben und erzeugt Kurzweil.

Einreise

Über Einreisebestimmungen informieren das Reisebüro, der Reiseveranstalter oder die zuständige Botschaft.

Eisenbahn

Eisenbahnen sind eine Seltenheit und dienen, wenn vorhanden, meist dem Transport von Zuckerrohr bzw. touristischen Ausflugsfahrten. In Cuba bestehen Bahnverbindungen zwischen allen größeren Städten.

Elektrizität

Überwiegend ist die Stromspannung 110 Volt Wechselstrom. Es sollten nur umschaltbare Geräte mitgeführt werden. Adapter sind erforderlich. Da die elektrischen Anschlüsse sehr unterschiedlich sind, empfiehlt es sich, nicht nur einen Flachstecker, sondern einen internationalen Adapter einzupacken.

Essen und Trinken

Die Küche ist sehr variabel. Es gibt neben der sehr schmackhaften (und gut gewürzten) einheimischen häufig internationale, italienische und chinesische Küche. Das Nationalgericht in Barbados ist das „Cou Cou“ aus Gumbaschoten, Maismehl und fliegendem Fisch oder gesalzenem Kabeljau, Jamaica lockt mit der berühmten

Früchtebuffet

Pepperpot Soup, Ackee und Saltfish oder dem scharf und auf offenem Feuer gegrillten Schweinefleisch oder Hühnchen (Jerk Pork oder Chicken), und die Bahamas mit ihren Muschelgerichten, insbesondere den Conch Fritters und dem Nationalgericht Rice and Peas. Regional bedingt gibt es auch französische (französische Antillen und Haiti), spanische (Dominikanische Republik, Puerto Rico und Cuba), sowie indonesische (Niederländische Antillen) Restaurants. Dominierend sind Fisch- und Meeresfrüchte-Gerichte.

Die unerschöpfliche Auswahl an exotischen Cocktails basiert auf Rum, dem Nationalgetränk. Das populärste Getränk ist der Rum Punch. Biere – es gibt sehr gute einheimische – und die üblichen Spirituosen und Weine gehören zum Angebot.

Fax

siehe Telekommunikation

Fischen

Fischen, insbesondere Hochseefischen, ist ein weitverbreiteter Volkssport und wird in allen touristischen Zentren angeboten.

Feiertage

Land	Feiertage
Antigua & Barbuda	1. Januar: Neujahr • Karfreitag • Ostermontag • 1. Mai: Tag der Arbeit • Pfingstmontag • 2. Samstag im Juni • Juli/August: Karneval • 1. November: Unabhängigkeitstag • 25. und 26. Dezember: Weihnachten.
Aruba	1. Januar: Neujahr • 25. Januar: G.F. Croes Gedenktag • 18. März: Tag der National Hymne • Karfreitag • Ostermontag • 30. April: Queen's Day • 1. Mai: Tag der Arbeit • 25. und 26. Dezember: Weihnachten.
Bahamas	1. Januar: Neujahr • Karfreitag • Ostermontag • Pfingstmontag • erste Juniwoche: Labour Day • 10. Juli: Nationalfeiertag • erste Augustwoche: Emancipation Day • 12. Oktober: Nationalfeiertag • 25. und 26. Dezember: Weihnachten.
Barbados	1. Januar: Neujahr • 21. Januar: Nationalfeiertag • Karfreitag • Ostermontag • 1. Mai: Tag der Arbeit • Pfingstmontag • erster Montag im August: Kadooment Day • Ende Juli/Anfang August: Crop-Over-Festival • erster Montag im Oktober: Tag der Vereinten Nationen • 30. November: Tag der Unabhängigkeit • 25. und 26. Dezember: Weihnachten.
Bonaire	1. Januar: Neujahr • Karfreitag • Ostermontag • 1. Mai: Tag der Arbeit • Himmelfahrt • Pfingstmontag • 15. Dezember: Nationalfeiertag • 25. und 26. Dezember: Weihnachten.
Cuba	1. Januar: Tag der nationalen Befreiung und Jahrestag des Sieges der Revolution • 30. April: Nationalfeiertag • 1. Mai: internationaler Tag der Arbeiter • 25. - 27. Juli: Tage der nationalen Rebellion • 10. Oktober: Jahrestag des Beginns des Unabhängigkeitskrieges von 1868 • 7. Dezember: Nationalfeiertag • 25. Dezember: Weihnachten • Karneval in Havanna und Santiago de Cuba im Juli, in Matanzas und Pinar del Rio im August und in Varadero im Januar.

Karneval

Land	Feiertage
Curaçao	1. Januar: Neujahr • Karfreitag • Ostermontag • 1. Mai: Himmelfahrt • Pfingstmontag • 15. Dezember: Nationalfeiertag • 25. und 26. Dezember: Weihnachten.
Dominikanische Rep.	1. Januar: Neujahr • 6. Januar: Dreikönigstag • 21. Januar: Nationalfeiertag • 26. Januar: Nationalfeiertag • 27. Februar: Nationalfeiertag • Karfreitag • 1. Mai: Tag der Arbeit • Fronleichnam • 16. August: Gesetzlicher Feiertag • 24. September: Nationalfeiertag • 1. November: Allerheiligen • 25. Dezember: Weihnachten.
Grenada	1. Januar: Neujahr • 7. Februar: Nationalfeiertag • Karfreitag • Ostermontag • 1. Mai: Tag der Arbeit • Pfingstmontag • Fronleichnam • 1. Montag und Dienstag im August • Mitte August: Karneval • 25. Oktober: Nationalfeiertag • 25. und 26. Dezember: Weihnachten.
Jamaica	1. Januar: Neujahr • Karfreitag bis Ostermontag • 23. Mai: Tag der Arbeit • Pfingstmontag • 1. Montag im August: Unabhängigkeitstag • 3. Montag im Oktober: Tag der Nationalhelden• 25. und 26. Dezember: Weihnachten.
St. Lucia	1. Januar: Neujahr • 22. Februar: Nationalfeiertag • Karneval Montag und Dienstag • Karfreitag • Ostermontag • 1. Mai: Tag der Arbeit • Pfingstmontag •Fronleichnam • 3. August: Nationalfeiertag • 5. Oktober: Nationalfeiertag • 13. Dezember: National feiertag • 25. und 26. Dezember: Weihnachten.
Trinidad & Tobago	1. Januar: Neujahr • Karneval Ostermontag • Pfingstmontag • 30. Mai: Indian Arrival Day • Fronleichnam •19. Juni: Nationalfeiertag • 1. August: Tag der Entdeckung • 31. August: Unabhängigkeitstag • 24. September: Tag der Republik • 25. und 26. Dezember: Weihnachten.

Dominikanische Republik

Flughafengebühren

Bei der Ausreise wird eine Flughafengebühr erhoben, die je nach Land zwischen US-$ 5.00 und US-$ 20.00 liegt.

In manchen Ländern, z.B. in der Dominikanischen Republik, ist auch bei der Einreise eine „milde Gabe“ von zur Zeit US$ 10,00 fällig. Auf Cuba ist sie mit dem Erwerb des Touristenvisums (ca. US-$ 20,00) abgegolten.

Flugverkehr

Von Deutschland fliegen LTU bzw. Condor die Inseln Antigua, Bahamas, Barbados, Cuba, Dominikanische Republik, Jamaica, St. Lucia und Tobago direkt an. Hapag Lloyd bedient in einer Direktanbindung die Dominikanische Republik. Die Flugzeiten betragen 10 bis 12 Stunden.

Fotografieren

Alle gängigen Filme sind vorhanden; Diafilme sind meist nur in Fachgeschäften erhältlich. Wegen der hohen Temperaturen Filme möglichst kühl lagern. Die tropischen Lichtverhältnisse sind nicht zu allen Tageszeiten zum Fotografieren geeignet. Die günstigsten Zeiten sind vor 11:00 Uhr und am späteren Nachmittag. Beim Fotografieren von Menschen bitte vorher fragen, da viele Einheimische sonst gereizt und verärgert reagieren. Die Durchleuchtungsgeräte auf den Flughäfen sind nicht immer filmsicher, daher sollten Filme möglichst in einem sogenannten „Filmsafe", einer Box oder einem Beutel, die sie vor Strahlung schützen, im Handgepäck transportiert werden.

Frauen

Die Männer in der Karibik dominieren eindeutig. Der Machismo drückt sich jedoch meistens in einer sehr milden Form aus.

Führerschein

Der Selbstfahrer muß einen gültigen Führerschein seines Heimatlandes vorweisen. Einige Länder verlangen zusätzlich einen Landesführerschein, den die Autovermietung gegen eine geringe Gebühr ausstellt. Dieser Führerschein hat meist eine Gültigkeit von 30 Tagen. Ein internationaler Führerschein ist nicht erforderlich, aber hilfreich. Das Mindestalter zum führen eines Mietwagens beträgt 21 Jahre, in einigen Ländern sogar 25 Jahre.

Fußgänger

Für Fußgänger ist größte Vorsicht geboten, da es häufig keine bzw. sehr schlechte Gehwege gibt. Bei Linksverkehr darauf achten, daß man in die richtige Richtung schaut: zuerst nach rechts!

Geld

siehe Zahlungsmittel

Geschäftszeiten

siehe Öffnungszeiten

Die karibischen Staaten sind gesundheitsfreundliche Länder. Magenverstimmungen, Durchfall und Erkältungskrankheiten können auftreten. Man sollte den überhitzten Körper nicht mit eiskalten Getränken belasten, kein ungekochtes Wasser zu sich nehmen, sich keiner extremen Sonnenstrahlung aussetzen und die Klimaanlage auf eine vernünftige Temperatur einstellen. Wegen der hohen Temperaturen ist der Flüssigkeitsverlust des Körpers höher als gewohnt. Es empfiehlt sich, viel zu trinken, um den hohen Salzverlust auszugleichen. Bei Durchfallerkrankungen auf eine ausreichende Flüssigkeits- und Elektrolytzufuhr achten. Glukose-Elektrolyt-Mischungen sind im Handel erhältlich und gehören in jede Reiseapotheke. Kostenlos kann man die jeweils aktuelle Ausgabe von: „Ärztlicher Ratgeber für Auslandsaufenthalte" gegen Einsendung eines mit drei DM frankierten DIN-A5 Rückumschlags anfordern bei: BAD, Flughafen Halle 4, 40474 Düsseldorf. Weitere Auskünfte erteilt das Auswärtige Amt unter der Service Nummer 0228-1716456.

Gewichte

siehe Maße und Gewichte

Hotels

siehe Unterkunft

Impfungen

Über Impfungen informieren das Reisebüro, der Reiseveranstalter, das Gesundheitsamt oder der Hausarzt. Außerdem bietet die Firma TIP unter der kostenpflichtigen Abruf-Fax-Nr. 0190 252 350 500 aktuelle Informationen (DM 1,20 pro Minute).

Inselhüpfen

Die Fluganbindungen zwischen den Inseln, insbesondere in der östlichen Karibik, sind gut und werden von Regionalfluggesellschaften durchgeführt. Die größten Gesellschaften sind Air Jamaica, Cubana Air Line, BWIA und LIAT. Für Inselhüpfen werden verbilligte Air Passes angeboten, die in Europa gekauft und gebucht werden müssen.

Das umfassendste Flugexkursionsangebot hat Havanatur in Cuba entwickelt. „Vacation Plus" lautet ein Programm, das mehrmals wöchentlich zwei-, drei- und fünftägige Ausflugsprogramme ab Havana zu anderen karibischen Inseln anbietet. Noch interessanter sind jedoch die Möglichkeiten, von Mexico (Cancun, Merida), Jamaica (Montego Bay), Bahamas (Nassau), Costa Rica (San José), Panama, Martinique, Grand Cayman und der Dominikanischen Republik (Santo Domingo) aus drei- oder fünftägige Flugexkursionen (Nurflug oder Pauschalreisen) nach Havanna vorort buchen zu können, einschließlich des für Cuba benötigten Touristenvisums. In allen Fällen handelt es sich um Nonstopflüge, die mit Cubana (CU), Copa (CM), Aerocaribbean (CR) und Lacsa (LR) durchgeführt werden.

Von Jamaica aus wird zusätzlich zu Havanna auch Santiago de Cuba als Tagesausflug oder für drei oder fünf Nächte angeboten.

Brown's Bay Mill, Antigua

Jugendherbergen

siehe Unterkunft

Kleidung

Leichte legere Sommer- und Sportkleidung. In Luxushotels und exklusiven Restaurants sind vor allem in der Zeit Dezember bis April abends für die Herren Jackett und Krawatte vorgeschrieben. Für die Abende sind leichte Wollsachen angebracht. Das Tragen von Badeanzügen bzw. Badehosen in der Öffentlichkeit ist nicht erwünscht.

Klima

Das Klima ist ausgeglichen und angenehm. Die schönsten Monate sind Dezember bis April. Mit kurzen, zum Teil heftigen Regenfällen sollte man jedoch immer rechnen.

Die zugeordneten Klimatabellen wurden vom Deutschen Wetterdienst in Hamburg erstellt.

Kreditkarten

siehe Zahlungsmittel

Kreuzfahrten

Mehr als 200 Kreuzfahrtschiffe sind auf den Weltmeeren unterwegs und bieten ihren Anhängern weit mehr als nur „Luxus, Langeweile und Leberschaden" (wie Spötter dichteten). Als klassisches Fahrtziel beliebt ist die Karibik. Zwischen den Bahamas und Bonaire warten die schönsten Ankerplätze, und bei den Landausflügen lernt man in relativ kurzer Zeit die landschaftliche und kulturelle Vielfalt der Inseln kennen. Regelmäßig angesteuert werden auch zollfreie Einkaufsparadiese. Anders als in Europa, wo Kreuzfahrten das Etikett „teuer und für ältere Leute geeignet" anhaftet, erfreuen sich die Schiffe besonders bei US-Amerikanern unter 45 Jahren größter Beliebtheit. Neben Flitterwöchlern gehören auch Singles und Familien zum Zielpublikum. Von Jung und Alt geschätzt wird das an Bord gebotene Unterhaltungsprogramm, das durchaus Parallelen zu einem Cluburlaub aufweisen kann. Von Miami aus starten in rascher Folge die luxuriösen Passagierschiffe für mehrtägige bis mehrwöchige Cruises durch die Inselwelt der Antillen.

Maße und Gewichte

In vielen Ländern wurde auf das metrische System umgestellt. Einige Länder arbeiten mit dem metrischen und dem englischen System und einige nur mit dem englischen System.

Gewichte			Hohlmaße			Längenmaße		
28,4 g	=	1 Unze	0.47 l	=	1 Pint	2,54 cm	=	1 Inch
454 g	=	1 lb/Pfund	0.95 l	=	1 Quart	91,4 cm	=	1 Yard
1 kg	=	2.2 lb	3.79 l	=	1 US Gal.	1,6 km	=	1 Meile

Medien

Es gibt lokale und internationale Zeitungen. Deutschsprachige Zeitungen sind die Ausnahme. Fernsehen und Radio ist jeweils in der Landessprache verfügbar. In vielen Hotels kann man den amerikanischen Nachrichtensender CNN empfangen. Die Deutsche Welle ist zu bestimmten Tageszeiten auf wechselnden Frequenzen zu hören, seltener zu sehen. Einzelheiten kann man vor der Abreise beim „Technischen Dienst" der DW unter Tel.: 0221-3893208 erhalten.

Medizinische Versorgung

In Zentren ist die medizinische Versorgung gewährleistet. In ländlichen Gebieten können Schwierigkeiten auftreten. Bei der Hotelrezeption oder der Deutschen Botschaft kann man deutschsprechende Ärzte in Erfahrung bringen.

Mietwagen

In der Karibik steht fast überall eine gute Auswahl an Fahrzeugen zur Verfügung; die Preise sind zum Teil extrem hoch. Tagesmieten beginnen bei ca. US-$ 50.00 – US-$ 60.00 zuzüglich Steuern und Versicherungen. Bei wochenweiser Anmietung sind die Preise etwas günstiger. Bei Barzahlung muß eine Kaution hinterlegt werden. In den meisten Ländern sind internationale Autovermietungen vertreten. Es gibt auch gute lokale Autovermietungen.

Motels

siehe Unterkunft

Öffentliche Verkehrsmittel

Kleinbusse sind das überwiegende Transportmittel. Haltestellen gibt es nur in den seltensten Fällen. Die Busse werden durch Handzeichen angehalten. Dies gilt auch für die beliebten Sammeltaxis. Der Gast bezahlt für seine individuelle Strecke.

Öffnungszeiten

Die Öffnungszeiten variieren von Land zu Land. Es kann davon ausgegangen werden, daß die Geschäfte montags bis freitags von 9:00 - 17:00 Uhr und samstags bis 13:00 Uhr geöffnet sind; in touristischen Zentren häufig bis in den späten Abend.

Post

Die Postämter sind in jedem Fall vormittags geöffnet, Hauptpostämter auch nachmittags. Luftpost nach Europa dauert ca. eine Woche.

Preise

Die Preise auf Märkten und am Strand sind flexibel, jedoch nicht in Supermärkten, Drugstores und Apotheken.

Religion

Man trifft auf alle Konfessionen. Es herrscht allgemein Religionsfreiheit. Zusätzlich werden die Religionen und Rituale aus der afrikanischen Heimat gepflegt. In manchen Ländern ist der Voodoo-Einfluß sehr stark.

Schecks

siehe Zahlungsmittel

Segeln

Wer einsame Buchten ansteuern will, muß Segel setzen. Die Karibik, das wissen auch Laien, ist ein Traumrevier für Segler. Einsteiger lieben die Virgin Islands, ein Archipel aus über 100 Inseln, das die Kleinen Antillen nach Norden hin abschließt. Sichere Ankerplätze und Sichtnavigation sowie eine gute Infrastruktur sorgen für steigende Nachfrage. Fortgeschrittene kreuzen im Passatwind um die Grenadinen. Diese kleinen, teilweise nur wenige Quadratkilometer großen Inseln liegen im Süden der Antillen, zwischen Grenada und St. Vincent. Hauptsaison für Segler sind die Wintermonate, doch Vorsicht vor den mitunter auftretenden „Christmas Winds", von starken Böen begleitete nördliche Winde – nicht nur im Dezember. Während des Sommers locken zwar niedrige Charterpreise, doch ist mit täglichen Regenfällen und (im Spätsommer) mitunter auch mit Hurricanes zu rechnen. Obwohl in der Karibik meist nicht nach Patent oder Führerschein gefragt wird, sollten Charterer über gute Segelerfahrung verfügen. Da der Funkverkehr in Englisch erfolgt, müssen zudem gute Sprachkenntnisse vorhanden sein. Ansonsten besteht die Möglichkeit, eine Jacht mit Besatzung zu chartern. Zu den Höhepunkten eines Segelurlaubs gehört die Teilnahme an einer Regatta. Diese finden in der Karibik das ganze Jahr über statt.

St. Vincent

Sicherheit

Die Kriminalität hält sich in der Karibik in Grenzen. Dennoch ist es nicht ratsam, sich in Elendsviertel zu begeben und nach Einbruch der Dunkelheit alleine spazieren zu gehen. Wertsachen und Reisedokumente im Hotelsafe deponieren und nicht mehr Bargeld als unbedingt erforderlich bei sich tragen. Kameraausrüstungen und Schmuck nicht offen liegen lassen. Weitere Informationen erteilt das Auswärtige Amt unter der Internetadresse: http://www.auswaertiges-amt.government.de.

Sport

In den englischsprachigen Ländern sind Cricket und Baseball die Nationalsportarten. In der ganzen Region ist Fußball beliebt. Das Sportangebot für die Touristen ist umfangreich. Bootfahren, Fischen, Floßfahren, Golf, Schwimmen, Schnorcheln, Segeln, Tauchen, Tennis, Wandern und Windsurfen werden fast überall angeboten.

Sprache

Die Amtssprachen in der Karibik sind Englisch, Französisch, Niederländisch und Spanisch. Es werden eine Reihe von Fremdsprachen und Dialekten gesprochen, die folgende Tabelle widerspiegelt.

Amtssprachen	Länder
Englisch	Anguilla, Antigua-Barbuda, Bahamas, Barbados, British Virgin Islands, Cayman Islands, Dominica, Grenada, Jamaica, Montserrat, Puerto Rico, St. Kitts-Nevis, St. Lucia, St. Vincent and the Grenadines, Trinidad & Tobago, Turks & Caicos Islands, US Virgin Islands.
Französisch	Guadeloupe, Haiti, Martinique, St. Barthélemey, St. Maarten.
Niederländisch	Aruba, Bonaire, Curaçao, Saba-St.Eustatius, St. Maarten.
Spanisch	Cuba, Dominikanische Republik.

Straßenverkehr

In der Karibik gibt es Rechts- und Linksverkehr. Die Straßen- und Beschilderungen sind nicht mit deutschen Verhältnissen zu vergleichen. Vor allem gibt es kaum Straßenmarkierungen oder -beleuchtung. Im Landesinneren muß mit schlechteren Straßenverhältnissen und teilweise Schotterstraßen gerechnet werden. Besonders nach Regenphasen sind die unbefestigten Straßen mit Schlaglöchern übersät. Außerdem muß jederzeit mit Tieren auf den Straßen gerechnet werden. Und so wird gefahren:

Rechtsverkehr: Aruba, Bonaire, Cuba, Curaçao, Dominikanische Republik, Guadeloupe, Haiti, Martinique, Puerto Rico, Saba-St.Eustatius, St. Bathélemey, St. Martin, St. Maarten.

Linksverkehr: Anguilla, Antigua & Barbuda, Bahamas, Barbados, British Virgin Islands, Cayman Islands, Dominica, Grenada, Jamaica, Monserrat, St. Kitts-Nevis, St. Lucia, St. Vincent and the Grenadines, Trinidad & Tobago, Turks & Caicos Islands, US Virgin Islands.

Strom

siehe Elektrizität

Taxi

Taxis sind ausreichend vorhanden. In einigen Ländern gibt es spezielle Hoteltaxis. Wichtig ist es, vor der Abfahrt den Fahrpreis festzulegen, da nur in Ausnahmefällen (funktionierende) Taxameter vorhanden sind.

Telekommunikation

Zwischen der Karibik und Deutschland sowie Amerika gibt es das Direktwahlverfahren. Die meisten Hotels sind mit Faxgeräten ausgestattet. Telefonate und Faxsendungen vom Hotel aus werden mit 50% bis 150% Aufschlag belegt. Es empfiehlt sich – wenn häufige Überseegespräche geplant sind – rechtzeitig eine internationale Telefonkarte zu besorgen.

Trinkgeld

Für alle Serviceleistungen wird ein Trinkgeld erwartet. Für Gepäckträger sind US-$ 1,00 pro Gepäckstück, für Zimmermädchen US-$ 1,00 pro Tag und für Taxis bei kurzen Fahrten ca. US-$ 0.50 angebracht. In Restaurants erwartet man ein Trinkgeld, auch wenn 10% bzw. 15% Bedienungsgeld (Service Charge oder Gratuities) bereits im Rechnungsbetrag enthalten sind.

Trinkwasser

Das Leitungswasser ist nicht überall als Trinkwasser geeignet und sollte gemieden werden. Es kann jedoch zum Zähneputzen verwendet werden.

Unterkunft

Es gibt in der gesamten Region Hotels aller Kategorien, Frühstückspensionen (Inns), Apartments und Villen. Nicht sehr verbreitet sind Motels. Auf vielen Inseln hat sich das „All inclusive"-Konzept durchgesetzt, jedoch zum Nachteil der örtlichen Infrastrukturen.

Veranstaltungen

Monat	Land	Stadt/Region	Veranstaltung
Januar	Aruba	San Nicolas	Calypsonian & Roadmarch Contest
	Aruba	San Nicolas	Children's Parade
	Bahamas	Grand Bahama	Junkanoo Parade
	Bahamas	Nassau	Neujahrsregatta
	Bahamas	Grand Bahama	Pro-Am Golfturnier
	Curaçao		Internationale Segelregatta
Januar/ Februar	Aruba		Karneval
	Trinidad & Tobago		Karneval
Februar	Aruba	Noord	Children's Parade
	Aruba	Oranjestad	Lighting Parade
	Aruba	Oranjestad	Children's Grand Parade
	Aruba	Oranjestad	Old Mask Parade
	Curaçao		Karneval
	St. Lucia		Karneval
März	Curaçao		International Blue Marlin Tournament
	Bahamas	Exumas	Regattawoche

Monat	Land	Stadt/Region	Veranstaltung
März	Trinidad & Tobago		Phagwa - Hindu Neujahrsfeiern
April	Curaçao	Boca St. Michiel	Sami Segel Regatta
	Curaçao		Internationales Lebensmittel-festival
	Bahamas	George Town	Family Island Regatta
	Antigua		Segelwoche
	Aruba		Aruba Bartender Contest
	Trinidad & Tobago		Festival of La Divina Pastora
	Trinidad	Trinidad	Game Fishing
Mai	Aruba	Oranjestad	Aruba Cullinary Exhibition and Competition
	Bahamas	Long Island	Long Island Regatta
	Curaçao		Jazz Festival
	St. Lucia		Jazz Festival
	Trinidad	Tobago	Ziegenrennen
Juni	Aruba	Oranjestad	Annual Aruba Travel Exhibition
	Aruba	Oranjestad	Aruba Jazz & Latin Music Festival
	Bahamas	Eleuthera	Pineapple Festival
	Bahamas	Nassau	Caribbean Music Festival
	Trinidad & Tobago	Trinidad	Pferderennen
	Trinidad	Trinidad	Game Fishing
Juli	Bahamas	Exuma	Bonefish-Wettbewerb
	Bahamas	Abaco Gewässer	Regatta
	Bahamas	Nassau/Eleuthrea	Feste und Paraden zum Tag der Unabhängigkeit
	Trinidad	Tobago	Tobago Heritage Festival
August	Curaçao		Salsa Festival
	Bahamas		Junkanoo Parade zum Tag der Sklavenbefreiung
	Antigua		Karneval
	Grenada		Karneval
	St. Lucia		Fest der St. Rose de Lima
	Trinidad & Tobago		Santa Rosa Festival
	Trinidad	Trinidad	Stellband Week
September	Curaçao		Tourismuswoche
Oktober	Aruba		Deep-Sea Fishing Tournament
	Bahamas	Grand Bahama	Conch-Cracking Wettbewerb
	St. Lucia		Fest „Le Marguerite“
	Trinidad	Trinidad	School Stellband Music Festival
Oktober/ November	Aruba	Oranjestad	Aruba International Dance Festival
November	St. Lucia		Fest der Musikanten
	Aruba		Catamaran Regatta
	Bahamas	Grand Bahama	Europäische Golfwochen
	Bahamas	North Bimini	Wahoo Anglerwettbewerb
	Bahamas	Grand Bahama	Conchman Triathlon
	Curaçao		Golden Artists Music-Festival

Monat	Land	Stadt/Region	Veranstaltung
Oktober	Trinidad & Tobago		Divali Hindu Festival
	Trinidad & Tobago		Game Fishing
Dezember	Bahamas	Grand Bahama	Pro-Am Golfturnier
	Bahamas	Paradise Island	Sun International Tennisturnier
	Bahamas	Paradise Island	Weihnachtskonzert
	Bahamas	Nassau/Freeport/ Out Islands	Junkanoo Parade

Versicherungen

Es empfiehlt sich, wenigstens eine Reisegepäck- und Auslandskrankenversicherung abzuschließen.

Währungen

Land	Währung	Richtkurse (Stand: Juni 1997)					
		Landeswähr.		DM	DM		Landeswähr.
Antigua & Barbuda	Eastern Caribbean Dollar (EC$)	100,00 EC$	=	DM 55,00	DM 1,00	=	1,80 EC$
Aruba	Aruba Flroin (Afl)	100,00 Afl	=	DM 90,90	DM 1,00	=	1,10 Afl.
Barbados	Barbados Dollar (BDS$)	100,00 BDS$	=	DM 89,00	DM 1,00	=	1,10 BD$
Bahamas	Bahamas Dollar (BMS)	100,00 BM$	=	DM 170,00	DM 1,00	=	0,59 BM$
Bonaire	Niederl. Antillen Florin (NAF)	100,00 NAF	=	DM 78,00	DM 1,00	=	1,28 NAF
Cuba	Cubanischer Peso (CUP)	100,00 CUP	=	DM 57,00	DM 1,00	=	1,75 CUP
Curçao	Niederl. Florin (NAF)	100,00 NAF	=	DM 78,00	DM 1,00	=	1,28 NAF
Dom. Republik	Dominikanischer Peso (RDS)	100,00 RDS	=	DM 14,30	DM 1,00	=	7,00 RDS
Grenada	Eastern Caribbean Dollar (EC$)	100,00 EC$	=	DM 55,00	DM 1,00	=	1,80 EC$
Jamaica	Jamaica Dollar (JA$)	100,00 JA$	=	DM 5,00	DM 1,00	=	20,00 JA$
St. Lucia	Eastern Caribbean Dollar (EC$)	100,00 EC$	=	DM 55,00	DM 1,00	=	1,80 EC$
Trinidad & Tobago	Trinidad & Tobago (TT$)	100,00 TT$	=	DM 25,00	DM 1,00	=	4,00 TT$

Zahlungsmittel

Alle internationalen Kreditkarten und Reiseschecks in US-Währung werden akzeptiert. Eine Ausnahme macht Cuba. Dort werden keine Kreditkarten, die auf eine amerikanische Bank ausgestellt sind, akzeptiert. Auch hier gibt es Ausnahmen (gegen 10% Sondergebühr). Nähere Einzelheiten erfährt man vorort. Persönliche Schecks und Euroschecks werden in der Regel nicht akzeptiert. Das sicherste Zahlungsmittel ist der Reisescheck.

Zeitunterschied

In der westlichen Karibik im Winter - 6 und im Sommer - 7 Stunden.
In der östlichen Karibik im Winter - 5 und im Sommer - 6 Stunden.

Zollbestimmungen

Über Zollbestimmungen informieren das Reisebüro, der Reiseveranstalter oder die zuständige Botschaft.

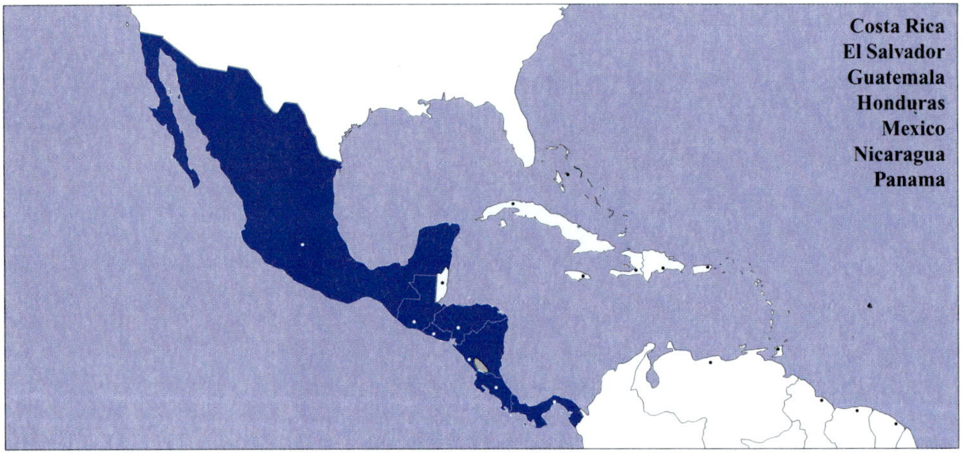

Mittelamerika

In Mittelamerika kann man in vielen Orten einen Tanz unter dem Vulkan wagen – ohne Gefahr! Die meisten der zahlreichen Vulkane – Teil einer Bergkette, die sich von Guatemala nach Panama erstreckt – sind nämlich nicht aktiv. Malerisch anzuschauen ist der über 2.500 m hohe Pacaya-Vulkan in Guatemala, und der Atitlán-See (ebenfalls Guatemala), der selbst Weitgereisten als der schönste See der Erde gilt, wird umringt von Vulkanen. Sieben Staaten, nämlich Belize, Costa Rica, El Salvador, Guatemala, Honduras, Nicaragua und Panama sind es, die das geographische Bindeglied zwischen Nord- und Südamerika bilden, eine schmale Landbrücke von rund 550.000 km^2 (etwa ein Viertel der Landesfläche Mexikos). Nach Norden hin in Mexiko ergibt die gerade 200 km breite Landenge von Tehuantepec die Grenze (der Süden Mexikos zählt geographisch zu Zentralamerika). Zu Südamerika bildet das bereits zu Kolumbien gehörende Dschungelgebiet des Darién den Abschluß. Dazwischen liegen sieben Staaten, auf die immer wieder die Weltöffentlichkeit aufmerksam wird – meist wegen ihrer politischen Situation (wie in El Salvador, Guatemala, Panama und Nicaragua), weniger aufgrund ihrer einzigartigen landschaftlichen Schönheit (zum Beispiel in Costa Rica) oder der starken Präsenz ihres indianischen Erbes, das in Guatemala Dörfer mit malerischen Märkten und erlesenem Kunsthandwerk schuf.

So unterschiedlich sich die Länder heute dem Besucher darstellen, so sehr verbindet sie doch eine gemeinsame Vergangenheit: Während der letzten Eiszeit, vor Zehntausenden von Jahren war es, als aus Asien stammende Nomaden über die zugefrorene Beringstraße nach Amerika kamen und gen Süden wanderten. Die Nachkommen dieser Siedler traf Kolumbus an, als er auf seiner vierten und letzten Reise (1502–1504) an der Karibikküste Mittelamerikas landete. Weil er glaubte, er sei in Indien, nannte er die Urbevölkerung Indianer (spanisch Indios), ein folgenreicher Irrtum, wie sich bald herausstellte. 300 Jahre lang herrschten die Spanier in Mittelamerika, bis sich die Staaten Anfang des 19. Jahrhunderts vom europäischen Mutterland

Routenvorschlag

❶ *Land der Seen und Vulkane, 1 Woche*

Mexico, Chichen Itza
Costa Rica, Vulkan Arenal

lösten. Die Kolonialherren hinterließen eine unvorstellbare Pracht an Palästen, Wohnhäusern, Klöstern und Kirchen. Heute nennen sich die Einheimischen Indígenas (etwa: Eingeborene), und ihr Anteil an der Gesamtbevölkerung schwankt beträchtlich. Guatemala (109.000 km²) ist klassisches Maya-Land, sagen die Ethnologen. Mehr als die Hälfte der 11 Mio. Einwohner sind Indianer. Dieses ist der höchste Anteil von Ureinwohnern in ganz Lateinamerika. Die mehr als zwei Dutzend Volksgruppen der Maya siedeln in kleinen Dörfern des Hochlandes und sprechen zum Teil ihre eigenen Sprachen. Fest verwurzelt in ihren alten Riten und Überlieferungen, gekleidet in die Tracht ihrer Väter, erscheinen sie den Besuchern als Teil einer vergangenen Welt. Ihre Vorfahren waren es, die vor der Zeitenwende in den Regenwäldern Guatemalas Tempel und Pyramiden errichteten, die zu den beeindruckendsten Zeugnissen der Weltgeschichte gehören.

Das kleine, nordöstlich von Guatemala am südlichen Ende der mexikanischen Yucatán-Halbinsel gelegene Belize (23.000 km²) ist Reggae-Land, und Bob Marley-Musik dröhnt dort aus allen Hütten. Zumeist handelt es sich um farbenfrohe Holzhäuser, die auf Stelzen erbaut wurden. Vor der Küste von Belize erstreckt sich das zweitgrößte Korallenriff der Welt auf einer Länge von über 190 km. Die Cayes (spanisch Cayos), wie die Inseln genannt werden, entsprechen mit ihren Kokospalmen und weißen Stränden dem typischen Bild einer Robinson Crusoe-Insel. Baden und Schnorcheln, Tauchen und Angeln gestalten denn auch den Tag der Besucher. Nur wenige Touristen zieht es bisher nach Honduras (mit 112.000 km² das nach Nicaragua zweitgrößte Land Mittelamerikas). Die meisten der überwiegend aus Nordamerika stammenden, ausländischen Besucher reisen für ein oder zwei Tage aus Guatemala ein und besuchen Copán, eine der bedeutendsten Maya-Stätten des Kontinents. Einige (und die meisten einheimischen Touristen) zieht es auf die Islas de la Bahía, vor der Nordküste von Honduras gelegene Inseln mit hervorragenden Stränden sowie beliebten Tauchgründen.

Mittelamerika gehört geographisch zu den Subtropen. Tropische Regenwälder sind noch in weiten Teilen der karibischen Küstenre-

Mexico, Teppichknüpferin

Costa Rica,
Tortuguero Nationalpark

gion vorhanden, weichen aber zunehmend der Schaffung von Zuckerrohr- und Bananen-Plantagen, eine Entwicklung, die bereits während der Kolonialzeit in Gang gesetzt wurde. In Costa Rica, das bald ein Viertel seiner Landesfläche (51.000 km²) in Schutzgebiete umgewandelt hat, finden Naturliebhaber ein tropisches Paradies. In den dortigen Regen- und Nebelwäldern wachsen Hunderte von unterschiedlichen Baumarten pro Hektar. Sie beherbergen einen nur schwer zu klassifizierenden und zu registrierenden Reichtum an Tieren und Pflanzen. Gewohnt wird zumeist in landestypischen Lodges: komfortable ein- oder zweistöckige Holzhäuser, die mit ihrer grünen Umgebung zu verschmelzen scheinen. Spätestens bei Sonnenuntergang beobachtet man von den umlaufenden Veranden die „Hotelaffen", die zur Freude der Gäste durch die Baumkronen turnen.

Während Costa Rica zunehmend vom internationalen Tourismus profitiert, stecken El Salvador, Nicaragua und Panama diesbezüglich noch in den Kinderschuhen. Lange Zeit verhinderten politische Unruhen zudem jeden wirtschaftlichen und sozialen Fortschritt in

Name	Offizieller Name	Hauptstadt	Größe km²	Bevölkerung	Einw. km²
Belize	Belize	Belmopan	22.800	215.000	9
Costa Rica	Republik Costa Rica	San José	51.060	3.400.000	67
El Salvador	Republik El Salvador	San Salvador	20.720	5.800.000	280
Guatemala	Republik Guatemala	Guatemala	108.430	10.600.000	98
Honduras	Republik Honduras	Tegucigalpa	111.890	5.700.000	50
Mexico	Vereinigte Mexikanische Staaten	Mexico-Stadt	1.908.690	93.700.000	48
Nicaragua	Republik Nicaragua	Managua	118.750	4.400.000	37
Panamá	Republik Panamá	Panamá	74.430	2.600.000	35

Legende:
MEZ = Mittel Europäische Sommerzeit.
W=Westen O=Osten

Costa Rica,
Manuela Antonio Nationalpark

diesen strukturschwachen Ländern, und der über Jahrhunderte zu verzeichnende Wechsel von Demokratie und Diktatur schwächte die Länder. Doch der 1986 vom damaligen costaricanischen Staatspräsidenten Arias Sanchez entwickelte Friedensplan, für den er im darauffolgenden Jahr den Friedensnobelpreis erhielt, schaffte neue Hoffnung auf eine bessere Zukunft. 1992 wurde die guatemaltekische Menschenrechtlerin Rigoberta Menchú, eine indígena aus dem Maya-Volk der Quiché, ebenfalls mit dem Friedensnobelpreis ausgezeichnet. Seit einigen Jahren bereits konstatieren Beobachter eine wirtschaftliche Trendwende und ein bescheidenes Wirtschaftswachstum. Zudem unternehmen auch Honduras, El Salvador, Nicaragua und Panama vermehrt Anstrengungen, die Infrastruktur weiter auszubauen und damit vermehrt ausländische Besucher anzuziehen. Bei den Nordamerikanern – besonders bei eher abenteuerlustig ausgerichteten, jüngeren Reisenden – sind diese vier mittelamerikanischen Länder ohnehin seit einem Jahrzehnt eine Art Geheimtip, da sie touristisch zu den weißen Flecken der Erde gehören.

Zeit zu MEZ in Std. Winter	Sommer	Sprache	Währung	Verkehr	Staatsform
–7	–8	Englisch	Bz$	Links	Parlam. Monarchie im Commonwealth
–7	–8	Spanisch	C	Rechts	Präsidiale Republik
–7	–8	Spanisch	C	Rechts	Präsidiale Republik
–7	–8	Spanisch	Q	Rechts	Präsidiale Republik
–7	–8	Spanisch	L	Rechts	Präsidiale Republik
W. –8 O. –7	–9 –8	Spanisch	Mex$	Rechts	Föderative Republik mit Zentralregierung
–7	–8	Spanisch	C$	Rechts	Präsidiale Republik
–6	–7	Spanisch	B	Rechts	Mehrparteiendemokratie

Währungen:
Bz$ = Belize Dollar; C = Costa Rica Colon; C = El Salvador Colon; Q = Quetzal; L = Lempira;
Mex$ = Mexikanischer Peso; C$ = Gold-Córdoba; B = Balboa.

Vulkan Arenal

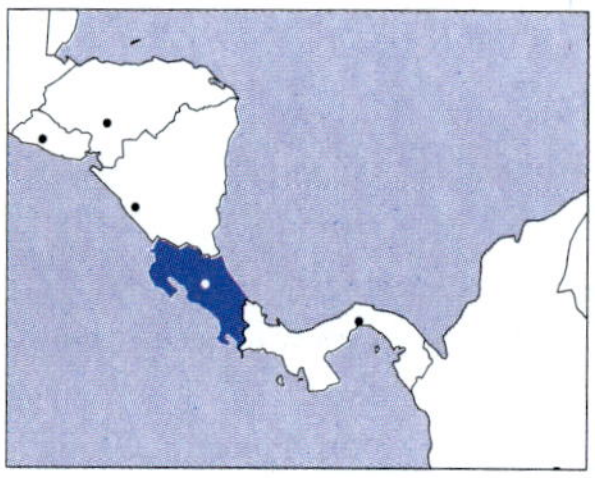

Costa Rica

Tiefgrün glänzende Regenwälder, mächtige Vulkane und schwarze Palmenstrände, Wasserfälle und Savannen, Orchideen und Kolibris – im Süden Mittelamerikas, zwischen Pazifik und Karibik, liegt ein kleines tropisches Land, das landschaftlich zu den schönsten der Welt gehört. Eine Arche Noah: auf einer Fläche so groß wie Bayern findet sich der größte Artenreichtum des amerikanischen Kontinents. Schon früh erkannte die Regierung, daß Fauna und Flora zu den kostbarsten Ressourcen des Landes gehören. Etwa ein Viertel seiner Gesamtfläche hat Costa Rica daher seit 1970 zu Nationalparks erklärt. Daneben wurden Dutzende von privaten Naturschutzgebieten geschaffen. Heute gehört die „reiche Küste" bei Naturfreunden aus aller Welt zu den touristisch gefragten Zielen. Auch in politischer Hinsicht machte Costa Rica von sich Reden: Die „Insel des Friedens" und „Schweiz Mittelamerikas" nannte man das Land, das an seiner politischen Neutralität festhält. 1987 erhielt der dama-

Informationen

Costa Rica - Tourismusbüro,
Regentstraße 17, 51063 Köln,
Tel.: 0221/9624700,
Fax: 0221/9624701.

Routenvorschläge

1. — *Tropisches Abenteuer, 1 Woche,* - - - *Karibik- und Dschungeltour, 1 Woche*
2. *Höhepunkte Costa Ricas, 2 Wochen*
3. *Abenteuer zwischen Vulkan und Regenwald, 2 Wochen*
4. *Costa Rica erleben, erfahren, entspannen, 1 Woche*

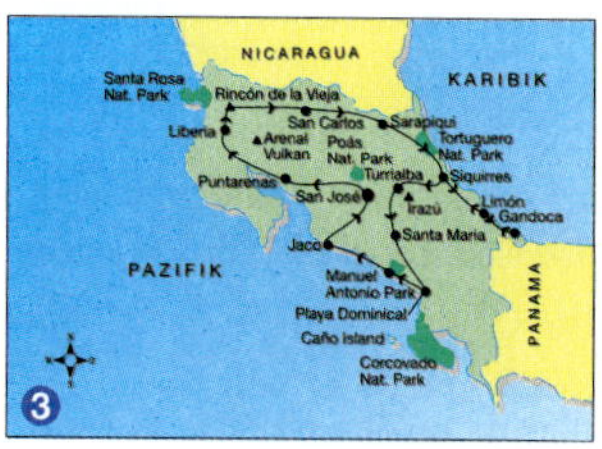

lige Staatspräsident Oscar Arias Sánchez den Friedensnobelpreis als Anerkennung seiner Schlichtungsbemühungen im Nicaragua-Konflikt und im von Krisen geschüttelten Mittelamerika.

Heute zieht Costa Rica nicht nur Naturliebhaber an, die die zahlreichen Naturschutzgebiete erforschen und deren Vegetation und Tierwelt bestaunen, sondern auch Sonnenhungrige. An der Pazifikküste haben sich zahlreiche Badeorte etabliert und locken vor allem US-Urlauber an. Wer es etwas abenteuerlicher mag, wird auch die ursprünglichen und einsamen Strände der Karibikseite genießen.

Costa Rica ist nach wie vor das sicherste Land Lateinamerikas. Wer trotzdem Bedenken hat, meidet die Nordostregion, das heißt das Grenzgebiet zu Nicaragua. Die gesamte Westküste und das Landesinnere lassen sich ohne Risiko besuchen. Wer Besucherströme meiden will, zieht die Strände von Guanacaste vor.

Die Schönheiten der Natur und das angenehme Klima, ein gegenüber den Nachbarstaaten gewisser Wohlstand und die gelassene Alltagsstimmung der Einwohner: „Pura Vida" – wie das Lebensmotto in Costa Rica heißt – zieht jeden Besucher in seinen Bann.

Geschichte und Kultur

Es geschah auf seiner vierten und letzten Amerikareise: Christoph Kolumbus landete auf der Limón vorgelagerten Insel Uvita. Die tropische Umgebung und der Reichtum an Vegetation veranlaßten ihn, das Land „Costa Rica y Castilla de Oro" – nämlich „Reiche Küste und Gold-Kastilien" zu taufen. Drei Volksgruppen lebten zu dieser Zeit noch in Costa Rica: von Ureinwohnern aus Amazonien abstammende Huetares, die die zentrale Hochebene und die Karibikküste bewohnten, Chorotegas, die in den nördlichen Landesteilen siedelten, sowie an der südlichen Pazifikküste lebende Bruncas. Zwei Jahrzehnte später landen spanische Konquistadoren auf der Suche nach Gold und Bodenschätzen an der Pazifikküste. 1563 gründen sie – nachdem ein Siedlungsversuch im Jahre 1524 im Golf von Nicoya gescheitert war – in der zentralen Hochebene die Stadt Cartago. Priester und Mönche beginnen mit der Missionierung, und nach europäischem Muster erfolgte der Aufbau der Häuser, die Ausrichtung der Kopfsteinpflastergassen. Cartago wächst zu einer großen und wohlhabenden Hauptstadt heran, bis schließlich – im Jahre 1723 – der Ausbruch des Vulkans Irazú alle Gebäude bis auf die Grundmauern zerstört. Nach der Unabhängigkeit von Spanien (1821) entwickelt sich Costa Rica zu einer angesehenen Demokratie.

Internetadressen

http://www.centralamerica.com/

http://www.cool.co.cr/cgi-bin/turismo

http://www.costaricainfo.com/

http://www.geocities.com/TheTropics/3425/

http://www-swiss.ai.mit.edu/cr/moon/cr-handbook.html

http://www.waytogocostarica.com/

Geographie und Geologie

Costa Rica ist das artenreichste Land Lateinamerikas, ja sogar eines der artenreichsten der Welt. Die Vielfalt erklärt sich unter anderem durch die besondere Topographie des Landes: Die Bergkette der Kordilleren, zu denen 70 Vulkane gehören, durchzieht das Land von Südosten nach Nordwesten. Von 3.820 m (Berg Chirripó) bis zu den Regenwäldern auf Meeresniveau reichen die Lebensräume. Als Landbrücke zwischen Nord- und Südamerika konnte das Land zudem verschiedenartige Natureinflüsse integrieren. Und: Die Kordilleren fungieren als natürliche Wetterscheide, die das Land trennt in eine schwül-warme Atlantikseite und die Pazifikregion, die zwischen Trockenperioden und Regenzeit schwankt. Das Hauptsiedlungszentrum liegt in der zentralen Hochebene, Valle Central genannt. Hier ist das Land besonders fruchtbar, hier liegen San José, die junge Hauptstadt, sowie einige der schönsten Kolonialstädte des Landes. „Costa Ricas Reichtum ist seine Natur" – der Werbespruch, mit dem um Touristen gebuhlt wird, ist keine leere Floskel. In dem kleinen Land, das 0,001 Prozent der weltweiten Landesfläche ausmacht, leben immerhin 0,5 Prozent aller auf der Erde vorkommenden Tiere und Pflanzen. 200 Säugetierarten wurden gezählt, darunter zahlreiche Affenarten, ebenso wie kleinere Bären, 850 Vogelarten, darunter vier Dutzend Kolibris. Unter den registrierten 35.000 Insekten zählte man u.a. mehr als 3.000 Schmetterlinge. Die tropischen Falter gehören zu den schönsten der in Costa Rica vorkommenden Insekten. In diversen Schmetterlingsfarmen gewinnt der Besucher einen ersten Eindruck von ihrem Artenreichtum.

Staat und Gesellschaft

Costa Ricas Bevölkerung (3,5 Mio.) ist überwiegend weiß: mehr als zwei Drittel sind somit direkte Nachkommen der Spanier. Etwa 15 % der Ticos (wie sich die Bevölkerung selbst nennt) sind Mestizen, Nachkommen aus Verbindungen zwischen Weißen und Urein-

Sekundärliteratur
Reiseführer deutsch

Fiona Dunlop, Viva Guide Costa Rica, München 1997.
Heike Beermann / Dieter Jungblut, Costa Rica, Singen 1996.
Birgit Müller, Marco Polo Costa Rica, Ostfildern 1996.
Ulrich Fleischmann, Costa Rica, Köln 1995.
Rob Rachowiecki, Costa Rica-Handbuch, Bremen 1994.
Gerhard Eisenschink / Peter Thomas, Costa Rica, Hamm 1992.

Sekundärliteratur
Reiseführer englisch

Beatrice Blake / Anne Becher, The New Key to Costa Rica, Berkeley 1996.
Joseph Franke, Costa Rica's National Parks and Preserves, Seattle WA 1993.

Obst und Gemüsemarkt

wohnern. An der Karibikküste leben hauptsächlich Afro-Kariben. Diese wurden im 19. Jh. in das Land geholt, um auf den Kaffee- und Bananenplantagen zu arbeiten. Indigene bilden heute nur noch eine kleine Minderheit (weniger als 1 % der Bevölkerung). Etwa 20.000 – so die Schätzungen – leben in entlegenen, von der Regierung geschaffenen Reservaten. Sie versuchen, durch Landwirtschaft und Viehzucht in bescheidenem Ausmaß ein Einkommen zu erzielen. Die Analphabetenrate liegt bei nur 6 %, zurückzuführen auf die bereits 1869 eingeführte Schulpflicht. Costa Rica ist das einzige Land Lateinamerikas, das kein Militär unterhält. Die damit verbundenen Einsparungen kommen dem öffentlichen Gesundheitswesen und dem Bildungssystem zugute. Ebenfalls ungewöhnlich: 27 % des Staatshaushaltes fließen in die Ressorts Erziehung und Kultur.

Sekundärliteratur
Belletristik deutsch

Mark Collins (Hrsg.), Die letzten Regenwälder, Gütersloh 1990.
Paul Theroux, Moskito-Küste, Frankfurt/Main 1987.
Manfred Ernst, Costa Rica - die Schweiz Mittelamerikas: Mythos und Realität, Hamburg 1984.

Wirtschaft und Industrie

Eine Bananenrepublik durch und durch: Costa Rica ist der weltweit größte Exporteur der Tropenfrucht. Die Geschichte des Landes ist eng verknüpft mit dem Aufstieg und Fall der United Fruit Company. Der US-amerikanische Konzern, der gegen Ende des 19. Jh. gegründet wurde, gelangte durch Bananenhandel zu Reichtum. Auch in Costa Rica gehören dem Nachfolgeunternehmen riesige Ländereien. Eine stetig wachsende Bedeutung nimmt der Tourismus ein. Die Regierung setzt auf einen umweltverträglichen Fremdenverkehr; Klasse statt Masse lautet die Devise.

Religion

Etwa 90 % der Bevölkerung sind römisch-katholisch. Die Kirche spielt eine große Rolle im täglichen Leben, und die heiligen Messen sind immer gut besucht.

Alajuela

Nur 20 km von der Hauptstadt entfernt und doch eine andere Welt: geruhsam und altmodisch. Frühlingshafte Temperaturen bestimmen das Wetter im 160.000 Einwohner zählenden Alajuela, Capitale der gleichnamigen Provinz. In der landschaftlich reizvollen Umgebung liegen Kaffeeplantagen und schöne (Gäste-) Fincas. Auf den Bänken der Zentralplaza sitzen alte Männer unter meterhohen Palmen und Mangobäumen und spielen Schach oder lesen die Morgenzeitung. Die Ostseite wird dominiert von einer leuchtend weißen Kathedrale. Wohl aus Geldmangel wurde die Kuppel mit einer Wellblechabdeckung versehen. Spuren des Verfalls zeigt die an der Westseite der Plaza liegende Nationalbank. Einige alte Gemälde und antikes Mobiliar in den düsteren Räumen erinnern an das Jahr 1824, als das erste Parlament Costa Ricas hier tagte. Das 1782 von einem Bischof gegründete Alajuela rühmt sich, Geburtort des einzigen costaricanischen Nationalhelden, Juan Santamaría, zu sein, ein Söldner, der gegen das US-amerikanische Heer des William Walker kämpfte und dessen Kolonialisierungsversuch vereitelte. Das Museo Histórico Cultural, untergebracht in einem sehenswerten Kolonialgebäude, erläutert – auch in englischer Sprache – die Episode, die in Costa Rica jedem Schulkind vertraut ist.

••• Die Finca Rosa Blanca ist ein Hacienda-Hotel wie aus dem Bilderbuch: die Räume haben die Größe von Tanzsälen, und überall sieht man Antiquitäten und frische Blumenarrangements. Ein Traum! (Zwischen Barva und Alajuela, Tel. 269 9392, Fax 269 9555).

Cartago

Armes Cartago: Die erste Hauptstadt des Landes, 1563 von den Spaniern erbaut, wurde gleich sechsmal von Vulkanausbrüchen zerstört und wiederholt von Erdbeben und Brandkatastrophen heimgesucht – jedoch immer wieder neu aufgebaut. Erst 1823 wechselte die Capitale in das 22 km nordwestlich gelegene San José. Cartago gilt als bedeutendster Wallfahrtsort des Landes. Ziel der Pilger ist die Basílica de Nuestra Señora de los Angeles. Das zu Anfang des Jahrhunderts, nach dem verheerenden Erdbeben von 1910, wieder aufgebaute Gotteshaus beherbergt in seinem Inneren einen Schrein mit der Marienstatue. Das aus dunklem Stein erbaute Gebäude wird an seiner Fassade dominiert von überlebensgroßen Engels- und Heiligenfiguren, die auf strahlend weißen Säulen thronen und auf die Gläubigen blicken. Von einer Gärtnermannschaft akkurat getrimmte immergrüne Büsche säumen den Prozessionsweg. Am 2. August, dem Hauptwallfahrtstag, ist kaum mehr ein Platz im Kircheninneren zu bekommen. An anderen Tagen lohnt ein Blick auf die dort untergebrachten Glasvitrinen, in denen Gläubige Devotionalien darbrachten. La Parroquia wird die alte Granit-Kathedrale genannt, die zehn Jahre nach der Stadtgründung eingeweiht wurde. Das Erdbeben von 1910 ließ nur die Grundmauern unversehrt. La Parroquia überlebte als malerische Ruine, im Hof wurde ein bezaubernder Garten angelegt, Treff von Liebespaaren wie spielenden Kindern. Nur 20 km entfernt liegt Guayabo, die wichtigste präkolumbische Ausgrabungsstätte des Landes, inmitten dichter Dschungelvegetation.

Heredia

Die „Stadt der Blumen“ (Ciudad de Flores) wird das 70.000 Einwohner zählende Heredia (11 km nördlich von San José) auch genannt. Die Hauptstadt der gleichnamigen Provinz in 1.137 m Höhe gilt als bevorzugter Wohnsitz der costaricanischen Mittel- und Oberschicht. Bummeln Sie aufmerksam durch die mit Kopfstein gepflasterten Gassen, allesamt im kolonialen Stil, nämlich schnurgerade und rechtwinklig zueinander ausgerichtet. Von außen erscheinen die niedrigen und weißgekalkten Häuser oft abweisend, doch hinter den wuchtigen Türen, mit Eisennägeln gespickt, liegen bezaubernde Patio-Paradiese. An plätschernden Brunnen, geschmückt mit roten und weißen Begonien, treffen sich die Frauen zum nachmittäglichen Klatsch und zu Handarbeiten; die Kinder erledigen derweil ihre Schulaufgaben im Schatten der kühlen Mauern.

Da in Heredia die Nationaluniversität liegt, haben sich auch zahlreiche Studentencafés etabliert. Um den Parque Central gruppieren sich einige besonders reizvolle Herrenhäuser, früher wie heute Sitz wohlhabenden Kaffeebarone. An der Nordostecke des Platzes erhebt sich die Casa de la Cultura, die Residenz des ehemaligen Präsidenten Alfredo Gonzales Flores. Das Haus wird, wie der Name schon sagt, als Kulturzentrum genutzt. Zudem ist in einigen Räumen ein kleines historisches Museum untergebracht.

Etwa vier Kilometer nordöstlich von Heredia, an der Straße nach Santa Lucía de Barva, liegt ein weiteres lohnenswertes Museum. Das Museo de Cultura Popular ist untergebracht in einem typischen Landhaus vom Ende des 19. Jh.. Demonstriert wird das bäuerliche Leben in Costa Rica in dieser Epoche. Anschließend sollte man

Heredia

Kolonialstilarchitektur

Platz nehmen im dazugehörigen Restaurant La Fonda: beste ländliche Küche, zubereitet von sechs miteinander befreundeten Frauen.

„Jewels of the Rainforest“ heißt die Schmetterlings- und Insektenausstellung, untergebracht in einem weißen Privathaus und das Lebenswerk des weitgereisten Nordamerikaners Richard Whitten. Einzigartig die künstlerische Präsentation der buntschillernden Insekten. Dazu gibt es Barockmusik und afrikanische Kunstobjekte, die distinguierte Atmosphäre eines Gelehrtenhauses. Zahlreiche Zeitungs- und Zeitschriftenartikel zeigen die weltweite Reputation der Sammlung. Unbedingt zu empfehlen! (Tgl. 9-16 Uhr, Eintritt 5 US-$, einige hundert Meter westlich der Virilla-Brücke zwischen Tibás und Santo Domingo).

Krater des Irazú

Irazú

Der mit 3.432 Metern höchste Vulkan des Landes, seit 1991 wieder aktiv, rühmt sich einer besonderen Attraktion: An klaren Tagen während der Trockenzeit (Januar bis März) kann man vom Kraterrand aus beide Weltmeere sehen: die türkis schimmernde Karibikküste des Atlantiks auf der einen und den Golf von Nicoya (Pazifik) auf der anderen Seite. Die Anfahrt in den Nationalpark Volcán Irazú erfolgt über eine asphaltierte Straße von Cartago aus (32 km). Fauna und Flora sind bald kaum noch vorhanden, stattdessen watet man durch grauen Vulkansand zur Spitze. Dort gibt es gleich vier Krater zu sehen. Ein See im Hauptkrater ist schwefelgelb.

Jacó

Der auch bei Costaricanern beliebte Badeort liegt an der Pazifikküste. Die Szenerie ist eindrucksvoll: Unter den tiefgrün leuchtenden Bergen erstreckt sich die weitgeschwungene Bucht mit ihrem schwarzen Lavasand. Bei Ebbe kann man weit ins Meer hinauslaufen und entdeckt immer wieder „Sanddollars“, versteinerte Seesterne. Seitdem auch Surfer den Ort entdeckt haben, werden regelmäßig Wettbewerbe ausgetragen. Ansonsten ist das Leben in Jacó recht träge. Bisher gibt es keine großen Hotelanlagen, wohl aber zwei Dutzend gepflegter Mittelklassehäuser. Die Tage vergehen mit (Sonnen-) Baden und langen Strandspaziergängen. Entlang der Hauptstraße reihen sich T-Shirt-Geschäfte, Surf-Zubehör-Läden und Cafés. Auch eine kleine Kolonie Kanadier, die Restaurants und Hotels betreiben, ist ansässig.

• • • Den weitgereisten US-Amerikanern Marylin und Peter gehört der „Club del Mar“ am Südende der Bucht.

Vulkan Arenal

La Fortuna

Das malerische Städtchen liegt am Fuß des 1.633 m hohen Vulkans Arenal im Nordwesten Costa Ricas. Schon von weitem sichtbar erhebt sich der Vulkan aus den grünen Hügeln. Unbedingt lohnenswert ist die Übernachtung in einem der kleinen Hotels von La Fortuna. Nach Sonnenuntergang kann man die pyrotechnischen Zaubereien des seit 1960 wieder aktiven Vulkans besonders gut erleben: Rotglühende Gesteinsbrocken werden Hunderte von Metern in die Tiefe geschleudert, alle paar Stunden finden weithin sichtbare Ausbrüche und dunkel grollende Explosionen statt. Nichts für schwache Nerven! Tagsüber sichtbar sind Rauchwolken. Der Vulkan kann sich aber auch für Monate in Schweigen hüllen.

Als eines der besten Surfreviere der Welt gilt der Stausee unterhalb des Vulkans. Über der Laguna de Arenal sorgen das ganze Jahr über Fallwinde für Segel-Geschwindigkeiten von durchschnittlich 20 Knoten – das Richtige für Könner. Zahlreiche Hotels und Pensio-

Manuel Antonio Nationalpark

nen am See haben sich auf die Surfer eingestellt und bieten Ausrüstung und Kurse zur Verbesserung der Technik an. Das Hotel Tilawa Viento Surf (Tilarán, Tel. 695 50 50) gilt als bestes Hotel für Surfer. Riesenauswahl an Brettern und spezielle Surfangebote.

Manuel Antonio

200 km und dreieinhalb Autostunden entfernt von San José trifft man an der Pazifikküste auf einen bekannten Nationalpark. Drei Buchten mit weißem – eine Seltenheit in Costa Rica – und feinsandigem Strand gehören zu dem 1972 geschaffenen Nationalpark Manuel Antonio, der mit einer Größe von 690 Hektar zu den kleineren des Landes gehört. Touristen schätzen die durch den Dschungel führenden Trampelpfade und die zahlreichen im Park beheimateten tropischen Vögel. Einheimische zahlen nur eine geringe Eintrittsgebühr und genießen die paradiesische Szenerie für einen Badeaufenthalt. An der hügeligen Straße zwischen Quepos und dem Manuel Antonio-Nationalpark liegen zahlreiche Hotels, versteckt zwischen üppiger Vegetation. Das schönste Haus heißt Mariposa (Schmetterling) und hat Gipfellage. Gewohnt wird in kleinen, weißgekalkten und im spanischen Stil erbauten Häuschen. Von den Privatterrassen genießt man einen Prachtblick auf die Buchten von Manuel Antonio. Adler ziehen ihre Kreise, und morgens lichten sich erst spät die Nebelschwaden. Angesichts der Schönheit der Anlage mögen manche Gäste das Hotel kaum verlassen. Auch in kulinarischer Hinsicht ist die Infrastruktur hervorragend. Zahlreiche Freiluftrestaurants, nach Sonnenuntergang mit Kerzen und Fackeln romantisch illuminiert, bieten frische Meeresfrüchte und tropische Cocktails, ebenso wie Herzhaftes nach US-amerikanischer Art. Da sich die Restaurant-Szene schnell verändert, ist man bestens bedient, wenn man sich dort setzt, wo bereits viele Gäste andeuten, daß die Qualität stimmt.

Monteverde

Das bekannteste und bei Öko-Touristen beliebteste Naturschutzgebiet des Landes liegt in 1.600 m Höhe in den Tilarán-Bergen bei dem Dorf Santa Elena. Das auf 11.000 Hektar angewachsene Reservat verfügt über intakte Nebelwälder und Regenwald. Während der Hauptreisezeit – von Dezember bis Februar - wird der Besucherandrang so stark, daß sich teilweise lange Autoschlangen vor dem Eingang zum privaten Monteverde Cloud Forest Preserve bilden, in den – strikte Parkpolitik – nie mehr als 100 Besucher gleichzeitig eingelassen werden. Die Nebelwald-Zonen sind die eigentliche Attraktion von Monteverde, gilt das Gebiet doch als Heimat des selten gewordenen, schon von Azteken und Maya vergötterten Quetzal-Vogels. Das gleichnamige Dorf Monteverde wurde 1952 von nordamerikanischen Quäkern gegründet. Diese leben noch heute in der Umgebung und betreiben Viehzucht und Milchwirtschaft. Eine Kolonie jüngerer US-Amerikaner betreiben Galerien und Vollwertkost-Cafés, Pensionen und kleinere Hotels.

Nicoya

Nicoya heißt die große Halbinsel im Nordwesten, ein Landstrich, der sich in vielerlei Hinsicht vom gewohnten Bild des Tropenparadieses Costa Rica unterscheidet. Die Halbinsel Nicoya, drei Autostunden von der Hauptstadt entfernt, ist trocken und heiß, ausgedehnte Weideflächen und Steppen prägen die Landschaft, ebenso wie ihre breiten und feinsandigen Strände. Nicoya heißt auch die in der Mitte der Halbinsel liegende Stadt (25.000 Einw.), das kulturelle Zentrum der Region. Sehenswert ist die Iglesia de San Blas, eine 1634 auf den Ruinen einer Chorotega-Siedlung erbaute Kirche. Das zweitälteste Gotteshaus des Landes wird als Nationales Monument verehrt. Für Touristen ist Nicoya Zwischenstation auf dem Weg zur Westküste der Halbinsel. Playa Sámara, Playa Tamarindo und Playa de Nosara heißen einige der schönsten Strände, die bereits seit Jahren bei Nordamerikanern beliebt sind. In diversen Projekten werden sie infrastrukturell erschlossen, und es werden der Landschaft angepaßte (Luxus-) Hotels errichtet.

Orosí-Tal

Allgäu in den Tropen: wenige Kilometer südöstlich von Cartago trifft man auf Costa Ricas schönstes Tal, lieblich und weitgehend unerschlossen, bestanden von Kaffeeplantagen, seltenen Bäumen und Blumen, ein Paradies für Vögel und Schmetterlinge. Glasklare, plätschernde Flüsse suchen sich ihren Weg, kleine Restaurants mit Freisitz am Ufer laden zu einer Vesper ein. Zweckmäßigerweise beginnt die Rundfahrt durch das Tal Orosí in Paraíso. Unterwegs trifft man auf den Jardín Botánico Lankester, einen bezaubernden, seinerzeit von einem passionierten britischen Sammler angelegten Orchideengarten. Hunderte von Orchideen und Bromelien entfalten ihre Schönheit. Einen Panorama-Blick genießt man vom Mirador de Orosí, eine landestypische Soda bietet Erfrischungen. Zahlreiche Kaffee-Fincas heißen Besucher willkommen und bieten

Orosital

Puerto Limón (Durchschnittswerte)	Tagestemperatur °C	Nachttemperatur °C	Sonnentage*	Sonnenstunden / Tag	Wassertemperatur °C	Rel. Luftfeuchtigkeit %
Jan	28	22	16	5	27	84
Feb	28	22	15	6	26	84
Mär	29	23	18	6	26	85
Apr	29	23	17	6	27	83
Mai	30	24	17	6	28	86
Jun	29	24	14	4	28	86
Jul	29	24	12	4	28	88
Aug	29	24	14	5	28	86
Sep	30	24	19	6	29	85
Okt	29	23	15	6	28	82
Nov	29	23	15	5	27	86
Dez	28	22	14	4	27	84

* weniger als 1 Liter/m² Niederschlag
Quelle: Deutscher Wetterdienst, Hamburg

Führungen. Am besten achtet man auf die am Wegesrand angebrachten Schilder.

Puerto Limón

Die Hafenstadt (70.000 Einw.) an der Karibikküste ist Umschlagplatz für den Kaffee- und Bananenhandel. Hier landete Kolumbus auf seiner letzten Amerika-Reise, aber erst 1867 erfolgte die Stadtgründung. Nirgendwo sonst in Costa Rica ist die Atmosphäre so karibisch dicht, so dekadent und verrucht wie in Puerto Limón. Spuren des Verfalls ziehen sich durch die Stadt, und von den alten Holzhäusern, viele auf Stelzen, blättert die Farbe. Auch die Menschen sind anders: Nachkommen von Kariben, Chinesen und Afrikanern. Auf dem Parque Vargas, unter jahrhundertealten Banyanbäumen, treffen sich junge Rastafaris und hören Reggae-Musik. Jährlicher Höhepunkt ist der am 12. Oktober begangene „Día de la Raza", der Jahrestag der Kolumbus-Entdeckung, der als „Tag der Rasse", der Verschmelzung zweier unterschiedlicher Kulturen, gefeiert wird. Steelbands und Rumbaspieler geraten in Ekstase, Paraden marschieren bei wilden Rythmen durch die Straßen, Rum fließt in Strömen. Gefeiert wird bis zum 15. – und ohne Unterbrechung.

• • • Im hiesigen Mercado lernt man das Leben in Limón am besten verstehen. Treffpunkt seit Jahren, für Einheimische wie Weltreisende, ist die Soda Los Cuatro Mares an der Südseite des Marktes.

Puntarenas

Die beliebte Touristenstadt (90.000 Einw.) an der Pazifikküste wurde durch Kaffeehandel groß und wohlhabend. Für Jahrhunderte galt Puntarenas als bedeutender Ausfuhrhafen, und mit Kafeebohnen schwerbeladene Ochsenkarren rumpelten von der Hauptstadt San José herunter zur Küste. Seit der Eröffnung des neuen Hafens Puer-

In Puerto Limón
Pazifikküste bei Puntarenas

to Caldera verlor Puntarenas an Bedeutung, ist aber noch immer das Zentrum der hiesigen Fischindustrie. Ticos unterhalten am Meer ihre Ferienhäuser, und der Urlaubsrummel treibt alljährlich seinem Höhepunkt zu, wenn „Tica Linda", nämlich Miss Costa Rica, gewählt wird. Allerdings sind die Strände nicht besonders sauber und – wegen der geringen Entfernung zu San José – am Wochenende immer überfüllt. Der internationale Fremdenverkehr hat sich daher weiter südlich angesiedelt, und mittlerweile liegen zahlreiche Bade-Hotels zwischen Puntarenas und Jacó.

••• Nordamerikaner schätzen seit langem die hervorragenden Möglichkeiten zum Hochseeangeln. Da es zahlreiche Unternehmen gibt, die Törns anbieten, und die Konkurrenz groß ist, gelten die Preise von Puntarenas als die niedrigsten landesweit.

Rincón de la Vieja

Rincón de la Vieja (27 km nordöstlich von Liberia) gehört zu den artenreichsten, aber auch zu den am wenigsten bekannten Nationalparks. Zahlreiche heiße Schwefelquellen entspringen im Park, ebenso wie 30 Bäche. Das tropische Areal umfaßt schon von seinen verschiedenen Höhenlagen her unterschiedliche Vegetationszonen, auch Trockengebiete und Nebelwald, und verfügt über herrliche, „Senderos" genannte Wanderwege. Biologen zählten 250 im Park heimische Vogelarten, ebenso wie Jaguare, Ozelots, Faultiere und Affen. Über Erfahrung, Ausdauer und festes Schuhwerk sollte verfügen, wer die Pfade zu den Vulkanen Rincón de la Vieja (1.895 m Höhe) oder Santa María (1.916 m) erklimmen will. Nicht weit entfernt vom Eingang des Nationalparks befinden sich drei rustikale Lodges. Die Parkverwaltung ist untergebracht in einem sehenswerten historischen Gebäude, das einst dem Naturliebhaber und früheren US-Präsidenten Lyndon B. Johnson gehörte.

Rincon de la Vieja

San José

Eingebettet zwischen Kaffeeplantagen, am Fuße der Cordillera Central, liegt San José in 1.700 m Höhe, die junge Hauptstadt. Die schachbrettartig angelegte Siedlung ist keine Schönheit, verfügt zudem über nur wenige nennenswerte historische Gebäude. Mit dem internationalen Flughafen Juan Santamaría avancierte San José indes zum Drehpunkt des internationalen Tourismus, und die meisten Costa Rica-Besucher verbringen ein bis zwei Tage in der Hauptstadt.

Erdbeben zerstörten das kolonialhistorische Erbe, und heute dehnt sich endlos das Häusermeer aus überwiegend einstöckigen und flachen Häusern. In die Innenstadt geht der Verkehr zumeist stockend voran. Alle Wege führen zur Plaza de la Cultura. Das Herz der Stadt wird bevölkert von Zeitungsverkäufern und Schuhputzern, Luftballon- und Hängemattenverkäufern. Gewöhnlich wird auch evangelisiert, und man wird Zeuge einer kostenlosen Musikveranstaltung, bei der sich alles um Jesus dreht. Marimbaspieler trifft man auf der

San José						
Jan	24	14	29	7	-	93
Feb	24	14	29	8	-	94
Mär	26	15	30	8	-	94
Apr	27	16	25	7	-	95
Mai	27	16	15	5	-	96
Jun	27	16	11	4	-	97
Jul	26	16	11	4	-	97
Aug	26	16	10	4	-	96
Sep	27	16	8	5	-	97
Okt	26	15	9	4	-	98
Nov	25	15	9	5	-	98
Dez	24	15	27	6	-	94
Durchschnittswerte	Tagestemperatur °C	Nachttemperatur °C	Sonnentage*	Sonnenstunden / Tag	Wassertemperatur °C	Rel. Luftfeuchtigkeit %

* weniger als 1 Liter/m² Niederschlag
Quelle: Deutscher Wetterdienst, Hamburg

Café-Terrasse des Gran Hotel. Dies ist das älteste und für viele auch schönste Hotel der Stadt. Im Foyer finden Kunstaustellungen statt, und alles atmet den Stil vergangener Jahrzehnte. Das Café-Restaurant hat 24 Stunden geöffnet, und nur wer lange genug auf einem der Eisenstühle saß, vor sich einen eisgekühlten und hausgemachten Limonensaft, kann behaupten, die Stadt zu kennen. Das Nationaltheater (Teatro Nacional) ist der Stolz der Hauptstadtbewohner. Es wird erzählt, daß das repräsentative Belle Epoque-Bauwerk 1897 ganz nach dem Vorbild der französischen Grand Opera in Paris erbaut wurde. Werfen Sie ruhig einmal einen Blick hinein! Gleich beim Foyer ist der Eingang zum Theater-Café. In gepflegter Atmosphäre und unter der prächtig bemalten Decke serviert man auch Mahlzeiten.

Das Goldmuseum (Museo del Oro) ist untergebracht in Räumen der Zentralbank. Dort wartet der „Staatsschatz" des Tropenlandes auf seine Besucher: Hunderte von feinziselierten präkolumbischen Goldschmiedearbeiten, die zu den schönsten Lateinamerikas gehören. Viele der ausgestellten Exponate stellen Götter und Tiere dar, Schlangen, Frösche, Adler und Jaguare, den Kosmos des indianischen Goldschmieds. Das Nationalmuseum schließlich ist das bedeutendste des Landes und kann aufwarten mit einer reichhaltigen und didaktisch gut aufbereiteten Sammlung archäologischer Exponate sowie naturkundlicher Ausstellungstücke. Wann immer man durch die Säle wandert, begegnet man großen Gruppen kichernder und interessierter Schulkinder, die von ihren Lehrern mit der Geschichte des Landes vertraut gemacht werden.

••• In dem gemütlichen Café „La Esquina del Café" an der Ecke der Calle 3bis mit der Avenida 9 herrscht gepflegte Kaffeekultur in informeller Atmosphäre. Frisch geröstet und gemahlen werden die Sorten angeboten, und nach eingehender Beratung wird durch ein Leinensäckchen in den Becher gefiltert. Ein Genuß in jeder Hinsicht.

Internetadressen
http://www.tamarindo.com/

Tamarindo

Der aufstrebende Badeort an der Playa Tamarindo (im Nordwesten der Nicoya-Halbinsel) zählt zu den neuen touristischen Entdeckungen des Landes. Entlang der in einem weiten Halbkreis geschwungenen Bucht gruppieren sich luxuriöse Ferienhäuser wohlhabender Ticos und schöne, im landestypischen Stil erbaute Hotelanlagen. Schnorchler schätzen die vor der Küste liegenden Felsen, Lebensraum für farbenprächtige tropische Fische. Surfer ziehen ihre Kreise um die Südspitze zur kleine Isla Capitán. Organisiert werden Ausflüge zu Mangrovensümpfen in der Umgebung, und mittlerweile ist auch ein Reitstall vorhanden. Die Palapa-Restaurants servieren Fangfrisches aus dem Meer (zu moderaten Preisen), und bei Cocktails genießen die Urlauber den Sonnenuntergang. Noch sind die Strände leer, Tamarindo ist fast ein echter Geheimtip.

San José

Tortuguero

Im Nordosten des Landes, an der Grenze zu Nicaragua, liegen die Lagunen und Sümpfe des Tortuguero-Nationalparks. Der Name des einzigartigen Schutzparks, Heimat der selten gewordenen Seekühe, leitet sich ab von einem weiteren, vom Aussterben bedrohten Bewohner. Bis zu 200 kg schwere Tortugas, nämlich (Meeres-) Schildkröten, erklimmen in den Sommermonaten (Juli bis Oktober) die Küsten zur Eiablage. Zu ihrem Schutz wurde der Park 1975 ins Leben gerufen. Noch immer untersuchen Biologen die Lebensgewohnheiten der Tiere. Einige ihrer bedeutsamsten Forschungsergebnisse werden präsentiert auf einer Tafel am Nordausgang des Ortes. Tortuguero, das Tropenparadies mit rund 20.000 Hektar Regenwald, das unzählige Wasserwege erschließen, bietet Besuchern Unterkunft in Lodges. Dabei handelt es sich zumeist um Holzhäuser, die regionaltypisch auf Stelzen entlang der Lagunen und Kanäle erbaut wurden und durch Stege miteinander verbunden sind. Wer Abstriche an Komfort in Kauf nehmen kann, das schwül-heiße Klima und die immerwährende Präsenz von Stechmücken erträgt, den erwartet in Tortuguero ein Naturerlebnis besonderer Art. Kaum ein anderer Ort in Costa Rica bietet eine so dichte tropische Kulisse. Die Lodges, fernab von der Zivilisation, hallen bei Sonnenaufgang wider von den Lauten des Urwalds. Papageien und Tukane schwirren vorbei, leuchtende und handtellergroße Schmetterlinge, winzige Kolibris und Leguane sind ständige Gäste, und das Keckern der Affen übertönt die Gespräche der Besucher. Keine Straße führt nach Tortuguero, das Touristen per Charterflug ab San José oder über den Wasserweg von der Karibikküste (über Puerto Viejo de Sarapiquí, Guápiles und Siquirres) aus erreichen. Per Langboot und mit naturkundlich versierten Führern werden tagsüber die Flußarme und Lagunen erforscht. Kummer der Nationalpark-Betreiber: An einigen Stellen wurde der Regenwald bereits gerodet, um Platz zu schaffen für Bananenplantagen und andere Monokulturen.

Tortuguero Nationalpark

Reiten am Strand

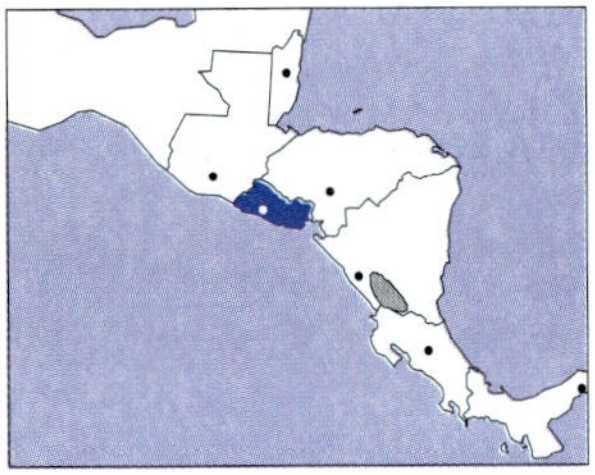

El Salvador

Der lange Bürgerkrieg hat Besucher bisher von El Salvador ferngehalten. Nach dem Friedensschluß hat man auch in San Salvador die Hoffnung, daß sich die wirtschaftliche und politische Lage schnell konsolidiert, so daß Touristen die schönen Strände und bedeutsamen archäologischen Stätten des mittelamerikanischen Landes besuchen können.

Geschichte und Kultur

Vor Ankunft der Spanier (1524) war El Salvador schon 2.000 Jahre besiedelt, nämlich von den Maya-Stämmen der Pokomam, Lenca und Chorti sowie ab dem 11. Jh. von dem Tolteken-Volk der Pipil. 1821 wurde das Land von Spanien unabhängig, erlebte zahlreiche Umstürze und in diesem Jahrhundert einen 30jährigen Bürgerkrieg.

Geographie und Geologie

Im kleinsten Land Mittelamerikas (21.400 km²) verlaufen parallel zu einem etwa 25 km breiten pazifischen Küstenstreifen zwei vulkanische Gebirgszüge (bis 2.300 m Höhe), die die zentrale Hochebene (650 m) begrenzen. Einige der zahlreichen Vulkane sind aktiv. Die beiden Seen Ilopango (72 km²) und Güija (44 km²) sind nach Vulkanausbrüchen entstanden. Das wasserreiche Land besitzt 300 Flüsse, von denen der Río Lempa, der größte Zentralamerikas (in El Salvador 325 km Länge), schiffbar ist.

Internetadressen

http://www.ecst.csuschico.edu/~william/tourism/

http://www.greenarrow.com/salvador/salvado1.htm

http://www.lonelyplanet.com.au/dest/cam/els.htm

Staat und Gesellschaft

Rund 6 Mio. Einwohner machen El Salvador zum dichtestbesiedelten Land Zentralamerikas, das Bevölkerungswachstum liegt über 3 %. Viele wandern daher nach Honduras, Belize, Mexiko und in die USA aus. 95 % sind Mestizen, 4 % indianischen Ursprungs, 1 % Weiße.

Wirtschaft und Industrie

El Salvador ist Agrarland, 60 % der Bevölkerung leben auf dem Land, angebaut werden Zuckerrohr, Kaffee, Baumwolle, Reis und Mais. In der Leichtindustrie produziert man Lederwaren, Textilien, chemische Produkte und Lebensmittel.

Religion

90 % der Bevölkerung sind römisch-katholisch, und die indigene Bevölkerung integriert ihre alten Götter in den neuen Glauben.

San Salvador						
Jan	30	16	30	10	–	65
Feb	31	16	27	10	–	63
Mär	32	17	30	10	–	65
Apr	32	19	25	8	–	67
Mai	31	19	20	7	–	73
Jun	30	19	13	6	–	81
Jul	30	18	16	8	–	79
Aug	30	18	12	8	–	79
Sep	29	19	12	6	–	84
Okt	29	18	17	7	–	79
Nov	29	17	27	9	–	72
Dez	29	16	30	9	–	66
Durchschnittswerte	Tagestemperatur °C	Nachttemperatur °C	Sonnentage*	Sonnenstunden / Tag	Wassertemperatur °C	Rel. Luftfeuchtigkeit %

* weniger als 1 Liter/m² Niederschlag
Quelle: Deutscher Wetterdienst, Hamburg

San Salvador

Die Hauptstadt (1 Mio. Einw.) liegt 700 m hoch und 60 km von der Pazifikküste entfernt; sie wird vom Vulkan San Salvador (1.960 m) überragt. Nach einem Vulkanausbruch 1917 und heftigen Erdbeben 1965 und 1986 sind die meisten kolonialzeitlichen Gebäude San Salvadors zerstört. Die Plaza Las Américas, von einer gewaltigen Christus-Statue (Monumento al Salvador del Mundo) überragt, wird flankiert vom 1991 im Renaissancestil fertiggestellten Nationalpalast – Statuen von Kolumbus und Isabella la Católica verweisen auf die Entstehung der heutigen salvadorianischen Gesellschaft. Gegenüber erhebt sich die Kathedrale mit dem Grab von Erzbischof Oscar Romero. Der Geistliche nahm lieber eine dürftige Kirchenausstattung hin, da er das für die Kathedrale vorgesehene Geld den Armen des Landes zukommen ließ. Das im Jugendstil gehaltene Teatro Nacional, hervorragend restauriert, beherbergt ein gemütliches Theatercafé. Zwei wiederaufgebaute Kirchen aus der Kolonialepoche halten die Erinnerung an die Erlangung der Unabhängigkeit von Spanien wach: Vom Glockenturm der Kirche La Merced (10a Avenida Sur) rief José Matías Delgado 1811 zum Aufstand und Kampf um die Unabhängigkeit auf, und in der Rosario-Kirche an der Plaza Libertad liegt der Freiheitsheld begraben. Einen Besuch verdient das Museo Nacional David J. Guzmán im Stadtteil San Benito; unter den Ausgrabungsfunden der toltekischen Pipil und der Mayavölker El Salvadors befinden sich eine bedeutende Stele aus Tazumal, eine Chac-Mol-Statue aus Casa Blanca und die Sonnenstein-Skulptur von Cara Sucia. Das mit diversen Terrassen und Patios gestaltete Museum ist täglich außer montags 9–12 und 14–17 Uhr geöffnet. Der über 100 Jahre alte Jardín Botanico La Laguna

Sekundärliteratur
Reiseführer deutsch

Gerhard Heck / Manfred Wöbcke, richtig reisen - Zentralamerika, Köln 1997.

Steinke, El Salvador & Honduras, Kiel 1995.

Sekundärliteratur
Reiseführer englisch

Charles Robert Kapelke/ Alex H. Travelli, Let's Go Central America, New York 1996.

Obst- und Gemüsemarkt

liegt am Stadtrand bei Antigua Cuscatlán im Krater eines erloschenen Vulkans (täglich außer montags 10–17 Uhr).

• • • Ein Ausflug führt in den 12 km südlich gelegenen Parque Balboa (970 m hoch) mit Ceiba- und Gummi-Bäumen, Bromelien und Epiphyten sowie Skulpturen von präkolumbischen Mayaherrschern; dazu Sportanlagen und Imbißstände. Am Südrand des Parks (1 km) liegt in 1.100 m Höhe der Aussichtspunkt Puerta del Diablo mit einem prachtvollen Blick bis zum Ilopango-See, San Vicente-Vulkan und – bei gutem Wetter – zum Pazifik. Unterhalb liegt im Tal das indianische Dorf Panchimalco mit einer kleinen, 400 Jahre alten Holzkirche. Hier kauft man günstig Kunsthandwerk und Antiquitäten.

Tazumal

Die größte archäologische Stätte des Landes – abgebildet auf dem 100 Colones-Schein – liegt am südöstlichen Stadtrand von Chalchuapa, 80 km nordwestlich der Hauptstadt. In der 10 km^2 großen archäologischen Zeremonienstätte der Maya wurde bislang der südliche Bereich ausgegraben, im Norden verhindert ein Friedhof (sehenswert die in Pastellfarben bemalten und exotisch dekorierten Grabhäuschen) weitere Grabungen. Tazumal war bereits 600 vor der Zeitenwende besiedelt und diente von 300 bis 1000 den Chorti (Maya) als Zeremonienstätte, danach 200 Jahre lang den Pokomam (Maya mit toltekischer Führungsschicht, analog zu Chichén Itzá in Mexiko) und den toltekischen Pipil. Die 23 m hohe Hauptpyramide ist von einem Altar gekrönt, wurde aber unfachgemäß mit Beton restauriert. Gut erhalten sind die figürlichen Reliefs an acht Säulen. Insgesamt konnte man 14 unterschiedliche Bauphasen der klassischen Epoche nachweisen. Der Einfluß aus Teotihuacán (heutiges Mexiko) ist deutlich zu erkennen. Zwei niedrige Pyramiden schließen an die Westseite an, nördlich gruppieren sich mehrere Bauten um einen Patio. Auf dem anschließenden Ballspielplatz der Maya liegt heute der städtische Friedhof. Am Edificio No. 2, in der Zeit zwischen 1000 und 1200 errichtet, entdeckt man ebenfalls toltekische Muster. Viele Fundstücke wie Tongefäße, Schmuck und Zubehör für das Ballspiel – die meisten heute im Nationalmuseum von San Salvador ausgestellt, nur wenige sind im lokalen Museum verblieben – verweisen auf die damaligen Handelsbeziehungen Tazumals bis Mexiko und Panama. Ebenfalls in der Hauptstadt zu sehen ist die hier gefundene 2,65 m hohe Estela de Tazumal mit dem Abbild eines Würdenträgers der Pipil.

• • • Die in Tazumal stets anwesenden Archäologen sind interessiert an Besuchern und begleiten diese zu den weiter entfernt liegenden Bauwerken.

Sekundärliteratur
Belletristik deutsch

Deborah Eisenberg, Im Paradies des Regengottes, Reinbek 1993.
Roque Dalton, Däumlings verbotene Geschichten, Zürich 1989.
Patrick Marnham, So fern von Gott - eine Reise nach Mittelamerika, Zürich 1989.
Maria L. Vigil, Tod und Leben in Morazán - das Zeugnis eines Priesters, Baden-Baden 1989.
Leo Gabriel, Aufstand der Kulturen - Konfliktregion Zentralamerika: Guatemala, El Salvador, Nicaragua, Hamburg 1988.
Oscar Romero, Blutzeuge für das Volk Gottes - Semana Santa in El Salvador, Olten / Freiburg 1986.

Vulkan Santa Maria

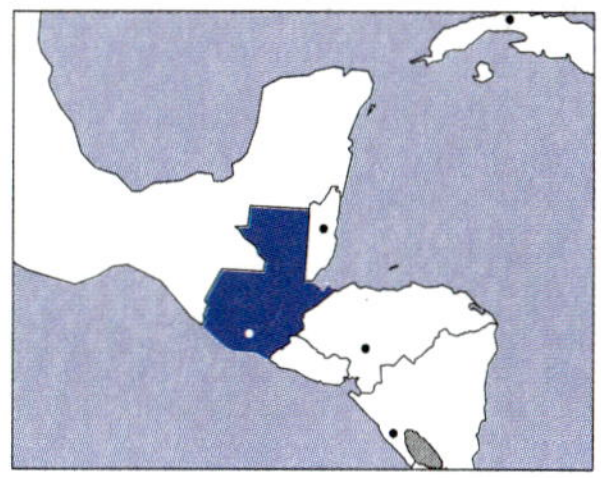

Guatemala

Der Name „Guatemala" leitet sich vom nahuatl-Wort „Guauhitemala" ab, das übersetzt „Ort des Waldes" heißt.

Geschichte und Kultur

Erste Besiedelungsspuren reichen in das Jahr 2600 v. Chr. zurück. Anfänge der Mayakultur (Präklassik) sind ab 1500 v. Chr. zu beobachten. Um 900 v. Chr entstehen im Petén die ersten großen Städte. Als Pedro de Alvarado 1524 das guatemaltekische Terrain erobert, waren diese Städte bereits verlassen. Der Spanier traf stattdessen auf zerstrittene Königreiche der Maya-Postklassik (910–1517), die ihre festungsähnlichen Burgen überwiegend im Hochland errichtet hatten. Mit Unterstützung der Cakchiquel gelang ihm ein entscheidender Sieg über den Quiché-Fürsten Tecún Umán. 1543 läßt er am Fuß des Vulkans Agua „Santiago de Guatemala" errichten, Hauptstadt eines damals bis ins heutige Chiapas und Yukatan (Mexiko) und nach Costa Rica reichenden spanischen Vizekönigreichs Guatemala, das heutige La Antigua. Nach mehreren schweren Erdbeben wird es 1773 zugunsten von „Nueva Guatemala" (das heutige Guatemala City) verlassen. Die Unabhängigkeit von Spanien erlangte Guatemala in Etappen: 1820 schloß es sich dem neuen Kaiserreich Mexiko an, 1823 bildete es mit El Salvador, Honduras, Nicaragua und Costa Rica die Zentralamerikanische Konföderation. Sie zerfiel 1841, und für Guatemala begann ein bis heute anhaltender Kampf um Demokratie. 1898 bis 1921 geriet das Land stark unter den Einfluß der US-Bananengesellschaft United Fruit Company. Ab 1954 führten Militärdiktaturen einen von den USA unterstützten Feldzug gegen „kommunistische Tendenzen" unter der indianischen Landbevölkerung. Massaker schrecken die Öffentlichkeit auf; 1991 kommt es zum Friedensplan; 1992 erhält die Quiché-Indígena Rigoberta Menchú den Friedensnobelpreis. 1996 schließt Präsident Alvaro Arzú mit den Guerilla-Gruppen einen Friedenspakt.

Internet

http://www.greenarrow.com/guatemal/guatema1.htm

http://www.latinolink.com/guatem.html

http://www.lonelyplanet.com/dest/cam/gua.htm

Sekundärliteratur
Reiseführer deutsch

Gesine Froese, Guatemala, Köln 1996.
Barbara Honner, Guatemala Handbuch, Bielefeld / Brackwede 1995.

Sekundärliteratur
Reiseführer englisch

Mark Whatmore / Peter Eltringham, Guatemala &Belize, London / New York 1994.
Tom Brosnahan, La Ruta Maya, Yukatan, Guatemala & Belize, Berkeley 1992.
Nancy Keller / Tom Brosnahan / Rob Rachowieki, Central America, Berkeley 1992.

Sekundärliteratur
Belletristik deutsch

Elisabeth Burgos, Rigoberta Menchú. Leben in Guatemala, Göttingen 1993.

Stoffe-Markt

Geographie und Geologie

Atemberaubende landschaftliche Kontraste prägen das Land: An der Karibikküste dampft tropische Hitze. Westlich steigt das Land zum 1.500 m hohen Plateau der Landeshauptstadt auf, einer Zone ewigen Frühlings. Die Metropole ist zugleich das Tor zum überwiegend von „indígenas" (indianische Urbevölkerung) bewohnten Zentralen Hochland mit dem höchsten Landesgipfel, dem 4.220 m hohen Vulkan Tajamulco. Auch Sierra Madre genannt, legt es sich als breiter, von insgesamt 33 Vulkanen gespickter Riegel vor die flache und heiße Pazifikküste. Tropische Treibhausatmosphäre herrscht wiederum im tief nach Norden hineinreichenden Tiefland des Petén; diese riesige Regenwald-Zone mit dem größten, nach Mexiko und Belize hineinreichenden Regenwald-Schutzgebiet Mittelamerikas, dem Maya-Biosphärenreservat (seit 1990), ist zugleich Kernland der alten Maya.

Staat und Gesellschaft

Rund 60 Prozent der insgesamt 9,5 Mio. Einwohner sind „indígenas"; sie sprechen 23 verschiedene Indio-Sprachen neben dem offiziellen Spanisch. Die meisten leben an der Armutsgrenze. Die Mischlinge zwischen Indios und Europäern, die überwiegend beim Militär Arbeit finden, machen 30 Prozent der Bevölkerung aus; die Macht im Land liegt in den Händen der Weißen (5 Prozent der Bevölkerung).

Wirtschaft und Industrie

Bodenschätze (Blei, Zink, Kupfer, Eisen und seit 1976 Erdöl) spielen noch eine untergeordnete Rolle in diesem stark durch die alten Latifundien (Großgrundbesitz) geprägten Land. Hauptausfuhrprodukte sind bis heute: Kaffee, Zucker, Bananen, Kardamon und Baumwolle. Mit seinem mageren Bruttosozialprodukt von rund 1.100 US-$ pro Einwohner fällt Guatemala in die Kategorie Entwicklungsland.

Religion

Die Nachfahren der Maya praktizieren Synkretismus (Mischform zwischen zwei Religionen), wie er z. B. in Chichicastenango zu beobachten ist. Günstig wirkt sich dabei die Ähnlichkeit zwischen vielen Symbolen des von den Spaniern importierten Katholizismus und der Maya-Mythologie aus.

Antigua

Die Straßen streng geradlinig, so breitet sich die ehemalige, zwischen 1717 und 1773 durch schwere Erdbeben zerstörte Haupt stadt des spanischen Vizekönigreichs von Mittelamerika heute wieder im 1.530 m hohen Panchoy-Tal zwischen den Vulkanen Fuego (3763 m), Agua (3766 m) und Acatenango (3975 m) aus. Von der UNESCO zum Weltkulturgut der Menschheit erklärt, ist die Stadt mit ihren 18 Klöstern und 32 Kirchen bis auf letzte Ruinen wieder aufgebaut und heute mit ihren Museen, Restaurants, Souvenirshops und Hotels lebenspraller, touristischer Anziehungspunkt. Alles dreht sich um Plaza Mayor, den die alten Regierungsgebäude flankieren: Der Palacio de los Capitanes Generales (1558 begonnen,1755 erneuert) neben der 1542 begonnenen Kathedrale und dem Rathaus beim Stadtmuseum „Museo de Santiago" mit dem Bildnis des Eroberers von Guatemala (Di–Fr 9–16, Sa und So 9–12 Uhr). Zu den schönsten historischen Gebäuden gehört die 1676 erbaute erste Universität Santo Tomás in der 5a Calle Oriente, heute Museo de Arte Colonial (Di–So 9–17 Uhr). Einen Einblick in die Wohnkultur des 18. Jh`s gibt die Casa Popenoe in der 1a Avenida Sur (Mo–Sa 14–16 Uhr). Am Stadtrand in der 1a Calle Oriente findet sich die Kirche mit der schönsten churrigueresken Fassade: die Klosterkirche La Merced. Einen guten Eindruck von der Wucht der Erdbeben geben die Trümmer der „erdbebensicher", extra dick erbauten Kirche „La Recolección" in der gleichnamigen Calle ab. Im Museum Casa K`ojom, hinter dem Markt und dem Busterminal an der Calle de los Recoletos, kann man sich über indianische Kultur informieren. Größte Attraktion Antiguas ist die Osterprozession; die Straßen sind dann mit kunstvollen Ornamentteppichen aus Blumen geschmückt.

• • • Tips für den Stadtbummel (Pläne gibt es beim INGUAT-Büro im Palacio de Los Capitanes oder in den Hotels): Das Restaurant „La Fonda de la Calle Real" in der 5a Avenida Norte; „Jade S.A." in der 4a Calle Oriente 12, oder der Kunstgewerbemarkt vor der Kirchenruine „La Compañia" in der 7a Avenida del Norte.

Antiugua, Santo Tomás Universität

Atitlán See

Atitlán See

Einst Kultziel der Hippiegeneration, gehört der malerisch von drei Vulkanen gerahmte Hochgebirgssee Atitlán zu den schönsten Landschaften Mittelamerikas. Etwa auf 2.000 m Höhe, in der Provinz Sololá gelegen, überragen ihn der Tolimán (3.158 m), der Atitlán (3.535 m) und der San Pedro (3.020 m). Touristischer Treffpunkt an seinem gegenüberliegendem Ufer ist der kleine Ort Panajachel, wegen seiner Aussteigeratmosphäre gern auch „Gringotenango" genannt. Zahlreiche kleine Herbergen drängen sich hier neben größeren Hotels, Souvenirshops, Bars und Restaurants, vor allem in der Calle Principal, in der auch die kleine Passage Rincón Sai mit dem INGUAT-Touristbüro liegt. Ein Muß für Besucher des Atitlán-Sees sind Bootsausflüge vom Fähranleger Panajachels zu den Kunstgewerbe-Dörfern am Fuß der Vulkane: San Antonio Palopó (Sitz der Cooperativa de Produccion Artesanal/Webwaren), Santiago de Atitlán (Wohnort der Tzutuhil-Indígenas, die eine rote Tracht mit ungewöhnlichem Kopfschirm tragen) und San Pedro de la Laguna (Ausflüge zum Gipfel des Vulkans San Pedro).

Chichicastenango

Uraltes Quiché-Bergdorf auf 2.030 m Höhe im Zentralen Hochland, das seit vorspanischer Zeit Marktplatz der indígenas ist. Weltberühmt wurde es durch den an Sonn- und Festtagen von den Quiché-Indios hier offen zelebrierten Synkretismus, einer Mischung aus indianischem mit christlichem Glauben. Zentrum der beeindruckenden Zeremonien ist die kleine, von den Spaniern auf altem Quiché-Heiligtum errichtete Kirche Santo Tomás. Ihre Stufen sind sonntags vom Rauch des brennenden Kopalharzes umnebelt, das Priester der „cofradías" (indianische Bruderschaften) in kleinen Gefäßen schwenken; innen ist die Kirche dann mit Gebetsteppichen aus verschiedenfarbenen Blütenblättern geschmückt, deren mythologische Bedeutung den zahlreichen touristischen Zaungästen von den Fremdenführern erläutert wird. Am Markt auch sehenswert ist das Museo Archeológico, das Jadeschmuck und Kultsteine aus der Frühen und Späten Klassik zeigt (Di–So 9–17 Uhr); außerdem der uralte indianische Kultplatz „Pascual Abaj" auf dem südlichen Ortshügel (am Weg liegt die Casa Mascaras Ceremoniales, mit zum Teil originalalten Tanzmasken für indianische Kulttänze). In Chichicastenango übergaben im 17. Jh. adlige Quiché dem spanischen Priester Pater Ximinez eine der letzten erhaltenen Niederschriften des „Popol Vuh", der Mythologie der alten Maya; der Padre kopierte und übersetzte sie und rettete sie so für die Nachwelt. Etwa 20 km entfernt von „Chichi" liegt die Ruinenstätte „Utatlán", die letzte Hauptstadt des ehemaligen Quiché-Reiches.

Sonntags vor der Kirche in Chichicastenango

Guatemala City

Mit rund 2 Millionen Einwohnern breitet sich „Guate", wie die Einheimischen ihre Hauptstadt kurz nennen, auf 1500 m hohem Gebirgsplateau aus. Im „Centro" (Zona 1) stehen die ältesten, nach dem Umzug der Regierung aus Antigua erbauten Häuser: vor allem der 1939 erbaute „Palacio Nacional" (Regierungspalast) am Parque Central, Mittelpunkt der tagsüber von fliegenden Händlern und Geschäftsleuten und nachts vom Elend beherrschten City. In der nahen nördlichen Zona 2 zeigt die „Mapa en Relieve" ein Modell der Oberfläche Guatemalas (tgl. 8–17 Uhr). In der Zona 4 bietet sich ein schöner Überblick vom Hügel des „Centro Cultural Miguel Angel Asturias" (benannt nach dem Literaturnobelpreisträger Guatemalas) auf die Stadtmitte mit der 60er Jahre Betonlandschaft des „Centro Civico" (Finanz- und Behördenzentrum mit dem INGUAT-Touristbüro). Die besten Hotels und Shoppingzonen liegen im eleganten Stadtsüden hinter dem „Torre del Reformador" in der Zona 10 bei der Prachtstraße Avenida La Reforma. Hier finden sich auch das Museo Popol Vuh mit einer großartigen Auswahl alter Maya-Zeremoniengefäße (Av. La Reforma/9a Calle, Mo–Sa 9–16.30 Uhr) und das Trachtenmuseum Museo Ixchel del Traje Indígena (Complejo Cultural der Universität Francisco Marroquín, Mo–Sa 9–16.30 Uhr, Sa 9–12.50 Uhr). Südlicher noch liegt dann die Zona 13 mit dem Archäologischen Museum Museo Nacional de Arqueología y Etnología, das die bedeutendsten Maya-Funde zeigt (Di–So 9–16 Uhr); auch die benachbarten Museen, das Museo Nacional de Arte Moderne (Di–Fr 9–16, Sa und So 9–12 Uhr) und das Museo Nacional de Historia Natural (Mo–Fr 9–16 Uhr) wie der Zoologische Garten (mit Maya—Stelen) lohnen einen Besuch (Di–So 9–17 Uhr). An der Ausfallstraße nach La Antigua liegt die Ruinenstätte Kaminaljuyú (Mo–Sa 8–16 Uhr). Beliebtes Ausflugsziel für Hauptstädtler ist der 27 km entfernte Amatitlán-See.

Guatemala City Durchschnittswerte	Tagestemperatur °C	Nachttemperatur °C	Sonnentage*	Sonnenstunden / Tag	Wassertemperatur °C	Rel. Luftfeuchtigkeit %
Jan	23	12	29	7	–	70
Feb	25	12	26	7	–	68
Mär	27	14	29	6	–	69
Apr	28	14	25	7	–	70
Mai	29	16	23	5	–	76
Jun	27	16	10	4	–	83
Jul	26	16	13	6	–	81
Aug	26	15	15	5	–	79
Sep	26	16	13	5	–	83
Okt	24	15	18	4	–	82
Nov	23	14	24	7	–	76
Dez	22	13	29	8	–	73

* weniger als 1 Liter/m² Niederschlag
Quelle: Deutscher Wetterdienst, Hamburg

Tikal

Die Ruinenstadt ist in den 1955 gegründeten und 576 km² großen gleichnamigen Nationalpark eingebettet, der von der UNESCO 1979 zum Kultur- und Naturdenkmal erklärt wurde. Er liegt 60 km von Flores am Lago Petén Itza entfernt. Tikal ist heute die bedeutendste Ausgrabungsstätte (562 von Caracol im heutigen Belize eingenommen). Größte Attraktion des in mächtigen Dschungel eingebetteten Ausgrabungsgeländes ist die Große Plaza mit ihren Tempeln I und II (52 m und 38 m), der seitlichen Nördlichen Akropolis (13 m), wo zahlreiche Stelen Tikals Geschichte erzählen; und Zentralakropolis, ehemaliger Wohnort von Priestern, Gelehrten und anderen Würdenträgern. Besonders verwunschen wirkt der dahinter liegende Komplex „Mundo Perdido".

Im Parkmuseum (Di – So 9–17 Uhr) sind einige der bedeutendsten Funde zu sehen.

Tikal

Karibikküste bei Tela

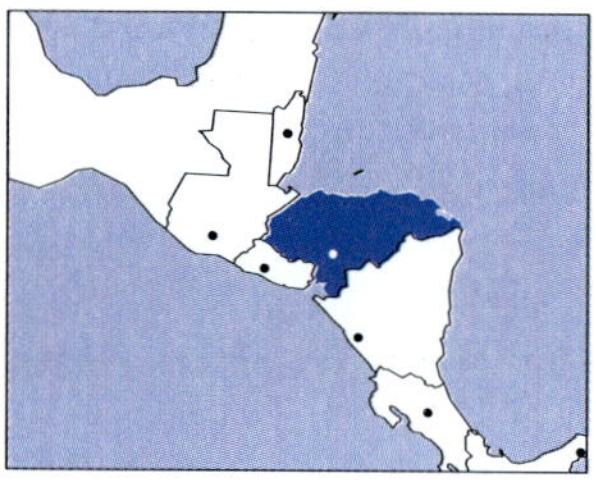

Internetadressen
http://www.hondurasweb.com/
http://www.latinworld.com/countries/honduras/
http://www.lonelyplanet/dest/cam/hon.htm

Honduras

Honduras (span.: Tiefen) verdankt nach einer Legende seinen Namen den nautischen Erlebnissen des „Entdeckers“ Christoph Kolumbus, der in den schwierig zu befahrenden Küstengewässern beinahe verzweifelt wäre.

Geschichte und Kultur

Erste Besiedelungsspuren weisen bis in das sechste Jahrtausend vor Christus zurück. Die höchste prähispanische Blüte entfaltete sich im dritten Jahrhundert mit der Entwicklung des Maya-Zentrums in Copán, das im neunten Jahrhundert aus bisher noch nicht geklärten Gründen aufgegeben wurde. Bis zur Landung der Konquistadoren im Jahre 1502 und der kolonialen Besiedelung ab 1524 war die heutige Landesfläche von verschiedenen Hochland- und Tiefland-Indiostämmen besiedelt. Besonders in der feuchten und unzugänglichen Dschungelregion der Moskitia, dem größten zusammenhängenden Regenwaldgebiet Zentralamerikas, leben noch heute kulturell weitgehend eigenständige Stämme wie die Miskito, Sumu Tawahka und Pech. Indigene Gruppen machen aber nur noch sieben Prozent der honduranischen Bevölkerung aus.

Tonangebend in Gesellschaft, Wirtschaft und Politik sind die Mestizen, die etwa 90 Prozent der 5,5 Millionen Honduraner stellen, sowie eine kleine, weiße Oberschicht (knapp ein Prozent). In oftmals paradiesischer Abgeschiedenheit leben entlang der Karibikküste rund 180.000 Garífunas, Nachfahren schwarzer Sklaven. Musik und Tänze der Garífunas zählen zu den kulturellen Aushängeschildern des Landes.

Geographie und Geologie

Mit 112.492 km^2 Landesfläche zählt Honduras zwar zu den Winzlingen auf der Weltkarte; dennoch ist es nach Nicaragua das zweitgrößte Land Mittelamerikas. Geomorphologisch wird es von drei höchst unterschiedlichen Zonen geprägt: Im Norden das karibische Tiefland mit den vorgelagerten Bay Islands, gefolgt vom zentralen Hochland, das am Cerro Las Minas mit 2849 Metern seine größte Höhe erreicht. Im Süden schließt sich der schmale Streifen des pazifischen Tieflandes an.

Trotz enormer Rodungen für Bananen-, Kokos- und Kaffeeplantagen ist heute noch rund ein Drittel des Territoriums bewaldet: meist mit artenreichen, tropischen Feucht- und Regenwäldern, im zentralen Hochland und in den Tieflandsavannen auch mit Kiefernwäldern (die Kiefer ist Nationalbaum).

Sekundärliteratur
Reiseführer deutsch

Gerhard Heck / R. Kiedrowski, HB Bildatlas Special Mittelamerika, Hamburg 1996.
Hans-Gerd Spelleken, Honduras, Bielefeld / Brackwede 1996.
John Lloyd Stephens, Die Entdeckung der alten Mayastätten. Ein Urwald gibt sein Geheimnis preis, Stuttgart 1993.
L. Scheele / D. Freidel, Die unbekannte Welt der Maya, München 1991.

Wirtschaft und Industrie

Der Vergleich von Honduras mit einer „Bananenrepublik" kommt nicht von ungefähr: Die Geschicke des Landes waren und sind eng mit den enormen Plantagen der Bananen-Companies Standard Fruit, United Brands Fruit und der mittlerweile nicht mehr existenten Cuyamel Fruit verbunden. Ende des letzten Jahrhunderts öffnete Honduras seine Ländereien und Bodenschätze ausländischen Investoren, noch bevor sich in der jungen Republik (Unabhängigkeit am 12.11.1839) ein eigenes, wirtschaftlich gefestigtes Bürgertum hätte bilden können. Unter den Folgen leidet das Land noch heute. Es zählt zu den ärmsten Staaten der westlichen Welt.

Nahezu zwei Drittel der Bevölkerung arbeitet in der Landwirtschaft, gleichzeitig der wichtigste Wirtschaftsfaktor. Handwerkliche und industrielle Exporte liegen unter 20 Prozent. Der Tourismus spielt bislang eine kleine Nebenrolle. Mit der Ausweisung von 15 Nationalparks, vier Biosphärenreservaten sowie knapp 50 Naturschutzgebieten und Wildreservaten wurde jedoch der Grundstein für eine Ausweitung des „sanften Tourismus" geschaffen.

Sekundärliteratur
Reiseführer englisch

Ben Box (Hrsg.), The Mexico & Central American Handbook, Bath 1990.

Sekundärliteratur
Belletristik deutsch

Ramón Amaya Amador, Das grüne Gefängnis, 1966.

Religion

Nahezu alle Honduraner bekennen sich zum katholischen Glauben; dennoch sind besonders unter den indigenen und afro-karibischen Bevölkerungsgruppen noch animistische und polytheistische Naturreligionen zu finden.

• • • Tourempfehlung 1: Von Tela an der Karibikküste mit Bus oder Mietwagen zum Plantagendorf La Union. Dort besteigt man von der Dorfjugend geschobene „burras" (kleine Schienenwagen) und fährt etwa eine Stunde durch Kokosnußplantagen, Viehweiden und tropischen Wald nach Salado, den Ausgangspunkt für eine mehrstündige Bootsfahrt in das Reservat Cuero y Salado, eine Schutzzone für Affen, seltene Wasservögel und die bedrohten Manatís (Rundschwanzseekühe).

Stele in der Maya-Ruinenanlage in Copán

••• Tourempfehlung 2: Von San Pedro Sula im Mietwagen über das Kaffeepflanzerdorf Buenos Aires zum Nationalpark Cusuco (dort einfache Übernachtungsmöglichkeiten). Der artenreiche Bergnebelwald bietet seltene Flora und Fauna, wie etwa die über zehn Meter hohen Riesenfarne.

••• Tourempfehlung 3: Vom Karibikküsten-Städtchen Tela zu den Garífuna-Dörfern Tornabé und Miami an der Laguna de los Micos und weiter im Boot zur Landspitze Punta Sal mit dem gleichnamigen Nationalpark. Der Park bietet pittoreske Naturstrandbuchten, Mangroven- und Küstenregenwälder sowie unter Wasser einige Ausläufer des Korallenriffs der Bay Islands.

Bay Islands – Islas de la Bahía

Die Islas de la Bahía, wegen der überwiegend englischsprachigen Garífuna-Bevölkerung meist Bay Islands genannt, sind Teil des zweitgrößten Korallenriffs der Welt. Die drei Hauptinseln Roatán, Guanaja und das kleine Utila spannen sich mit einigen Dutzend weiterer Inselchen in einem nach unten offenen Bogen um die honduranische Karibikküste. Roatán ist mit 128 km^2 Ausdehnung und rund 10.000 Einwohnern die größte der Bay-Inseln, hat die beste touristische Infrastruktur des ganzen Landes. Riesige Resort-Anlagen mit professionellen Tauchbasen richten sich vor allem an US-amerikanisches Publikum.

Für Entdeckernaturen ansprechender ist die kleine und unberührtere Nachbarinsel Utila mit dem pittoresken Hauptort East Harbour und mehr als einem Dutzend hervorragender Tauchgründe. Guanaja, die östlichste der Inseln, ist dank der bilderbuchschönen Naturstrandbuchten auf der Nordseite auch für Nichttaucher ein lohnendes Ziel.

Copán

Garífuna-Musiker

Copán stellt nicht nur das südlichste Siedlungszentrum der Maya auf dem Subkontinent dar, sondern steht auch für die höchste Entwicklungsstufe der klassischen Periode. Die große Zahl an Tempeln, Altären und Stelen mit oftmals gut erhaltenen Figuren und plastischen Inschriften belegt, daß Copán das vielleicht wichtigste geisteswissenschaftliche Zentrum der Maya war. Die teils enormen Ruinen der Hauptgruppe, wo sich auch die Hieroglyphentreppe (das größte in Stein gehauene Schriftwerk der Maya) und der kultische Ballspielplatz finden, erstrecken sich über eine Fläche von drei Hektar entlang des Río Copán. Der gesamte Siedlungsbereich der Stadt, die einst von bis zu 20.000 Menschen bewohnt war, dehnt sich über ein Vielfaches der Fläche aus. Die meisten Bauwerke in der Umgebung der Hauptgruppe sind zwar lokalisiert, warten aber noch auf ihre Freilegung.

Krönung der Funde in Copán war die Entdeckung eines „beerdigten" Tempels unter der Struktur eines späteren Sakralbaus. Dank einer akribischen Versiegelungstechnik der Maya ist der „Rosalila" getaufte Tempel mit seiner rötlichen Originalbemalung vollständig

Kirche und Zentralplatz in San Pedro Sula

erhalten. Bislang ist der Zugang nicht für die Öffentlichkeit freigegeben, doch im neuen Maya-Museum am Rand der Hauptgruppe findet sich neben einer Fülle an Originalfunden eine detailgetreue Kopie.

• • • Die peripheren Zonen des alten Copán erschließen sich am besten bei einem Ausritt. Die Tour mit mehrsprachiger Führung führt über Berghänge mit Aussichtspunkten auf die Ausgrabungsstätten zu abgelegenen Stelen und der Gesteinsformation „Los Sapos", einem prähispanischen Fruchtbarkeitssymbol. Ausritte werden für knapp 20 US-Dollar angeboten.

San Pedro Sula

Die zweitgrößte Stadt des Landes – hier leben fast 500.000 Menschen – war bereits in vorhispanischer Zeit eine Handelsmetropole für die Völker der Maya, Lenca und Nahuatl. Zeugnisse der langen Siedlungsgeschichte finden sich im Antropologischen Museum der Stadt. Die koloniale Bausubstanz wurde von Überschwemmungen und Bränden vollständig vernichtet. Die ältesten Gebäude der Stadt stammen aus der Zeit des Bananenbooms nach der Jahrhundertwende. Gleichzeitig ist das moderne Stadtbild auch Ausdruck des vergleichsweise hohen Wohlstandes der Sampedraños: Hier befinden sich die größten Industrieunternehmen des Landes.

Das Klima der Stadt ist wegen der tiefen Lage auf nur 70 Meter Meereshöhe feucht-heiß, doch im Rücken der Stadt erhebt sich das erfrischend kühle und üppig grüne Merendón-Gebirge.

Lange Zeit zählte die Bahnfahrt von San Pedro Sula nach Tela an der Karibikküste zu den besten Möglichkeiten, das Land zumindest ausschnittsweise im Schnelldurchgang zu erleben. Derzeit ruht der Schienenverkehr, doch ist die Wiederaufnahme mit luxuriöseren Touristenzügen angekündigt.

Tegucigalpa						
Jan	25	14	27	7	-	71
Feb	27	14	26	8	-	66
Mär	29	15	29	9	-	62
Apr	30	17	26	8	-	59
Mai	30	18	18	7	-	66
Jun	28	18	13	6	-	75
Jul	27	18	15	6	-	75
Aug	28	17	15	7	-	73
Sep	29	17	11	6	-	76
Okt	27	17	14	7	-	78
Nov	26	16	21	6	-	77
Dez	25	15	26	7	-	75
Durchschnittswerte	Tagestemperatur °C	Nachttemperatur °C	Sonnentage*	Sonnenstunden / Tag	Wassertemperatur °C	Rel. Luftfeuchtigkeit %

* weniger als 1 Liter/m² Niederschlag
Quelle: Deutscher Wetterdienst, Hamburg

Tegucigalpa

Kein Großbrand und kein Erdbeben – eine Seltenheit in Mittelamerika – hat bislang den kolonialen Charme Tegucigalpas verwüstet. So präsentiert sich die einstige Minensiedlung und heutige Metropole als vielleicht schönste Hauptstadt Mittelamerikas. Die malerische Altstadt erstreckt sich zwischen den Flüssen Choluteca und Chiquito sowie dem Berg Picacho. Dem rohstoffreichen Bergland der Umgebung verdankte Tegucigalpa nicht nur seinen materiellen Reichtum, sondern auch einen Gutteil seiner Bausubstanz aus buntem Gestein – etwa die rote Fassade der Kathedrale im Zentralpark und das grünlich schimmernde Teatro Manuel Bonilla. Wegen der bergigen Lage in knapp 1000 Meter Höhe entsprechen die krummen und gewundenen Straßen kaum dem üblichen kolonialen Schachbrettmuster. Vier massive Steinbrücken verbinden die Altstadt Tegucigalpas, seit der Unabhängigkeit das intellektuelle Zentrum des Landes, mit der eher gewerblich orientierten Zwillingsstadt Comayagüela jenseits des Río Choluteca.

••• Kunsthandwerk von hoher Qualität und zu vernünftigen Preisen findet sich gut 20 Kilometer östlich der Hauptstadt im malerischen Valle de Angeles (Tal der Engel). Der sympathische Ort ist geprägt von originalen und restaurierten Stein- und Lehmziegelhäusern, deren Fugen bunt ausgemalt wurden. Im gesamten Dorfzentrum wird Artesanía (Leder, Edelholz, Keramik, Flechtwaren) produziert und verkauft, etwas außerhalb befindet sich die staatliche Kunstgewerbeanstalt. Ebenfalls nur 20 Kilometer hinter der Stadtgrenze beginnt der Nationalpark La Tigra. Im kühlen Klima des Bergnebelwaldes lassen sich Tukane, Papageien und die seltenen Quetzals, aber auch Raubkatzen und andere Säugetiere so leicht wie kaum sonst irgendwo im Land beobachten.

Karibikküste im Nationalpark Punta Sal

Uxmal, Pyramide des Zauberers

Mexico

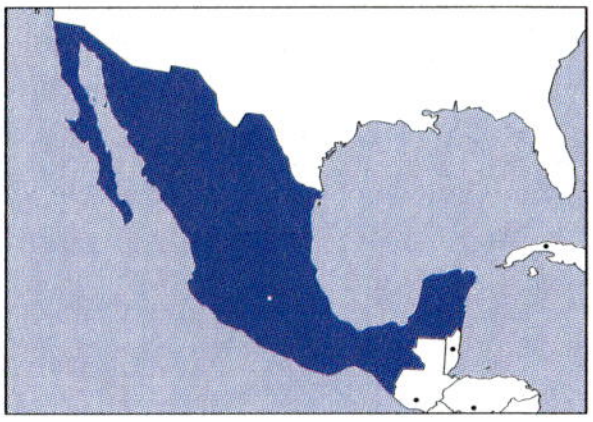

Bienvenidos a México! Das „Land der drei Kulturen“ ist ein faszinierendes Reiseziel. In keinem anderen Land Lateinamerikas findet man ein so eindrucksvolles Nebeneinander des präkolumbischen Erbes der frühen Hochkulturen, prachtvoller Pyramiden und Tempel, mit kolonialspanischen barocken Palästen, Klöstern und Kirchen sowie der unkonventionellen modernen Architektur. Sei es der Alltag der Bevölkerung, welcher dem Touristen in bunten Märkten und lebensfrohen Fiestas begegnet, oder die Natur, die von breiten weißen Stränden über grüne Schluchten im Regenwald bis zu schneebedeckten Vulkanen fast alles zu bieten hat, in Mexico kommt jeder auf seine Kosten – und den Geschmack. Allein das vielfältige Kunsthandwerk, das sich von Bast- und Flechtarbeiten über Holzschnitzereien und Kupferartikel bis hin zu hochwertigem Silberschmuck erstreckt, hat schon so manchen Besucher die Reise verlängern oder zu tief in die Tasche greifen lassen.

Routenvorschläge

1. *Faszinierendes Mexico, 1 Woche*
2. *Hochkulturen Mexicos, 1 Woche*
3. *Koloniale Schätze Mexicos, 1 Woche*
4. *Auf den Spuren der Eroberer, 2 Wochen*
5. *Vom Land der Maya ins Reich der Azteken, 1 Woche*
6. *Yukatan Rundreise, 1 Woche*

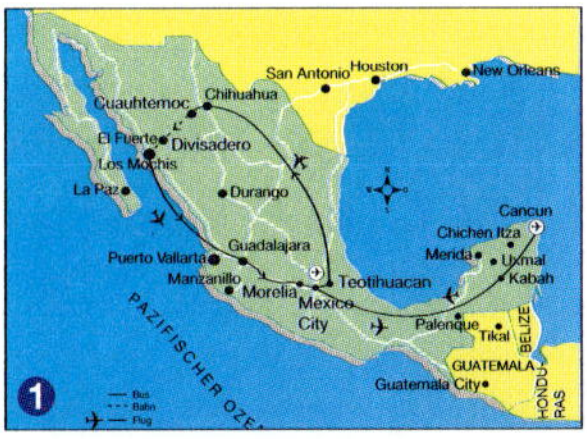

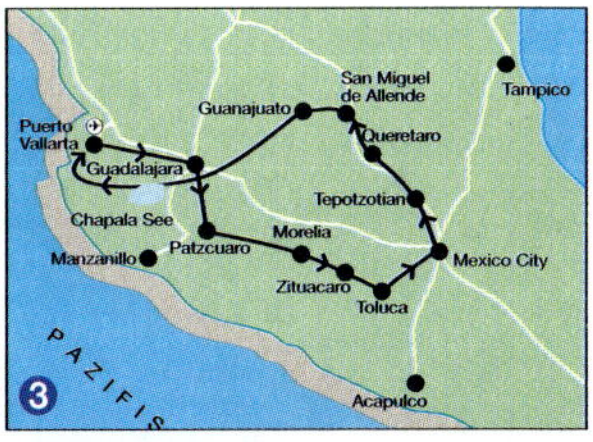

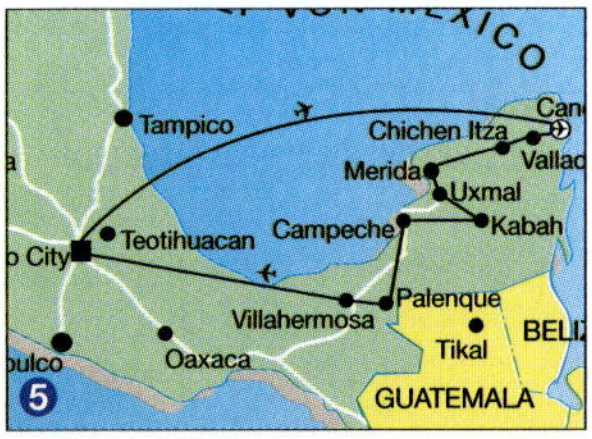

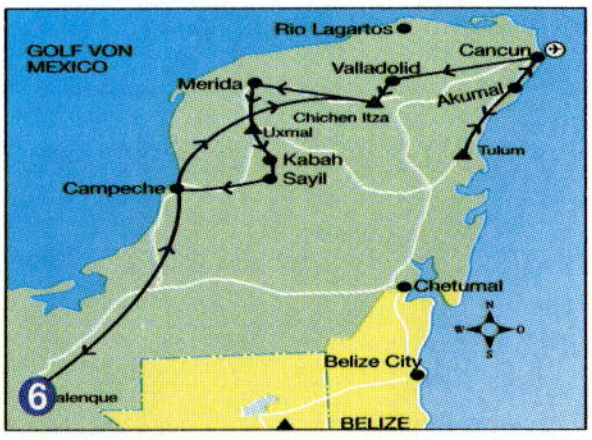

Informationen

Staatliches Mexicanisches Verkehrsamt,
Wiesenhüttenplatz 26,
60329 Frankfurt/Main,
Tel.: 069/253413, Fax: 069/253755.

Internetadressen

http://mexico-travel.com/sectur.htm
http://rtn.net.mx/mexguide/
http://www.go2mexico.com/navigate.html
http://www.hotwired.com/rough/mexico/
http://www.latinworld.com/countries/mexico/
http://www.lonelyplanet.com/dest/cam/mexico.htm
http://www.reigroup.com/~dmg/mexico/turismo.html
http://www.wotw.com/mexico/

Copan

Die seit langem bekannten Badeorte an der pazifischen Westküste und die karibischen Strände der Yucatán-Halbinsel bieten Sand und Sonne, Wassersport und Erholung. Wer die präkolumbischen Monumentalbauten bewundert, findet mit dem weitläufigen Teotihuacán im Hochland, dem majestätischen Monte Albán auf einer Bergkuppe in Oaxaca, dem bezaubernden Palenque im tropischen Dschungel von Chiapas sowie dem hervorragend restaurierten Chichén Itzá der Yucatán-Halbinsel die eindrucksvollsten Zeugnisse der frühen Hochkulturen Mittelamerikas. Und die Naturliebhaber? Sie genießen die einmalige Zugfahrt durch die Barranca del Cobre, die Kupferschlucht im Norden Mexicos, eine Bootsfahrt durch den steilen Cañon de Sumidero im Regenwald von Chiapas, eine Wanderung an einem schneebedeckten Vulkan oder das Schwimmen in einem unterirdischen Fluß von Yucatán. Bewunderer der spanischen Kolonialarchitektur finden jahrhundertealte Klöster, barocke Kirchen und glanzvoll restaurierte Paläste der Konquistadoren. Nicht wenige wurden zu Hotels und Restaurants gewandelt, so daß man die ganze Pracht oft hautnah erleben kann.

Geschichte und Kultur

Schon vor der Zeitenwende entstanden im Süden Mexicos die ersten mesoamerikanischen Hochkulturen. Sie waren Nachkommen der Jäger und Sammler, die während der letzten Eiszeit aus Sibirien über die zugefrorene Beringsee nach Amerika gekommen und nach Süden gezogen waren. Die Olmeken, vermutlich Mutterkultur der präkolumbischen Völker, errichteten am Golf von Mexico Zeremonienstätten mit Pyramiden, Tempeln und Monumentalskulpturen. Während der klassischen Epoche der Maya (250 – 900 n. Chr.) entstehen Stadtstaaten mit reich dekorierten Bauwerken, die im 9. Jh. von ihren Bewohnern aus bis heute unbekannten Gründen verlassen werden. In derselben Epoche errichten Zapoteken ihre Zeremonienstätte Monte Albán in Oaxaca, erschaffen Totonaken die Pyramiden von El Tajín. Im 9. Jh. gründen die Tolteken Tula und wandern von dort nach Yucatán (Chichén Itzá). Als jüngstes Volk betreten im 14. Jh. Azteken die Weltbühne, unterwerfen nahezu das gesamte heutige Mexico und errichten ihre Hauptstadt Tenochtitlán. Diese wird 1521 von Hernán Cortés zerstört, der anschließend Mexico sowie Guatemala, Honduras und El Salvador erobert. Missionare christianisieren die Indianer, viele der Ureinwohner sterben an eingeschleppten Krankheiten. Die spanischen Siedler beuten das an Bodenschätzen reiche Land aus, errichten ihre Städte nach spanischem Vorbild. Ihre Kirchen und Klöster, Paläste und Herrenhäuser, Verwaltungssitze und Haciendas erstrahlen im mexikanischen Barock (einer Stilrichtung, die in Mexico üppiger und phanatiesvoller ausfällt als in Europa) und legen Zeugnis ab vom Reichtum der neuspanischen Kolonie. 300 Jahre währt die Regentschaft der Spanier. Dann, nach zehnjährigem Bürgerkrieg, wird Mexico 1821 von Spanien unabhängig, verliert in einem Krieg mit den USA 1847 Kalifornien, Arizona, New Mexico und Texas. Nach einem kurzen französischen Intermezzo, bei dem Maximilian von Habsburg als mexikanischer Kaiser antritt (1862), erlebt das Land unter dem Diktator

Porfirio Díaz eine Blütezeit; viele aufwendige Jugendstil-Bauten entstehen. Nach der Revolution von 1910 – unter Beteiligung von Pancho Villa und Emiliano Zapata – entstehen die heutige Verfassung und die seitdem regierende Partei PRI. Erdölfunde in den 30er und 70er Jahren schienen dem Land Reichtum zu bringen, aber der Preisverfall des Erdöls und Korruption hinterließen keinen Gegenwert.

Geographie und Geologie

Etwa zwei Drittel des riesigen Landes (fast 2 Mio. km²) bilden eine Hochebene, die Mesa Central. Hier, zwischen 1.000 und 2.000 m über dem Meeresspiegel, liegt der größte Teil der von den Spaniern errichteten Kolonialstädte. Die Ebene ist Teil der nordamerikanischen Kordilleren, die sich von den USA durch Mexico nach Zentralamerika ziehen. Sie steigt von Norden – gekennzeichnet durch Wasserarmut, große Hitze und wüstenähnliche Landstriche – nach Süden an und wird zunehmend enger. Das Hochland wird im Westen von der Sierra Madre Occidental begrenzt, deren Hänge teilweise steil zum Pazifik abfallen. Die östliche Grenze bildet die Sierra Madre Oriental, an die sich das sumpfige Lagunenflachland des Golfs von Mexico anschließt. Im Süden wird die Mesa Central von der Gebirgskette Sierra Volcánica Transversal abgeschlossen, in Ost-West-Richtung verlaufend und etwa 1.000 km lang, in der die höchsten Berge des Landes liegen, darunter drei Fünftausender. An dieses Gebirge schließen sich im Süden die Sierra Madre del Sur sowie die Gebirgslandschaft von Oaxaca an. Das restliche Drittel des Landes bilden das pazifische Küstentiefland, die Küstenregionen des Golfs von Mexico sowie die nur wenige Meter über Meeresniveau liegende Halbinsel Yucatán. Im Nordwesten ragt die 1.500 km lange Halbinsel Baja California in den Pazifik. Die beiden größten Seen liegen bei Guadalajara (Lago de Chapala) und südlich von Morelia (Lago de Pátzcuaro). Der Río Grande (längster Fluß Mexicos) bildet im Norden die Grenze zu den USA, im Süden münden Grijalva und Usumacinta (Grenzfluß zu Guatemala) in den Golf von Mexico. Sie entwässern die tropischen Regenwälder von Chiapas. In den von unterschiedlichen Höhenlagen bestimmten Klimazonen zeigt sich eine äußerst artenreiche Vegetation mit vielfältiger Tierwelt. So kann Mexico manche Rekorde verzeichnen, wenn Artenreichtum verglichen wird: 25.000 unterschiedliche Blütenpflanzen, 200 Arten an Eichen, 40 verschiedene Kiefern-Sorten, 4.000 Kaktus-Arten, 170 unterschiedliche Agaven. An Nutzpflanzen findet man u.a. Kaffee, Bananen, tropische Früchte, Zuckerrohr, Reis, Tabak, Kakao und Baumwolle. Schwer zugängliche Naturräume – wie die Sierra Madre Occidental und die Regenwälder des Bundesstaates Chiapas – bieten Lebensraum für seltene Reptilien, Gürteltiere, Schildkröten, Pumas, Bären, Jaguare und Affen. Die nördliche Halbinsel Baja California ist ein Paradies für Wasservögel und Seerobben. Und jährlich kalben Grauwale in den warmen Lagunen vor der Küste. Der Artenreichtum der Insekten steht denen der Säugetiere nicht nach: selbst die Stechmücken gliedern sich in Hunderte von Spezies.

Sekundärliteratur
Reiseführer deutsch

Herbert Eulenbach, Wehende Mähnen, Düsseldorf 1997.

Gerhard Heck / Manfred Wöbcke, richtig reisen - Mexiko, Köln 1997.

Birgit Müller, Merian live! Mexiko, München 1997.

Manfred Rohlf, Marco Polo Mexiko, Ostfildern 1997.

Hans-Joachim Aubert, Mexico, München 1996.

Marianne Link / Claudia Steinkusch, Baja California, Wuppertal 1994.

Wilma Klapdor, Durch das Land der Azteken, Frankfurt/Main 1992.

Sekundärliteratur
Reiseführer englisch

Volker W. Radke (Hrsg.), Mexico, München 1996.

Baja California

Staat und Gesellschaft

Bei einer Einwohnerzahl von 96 Millionen beträgt das jährliche Bevölkerungswachstum gegenwärtig 2,3 %. Fast ein Viertel der Bevölkerung lebt in Mexico-Stadt, der größten Stadt der Welt, und Anzeichen der hieran zu erkennenden Landflucht sind überall zu beobachten: Nur noch ein Drittel der Bevölkerung lebt auf dem Land. Neben Mexico-Stadt gibt es zahlreiche weitere Metropolen, und Guadalajara (zweitgrößte Stadt des Landes) hat kürzlich die 5 Millionen-Marke überschritten. 80 % der Bevölkerung sind Mestizen, Nachkommen aus Verbindungen zwischen Europäern und den indianischen Ureinwohnern. Etwa 15 % sind Indigene, und die restlichen 5 % bestehen aus Kreolen (in Mexico geborene Nachkommen der Spanier) und anderen Minderheiten. Mexico gilt als stabile Demokratie, die seit 60 Jahren von der PRI (Partei der institutionalisierten Revolution) regiert wird. Neben einer kleinen Oberschicht, zu der Großgrundbesitzer und Industrielle gehören, umfaßt die Mittelschicht etwa ein Viertel der Bevölkerung. Sie leben in den Städten, sind Geschäftsinhaber, Beamte, Akademiker und hochqualifizierte Facharbeiter. Schutz und Versicherung aller Art bietet die Familie, zu der die gesamte Verwandtschaft gehört und die das Leben für die Mexikaner überhaupt erst lebenswert macht.

Wirtschaft und Industrie

Mexico gehört zu den OECD-Ländern, den führenden Industrienationen der Welt. Es ist zudem in der NAFTA, im „North American Free Trade Agreement“, mit Kanada und den USA in eine riesige Wirtschaftszone integriert, die Mexico ungeheure Absatzchancen bietet. In den 70er Jahren wurde Erdöl exportiert, die Auslandsverschuldung war vergleichsweise gering, die Landwirtschaft produzierte genügend Nahrungsmittel, das Wirtschaftswachstum war gesund, Mexico war autark. Da der Preis des Erdöls stieg, glaubte man an raschen Reichtum. Investitionen (und Auslandsschulden, die bis auf 100 Milliarden US-$ anstiegen) wurden gemacht. Doch plötzlich rutschte der Preis für Erdöl nach unten. Mexico geriet in eine Wirtschaftskrise, von der es sich bis heute nicht erholen konnte. Präsident Salinas de Gortari versuchte Anfang der 90er Jahre durch Umschuldungen und Privatisierung von 1.000 Staatsbetrieben, der Lage Herr zu werden. Nach einem kurzen Erfolg stieg die Auslandsverschuldung sogar auf 150 Mrd. US-$. Die seit 60 Jahren angekündigte Landreform läßt weiterhin auf sich warten. 80 % der Kleinbauern produzieren 15 % der Agrarprodukte, und 0,6 % der Betriebe erwirtschaften 40 %. Von 8 Mio. arbeitsfähigen Landbewohnern haben 5 Mio. keine ausreichende Arbeit. Die wirtschaftliche Ausgangslage würde jedoch viel bessere Verhältnisse erlauben: Erdöl ist in großen Reserven vorhanden, der Bergbau ist weit entwickelt, Elektronik- und Textilwaren werden in der ganzen Welt geschätzt, der Tourismus boomt. Gegenwärtig sieht man die Lösung in Maquiladoras, steuerfreien Halbfertigungsbetrieben entlang der Grenze zu den USA, in denen eingelieferte Teile zusammengesetzt und veredelt und dann wieder exportiert werden.

Sekundärliteratur
Belletristik deutsch

B. Traven, Der Schatz der Sierra Madre, Berlin 1997.
Julia Fernandez, Küchen der Welt: Mexiko. Originalrezepte und Interessantes über Land und Leute, München 1994.
Deborah Eisenberg, Im Paradies des Regengottes, Reinbek 1993.
Rudolf Peyer, Mexiko erzählt - von den Maya und Azteken bis zur Gegenwart, München 1992.
B. Traven, Die Baumwollpflücker, Frankfurt/Main 1992.
B. Traven, Die Brücke im Dschungel, Frankfurt/Main 1992.
Linda Schele / David Freidel, Die unbekannte Welt der Maya - das Geheimnis ihrer Kultur entschlüsselt. München 1990.
Carlos Fuentes, Verbranntes Wasser, Stuttgart 1987.
David Herbert Lawrence, Die gefiederte Schlange, Zürich 1986.

Gemüsemarkt

Religion

Die überwiegende Mehrheit der Mexikaner ist römisch-katholisch. Der Marienkult nimmt dabei mit der Verehrung der Jungfrau von Guadalupe eine besondere Stellung ein. Nach einer Legende soll am 9. Dezember 1531 einem Indianer auf dem Hügel Tepeyac (im heutigen Mexico-Stadt) die Jungfrau Maria als dunkelhäutige Muttergottes erschienen sein. Sie trug auf, den Bischof um die Errichtung einer Kirche zu bitten. Als Nachweis der Erscheinung ließ sie einen Armvoll Rosen erblühen, die der Mann in einem Umhang zum Bischof brachte. Als er diese ausschüttete, erschien auf dem Umhang das Bildnis der Jungfrau. Der Bischof war überzeugt. Es wurde sogleich eine Kirche errichtet, Cortés selbst reiste zur Einweihung an, und die Missionierung des Landes erhielt einen starken Anschub.

Heute gilt „La Morena", die Dunkelhäutige, als Schutzheilige des Landes, der Hügel wurde zum Wallfahrtsort, und am 12. Dezember ist die neue Basilika von Guadalupe Treffpunkt Hunderttausender, die zum größten Fest des Landes aus ganz Mexico und Zentralamerika zusammenkommen.

Die von den Spaniern bekehrte indianische Bevölkerung des Landes vermischt den neuen Katholizismus mit ihren eigenen Symbolen und Ritualen. So werden weiterhin die alten Götter angebetet, und nicht immer ist der katholische Priester in der Kirche willkommen. Ein Element der vorspanischen Religion, der Totenkult, hat sich indes in der gesamten Bevölkerung ausgebreitet. Am 1. und 2. November, dem Allerheiligen- (Todos los Santos) und Allerseelentag (los Difuntos) wird das Totenfest gefeiert. Schon Wochen vorher beginnen die Vorbereitungen, Skelette zieren die Geschäfte und Straßen, Totenschädel aus Keramik und Marzipan werden angeboten, Kinder spielen mit Särgen und Gerippen. Die Familien pilgern zum Friedhof, um dort zu feiern; zuhause wird ein Zimmer für den oder die Verstorbenen vorbereitet, denn man ist überzeugt, daß am 2. November, dem Día de los Muertos, dem Tag der Toten, die Seelen der Verstorbenen zu Besuch kommen. In der Nacht zuvor sind die Straßen und Friedhöfe erleuchtet, das Fest erreicht seinen Höhepunkt.

weitere Sekundärliteratur
Belletristik deutsch

Malcolm Lowry, Unter dem Vulkan, Reinbek 1986.

Wilfried Westphal, Die Maya - Volk im Schatten seiner Väter, Herrsching 1986.

Gary Jennings, Der Azteke, Frankfurt/Main 1984.

Wolf Wondratschek, Die Einsamkeit der Männer. Mexikanische Sonette, Zürich 1983.

Carlos Fuentes, Chac Mool, München 1982.

Egon Erwin Kisch, Entdeckungen in Mexiko, Köln 1981.

Octavio Paz, Das Labyrinth der Einsamkeit, Frankfurt/Main 1974.

J. Eric S. Thompson, Die Maya - Aufstieg und Niedergang einer Indianerkultur; München 1968.

John Steinbeck, Logbuch des Lebens - im Golf von Kalifornien, Zürich 1953.

Graham Greene, Gesetzlose Straßen. Aufzeichnungen aus Mexiko, Wien 1949.

Kathedrale von Mexico

Bucht von Acapulco

Internetadressen

http://mexico-travel.com/guerrero/aca/aca_history.html

http://www.aca.novenet.com.mx/

http://www.wotw.com/mexico/Guerrero/acapulco.html

Acapulco						
Jan	31	22	30	9	25	75
Feb	31	22	27	9	25	74
Mär	31	22	30	9	25	74
Apr	31	23	29	9	26	75
Mai	32	25	19	8	27	74
Jun	32	25	17	7	28	76
Jul	33	25	18	7	28	76
Aug	33	25	17	7	29	76
Sep	32	25	14	6	28	78
Okt	32	25	23	8	28	78
Nov	32	24	28	9	27	76
Dez	31	23	30	9	26	76
Durchschnittswerte	Tagestemperatur °C	Nachttemperatur °C	Sonnentage*	Sonnenstunden / Tag	Wassertemperatur °C	Rel. Luftfeuchtigkeit %

* weniger als 1 Liter/m² Niederschlag
Quelle: Deutscher Wetterdienst, Hamburg

Acapulco

Das Seebad, umrahmt von den grünen Bergen der Sierra Madre del Sur, sonnt sich im vollen Glanz. Der lebhafteste und größte der mexikanischen Badeorte wurde generalüberholt: Jeden Morgen werden wieder die Strände gesäubert, der Durchgangsverkehr wurde umgeleitet, neue luxuriöse Hotelanlagen ersetzen in die Jahre gekommene Bauten, überall wurden prächtig bepflanzte Anlagen und Grünstreifen eingerichtet. Südlich der Stadt entstand der neue Ferienkomplex Acapulco Diamante, der mit zahlreichen Luxushotels, Jachthafen und Golfplatz seinem Namen alle Ehre macht. Entlang der weitgeschwungenen Bucht liegen weitere Hotelanlagen.

Einen Abend in Acapulco sollte man für die clavadistas reservieren. Von der 40 Meter hohen Klippe La Quebrada stürzen sich die Felsenspringer in eine enge Bucht – kopfüber und nachdem sie ein kurzes Gebet gesprochen haben. Täglich finden mehrere Vorführungen statt, doch besonders schön ist es nach Sonnenuntergang, wenn Fackeln die Szene illuminieren. Auf der Terrasse des Restaurants La Perla sitzt man in der ersten Reihe und hat den besten Blick auf das Geschehen. Alte Schwarz-weiß-Photos zeigen berühmte Gäste des Hauses: Brigitte Bardot, Liz Taylor und Richard Burton.

Einen Besuch lohnt das Fuerte San Diego, ein gegen Ende des 18. Jh. von den spanischen Konquistadoren zum Schutz vor Piratenüberfällen erbautes Fort. Heute ist in den historischen Mauern ein Seeräuber-Museum untergebracht, an dem Kinder ihre helle Freude haben. Sehenswert ist auch das archäologische Museum Instituto Guerrense de la Cultura (Costera M. Alemán 483), das präkolumbische Exponate ebenso wie indigenes Kunsthandwerk zur Ausstellung bringt.

Eine der beliebtesten Freizeitbeschäftigungen in Acapulco ist das Shopping. Edle Boutiquen, die US-amerikanische Designerwaren und wertvolles Kunsthandwerk darbieten, liegen entlang der Uferstraße Costera M. Alemán. Im Osten der Stadt lockt La Vista, ein Einkaufskomplex im mediterranen Stil: Bougainvillas zwischen den Geschäften, Cafés, in denen der Cappucino so gut wie in Italien schmeckt und die Croissants so wie in Südfrankreich munden. Schnäppchen machen kann man auf dem Mercado de Artesanías, einer Altstadt-Plaza in der Nähe des Zócalo. Hier ersteht man Hängematten und goldbestickte Reiterhüte, Schachspiele aus Onyx und bunte Tierfiguren aus Pappmaché. Und um die Preise wird tüchtig gefeilscht.

Der Sonnenuntergang wird täglich zelebriert an den Stränden, bei Cocktails und einer Guacamole. Insider schwören auf Pie de la Cuesta, einen Strandabschnitt mit viel Lokalkolorit außerhalb der Stadt an der Straße ins Seebad Zihuatanejo. Erst spät füllen sich die Diskotheken und Nachtclubs. Cliquen und Liebespaare bummeln über die Costera, wo alle Geschäfte bis spät in die Nacht geöffnet haben. Wer die Wahl hat, hat die Qual: In Acapulco kann man sich zwischen mehreren hundert Hotels entscheiden. Zu den bekanntesten Adressen gehört das Las Brisas, eine Fünf-Sterne-Unterkunft in traumhafter Lage hoch über der Bucht von Acapulco. Die Reichen und Schönen sind hier zu Gast in privaten casitas und mit eigenem Pool. Weiße Elektrowägelchen bringen Sie von einer Ecke der weitläufigen Anlage zur nächsten.

Klippenspringer in La Quebrada

• • • Cocuya 22 (Calle Coyuca 22, Tel. 82 34 68, Nov. – April) heißt das edle Restaurant, auf dessen Terrasse Ihnen das nächtlich beleuchtete Acapulco zu Füßen liegt. Was wird serviert? Schalentiere und Neue Mexikanische Küche – alles nur vom feinsten. Um Reservierung wird gebeten.

Campeche

Campeche heißt die Hauptstadt (250.000 Einw.) des gleichnamigen Bundesstaates auf der Yucatán-Halbinsel. Sie wurde von den Spaniern im Jahre 1531 an Stelle der Maya-Siedlung Ah Kim Pech gegründet und ist somit die älteste koloniale Siedlung der Halbinsel, gelegen an der Westküste (etwa zwei Autostunden südlich von Mérida). An Campeche gehen die Touristenströme vorbei, und deswegen haben Besucher die Gelegenheit, eine Kolonialstadt kennenzulernen, in der Gestern und Heute verschmelzen. Der schönste Spaziergang, um die charmante Stadt kennenzulernen, führt entlang der alten Festungsan-lagen, die die Altstadt umgeben. Die Wehrmauer unterbrachen die Spanier durch Baluartes, Bastionen mit meterdicken Mauern, in denen Wachposten saßen und nach Angreifern Ausschau hielten. Heute beherbergen die Baluartes u.a. das Tourismusbüro und das Folkloristische Ballet. Die Baluarte de Santiago wiederum ist um- geben von einem gepflegten botanischen Garten, und im Baluarte San Carlos befindet sich ein kleines Kunsthandwerkszentrum, in dem Yucatán-Typisches verkauft wird. Prachtvolle Stadtpaläste, in denen einst die Edelleute residierten, wurden restauriert. Zu einem der schönsten Bauwerke gehört die an der Nordseite der Plaza Principal gelegene Mansión Carvajal: ein Herrenhaus im spanisch-maurisch inspirierten Barock, mit kunstvoll gemauerten Bögen und einer überreich dekorierten Fassade. An der Südseite des Zócalo liegt ein weiteres koloniales Juwel, das heute die Casa de la Cultura, das Kulturzentrum, beherbergt. Eine gute Gelegenheit, das Herrenhaus auch von innen kennenzulernen.

Sekundärliteratur
Belletristik englisch

Helen Escobedo, Mexican Monuments - strange encounters, New York 1989.
Gary Jennings, Aztec, New York 1980.
Nigel Davies, The Aztecs - A History, London 1973.
J. Eric S. Thompson, The Rise and Fall of Maya Civilization, Oklahoma 1966.

Cancún						
Jan	27	20	26	7	25	78
Feb	28	20	24	7	24	78
Mär	29	22	28	8	25	77
Apr	30	23	28	9	25	73
Mai	31	25	27	8	26	74
Jun	31	26	24	7	27	75
Jul	32	26	27	8	27	76
Aug	32	25	27	9	28	77
Sep	32	25	23	8	28	77
Okt	30	23	23	7	27	77
Nov	29	22	25	7	26	78
Dez	28	21	25	7	25	78
Durchschnittswerte	Tagestemperatur °C	Nachttemperatur °C	Sonnentage*	Sonnenstunden / Tag	Wassertemperatur °C	Rel. Luftfeuchtigkeit %

* weniger als 1 Liter/m² Niederschlag
Quelle: Deutscher Wetterdienst, Hamburg

Internetadressen

http://style.mexicohost.com.mx/ smenu.htm

http://www.cancun.com/ main.html-ssi

http://www.wotw.com/ wow/mexico/cancun/cancun.html

Cancún

Cancún heißt in der Sprache der Maya „Goldtopf". Auf die Nordostspitze der Halbinsel Yucatán hatten die Planer bereits im Jahre 1970 ihr Auge geworfen, nachdem kurz zuvor ein Computer, der auf potentielle Tourismus-Projekte programmiert war, auf die Vorteile Cancúns aufmerksam machte. Damals bestand der Ort aus nicht viel mehr als einem Dutzend Fischerhütten entlang der Lagune Nichupté. Innerhalb weniger Jahre entstanden breite Boulevards, luxuriöse Hotelanlagen, Restaurants und Boutiquen. In die Weltpresse geriet Cancún 1981, als der damalige mexikanische Präsident López Portillo das erste Nord-Süd-Treffen der Vereinten Nationen, an dem Regierungschefs aus 23 Ländern teilnahmen, hier ausrichten ließ. Heute werden in dem Tagungszentrum, dem Centro de Convenciones, Konzerte und Ausstellungen veranstaltet und Kunsthandwerk angeboten. Cancún (350.000 Einw.) gehört jetzt zum wichtigsten Devisenbringer des Landes. Als Hotelzone etabliert hat sich die 25 km lange und 400 Meter breite, in L-Form verlaufende Sandbank zwischen der Lagune Nichupté und dem Karibischen Meer. Gebadet wird auf der Karibikseite. Hier gibt es weiße, feinsandige Strände (die täglich gereinigt werden) und türkis-blau schimmerndes Wasser. Der Wellengang ist mitunter beträchtlich, und die Surfer sind begeistert. Ohnehin verfügen alle Hotels über weitläufige Pool-Anlagen, und viele Besucher bevorzugen ihren Liegestuhl dort. Die Abendunterhaltung findet in den Hotels statt, und dort liegen auch die zahlreichen Diskotheken, die besonders beim jüngeren Publikum beliebt sind. In Cancún lohnt sich das Anmieten eines Autos kaum. Alle paar Minuten verkehrt ein Pendelbus auf der Strecke und bringt die Urlauber von Hotel zu Hotel, zu Restaurants und Shopping-Komplexen. Auch zu den Maya-Ruinen Yamil Luúm. Die bereits 1842 von Stephens und Catherwood beschriebenen Reste zweier Tempel liegen in der Hotelzone auf dem kleinen Hügel unmittelbar neben dem Sheraton-Hotel. Besuchen Sie auch die Ruinas El Rey, auf der östlichen Landzunge gelegen. Zahlreiche kleinere und größere Pyramiden liegen in der Sonne, be-

Strand bei Cancún Stadt

ONTAG
Im Paradies gelandet. Vor
dem Fenster zwei Palmen,
dahinter endlos Türkis:
das Meer.
DIENSTAG
Mike wollte à la carte,
ich habe ihn zum Buffet
überredet. Üppig, üppig...
Morgen darf er entscheiden
MITTWOCH
Faulenzertag für mich.
Hängematte, Lesen, ein
cooler Drink. Mike den
ganzen Tag nicht gesehen:
auf Tauchkurs!
DONNERSTAG
Mittags aufgestanden.
Party gestern war
anstrengend. Kein Wunder-
alle Drinks im Preis in-
begriffen. Da mußten wir
einfach zuschlagen!
FREITAG
Mike, der große Sportle
morgens auf Tauchkurs,
mittags auf dem Ten
platz. Haushoch gege
mich verloren!
SAMSTAG / SONNTAG
Mit Tim und Tan
Caribbean Night i
Disco verabredet.
Verkleidung! Tan
schrillsten Ide
Lust auf einen Traum-
urlaub à la ALLEGRO?
Ihr Reisebüro
informiert Sie gern.
ALLEGRO RESORTS
ALL-INCLUSIVE
WE PUT THE FUN IN ALL-INCLUSIVE.

völkert von Hunderten von Leguanen. Und gegenüber der Anlage erhebt sich eine weitere Pyramide: das Caesar Park-Hotel, in altbewährter Bautradition erschaffen.

Chamula

Ein Ort am Ende der Welt und doch per Bus (13 km von San Cristóbal) zu erreichen: in Chamula leben die alt-indianischen Riten fort. Die Menschen kleiden sich in die Tracht ihrer Vorfahren. Männer schätzen einen Poncho-artigen Überwurf aus dicker schwarzer Wolle und einen Stroh-Sombrero. Ihre Frauen kleiden sich in leuchtend blaue Schals und hellblaue Blusen. In Chamula ist der Besucher Fremder und Eindringling, wird geduldet, wenn er sich an die Regeln hält. Am besten, man läßt seinen Fotoapparat gleich im Hotel, denn bei Zuwiderhandlung gegen das Fotografierverbot werden die Chamula sehr unangenehm. Häuser gruppieren sich um eine große Plaza, wo auch der wöchentliche Markt für Obst und Gemüse sowie Kunsthandwerk stattfindet. Bei politischen Versammlungen treffen sich die Männer hier und hören, was die Stadtoberen ihnen vom Balkon des Rathauses mitzuteilen haben. Angesichts der Größe der Ortschaft wirkt der weitläufige Platz mit seiner weißen, mit türkisfarbenen Verzierungen versehenen Dorfkirche überdimensioniert. Nachdem man bei der Stadtverwaltung die Erlaubnis erhalten hat, das Gotteshaus zu betreten, steht einer Besichtigung nichts mehr im Wege. Im Kircheninneren fehlen die Bänke, Heiligenfiguren tragen Petticoats und haben angeschlagene Nasen, und der Fußboden ist übersät mit wohlriechenden Kiefernnadeln. Es ist dämmrig und rauchig, auf dem Boden hocken Chamulas, unterhalten sich, verzehren die mitgebrachten Hühnchenteile und trinken Cola. Das Getränk gilt als heilig, weil man annimmt, daß mit den Rülpsern auch das Böse aus dem Körper entweicht.

Chetumal

Strand bei Chetumal

Die Capitale des Yucatán-Bundesstaates Quintana Roo heißt Chetumal und liegt in einer weitgeschwungenen Bucht. Ihre Lage ließ die Stadt zum bedeutenden Ausfuhrhafen für tropische Edelhölzer avancieren. Wohlstand brachte auch die Einrichtung einer Freihandelszone für Güter aus Panama und eines Freihafens im Jahre 1970. Dem Besucher präsentiert sich Chetumal als malerische Siedlung in karibisch anmutendem Stil. Holzhäuser auf Stelzen, zumeist in kräftigen Türkis- und Gelbtönen gestrichen, dazu hohe Kokospalmen, prägen die Straßen. Koloniale Bauwerke gibt es kaum. Dabei wurde die Stadt bereits im Jahre 1531 von den Spaniern im Siedlungsgebiet der Maya als Villa Real de Chetumal gegründet. Doch zahlreiche Wirbelstürme zerstörten immer wieder die alt-kolonialen Bauwerke.

••• Chetumal ist idealer Ausgangspunkt für einen Abstecher nach Belize. Stündlich fahren Autobusse über die Grenze nach Belize City.

El Castillo, Chichén Itzá

Chichén Itzá

Die Pyyramidenstätte Chichén Itzá ist kultureller Höhepunkt jeder Yucatán-Reise. Unter Archäologen gilt sie als besterhaltene aller präkolumbischen Anlagen Mexicos, gehört zudem zur UNESCO-Liste des Weltkulturerbes. Bald ein Jahrtausend war die Pyramidenanlage (120 km östlich von Mérida) Zentrum von Mayas und Tolteken. Etwa um das Jahr 400 erfolgte die Gründung durch die Maya. Sechshundert Jahre später fielen Tolteken vom Stamme der Itzá unter ihrem König Quetzalcóatl ein und ergriffen Besitz von der Region. Es kam zu einer Veschmelzung der beiden Hochkulturen und ihrer architektonischen Besonderheiten.

Schönstes Bauwerk ist die geheimnisvolle Pyramide des Kukulcán (auch El Castillo genannt), von den Maya nach den neuesten Erkenntnissen ihrer Astrologen errichtet. Ihre 365 Stufen verweisen auf die Gesamtzahl der Jahrestage. Ein ehemals verschütteter Geheimgang führt tief in das Innere der 30 m hohen Pyramide. Dort befinden sich zwei Tempelräume. Die vordere der heiligen Maya-Kammern bewacht ein Chac-Mool, eine Steinfigur, die vermutlich Opferritualen diente. Den hinteren Raum ziert ein Jaguarthron mit 80 inkrustierten Jadesteinen. Interessant ist auch das Gebäude der Sternwarte (El Caracol genannt, weil die schmale Wendeltreppe an ein Schneckenhaus erinnert). Im Obergeschoß des von den Wissenschaftlern als Observatorium gedeuteten Raumes befinden sich kleine Fensteröffnungen, einst von den Maya-Priestern zum Beobachten der Sterne genutzt.

Südlich des Caracol gelangt man zu Bauten, die sich stilistisch sehr von den übrigen unterscheiden: Man sieht Cresterías, die typischen Dachkämme der Maya-Gebäude, und immer wieder die Masken des Maya-Regengottes Chac. Chichén Viejo nennt man diesen Teil der Pyramidenstätte, in dem sich keinerlei toltekische Einflüsse zeigen. Lange vor dem Eintreffen der Tolteken siedelten hier die Maya. Entzifferte Glypheninschriften an einem Gebäude verweisen als Entstehungsjahr auf 879 n. Chr. Die Maya-Gebäude respäsentieren hier sowohl den Puuc- als auch den Chenes-Stil, eine Besonder-

Internetadressen

http://art-a-fair.com/Chichen_Itza_Page.html

http://www.cris.com/~Yohon/

Chihuahua						
Durchschnittswerte	Tagestemperatur °C	Nachttemperatur °C	Sonnentage*	Sonnenstunden / Tag	Wassertemperatur °C	Rel. Luftfeuchtigkeit %
Jan	18	2	28	6	-	50
Feb	20	4	27	8	-	42
Mär	24	7	30	8	-	35
Apr	28	12	28	9	-	31
Mai	31	15	27	9	-	31
Jun	34	19	23	9	-	36
Jul	32	19	19	8	-	51
Aug	31	18	19	8	-	54
Sep	29	16	22	8	-	57
Okt	27	11	26	8	-	51
Nov	22	6	27	7	-	49
Dez	18	2	28	6	-	51

* weniger als 1 Liter/m² Niederschlag
Quelle: Deutscher Wetterdienst, Hamburg

heit, da diese Dekorationsstile der Maya gewöhnlich auf zwei geographische Gebiete beschränkt sind. Den Chenes-Stil repräsentiert die Steindekoration des Edificio de las Monjas (Nonnenkloster). Typische Friesdekorationen des Puuc-Stil wiederum zeigt La Iglesia (die Kirche). Den geheimnisvollen Zauber der Pyramiden nach Sonnenuntergang kann man erleben, wenn man sich in der stilvollen Hacienda Chichén (Tel. 6 24 62) einmietet, einem kolonialen Anwesen, das einst vom nordamerikanischen Konsul Edward Thompson, der auch ein begeisterter Hobby-Archäologe war, bewohnt wurde.

Chihuahua

Die in 1.500 m Höhe gelegene 1 Mio.-Stadt (gesprochen Chi-wawa) steht für Cowboy-Romantik und Wilden Westen. In Chihuahua wurde Pancho Villa geboren, der Held der mexikanischen Revolution. In der 50 Zimmer zählenden Villa „Quinta Luz" (Calle 10 Norte Nr. 3014), benannt nach seiner dritten Frau, residierte der Revolutionär gar nicht standesgemäß im Luxus. 1923 wurde er hier erschossen. Heute ist in dem Palast ein Revolutionsmuseum untergebracht. Die meisten Touristen lernen Chihuahua kennen als Endpunkt ihrer Eisenbahnfahrt durch die Kupferschlucht.

••• Im Restaurant Rincón Mexicano (Av. Cuauhtémoc 2.224) trifft sich die Szene. Auf den Tellern landen deftige Steak-Spezialitäten, und im Hintergrund spielen Mariachi-Musiker. In der Lederstadt Chihuahua kauft man günstig und in großer Auswahl Cowboy-Stiefel, Sättel und Taschen.

Cobá

Cobá

Im dichtem Trockenwald der Karibik-Halbinsel Yucatán, nur während der Regenzeit in Grün getaucht, verstecken sich – umgeben von fünf Dolinen-Seen – die noch wenig untersuchten Maya-Ruinen. Die Zeremonialstätte Cobá stammt aus der klassischen Periode, nämlich aus der Zeit von 600 bis 900. Heilige Prozessionswege, sog. sacbé, verbanden die Pyramiden untereinander sowie mit dem weit entfernten Chichén Itzá. Im 17. Jh. verließen die Maya aus unbekannten Gründen ihre auf 40.000 Einwohner angewachsene Stätte, die von den Spaniern nie entdeckt wurde. Dem Besucher präsentieren sich in Cobá fünf Gebäudegruppen. Zur Gruppe Cobá, gleich am Eingang gelegen, gehört die 24 m hohe La Iglesia. Die Treppe dieser Pyramide ist in keinem guten Zustand, man erklimmt besser die 128 Stufen der fast doppelt so hohen Pyramide El Castillo (die zur 2 km entfernt liegenden Guppe Nohoch Mul gehört). Belohnt wird man mit einem herrlichen Blick über Cobá und seine Seen.

••• Nur 1km vom Eingang der archäologischen Stätte entfernt liegt am Seeufer ein kleines, vom Club Méditerranée betriebenes Hotel, die Villa Arqueológica. In tropischer Umgebung erholt man sich hier nach dem anstrengenden Besuch der Ruinen mit einem kühlen Fruchtpunsch auf der Patio-Terrasse am Pool.

Cozumel

Cozumel

Die 45 x 15 km große Karibikinsel ist ein weltweit bedeutendes Taucher-Paradies. Jaques Cousteau war es, der die faszinierende Unterwasserwelt des Palancar-Riffs, die Unterwasserhöhlen vor der Chankanaab-Lagune filmte und populär machte. Zahlreiche Hotels haben sich auf die Taucher eingestellt, bieten Verleih von Geräten, begleitete Tauchgänge und Kurse mit Erwerb eines Zertifikats. Cozumel wird angeflogen von zwei nationalen Fluglinien und läßt sich zudem mit Fähren von Playa del Carmen erreichen. Die Strände der Westküste sind leicht zugänglich, teilweise sehr breit und verfügen in der Regel über touristische Einrichtungen; das Wasser ist hier ruhig, so daß man gefahrlos schwimmen kann. Die Strände der Ostküste sind schwerer zu erreichen, schmal und ohne Infrastruktur; hier herrscht nur wenig Betrieb, vor allem wegen der heftigen Brandung und mitunter beträchtlichen Unterwasserströmung.

• • • Im ersten Stock des kleinen Inselmuseums befindet sich ein Café-Restaurant mit großer Freiluft-Terrasse. Hier serviert man tropisches Frühstück und frischgepreßte Limonen-Säfte. Zudem genießt man einen guten Blick auf das Geschehen drunten auf der Straße und am Hafen.

Divisadero

Eines der größten Erlebnisse in Mexico ist die Fahrt mit der Eisenbahn Ferrocarril Chihuahua al Pacífico durch die unwegsame Sierra Madre, Heimat der als Halbnomaden lebenden Tarahumara-Indianer. Während der 14stündigen Zugfahrt von Los Mochis durch die Barranca del Cobre nach Chihuahua (oder umgekehrt) sollte man die Fahrt in El Divisadero für ein oder zwei Tage unterbrechen, denn der Zug hält hier nur 20 Minuten – nicht genug Zeit, das unglaubliche Naturschauspiel zu genießen. Fast 1.500 m fallen die Felswände von drei hier zusammentreffenden Schluchten in die Tiefe.

„El Pacifico"

Internetadressen
http://mexico-travel.com/yucatan/mid/mid.html

Schweigsame Tarahumara-Frauen und ihre Kinder sitzen am Abgrund und verkaufen Körbe aus Kiefernnadeln und Stoffpuppen. Vom Restaurant des Hotels Cabañas Divisadero Barrancas, das direkt an der Schlucht erbaut wurde, genießen Sie den „mexikanischen Grand Canyon" noch beim Abendessen. Einheimische führen bei Wanderungen und längeren Ausflügen zu verlassenen Missionsstationen der Jesuiten und ehemaligen Minen.

• • • Auch im benachbarten Creel läßt sich die Fahrt unterbrechen, einer rauhen Holzfällerstadt im Wildwest-Ambiente. Hier bieten sich Reitausflüge in die Cañons und zu malerischen Wasserfällen an.

Ensenada

An der schönen Bahía Todos los Santos, der Allerheiligenbucht, liegt im Norden der Halbinsel Baja California das auf 180.000 Einwohner angewachsene Ensenada. Man lebt vom Fischfang, Bootsbau und zunehmend auch vom Tourismus. Die Wassersportmöglichkeiten sind hervorragend, die umliegenden Gewässer gelten als Paradies für Hochseeangler, und von November bis März lockt ein besonderes Schauspiel: dann kommen die Grauwale in die umliegenden Lagunen, organsierte Touren bringen die Besucher zum „whale watching". Wer Glück hat, dem kann es gelingen, den meterlangen Tieren den Rücken zu tätscheln. Zentrum der Stadt ist der geschäftige Malecón mit dem betriebsamen Hafen, von dessen Nordseite Tunfisch und landwirtschaftliche Erzeugnisse sowie Industrieprodukte exportiert werden. Meist liegt auch ein Kreuzfahrtschiff auf Reede, dessen Passagiere durch die Stadt bummeln. Fischerboote laufen unablässig ein und aus, der Fang wird in die Fischhalle gebracht. Touristen entspannen sich in den vielen Cafés oder nutzen die zahlreichen Angebote zu Ausflügen über das Wasser. An die Zeit der Prohibition erinnert das „Riviera del Pacífico", das ehemalige Casino im mediterranen Stil. Es beherbergt heute die Casa de la Cultura mit wechselnden Veranstaltungen, zu denen Besucher willkommen sind.

Baja California

• • • Über Land führt eine Tour zu „La Bufadora" am Südende der Bucht (Punta Banda), eine bis zu 20 m hohe Wasserfontäne, die durch Eindringen von Meerwasser in einen Kanal entsteht, von dem das Wasser durch ein Loch in der Decke austreten kann. Nicht versäumen sollte man einen Besuch bei Hussong's, berühmteste und fast schon legendäre Cantina von Baja California, Treffpunkt aller Durchreisenden.

Guadalajara

Mexicos zweitgrößte Stadt (5 Mio. Einw.) erstreckt sich in 1.600 m Höhe in einem weiten Tal. Das Altstadtzentrum von Guadalajara muß man gesehen haben: eng beieinander – und deshalb zu Fuß be-

Guadalajara City

quem zu erreichen – liegen die schönsten kolonialen Bauwerke. Der barocke Palacio del Gobierno, der Regierungspalast an der Plaza de Armas, ist ausgestattet mit Fresken von José Clemente Orozco, einem der bedeutendsten Maler des Landes. Gleich daneben die Kathedrale, an der vier Jahrhunderte gebaut wurde und die ein halbes Dutzend architektonische Stile aufweist. Eine besondere Spezialität Guadalajaras sind seine vielen Plazas. Unmittelbar bei der Kathedrale beginnt eine Abfolge von Plätzen und Fußgängerzonen. Man bummelt entlang des kolonialen Museo Regional und passiert das Teatro Degollado, ein klassizistisches Meisterwerk, 1866 von Kaiser Maximilian in Auftrag gegeben. Der Spaziergang endet am Hospicio Cabañas, einem ehemaligen Waisenhaus mit 23 Höfen und riesigen Räumen. Heute dient es als Kulturzentrum, beherbergt mehrere Orozco-Werke und in der zentralen Kapelle dessen Deckengemälde „Mensch in Flammen".

Paseo in Mérida

Mérida

Die von Touristen meistbesuchte Kolonialstadt auf der Yucatán-Halbinsel liegt 160 km westlich von Cancún. Das 1542 von Francisco de Montejo gegründete Mérida präsentiert sich als wohlhabend und entspannt, voller kolonialer Paläste und stiller Plazas. Prachtstraße ist der baumbestandene und von weißen Villen flankierte Paseo de Montejo. Hier liegen Konsulate und Regierungsgebäude sowie einige der besten Hotels der Stadt. Zentrum ist die Plaza Principal, nicht nur an Sonntagen herrscht dort Feststimmung. Zahlreiche historische Gebäude gruppieren sich um den grünen Platz: der Regierungspalast, die Kathedrale aus dem 16. Jh. sowie die ehemalige Residenz des Stadtgründers Montejo.

• • • Reizvoll ist das Museo de Arte de Popular in der Calle 59 Nr. 441 (Ecke Calle 50), das einen umfassenden Einblick in das yucatekische Kunsthandwerk und die Trachten der Region bietet. Ein kleiner Laden hält schöne Stücke zum Verkauf bereit.

Mexico City, Zocalo

Mexico-Stadt

Auf rund 25 Millionen wird die Einwohnerzahl der Hauptstadt des Landes und der größten Stadt der Welt geschätzt, und jeden Tag kommen zwei- bis dreitausend hinzu, die vom Lande in die Stadt ziehen, in der Hoffnung, dort ein besseres Auskommen zu finden. Ihre geographische Lage, die sie einst zum Luftkurort avancieren ließ, bereiten der in einem Talkessel in 2.200 m Höhe gelegenen Stadt erhebliche Sorgen. Zur Luftverschmutzung kommen Wasserprobleme. Der Grundwasserspiegel von Mexico-Stadt sinkt unaufhörlich, die Stadt mit ihm, und die Kathedrale steht deswegen schon so schief, daß sie innen in aufwendiger Weise abgestützt werden mußte. Fast zehn Prozent seiner Energie verwendet Mexico darauf, das Trinkwasser für seine Hauptstadt aus 150 km Entfernung heranzupumpen.

Touristen erscheint Mexico-Stadt oder México D.F., wie die Stadt im Distrito Federal in Mexico heißt, als gigantische Sehenswürdigkeit. Die Liste der zu besuchenden Attraktionen erscheint endlos. Ein „Muß" ist auf jeden Fall das Anthropologische Museum, ein Ausstellungsforum von Weltrang. Es verschafft eine erste Orientierung über die Geschichte des Landes. Zudem werden in den Sälen die wertvollsten Grabungsfunde Mexicos aufbewahrt, u.a. der Kalenderstein der Azteken.

Das Herz der Metropole ist der Zócalo, mit 240 m Seitenlänge einer der größten Plätze der Welt. Der unbebaute Platz, auf dem jeden Tag bei Sonnenuntergang in einer feierlichen Zeremonie die Nationalflagge eingeholt wird, ist umgeben von prachtvollen kolonialen Bauwerken. Der spanische Eroberer Hernán Cortés ließ Mexico-Stadt auf den Trümmern der zerstörten Azteken-Stadt Tenochtitlán erbauen. An der Stelle des Palastes von Aztekenherrscher Moctezuma II thront an der gesamten Ostseite des Zócalo der gewaltige Palacio Nacional. Er kann besichtigt werden. Im Inneren weist er berühmte Wandmalereien, sog. Murales auf, die der angesehene Diego Rivera schuf.

Mexico-Stadt verfügt auch über zahlreiche große Parks und Grün-

Mexico City

Durchschnittswerte	Tagestemperatur °C	Nachttemperatur °C	Sonnentage*	Sonnenstunden / Tag	Wassertemperatur °C	Rel. Luftfeuchtigkeit %
Jan	21	5	29	8	–	54
Feb	23	7	26	8	–	48
Mär	26	9	28	8	–	44
Apr	26	10	24	8	–	45
Mai	26	11	28	7	–	53
Jun	25	12	13	6	–	64
Jul	23	11	10	5	–	70
Aug	23	12	13	6	–	72
Sep	22	11	15	6	–	72
Okt	22	10	23	7	–	66
Nov	22	7	27	8	–	61
Dez	21	6	29	8	–	58

* weniger als 1 Liter/m² Niederschlag
Quelle: Deutscher Wetterdienst, Hamburg

anlagen, noch aus der Kolonialzeit. Mit barocken Denkmälern und Standbildern ausgestattet sind Alameda-Park und Chapultepec-Park. Hier trifft man entspannte Hauptstadtbewohner beim Picknick und spielende Kinder. Der alte Prachtboulevard der Stadt, in zehnjähriger Bauzeit unter Kaiser Maximilian angelegt und Paseo de la Reforma genannt, fungiert als Hauptverkehrsader und läuft 7 km durch die Stadt, mit zahlreichen kolonialen Palästen aber auch modernen Hotels, Versicherungen und Banken.

• • • Das schönste Restaurant der Stadt ist untergebracht in der Casa de los Azulejos (Madero 4), dem Haus der Kacheln. Die Fassade dieses 1596 für den Grafen von Orizaba erbauten Stadtpalastes ist verziert mit alten handbemalten Talavera-Kacheln. Gespeist wird im glasüberdachten Patio. Die Gerichte sind typisch mexikanisch und zudem sehr preiswert. Und im ersten Stock gibt es eine große Auswahl an Kunsthandwerk.

Mexico City, Universität

Oaxaca

In 1.600 m Höhe und in einem weiten Tal, umgeben von den Hügeln der Sierra Madre del Sur, thront Oaxaca, die koloniale Hauptstadt des gleichnamigen Bundesstaates. Sie dient als Ausgangspunkt zum Besuch von Monte Albán, einer der großartigsten Pyramidenstätten Mexicos. Olmeken, das älteste präkolumbische Volk des Landes, waren die Erbauer der auf dem „weißen Berg" gelegenen Siedlung. In mühevoller Kleinarbeit trugen sie die Kuppe des Berges ab und schufen eine Plattform (200 x 300 m) für ihre heiligen Bauwerke. Diese stammen aus unterschiedlichen Bauphasen. Als Monte Albán I bezeichnen Archäologen die erste Phase der Besiedlung, die ein halbes Jahrtausend (800–300 v. Chr.) in Anspruch nahm. Die Olmeken errichteten geheimnisvolle Gebäude wie das „Danzantes", Galerie oder Haus der Tänzer, und bemalten ihre Bauten mit Fresken in leuchtenden Naturfarben. Vor der Zeitenwende kommt eine neue Siedlergruppe aus dem Süden, die den Säulenbau einführen. Der dominierende Einfluß der Olmeken geht zurück, Zapoteken prägen die dritte Phase von Monte Albán (0–900 n. Chr.), die eigentliche Blütezeit zapotekischer Kultur, in der die Anlage ihre heutige Gestalt erhielt. Nunmehr leben fast 25.000 Menschen auf 6 km² um den Berg herum. Stufenpyramiden und Paläste werden errichtet, bestehende Strukturen überbaut. Die Plaza auf der Bergkuppe dient als Zeremonien-, Fest- und Verwaltungsplatz. Das Wasser wird mit Krügen den Berg hinaufgeschafft, die Menschen wohnen in den umliegenden Hügeln, betreiben Märkte, bauen Mais, Bohnen, Avocados an und verzehren Rehwild. Bei der Gestaltung der Kleinkeramiken stehen Maisgötter und Regengötter im Mittelpunkt des Interesses. Ab 900 verlassen die Zapoteken ihre Stadt, zuvor werden unterirdische Grabkammern angelegt. Vermutlich bestatteten die Zapoteken hier ihre Gottkönige, der beigegebene Grabschmuck legt diese Vermutung nahe. Von sprachverwandten Mixteken, die aus der westlich gelegenen Mixteca Alta und aus Puebla unter dem Druck von Azteken einwanderten, werden anschließend weitere Gräber angelegt. Der Berg wird zur Nekropole, zu einem Bestattungsplatz.

Internetadressen
http://www.eden.com/~tomzap/index.html
http://www.oaxaca.com/sedetur/

Oaxaca, Monte Albán

Jahrhunderte später sorgt die Entdeckung eines ihrer Gräber für eine Sensation: Das berühmte Grab 7, das kostbaren Schmuck und Halbedelsteine barg, Jade und Mosaiken, wird zum bisher wertvollsten von Archäologen entdeckten Grab in Amerika. Bis heute sind fast 200 dieser unterirdischen Schatzkammern, die meisten beraubt und leer, einige gefüllt mit Gold und Silber, Jade und Obsidian-Figürchen, Keramik und Wandschmuck, ausfindig gemacht worden. 1521, mit der Eroberung des Oaxaca-Tales durch die Soldateska von Cortés, verlischt der Stern von Monte Albán. Erst ab 1931 führten archäologische Forschungsprojekte zur Entdeckung der alten zapotekischen Hauptstadt.

• • • Das Regionalmuseum von Oaxaca ist untergebracht im altehrwürdigen Dominikanerkloster Santo Domingo und beherbergt den mixtekischen Goldschmuck des Monte Albán-Grabes Nr. 7.

Palenque

„Nichts hat mich im Roman der Weltgeschichte stärker beeindruckt“ bekundete der Reiseschriftsteller und Maya-Forscher John L. Stephens, nachdem er Palenque 1842 besucht hatte: Inmitten des feuchtheißen Regenwaldes von Chiapas erheben sich Pyramiden und Paläste von ergreifender Schönheit. Zu Zeiten von Stephens und seines Zeichners Frederick Catherwood bedeckte noch dichte Vegetation die Bauwerke. Mittlerweile wurden zahlreiche Tempel im Zentrum der sich über eine Länge von acht Kilometern erstreckenden Stätte dem Urwald entrissen.

Nach Passieren des Eingangs gelangt man zunächst zu einer Lichtung, umgeben von meterhohen tropischen Baumriesen. Gegenüber erhebt sich der Templo de las Inscripciones (Tempel der Inschriften). Die 629 errichtete Pyramide, die höchste Palenques, kann bestiegen werden. Ihr auf der Spitze liegender Tempel weist insgesamt 620 Hieroglyphen auf, die dem Bauwerk seinen Namen geben. Über einen dunklen Schacht im Boden gelangt man in den Bauch der Pyramide.

Palenque, Tempel der Inschriften

Internetadressen

http://www.cyberstores.com/resorts/playa/

Zwei Meter unter der Erdoberfläche entdeckte der mexikanische Archäologe Lhuillier 1949 eine Grabkammer mit einem unversehrten Sarkophag: die Ruhestätte eines Priesterkönigs

Durch dichte Vegetation gelangt man, vorbei am Großen Palast mit einem Observatorium und vielen erhaltenen Skulpturen, zu weiteren Gebäudekomplexen. Ein Maya-Forschungszentrum mit Bibliothek und Museum, Café und Verkauf von hochwertigem Kunsthandwerk der Lacandon-Indianer liegt 1,5 km vor der archäologischen Stätte an der Zufahrtstraße im dichten Regenwald.

Besuch von Bonampak: Jahrzehntelang waren die archäologischen Stätten Bonampak und Yaxchilán im Grenzgebiet zu Guatemala nur mit Buschflugzeugen oder in einem aufreibenden, mehrere Tage dauernden Fußmarsch zu erreichen. Nachdem die neue Straße von Palenque nach Frontera Corozal fertiggestellt ist, lassen sich beide Stätten einigermaßen bequem besuchen. Vor allem Bonampak, bevor die „Bemalten Wände" in den drei Tempelkammern völlig verblaßt sind. Man fährt mit dem Bus oder Mietwagen auf der neuen Straße von Palenque Richtung Frontera Corozal und zweigt nach 122 km bei San Javier (dort muß man den Bus verlassen) rechts ab auf einen 7 km langen Weg nach Nacal-Há. Von diesem Dorf sind es 9 km Fußmarsch bis Bonampak. Man wandert auf einem schmalen Pfad, parallel zu einer bereits abgesteckten Piste (die den motorisierten Verkehr nach Bonampak ermöglichen wird), durch tropischen Regenwald. Lacandon-Indianer bieten sich zur Führung an, der Weg ist aber auch allein zu finden, wenn man parallel zur Piste geht und diese nicht aus dem Auge läßt. Heute ist auch Yaxchilán, die prächtige Mayastadt in einer Schleife des Grenzflusses zu Guatemala, zu erreichen. Der Bus von Palenque über San Javier fährt weiter bis Frontera Corozal. Die Boote von dort nach Yaxchilán fassen 10 Personen, die Hinfahrt (flußabwärts) dauert 45 Minuten, die Rückfahrt 60 Minuten.

Playa del Carmen

An der Nordostküste der Yucatán-Halbinsel, etwa eine Autostunde von Cancún entfernt, genießen Urlauber die Annehmlichkeiten eines kleinen Badeortes, der mit den gleichen Attributen wie Cancún aufwarten kann. Playa del Carmen verfügt über breiten, herrlich weißen Sandstrand und kristallklares, türkis schimmerndes Wasser. Statt mehrstöckiger Hotels gibt es jedoch vorwiegend kleine, dem Landesstil angepaßte Häuser. Jugendliche Langzeittouristen entdeckten Playa del Carmen vor einigen Jahrzehnten. Damals gab es nur kleine Pensionen und einfache Hängematten-Unterkünfte am Strand. Die steigende Beliebtheit des Ortes, auch bei Pauschaltouristen, führte zum Bau von Mittelklassehotels. Entlang der „5th Avenue" liegen rustikale Fischrestaurants und Cafés, werden indonesische Batikarbeiten und mexikanische Masken verkauft, und hier trifft sich bei Sonnenuntergang die junge Szene. Tagsüber vergnügt man sich am Strand, mit Sonnenbaden und Beach-Volleyball.

Playa del Carmen

Von Playa del Carmen aus können per Linienbus zahlreiche Ziele auf der Halbinsel angesteuert werden: Cobá und Tulum ebenso wie Cancún und Mérida. Und Fähren nach Cozumel legen mehrmals täglich von der Mole ab.

Strand bei Puerto Escondido

Puerto Angel und Puerto Escondido

Seitdem es regelmäßige Flugverbindungen von Puerto Escondido (an der Westküste südlich von Acapulco gelegen) nach Oaxaca und Mexico-Stadt gibt, boomen die beiden kleinen Badeorte gewaltig. Doch noch locken beschauliche Atmosphäre und niedrige Preise vor allem junge Reisende. Zentrum des 1928 gegründeten Puerto Escondido ist die Avenida Gasga. Hier liegen Cafés und kleinere Hotels ebenso wie stimmungsvolle Freiluft-Restaurants – Zutaten für einen unbeschwerten Strandurlaub. Das 80 km weiter südlich gelegene Puerto Angel hat sich zum Treff jüngerer Individualreisender aus Nordamerika und Europa entwickelt. Insgesamt ist die touristische Infrastruktur weniger gut entwickelt als in Puerto Escondido. So gibt es bisher nur wenige Mittelklassehotels. Gewohnt wird in preiswerten Pensionen (von denen die meisten keinen Telefonanschluß besitzen). Entlang des Strandes zieht sich die Avenida Uribe, Promenade des Badeortes.

••• Der 4 km entfernte Strand Playa Zipolite gilt als internationaler Treffpunkt, doch ist die herrschende Brandung nur für erfahrene Surfer geeignet.

Puerto Vallarta

Inmitten der Ausläufer der Sierra Madre liegt Puerto Vallarta, eine malerische Kolonialstadt an der mit 40 km Ausdehnung größten Bucht des Landes, der Bahía de Banderas. Unter Mexicos Badeorten ist es Puerto Vallarta, das am meisten über mexikanisches Ambiente verfügt. So besitzt die Stadt einen intakten Altstadtkern mit Kopfsteinpflastergassen und schönen Häusern aus der Kolonialzeit. Zudem verfügt der Badeort mit mehr als 2 Mio. jährlichen Besuchern über Geschichte: in präkolumbischen Zeiten bildete Puerto Vallarta einen Teil des Königreiches von Xalisco. Man schätzte den fruchtbaren Boden rund um die Bucht. Ein Neffe von Cortés, Francisco Cortés de San Buenaventura, war der erste Europäer, auf den die Ureinwohner trafen. 1524 fand die Begegnung zwischen dem Konquistador und den federgeschmückten Indianern statt. Buenaventura nannte die Bucht daraufhin „Bahía“, nämlich Feder.

Altstadt von Puerto Vallarta

••• Auf der kleinen Isla del Río Cuale im (meist ausgetrockneten) gleichnamigen Fluß im Altstadtzentrum ist immer was los: Dichterlesungen und mexikanische Brunches, Folklore-Aufführungen oder Verkaufsausstellungen ausgewählter Kunstobjekte.

••• Nur mit dem Boot, z. B. mit der Jacht "Sarape", die täglich morgens von der Marina abfährt, erreicht man die zauberhafte Bucht Yelapa mit einem weißen Strand, über den sich Palmen neigen. Freisitz-Restaurants locken mit Fischspezialitäten.

San Cristóbal de las Casas

Die „Indianerhauptstadt" Mexicos liegt im Bundesstaat Chiapas, zu erreichen per Flugzeug über Tuxtla Gutiérrez und die Panamericana, die in die Berge von San Cristóbal hinaufführt. Das bald 100.000 Einwohner zählende San Cristóbal de las Casas in 2100 m Höhe gilt als Marktplatz der in den grünen Bergen siedelnden Indianer vom Stamme der Tzeltal und Tzotzil. Täglich wird auf dem Platz vor der prachtvollen Kolonialkirche Santo Domingo ein Markt abgehalten, der zu den farbenprächtigsten des Landes gehört. Auf dem Boden ausgebreitet haben die Indianer ihre gewebten Tücher, Decken und Ponchos, dazu handgefertigte Stoffpuppen und Schnitzereien. Sehenswerte koloniale Bauwerke gibt es überall in der Stadt. Zudem beherbergen gleich mehrere der kolonialen Paläste heute stimmungsvolle Hotels. Und in den Patios so mancher Bürgerhäuser sind Restaurants und Cafés untergebracht.

Die Casa de Don Diego de Mazariegos wurde 1528 erbaut und gehörte dem Stadtgründer. Heute beherbergen die alten Mauern ein Hotel.

San Cristóbal, Kirche Santo Domingo

Taxco

Im mexikanischen Hochland, am Rande der El Ataché-Berge, in einem Tagesausflug von Mexico-Stadt zu besuchen, liegt die Silberstadt Taxco. Eng verbunden mit ihrer geschichtlichen Entwicklung waren die Brüder Francisco und José de la Borda. Diese kamen 1711 in die einstige Minensiedlung und versuchten, ihr Glück zu machen. Drei Jahrzehnte später war es soweit: Don José stieß auf eine Silberader, die – wie sich herausstellte – eine der ergiebigsten Mexicos wurde. Der Fund sorgte für Wohlstand der gesamten Stadt. Borda stiftete ihr eine prächtige Kirche. Santa Prisca gilt noch heute als beeindruckendes Beispiel barocker mexikanischer Kolonialarchitektur. Das Innere des Gotteshauses schmücken vergoldete Altäre, Gemälde und wertvolle Bleiverglasungen. Besuchern präsentiert

Taxco

Tulum

sich das ganz unter Denkmalschutz stehende Taxco als stimmungsvolles Ensemble alt-kolonialer Bauweise. Geschätzt werden zudem die hervorragenden Einkaufsmöglichkeiten für Silber, denn nirgendwo ist die Auswahl größer. Über 300 platerías, Silberschmiede-Ateliers, sind registriert und fertigen Schmuck und Gebrauchsgegenstände. Der 925er Stempel verspricht höchsten Silbergehalt.

Nirgendwo werden so viele stimmungsvolle Feste gefeiert wie in Taxco. Am besten, man besorgt sich beim Fremdenverkehrsamt den jährlich neu erscheinenden Veranstaltunsgkalender. Einen schönen Blick auf die Stadt genießt man vom Hotel Posada de la Misión, dessen Pool von einer Mosaikwand von Juan O'Gorman flankiert wird.

Tulum

Tulum ist die einzige Pyramidenstätte der Maya, die diese direkt am Meer erbauten. Auf einer Kalksteinklippe oberhalb der Karibik gelegen, gehört das kleine Tulum zu den reizvollsten Stätten, ist aber auch dementsprechend gut besucht. Nähert man sich von Norden, erblickt man westlich der Crucero Ruinas Tulum, der Kreuzung der MEX 307 mit der Zufahrtstraße, ein riesiges Rund, das an eine Stierkampfarena erinnert. Zahlreiche Souvenir- und Kunsthandwerksgeschäfte, Cafés und Restaurants sind hier im Entstehen. Auf der gegenüberliegenden Seite der Bundestraße findet man zunächst das einzige Mittelklassehotel der Gegend, dann folgt das neuerrichtete, weitläufige Besucher- und Informationszentrum mit diversen Geschäften und Restaurants; ein Museum befindet sich im Aufbau. Auch hier hat man Gelegenheit, einer Voladores-Vorführung zuzuschauen. Vom Besucherzentrum und Parkplatz sind es etwa 700 m bis zum Eingang der Stätte; eine Besucherbahn verkehrt ganztägig und bringt die Reisegruppen zu den Ruinen.

••• Die früheren Bewohner nannten Tulum „Zama", das heißt Sonnenaufgang. Und wenn morgens gegen sieben Uhr die ersten Strahlen die Stätte erreichen, ist sie am schönsten (auch am ruhigsten).

Zoo in Tuxla Gutiérrez

Tuxtla Gutiérrez

Die Hauptstadt (450.000 Einw.) von Chiapas ist eine moderne und recht wohlhabende Stadt, die gleich über zwei Flughäfen verfügt. Die meisten der in Tuxtla Gutiérrez landenden Touristen kennen die Stadt nur von der Durchreise: Sie fahren auf der Panamericana hinauf ins Hochtal von San Cristóbal de las Casas. Der zentrale Platz wird beschattet von Bäumen und gerahmt von Regierungsgebäuden, Hotels sowie der Kathedrale. Tuxtla Gutiérrez verfügt über zahlreiche Parks und Gärten. Einen Besuch lohnt der hiesige Zoo, der sich rühmen kann, der einzige Lateinamerikas zu sein, der ausschließlich Tiere ihres angestammten Lebensraumes beherbergt. Ozelot, Jaguar, Panther ebenso wie Tapir und Quetzal sind im Bundesstaat Chiapas zuhause.

Das Hotel Bonampak am Boulevard Belisario Domínguez, ein modernes Haus und Treffpunkt der Stadt, zeigt eine gelungene Reproduktion der „Bemalten Wände“ von Bonampak, zudem sind die Details besser zu erkennen als beim Original im Dschungel von Chiapas.

Vulkan Popocatépetl

Der stets schneebedeckte Berg ist nicht der höchste, wohl aber der berühmteste unter Mexicos zahlreichen Vulkanen. An klaren Tagen könnnen die Hauptstadtbewohner in der Ferne ihren Hausberg erkennen. Der 5.462 m hohe Popocatépetl (Rauchender Berg) macht seinem Namen alle Ehre. Denn der seit einem großen Ausbruch von 1802 stille Berg kann das Rauchen nur schwer sein lassen. Immer wieder stößt er Qualm aus, manchmal auch feinen Ascheregen. Zusammen mit dem 5.286 m hohen Iztaccíhuatl bildet er den östlich der Haupstadt gelegenen Parque Izta-Popo. Die Mexikaner erzählen sich eine uralte indianische Legende über die beiden erloschenen Vulkane: Es war einmal ein junger edler Krieger, der seiner Prinzessin Ixtaccíhuatl ewige Treue geschworen hatte. Als die Prinzessin den Opfertod sterben sollte, entführte sie der Krieger. Aber leider: Die Flucht mißlang, und ihr Geliebter bettete die tote Ixtaccíhuatl auf einen Berg. Er selbst setzte sich daneben, um ihren Schlaf zu bewachen. Und noch heute wacht er als Popocatépetl über das Tal und über den Schlaf der Prinzessin. Tatsächlich heißt der Ixtaccíhuatl bei den Mexikanern Mujer Dormida (Schlafende Frau), und jeder kann die Umrisse der schlafenden Schönen entdecken. Beide Vulkane können bestiegen werden.

Mit dem Mietwagen gelangt man von México D.F. über Amecameca bis ins 3.900 m hoch gelegene Tlamacas (100 km), wo man von einer Herberge aus die Vulkanbesteigung in Angriff nehmen kann.

Popocatépetl

Veracruz

Die Hafenstadt (800.000 Einw.) am Golf von Mexico begeistert jeden Besucher mit ihrem lebhaften karibischen Flair. Unter den Portales, den schattenspendenden Arkaden, spielt sich das öffentliche Leben ab. Nach Sonnenuntergang servieren die Restaurants an langen, mit weißen Papiertischtüchern gedeckten Holztischen ihre Fischspezialitäten. Umringt ist die Plaza von Veracruz von repräsentativen Gebäuden der Kolonialzeit. Eine Besichtigung lohnen das Rathaus, der sog. Palacio Municipal, sowie La Parroquia, die Kathedrale aus dem 17. Jh..

Das Acuario de Veracruz verfügt über mehr als 100 Becken, die die tropische Unterwasserwelt zeigen. Kinder sind begeistert von den Wasserschildkröten. Diese werden im Aquarium aufgepäppelt und wieder ins Meer entlassen, sobald sie groß genug sind. Das Castillo de San Juan de Ulúa wiederum ist eine Festung aus der Zeit der Spanier auf der im Hafen liegenden kleinen Insel Gallega, zu erreichen über einen Damm sowie per Fähre.

Veracruz

Durchschnittswerte	Tagestemperatur °C	Nachttemperatur °C	Sonnentage*	Sonnenstunden / Tag	Wassertemperatur °C	Rel. Luftfeuchtigkeit %
Jan	25	18	27	5	22	80
Feb	25	19	24	6	22	81
Mär	26	21	28	6	24	81
Apr	29	23	26	6	25	81
Mai	30	25	26	7	26	79
Jun	31	25	15	7	27	80
Jul	31	24	11	7	28	79
Aug	31	24	13	7	28	78
Sep	31	24	13	6	28	79
Okt	30	23	20	6	27	75
Nov	28	21	22	6	26	77
Dez	26	19	25	5	24	79

* weniger als 1 Liter/m² Niederschlag
Quelle: Deutscher Wetterdienst, Hamburg

Villahermosa

Am Golf von Mexico, an den Ufern des Río Grijalva, liegt das 1598 gegründete Villahermosa (350.000 Einw.). Die wohlhabende Stadt zieht Besucher hauptsächlich an wegen des Parque Museo la Venta. Der tropische Park und Tiergarten beherbergt nämlich die steinernen Zeugen der vermutlich ältesten Hochkultur des amerikanischen Kontinents: Monumentalskulpturen der Olmeken, teilweise bis zu 25 Tonnen schwere und 2,70 Meter hohe Basalt-Skulpturen. Man wandelt auf versteckten Wegen, zwischen tropischen Pflanzen (Insektenschutzmittel nicht vergessen) zu den 2.000 Jahre alten Exponaten: Stelen und Altäre, Jaguare und andere, uns unbekannte Wesen. Rätselhaft sind die tonnenschweren Riesenhäupter, Köpfe mit breiten Nasen und aufgeworfenen Lippen. Die Forscher ziehen Parallelen zu einigen Darstellungen in Monte Albán (Oaxaca). Doch noch steckt die Forschung in den Kinderschuhen. Alle Olmeken-Skulpturen wurden bei Ölbohrungen im 130 km entfernten Förderzentrum La Venta entdeckt und hierher transportiert.

Direkt am Flußufer (Av. Carlos Pellicer 511) liegt CICOM, ein modernes Museum und Forschungszentrum zur Maya- und Olmekenkultur, das auf mehreren Etagen weitere Olmeken-Exponate zeigt – eine Gelegenheit, mehr über die rätselhafte Kultur des präkolumbischen Volkes zu erfahren.

Zacatecas

Die 250.000 Einwohner zählende Stadt Zacatecas liegt jenseits der üblichen Rundreisewege, eingebettet in ein weites Tal in 2.470 m Höhe. Die Provinzhauptstadt verfügt über prächtige Kirchen und Paläste sowie über einige der bedeutendsten Kunstmuseen des Landes – Stiftungen der in Zacatecas geborenen Malerbrüder Rafael und Pedro Coronel sowie von Francisco Goitía. Mit der Eröffnung neuer Hotels, untergebracht in kolonialen Herrenhäusern, buhlt man verstärkt um Besucher. Und zu bieten hat Zacatecas, 600 km nordwestlich von México D.F. gelegen, dem Besucher einiges. Von Journalisten wurde die Stadt wiederholt als mexikanisches Rothenburg bezeichnet. Diese Charakterisierung ist nicht übertrieben.

Taxi in Zacatecas

Die Stadtgründung erfolgte 1566, im selben Jahr, in dem man reiche Silberminen in der Umgebung entdeckte. Die Ausbeute war größer als vermutet, und schon bald avancierte das Städtchen zum fünftgrößten Silberproduzenten der Welt. Dementsprechend verschwenderisch wurden die neuerrichteten Bauwerke ausgestattet. Barocke Verspieltheit zeigen zahlreiche der Adelspaläste, einst Wohnsitz reicher Silberbarone. Stundenlang kann man durch die engen Gassen gehen und entdeckt immer wieder neue Kostbarkeiten. Der Jardín Hidalgo, das Herz der Stadt, ist umgeben von barocken Bauwerken. Ein Juwel indianischer Steinmetzkunst ist die Kathedrale aus dem 18. Jh., deren Fassade aus rötlichem Cantera-Stein in verschwenderischer Weise mit feinsten Reliefs überzogen ist. Nur das Kircheninnerere wich einem neo-klassizistischen Dekor. Nach Sonnenuntergang ergibt sich ein besonders schönes Bild, wenn Schatten über die angestrahlte Kuppel huschen. Der Palacio del Gobierno schließt sich als langgestreckter weißer Palast an die Kathedrale an. Das äußerlich eher schmucklose Bauwerk wurde im 18. Jh. von einem reichen Bergwerksbesitzer errichtet. Der repräsentative Palast besitzt zwei Innenhöfe mit umlaufenden Arkadengängen. Gegenüber der Kathedrale liegt der Mercado Jesús Gonzalez Ortega. In der alten Markthalle aus der Jahrhunderwende eröffnete man ein Dutzend Boutiquen und kleiner Läden, die Kunsthandwerk des Staates Zacatecas feilbieten, filigrane Silberarbeiten, Lederwaren ebenso wie Ethno-Kleidung und Töpferarbeiten. Im Museo Pedro Coronel – untergebracht in einem ehemaligen Jesuitenkolleg aus dem 17. Jh. neben dem Ex-Convento Santo Domingo – sieht man Werke von Chagall, Picasso und Miró. Und im Museo Rafael Coronel, in einer früheren Franziskaner-Mission gelegen, entdeckt man 2.000 verschiedene Karnevalsmasken.

Den besten Blick auf das ehrwürdige Zentrum erhält man aus der Luft: Mit einer roten Drahtseilbahn (teleférico) schweben die Besucher zum 2.500 m hoch gelegenen Aussichtsberg Cerro de la Bufa, unter sich Barock-Gebäude und ein Gewirr von Gassen. In Zacatecas lebt auch der Brauch der Callejonada: Nach Sonnenuntergang engagieren Musikliebhaber eine (meist studentische) Kapelle, mit der sie – unter Applaus und unterbrochen von spontanen Tänzen der Zuhörer – durch die engen Gassen (callejones) der Stadt ziehen. Die einst berühmte Edén-Mine ist schon lange stillgelegt, jeden Abend öffnet sie ihre Tore jedoch für Besucher, die hier bis in die frühen Morgenstunden tanzen. Laute Rock-Musik verwandelt das ehemalige Silberbergwerk in die heißeste Diskothek der Stadt. Einzigartig ist das Quinta Real, ein Luxushotel, in das eine alte Stierkampfarena und Bögen eines Aquädukts architektonisch integriert wurden. Zur Eröffnung sang Placido Domingo (Rayon 434, Tel. 91 492/2 91 04).

Xochimilco

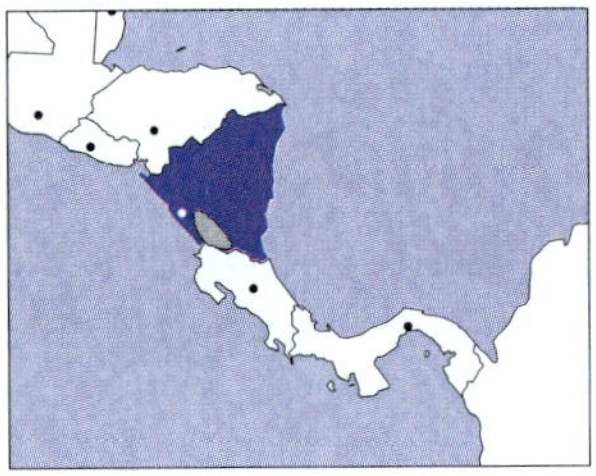

Nicaragua

Nicaragua hat in den vergangenen Jahrzehnten keine gute Presse gehabt. Nach dem Sturz der Somoza-Diktatur sah sich die sandinistische Regierung der Bedrohung durch die Contras und die USA ausgesetzt, und gegenwärtig konstatieren Beobachter eine zunehmende Verarmung der Bevölkerung. Dabei besitzt das an Naturschönheiten und Kulturdenkmälern reiche Land zahlreiche touristische Attraktionen, die zu mehr als nur einem Abstecher verführen.

Nicaragua Durchschnittswerte	Tagestemperatur °C	Nachttemperatur °C	Sonnentage*	Sonnenstunden / Tag	Wassertemperatur °C	Rel. Luftfeuchtigkeit %
Jan	31	20	30	9	–	69
Feb	32	21	27	9	–	64
Mär	34	22	30	9	–	62
Apr	34	23	29	9	–	61
Mai	34	23	20	7	–	70
Jun	32	23	17	6	–	80
Jul	31	23	16	5	–	79
Aug	31	22	16	6	–	81
Sep	31	22	15	7	–	82
Okt	31	22	16	7	–	83
Nov	31	21	25	8	–	78
Dez	31	20	30	8	–	73

* weniger als 1 Liter/m^2 Niederschlag
Quelle: Deutscher Wetterdienst, Hamburg

Geschichte und Kultur

Die spanische Kolonialepoche währte 300 Jahre und hinterließ eine Reihe barocker Prachtbauten, um deren Restaurierung man sich bemüht. 1838 zur unabhängigen Republik geworden, geriet das Land sogleich unter die Kontrolle der USA. Der Landreformer und Revolutionär Agusto César Sandino (1895–1934) wurde vom US-abhängigen Somoza-Clan ermordet, dessen Diktatur 1979 von der sandinistischen Volksbefreiungsfront beendet wurde. Das somit befreite Nicaragua litt nun unter Attacken der Anhänger Somozas, der Contras, die von den USA unterstützt wurden. 1990 löste Violeta Chamorro die sandinistische Regierung ab, der Kapitalismus zog in Nicaragua mit einem neoliberalen Wirtschaftskurs wieder ein.

Geographie und Geologie

Das größte Land Mittelamerikas erstreckt sich zwischen Honduras und Costa Rica und besteht zu zwei Dritteln aus unzugänglichen Gebirgen, Regenwäldern und Sümpfen. Die atlantische Küste ist 500 km lang, die Pazifikseite 350 km. Von Nordwest bis Südost zieht sich die Cordillera Isabela durch das Land. In der pazifischen Küstenregion liegen der Lago de Managua und der 8.500 km^2 große Nicaragua-See (Gran Lago) sowie die fruchtbaren Landstriche und großen Städte. Jedoch ist dies auch eine geologisch aktive Region mit 40 Vulkanen. Zur karibischen Seite wird das Land flach und Savannen, Regenwälder, Lagunen und Sümpfe prägen die Landschaft. Diese Mosquitia umfaßt rund die Hälfte der Landesfläche, beherbergt jedoch nur 10 % der Bevölkerung.

Internetadressen
http://www.greenarrow.com/nicaragu/nicarag1.htm
http://www.latinworld.com/countries/nicaragua/
http://www.lonelyplanet.com/dest/cam/nic.htm
http://www.nicaragua-online.com/

Staat und Gesellschaft

Drei Viertel der 4 Mio. Einwohner Nicaraguas sind Mestizen, ca. 10 % Weiße und 10 % Schwarze, der Rest Indigene, unter ihnen Misquito und Garífuna. Mehr als die Hälfte der Bevölkerung ist unter 20 Jahre alt. Die Landflucht hält an, 60 % der Menschen leben in Städten.

Wirtschaft und Industrie

Wichtigster Wirtschaftszweig ist die Landwirtschaft, in der ein Drittel der Erwerbstätigen beschäftigt ist. Angebaut werden u.a. Mais, Reis, Bohnen, Zuckerrohr, Bananen, Kaffee und Tabak, beim Export stehen Kaffee, Rindfleisch, Bananen und Gold im Vordergrund. In der wenig entwickelten Industrie arbeiten 10 % der Arbeitskräfte.

Religion

90 % der Bevölkerung sind römisch-katholisch, der Rest gehört evangelischen Sekten an, deren Einfluß in den letzten Jahren stärker geworden ist.

Granada

Die schöne Kolonialstadt liegt am Ufer des Nicaragua-Sees, 50 km südöstlich von Managua und am Fuß des Vulkans Mombacho. Bereits 1524 von den Spaniern gegründet, wuchs Granada schnell zu einem regen Handelsort, dessen Reichtum in feinen Herrenhäusern, Palästen und Kirchen resultierte. Am Seeufer findet man Badestrände, Parks und viele Restaurants. In westlicher Richtung liegen der zentrale Markt und der Parque Central, das Herz der Stadt, umgeben von bedeutsamen historischen Gebäuden. Die Casa de los Leones war der Amtssitz des ersten spanischen Gouverneurs der Stadt. Das Haus gelangte in den Besitz der Konquistadoren-Familie Cardenal, und Ernesto Cardenal, sandinistischer Kulturminister und überragender Dichter des Landes, wuchs hier auf. Das stark zerfallene Gebäude wurde unter Beteiligung von Ernesto Cardenal und Dietmar Schönherr zu einem internationalen Kulturzentrum (Casa de los Tres Mundos) ausgebaut. Unter den Kirchen der Stadt nimmt die Iglesia de San Francisco im Barrio San Francisco eine besondere Stellung ein. Hier wurde die Stadt gegründet, hier predigte Bartolomé de las Casas. Nach Piratenüberfällen, Säkularisierung und Erdbe-

Kathedrale von Granada

Sekundärliteratur
Reiseführer deutsch
Dieter Jungblut, Nicaragua, Singen 1997.
Claude F. Baudez, Archaeologia Mundi - Mittelamerika, München 1972.

Sekundärliteratur
Reiseführer englisch
Charles Robert Kapelke / Alex H. Travelli, Let's Go Central America, New York 1996.

benschäden dienen die Reste des ursprünglichen Prachtbaus heute als Museum für präkolumbische Skulpturen.

• • • Der Gipfel des Vulkans Mombacho (1345 m) läßt sich auf einem Pfad erklimmen. Man wandert durch dichten Primärwald und wird durch einen umfassenden Blick auf die Stadt und den See belohnt.

Managua

Die Hauptstadt des Landes (rund 1,5 Mio. Einw.) liegt am Südwestufer des Managua-Sees und ist keine schöne Stadt. Niedrige, wellblechgedeckte Häuser, Straßen, die einer dringenden Instandsetzung bedürfen, sowie Industriehallen und Bürogebäude bestimmen das Bild. Managuas altes Stadtzentrum am Seeufer wurde durch Erdbeben (1931 und 1972) zerstört. Heute leiten Industriebetriebe ihre Abwässer in den See, und die Stadt benutzt ihn als Müllhalde. Unweit des Seeufers liegt die Plaza de la Revolución mit der Kathedrale und dem Nationalpalast. Die Ruinen der Kirche (18. Jh.) sind durchaus eindrucksvoll. Zwischen zwei langen, kunstvoll ornamentierten Bogengängen wuchert das Grün, eine notdürftige Plastikabdeckung hält Regen und weitere Beschädigung ab. Für die Restaurierung der von einem Erdbeben schwer beschädigten Kathedrale fehlt es an Mitteln. Der Palacio Nacional ist eines der wenigen erhaltenen kolonialzeitlichen Gebäude. Prachtvolle Innenhöfe, großzügige Freitreppen und hohe Säle dienen heute staatlichen Behörden als Rahmen für ihren Arbeitsplatz. Richtung See trifft man auf ein Denkmal für den salvadorianischen Dichter Rubén Dario und das nach ihm benannte Theater aus der Zeit der Somoza-Regierung. Weiter östlich, am Bahnhof vorbei, liegt das Nationalmuseum (Mo–Fr 10–16 Uhr) mit ethnologischen Fundstücken der präkolumbischen Bevölkerung.

Kunsthandwerk findet man auf dem neuen Mercado Roberto Huembes in der Avenida Mártires del 1 de Mayo, südöstlich und außerhalb des Zentrums.

Markt in Masaya

Masaya

28 km südöstlich der Hauptstadt liegt Masaya (70.000 Einw.), bekannt für seine Kunsthandwerksprodukte. Vor der Stadt thront auf einem Hügel die Festung Fuerte Coyotepe. Sie wurde zu Beginn dieses Jahrhunderts im Kolonialstil errichtet und diente während der Somoza-Zeit als Gefängnis. Vom Dach der Festung ergibt sich ein eindrucksvoller Blick auf die beiden Seen, Vulkane und Siedlungen. Im Zentrum lohnt die Kirche Nuestra Señora de la Asunción, im 18. Jh. von den Spaniern errichtet, einen Besuch. Die Kunsthandwerkstradition der Stadt findet ihren Ausdruck auf dem Mercado Central südlich des Parque Central. Zahlreiche Stände präsentieren Korb- und Flechtarbeiten, Webereien und Töpferwaren, hin und wieder auch aus Edelhölzern gezimmerte Plantagenmöbel.

Montelimar

Der ehemalige Strandsitz Somozas, Montelimar, rund 60 km westlich von Managua am Pazifik, wurde von diesem mit einer Landebahn für Jets ausgestattet, die sich dann bei seiner Flucht nach Miami (1979) bezahlt machte. Tourismusplaner erbauten einen Ferienkomplex. Die Straße von Managua führt zunächst die Berge hinauf und dann nach einem Paß in Serpentinen in die Küstenebene hinunter. Der südlich gelegene Strand von Pochomil verfügt über zahlreiche Hotels und Restaurants, das anschließende Fischerdorf Masachapa ist beschaulich geblieben, und Montelimar glitzert mit Luxus und Reichtum, ein in Nicaragua ungewöhnlicher Anblick. Am Wochenende sind die drei Strände von Besuchern aus der Hauptstadt überfüllt.

San Jorge

Am Westufer des Nicaragua-Sees (Gran Lago) liegt in der Nähe der Stadt Rivas das Dorf San Jorge. Hier residierte Nicarao, der Anführer eines präkolumbischen Stammes bei der Ankunft der Spanier (1522), unterwarf sich sogleich und ließ sich taufen. Diesem bedeutsamen historischen Ereignis, das der Begründung der heutigen nicaraguanischen Gesellschaft gleichkommt, setzte man an der nach Rivas führenden Straße ein Denkmal. Am Seeufer lassen sich Boote für einen Ausflug zur Insel Ometepe (10 km) anheuern. Diese größte Insel im Gran Lago (20.000 Einw.) wird von zwei Vulkanen, Concepción (1.600 m) und Maderas (1.450 m), überragt. Der Concepción verfügt über eine klassische Kegelform und läßt sich auf einem Wanderpfad erklettern. Auch die beschaulichen Dörfer Moyogalpa und Alta Gracia lohnen eine Besichtigung, sie sind durch eine Buslinie miteinander verbunden. In der Kirche von Alta Gracia lassen sich einige gut erhaltene Stelen aus präkolumbischer Zeit besichtigen (eine der wenigen Gelegenheiten in Nicaragua).

Sekundärliteratur
Belletristik deutsch

Marie-Therese Albert, Der neue Mensch in Nicaragua, Frankfurt/Main 1989.

Patrick Marnham, So fern von Gott - eine Reise nach Mittelamerika, Zürich 1989.

Alison Acker, Kinder des Vulkans, Wuppertal 1988.

Gioconda Belli, Wenn Du mich lieben willst - Gedichte aus Nicaragua, Wuppertal 1988.

Leo Gabriel, Aufstand der Kulturen - Konfliktregion Zentralamerika: Guatemala, El Salvador, Nicaragua, Hamburg 1988.

Paul Theroux, Moskito-Küste, Frankfurt/Main 1987.

Ufer des Gran Lago

Panamakanal

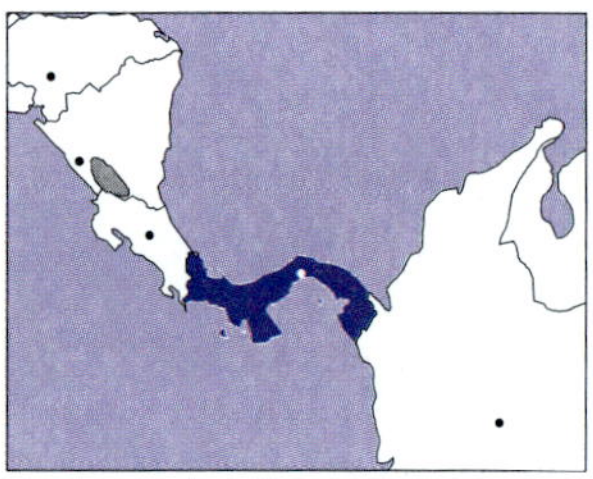

Panama

Der Kanal und ein Hut sind das, was jedem spontan zu Panama einfällt. Dabei kommt letzterer, der Panamahut, aus Ecuador; der Panamakanal aber teilt an Ort und Stelle den mittelamerikanischen Staat, den es ohne ihn überhaupt nicht geben würde, in etwa zwei gleiche Hälften. Und eben aus der schmalen Sicht dieses Kanals lernen viele Touristen – an Bord eines Schiffes – das kleine Land kennen. Dabei nehmen diejenigen, die in Colón einen Landgang machen, ein völlig falsches Bild mit nach Hause. Denn Colón ist eine heruntergekommene Hafenstadt, die die Autoritäten immer noch nicht richtig in den Griff bekommen haben. Wer auf der anderen Kanalseite, in der Doppelstadt Balboa/Panama City, aussteigt, gewinnt ganz andere Eindrücke, erblickt eine wohlgeordnete, quirlige Großstadt ohne Bettler und braucht –von einigen ärmlichen Vierteln abgesehen – sein Portemonnaie nicht krampfhaft festzuhalten. Panama zählt in Lateinamerika immerhin zu den Ländern mit dem höchsten Lebensstandard!

Geschichte und Kultur

Routenvorschlag

❶ *Panama - Zwischen Atlantik und Pazifik, 1 Woche*

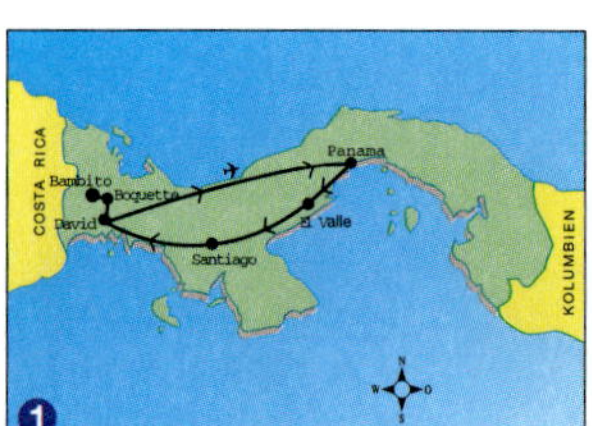

Herausragende Ereignisse im Panama der spanischen Kolonialzeit waren, daß Vasco Núñez de Balboa den Pazifischen Ozean „entdeckte" und 1519 auf der Pazifikseite die Stadt Panama gegründet wurde, später Stapelplatz für die Reichtümer aus Peru auf ihrem Weg nach Spanien. Die Spanier hatten nämlich bald herausgefunden, daß in ihrem riesigen amerikanischen Kolonialreich Panama die Stelle war, wo sich Pazifik und Atlantik am nächsten kamen. Dorthin also schafften sie das Gold der Inka, um es auf dem Camino Real (Königsweg), den Isthmus durchquerend, zu den Schiffen zu bringen, die nach Spanien segelten. Diese ankerten in Portobelo, einem befestigten Hafen an der Karibikküste. Den Seeräubern entging das natürlich nicht. So kam es denn 1671 zu der Zerstörung des alten Panama (Panama Vieja) durch Henry Morgan und zum Wie-

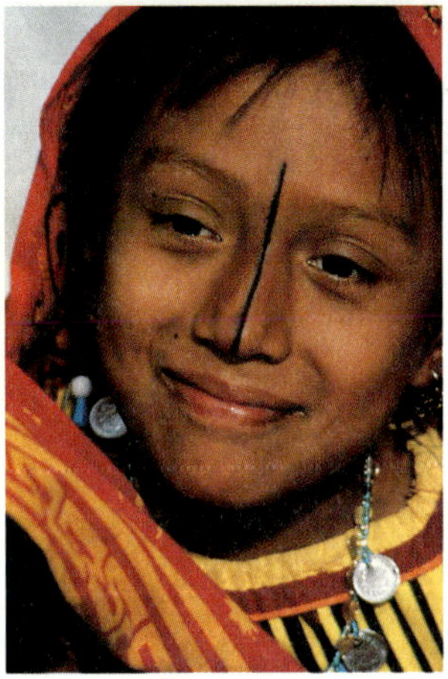

deraufbau an der heutigen Stelle. Als 1821 die Unabhängigkeit Panamas ausgerufen wurde, schloß sich der junge Staat sogleich der Republik Groß-Kolumbien an. Mit Ausbruch des Goldrausches in Kalifornien im Jahre 1849 wurde es auf dem königlichen Trampelpfad noch einmal lebhaft. Glücksritter durchzogen die Landenge, doch viele starben auf dem 80 km langen Urwaldweg. Bald danach bauten die US-Amerikaner eine Eisenbahnlinie; der erste Zug zwischen Atlantik und Pazifik fuhr 1853. Knapp 30 Jahre später, 1882, begann Ferdinand Lesseps, der Held des Suezkanals, mit dem Bau eines Kanals in Panama. Nach elf Jahren aber brach seine Gesellschaft verlustreich zusammen. Nun traten die USA an, um den Kanalbau fortzuführen. Doch als das Parlament in Bogota den neuen Vertrag nicht ratifizieren wollte, erklärte sich Panama mit Hilfe der Yankees von Kolumbien unabhängig (1903). So erhielten die USA großzügige Kanalrechte, die durch wiederholte zähe Verhandlungen schließlich 1979 weitgehend abgebaut werden konnten, so daß nach einer letzten Übergangszeit im Januar 2000 der Kanal völlig an die Republik Panama übergeht.

Geographie und Geologie

Panama, zwischen Costa Rica und Kolumbien sowie der Karibik und dem Pazifik gelegen, ist etwa so groß wie Bayern. Weite Teile der schmalen Landbrücke bedeckt Regenwald, dessen Flüsse für die ständige Auffüllung des Panamakanals notwendig sind und dessen Baumbestand man daher sorgsam schützt. In ganz Panama herrscht tropisches Klima.

Internetadressen

http://www.greenarrow.com/panama/panama1.htm

http://www.iaehv.nl/users/grimaldo/p_places.html

http://www.latinworld.com/countries/panama/

http://www.lonelyplanet.com/dest/cam/pan.htm

http://www.panamainfo.com/intro.html

http://www.marcopolo.com/cities/panama/panama.html

Panama	Tagestemperatur °C	Nachttemperatur °C	Sonnentage*	Sonnenstunden / Tag	Wassertemperatur °C	Rel. Luftfeuchtigkeit %
Jan	32	22	24	9	27	75
Feb	32	22	24	9	27	72
Mär	32	22	27	8	26	70
Apr	32	23	21	6	27	73
Mai	31	24	10	6	27	83
Jun	30	23	10	4	27	86
Jul	31	23	12	5	28	85
Aug	30	23	10	5	27	87
Sep	30	23	8	5	27	87
Okt	29	23	6	5	27	88
Nov	30	23	8	5	27	87
Dez	31	22	17	7	27	81
Durchschnittswerte						

* weniger als 1 Liter/m² Niederschlag
Quelle: Deutscher Wetterdienst, Hamburg

Staat und Gesellschaft

Panama ist eine Republik. Die Politik wurde in diesem Jahrhundert stark von Bemühungen um bessere Konditionen hinsichtlich der Kanalrechte geprägt, was eine Abwehrhaltung gegen die USA zur Folge hatte. Nur etwa 12 Prozent der panamesischen Bevölkerung sind weißer Hautfarbe, 60 Prozent Mestizen und Mulatten aller Schattierungen und 14 Prozent Schwarze. Die Afrikaner waren zum Bau des Kanals geholt worden. Selten zu sehen sind die Ureinwohner, die Indios; sie machen gerade noch acht Prozent der Gesamtbevölkerung aus.

Wirtschaft und Industrie

Eine dominierende Rolle in Panamas Wirtschaft spielen Dienstleistungen, zu denen der Kanalverkehr, eine Transisthmus-Pipeline und die internationalen Bankfilialen gehören. In der Landwirtschaft stellen als Ausfuhrprodukte Bananen und Rohrzucker eine gewisse Bedeutung dar.

Religion

Panamas Bevölkerung ist zu über 90 Prozent römisch-katholisch. Religionsfreiheit wird aber garantiert.

• • • Wen es bis an Panamas nördliche Karibikseite verschlägt, kann eine einzigartige Bahnfahrt unternehmen und zwar mit einem Bananenzug aus der Zeit der Jahrhundertwende, allerdings gezogen von einer Diesellok. Das klapprigen Vehikel zuckelt zwischen dem „heißen" Hafen Almirante (benannt nach Admiral – Almirante – Christoph Kolumbus, der dort an Land ging) und dem Städtchen Changuinola hin und her, rattert anderthalb Stunden lang durch Bananenpflanzungen und Kakaoplantagen, hält oft und tutet wie in Wildwest.

Bananenbahn von Almirante nach Changuinola

Bocas del Toro

Bocas del Toro auf der gleichnamigen Insel an Panamas Karibikküste ist ein verschlafenes Städtchen wie aus einem Seeräuberbilderbuch. Von dort führen Exkursionen in einen durch Korallenriffe und Mangroveninseln geschützten Unterwasser-Nationalpark voller exotischer Fische und anderem Seegetier.

Boquete

Boquete

Das Städtchen Boquete liegt im Schatten des erloschenen Vulkans Barú (3474 m ü.M.). Touristen, die in diese fruchtbare Gegend kommen, unternehmen fast immer einen Abstecher in die Welt des Kaffeeanbaus. Wer halb um den erwähnten Feuerberg herumfährt, findet auf kühler Höhe von 2000 m Panamas bestes Hotel, das Bambito mit abends flackerndem Kaminfeuer. Besucher aus Übersee zieht's mehr in den Regenwald, in dem nicht weit von dem Luxushotel die rustikale, von Kolibris umflatterte Lodge Los Quetzales für einige Tage zum Wandern einlädt.

• • • Wer in Boquete nächtigen will, wähle das Nostalgiehotel Panamonte. Dieser liebenswerte Familienbetrieb wartet mit Mobiliar und Zierrat vergangener Tage sowie herzlicher Bedienung auf.

El Valle

Das in ein blumenreiches Tal gebettete Städtchen El Valle de Antón, kurz El Valle (das Tal) genannt, ist wegen seines sonntäglichen Kunsthandwerksmarktes berühmt. Aus Seifenstein gefertigte Tiere, vor allem Frösche, rustikale Keramik, buntbemalte getrocknete Kürbisschalen sowie grellfarbene Tukane und Papageien aus Leichtholz gehören zum Angebot.

• • • Sehenswert in El Valle ist auch der kleine Zoo El Níspero, in dem der Fremde endlich einmal Panamas Tiere kennenlernen kann, nämlich Affen, Papageien, Tapire und Ranas Doradas, jene seltenen Goldenen Frösche dieser Region.

Isla Contadora

Für einen Badeaufenthalt empfiehlt sich die an der Pazifikseite gelegene Insel Contadora mit ihrem gleichnamigen All-Inclusive-Hotel. Der feinsandige Hotelstrand ist etwa 500 m lang und fällt durch den starken Gezeitenunterschied verschieden breit aus. Zur touristischen Infrastruktur der Insel gehören u.a. ein Neun-Loch-Golfplatz, eine deutsche Tauchbasis und ein Spielkasino.

• • • Gleich neben dem Hotel Contadora wartet ein naturbelassener Strand auf Nackedeis. Hüllenlos baden und sich sonnen kann man in ganz Panama legal nur hier.

Panama Vieja:
Turm der ehemaligen Kathedrale

Islas San Blas

Aus teilweise winzigen Inseln besteht das „Reich“ der Kuna-Indios, das San-Blas-Archipel an Panamas Karibikseite. Die Frauen dort sind bunt wie Paradiesvögel. Ihr auffallendstes Kleidungsstück ist die Mola, eine originelle Bluse aus vielen bunten Stofflagen zusammengenäht. Darüber hinaus mit goldenen Nasen- und Ohrringen sowie Ketten aus Muscheln, Korallen und Fischzähnen geschmückt, werden die Kuna-Indias vollends zu begehrten Fotoobjekten.

Panama City

Ein Rundgang durch die koloniale Altstadt, ein Abstecher zu den Ruinen von Panama Vieja, der einst von Piraten zerstörten alten Hauptstadt, eine Fahrt über die Brücke der Amerikas, die den 80 km langen Kanal an seinem pazifischen Ausgang überspannt, ein Kurzbesuch der Miraflores-Kanalschleuse und preiswertes Einkaufen in den gutbestückten Läden der modernen City sind die Hauptbeschäftigungen der Touristen in Panama-Stadt. Abends sollte ein Besuch der Folklore-Show im „Las Tinajas“ dazukommen, wo man typisch panamesische Speisen probieren kann.

••• Der schönste Blickpunkt, um Panamas Hochhaus-Silhouette fotografieren zu können, bietet sich am Balboa-Denkmal an der Küstenstraße.

Portobelo

Um das Gold aus Peru vor dem Verladen auf die spanischen Segelschiffe sicher lagern zu können, entstanden in Portobelo (Karibikküste) mehrere Befestigungsanlagen, deren imposante Reste heute Touristen anlocken. Unversehrt die weiße Kolonialkirche, in der der wundertätige „Schwarze Christus“ immer noch Ziel vieler Pilger ist.

••• Wer es einrichten kann, bringe genügend Zeit mit nach Portobelo. Es lohnt sich nämlich, auf und in den Festungsanlagen herumzuklettern und schließlich irgendwo auf dem Mauerwerk Platz zu nehmen und träumend über die stille Bucht zu schauen.

Festung Santiago de la Gloria

Mittelamerika von A–Z

Apotheken

In Großstädten und Ballungsgebieten sind Apotheken vorhanden. Handelsübliche Medikamente sind verfügbar. In ländlichen Gebieten und im Landesinneren kann es zu Engpässen kommen. Medikamente, die regelmäßig eingenommen werden müssen, sollten von zu Hause mitgebracht werden.

Autoverleih

siehe Mietwagen

Banken

Die Banken sind immer montags bis freitags vormittags und größtenteils auch nachmittags geöffnet.

Bevölkerung

Costa Rica: Der Großteil der Bevölkerung hat europäische Vorfahren. Nur ca. 2% der Bevölkerung sind Schwarze. Seit 1948 ist Costa Rico demokratische Republik und die Menschen sind sehr stolz darauf. Sie legen größten Wert auf Höflichkeit respektieren ältere Menschen und pflegen Freundschaften. 95% der Menschen können lesen und schreiben. Die Lebenserwartung bei Frauen ist 79 und bei Männern 73 Jahre.

El Salvador: Ca. 90% der Bevölkerung sind Mestizen. Der Rest setzt sich aus Indios und Bewohner spanischer Abstammung zusammen. Die Menschen sind sehr geschäftstüchtig, wenn auch von dem langen Bürgerkrieg gekennzeichnet. Trotzdem übt man sich in Optimismus und versucht durch Zusammenarbeit eine, wenn auch noch unsichere, Zukunft zu gestalten. Ca. 70% der Menschen können lesen und schreiben. Die Lebenserwartung bei Frauen ist Ende und bei Männern Anfang 60 Jahre.

Guatemala: Mehr als die Hälfte der Bevölkerung sind Mestizen (Ladino) und der Rest setzt sich aus mehr als 20 Gruppen indianischer Ureinwohner zusammen, die meist im Hochland leben. Die Ladinos sind Spanien stark verbunden, wogegen die Maya sehr stolz auf ihre eigene Kultur, Herkunft und lange Geschichte sind. Das Analphabetentum ist hoch, da nur unter 60 % lesen und schreiben können. Die Lebenserwartung bei Frauen ist 68 und bei Männern 62 Jahre.

Honduras: Etwa 90 % Bevölkerung sind Mestizen. Der Rest setzt sich Indianer, Schwarzen und Menschen europäischer Abstammung zusammen. Sie neigen stark zum Fatalismus und stellen persönliche Angelegenheiten in den Vordergrund. Sie sind sehr religions- und heimatverbunden. Etwa 75 % können lesen und schreiben. Die Lebenserwartung bei Frauen ist etwa 70 und bei Männern 66 Jahre.

Mexico: Etwa 82 % der Bewohner sind Mestizen und der Rest setzt sich aus Weißen meist spanischer Herkunft und Indianern größtenteils Nachkommen von Maya und Azteken zusammen. Die Menschen sind stolz auf ihre Geschichte und Traditionen. Ca. 90 % der Bewohner können lesen und schreiben. Die Lebenserwartung bei Frauen ist Mitte 70 und bei Männern Ende 60 Jahre.

Nicaragua: Etwa 70 % der Bevölkerung sind Mestizen, 18 % haben europäische Vorfahren und der Rest setzt sich aus Schwarzen und Ureinwohnern zusammen. Die Menschen sind stolz auf ihre Geschichte, Kultur und Traditionen; sie sind temperamentvoll, ausgelassen und familienverbunden. Nur zwischen 60 % und 70 % der Bevölkerung kann lesen und schreiben. Die Lebenserwartung bei Frauen liegt bei Ende und bei Männern Mitte 60 Jahre.

Panama: Etwa 70 % sind Mestizen, gefolgt von Schwarzen und Menschen europäischer Abstammung. Generell ist die Bevölkerung sehr kultur- und traditionsbewußt, wobei sich die Mestizen mehr der spanischen als der indianischen Kultur verbunden fühlen.

Camping

Camping ist in mittelamerikanischen Ländern möglich. Nähere Informationen erteilen die Fremdenverkehrsämter oder die zuständigen Botschaften.

Devisen

siehe Währungen

Diplomatische Vertretungen

Vertretung	Land	Stadt	Anschrift	Telefon	Fax
BRD (B)	Costa Rica	San Jose	Barrio Rohrmoser, de la residencia del Embajador de Espana 200 m al norte y 50 m al Oeste, San Jose	00506/232-5533	231-6403
Schweiz (B)		San Jose	Edificio Centro Colón, 10°, Paseo Colón, San Jose	00506/221-4829	255-2831
BRD (B)	El Salvador	San Salvador	7a Calle Poniente No. 3972 esqu. 77a, Avenida Norte, Colonia Escalon, San Salvador	00503/223-6840	298-3368
BRD (B)	Guatemala	Guatemala City	20 Calle 6-20, Edificio Plaza Maritima, Zona 10 Ciudad de Guatemala, Guatemala City	005022/370 028	370 031
Schweiz (B)		Guatemala City	Edificio Seguros Universales, 5° nivel, 4a Calle 7-73, Zona 9 01009 Guatemala City	005022/334-0743	331-8524
Österreich (B)		Guatemala City	6 Avenida 20-25, Zona 10 Edificio Plaza Maritima, local 4/1, 01010 Guatemala City	005022/681 134	336 180
BRD (B)	Honduras	Tegucigalpa	Edificio Paysen, Boulevard Morazan, Tegucigalpa	00504/323 161	329 518
Österreich (K)		San Pedro Sula	Apartado Postal 372, San Pedro Sula	00504/590 384	590 473
BRD (B)	Mexico	Mexico City	Calle Lord Byron No. 737, Col. Polanco Chapultepec, 11560 Mexico, D.F.	00525/283-2200	281-2588
Schweiz (B)		Mexico City	Torre Optima, 11. Stock, Avenida Paseo de las Palmas Nr. 405, Lomas de Chapultepec, Mexico City	00525/520-8535	520-8685
Österreich (K)		Mexico City	Sierra Tarahumara 420, Colonia Lomas de Chapultepec 11000 Mexico City	00525/251-9792	245-0198

Legende: B = Botschaft; GK = Generalkonsulat; K = Konsulat

Vertretung	Land	Stadt	Anschrift	Telefon	Fax
Österreich (K)		Acapulco	Calle de Juan R. Escudero No. 1, 1 piso, Acapulco	005274/822 166	825 551
Österreich (K)		Cancun	Apart. Postal 711, Cantera 4 SMZ 15, 77500 Cancun	005236/411 791	410 026
BRD (B)	Nicaragua	Managua	Bolonia, de la Plaza Espana 2 Cuadras al Norte (contiguo a la Optica Nicaraguense), Managua	005052/663 917	667 667
Österreich (K)		Managua	De Plaza Espana 1 cuadra al lago, Managua	005052/663 316	663 424
BRD (B)	Panama	Panama City	Calle 50 y 53 Esquina, Edificio - Bancomer - Piso 6, El Obarrio, Panama City	00507/263-7733	223-6664
Schweiz (GK)		Panama City	Calle Victoria Y Calle Primera, Entrada Berriada Miraflores, Via Boyd Roosevelt, Panama	00507/261-1530	2294138
Österreich (GK)		Panama City	Avenida Simon Bolivar, Edificio Concreto S. A., Panama	00507/229-2700	229-2926

Legende: B = Botschaft; GK = Generalkonsulat; K = Konsulat

Einkaufen

Besonders reizvoll ist das Einkaufen auf den vielen bunten Märkten. Natürlich gibt es auch schöne Boutiquen und Geschäfte. Landestypische Artikel sind Kunsthandwerk (Skulpturen, Holzschnitzereien, Malereien), Schmuck (in Costa Rica Jade), Silber, Töpfer- und Lederwaren. Handeln auf Märkten ist üblich und wird von den Anbietern erwartet.

Einreise

Über Einreisebestimmungen informiert das Reisebüro, der Reiseveranstalter oder die zuständige Botschaft.

Eisenbahn

In Mittelamerika sind Eisenbahnen eine Seltenheit. In Costa Rica besteht eine Verbindung zwischen San José und Port Limón. Es empfiehlt sich, Informationen vorort einzuholen.

Es gibt eine internationale Bahnverbindung von Guatemala City nach San José, Costa Rica und weiter bis zur Grenze von Mexico.

Elektrizität

Die Stromspannung beträgt 110 Volt. Ein Flachstecker wird benötigt. Im Hochland sind Stromausfälle nichts Ungewöhnliches.

Essen und Trinken

Die Essensgewohnheiten in Mittelamerika sind sehr unterschiedlich zu den europäischen. Es wird später und lange gegessen. Mais, rote und schwarze Bohnen werden in Mittelamerika sehr viel verwendet. Rind- und Geflügelfleisch ist sehr beliebt, wobei Geflügel überwiegt, da Rindfleisch teuer ist. Je nach Region werden Spezialitäten aus Ziegen- und Schweinefleisch gereicht. In Küstengebieten werden saisonal Meeresfrüchte angeboten. Auf Märkten findet man häufig Imbißstände, die gutes Essen zu günstigen Preisen anbieten. In größeren Städten findet man einheimische Restaurants in allen

Preisklassen und chinesische, italienische, französische und spanische Lokale.

Fax

siehe Telekommunikation

Feiertage

Neujahr, Karfreitag, Ostern, Tag der Arbeit, Columbustag und Weihnachten werden in allen mittelamerikanischen Ländern begangen. Folgende Tabelle zeigt die in den Ländern unterschiedlichen Feiertage:

Land	Feiertage
Costa Rica	19. März: Fest des Heiligen Joseph • 11. April: Nationalfeiertag • Gründonnerstag • 29. Juni: Fest der Heiligen Peter und Paul • 25. Juli: Gedenktag der Annexion von Guanacaste in Costa Rica • 2. August: Fest der Heiligen Madonna und der Engel • 15. September: Unabhängigkeitstag • 8. Dezember: Fest der unbefleckten Empfängnis.
El Salvador	1.–5. August: St. Salvadors Tag • 15. September: Nationalfeiertag zum Gedenken an die Verkündung der Unabhängigkeit durch Pater José Delgado.
Guatemala	30. Juni: Tag der Streitkräfte • 15. September: Unabhängigkeitstag • 20 Oktober: Tag der Revolution • 1. November: Allerheiligen.
Honduras	14. April: Amerikatag • 15. September: Unabhängigkeitstag • 3. Oktober: Geburtstag des Nationalhelden Morazán • 21. Oktober: Tag der Streitkräfte.
Mexico	17. Januar: Tag des Heiligen Antonius • Fastnachtswoche • 21. März: Geburtstag von Benito Juárez • 5. Mai: Cinco de Mayo • Fronleichnam • 15. August: Mariä Himmelfahrt • 16. September: Unabhängigkeitstag • 1. November: Allerheiligen • 2. November: Allerseelen • 20. November: Tag der Revolution • 12. Dezember: Tag der Jungfrau von Guadelupe.
Nicaragua	Gründonnerstag • 19 Juli: Tag der Revolution • 14 September: Tag der Schlacht von San Jacinto.
Panama	9. Januar: Tag der Märtyrer • 3. November: Tag der Unabhängigkeit von Kolumbien • 11. November: Tag der Erhebung von Los Santos • 28 November: Tag der Unabhängigkeit von Spanien • 8. Dezember: Muttertag.

Tzararacura

Flughafengebühren

Bei der Ausreise werden Flughafengebühren erhoben, die sich je nach Land zwischen US-$ 12,00 und US-$ 20,00 bewegen.

Flugverkehr

Condor und LTU fliegen San Jose, Costa Rica, direkt an. Die restlichen mittelamerikanischen Destinationen können nur mit Umsteigeverbindungen erreicht werden.

Fotografieren

Filmmaterial ist in allen Ländern erhältlich, aber wesentlich teurer als in Deutschland. Bei hohen Temperaturen die Filme kühl aufbewahren. Zum Teil sind die Durchleuchtungsgeräte auf den Flughäfen nicht filmsicher. Es empfiehlt sich, einen „Filmsafe" (Box oder Beutel), der die Filme vor Strahlen schützt, zu verwenden und die Filme im Handgepäck zu transportieren. Für höchste Bildqualität empfiehlt es sich, die Stunden zwischen 11:00 und 15:00 Uhr zum Fotografieren zu meiden. Beim Fotografieren von Einheimischen bitte vorher fragen, da dies aus religiösen Gründen nicht immer akzeptiert wird. Militärische und ähnliche Einrichtungen dürfen nicht fotografiert werden.

Frauen

Das ausgeprägte Männlichkeitsgefühl der Mittelamerikaner kann sich auf alleinstehende Frauen unangenehm auswirken. Frauen sollten nur in Gruppen oder in männlicher Begleitung Spaziergänge unternehmen oder öffentliche Einrichtungen, auch Restaurants, besuchen.

Führerschein

Der internationale Führerschein ist gesetzlich vorgeschrieben, wird aber meistens nicht verlangt.

Fußgänger

Für Fußgänger ist größte Vorsicht geboten, da für europäische Verhältnisse der Verkehr eher chaotisch abläuft, und selbst rote Ampeln oder Stopschilder nicht beachtet werden.

Geld

siehe Zahlungmittel

Geschäftszeiten

siehe Öffnungszeiten

Gesundheit

Reisen in Mittelamerika ist nicht viel risikoreicher als in Europa. In einigen Gegenden besteht die Gefahr von Malaria. Aufgrund der klimatischen Verhältnisse erleidet der Körper einen hohen Salzverlust. Es empfiehlt sich viel zu trinken. Um Durchfallerkrankungen vorzubeugen, sollte der Genuß von Leitungswasser vermieden werden. Die Zufuhr von eiskalten Getränken in den überhitzten Körper kann zu Magen- und Darmverstimmungen führen. Bei Auftreten von Durchfallerkrankung ist auf viel Flüssigkeits- und Glukose-Elektrolytzufuhr zu achten. Glukose-Elektrolyt-Mischungen sind in Apotheken erhältlich. Übertriebenes Sonnenbaden meiden und Sonnenschutzmittel mit hohem Lichtfaktor anwenden. Während der ersten Tage körperliche Anstrengungen, übermäßiges Essen und Alkoholgenuß meiden, um dem Körper die Umstellung auf die neuen Verhältnisse zu erleichtern. Kostenlos kann man die jeweils aktuelle Ausgabe von: „Ärztlicher Ratgeber für Auslandsaufenthalte" gegen Einsendung eines mit drei DM frankierten DIN-A5 Rückumschlags anfordern bei: BAD, Flughafen Halle 4, 40474 Düsseldorf. Weitere Gesundheitstips erteilt das Auswärtige Amt in Bonn unter der Service Nummer 0228-171645 oder unter der Internet Adresse http://www.auswaertiges-amt.government.de.

Gewichte

siehe Maße und Gewichte

Hotels

siehe Unterkunft

Impfungen

Über Impfungen informieren das Reisebüro, der Reiseveranstalter das Gesundheitsamt, der Hausarzt oder das Auswärtige Amt unter der Service Nummer 0228-171645. Außerdem bietet die Firma TIP unter der kostenpflichtigen Abruf-Fax-Nr. 0190 252 350 500 aktuelle Informationen (DM 1,20 pro Minute).

Jugendherbergen

siehe Unterkunft

Kleidung

In der Tiefebene und in Küstengebieten ist leichte Kleidung angebracht, wogegen im Hochland Pullover und Jacken benötigt werden. Kopfbedeckungen und Sonnenbrillen sollten stets mitgeführt werden. Für die Regenzeit unbedingt Regenmantel und Schirm mitnehmen.

Feste Schuhe für Wanderungen und Sandalen für den Strand sollte man einpacken. Obgleich keine besonderen Kleidervorschriften bestehen, sollte man es meiden in Shorts Restaurants zu besuchen.

Klima

Entsprechende Klimatabellen sind den jeweiligen Ländern zugeordnet. Die Tabellen wurden vom Deutschen Wetterdienst in Hamburg erstellt.

Kreditkarten

siehe Zahlungsmittel

Kreuzfahrten

Von Miami (Florida) und San Juan (Puerto Rico), seltener von Cancún (Mexiko) aus starten die Kreuzfahrtschiffe. Das Publikum ist international, Passagiere aus Nord- und Südamerika bilden jedoch die Majorität, und als Bordsprache bedient man sich des Englischen, mitunter wird auch Spanisch gesprochen. Angeboten werden mehrtägige wie mehrwöchige Fahrten, auf denen Ziele in Mexiko, Costa Rica und Panama angesteuert werden, teilweise auch Karibikinseln. In Mexiko gelten Veracruz, die Insel Cozumel und die Yucatán-Halbinsel als bewährte Ziele. Bei Landausflügen stehen die Besichtigung geheimnisvoller Mayastätten ebenso auf dem Programm wie das Erkunden lebhafter mexikanischer Badeorte und der Besuch mitreißender Folklore-Shows. Höhepunkt dieser Kreuzfahrten ist die Fahrt durch den Panama-Kanal. Bald neun Stunden benötigt das Schiff, um über Schleusen die Weltmeere zu wechseln. Dichter Regenwald prägt auf den letzten Wegstücken das Bild. An Bord wartet jeglicher Luxus auf die Gäste: Die Miniversion eines 18-Loch-Golfplatzes, ein modernes Fitneßzentrum und zwei Pools bieten beispielsweise auf der „Legend of the Sea“ (Reederei Caribbean Cruise) Anlaß für sportliche Betätigung. Revuen und Shows sorgen darüber hinaus für Kurzweil, und auch für die zahlreichen Kinder an Bord hat z. B. das Schiff einige Überraschungen zu bieten.

Maße und Gewichte

In den mittelamerikanischen Ländern findet das metrische System Anwendung.

Medien

Es sind in allen Ländern Tageszeitungen in der Landessprache verfügbar, vielfach gibt es englische Zeitungen, und auf Flughäfen von Großstädten kann man internationale Publikationen kaufen. Radio und Fernsehen werden meistens nur in der Landessprache ausgestrahlt. In großen Hotels kann der amerikanische Nachrichtensender CNN empfangen werden. Die Deutsche Welle kann zu bestimmten Tageszeiten empfangen werden. Einzelheiten kann man vor der Abreise beim „Technischen Dienst" der DW unter Tel.: 0221-389 32 08 erhalten.

Medizinische Versorgung

In allen größeren Städten ist die medizinische Versorgung gewährleistet. Im Landesinneren und in ländlichen Gebieten können Schwierigkeiten auftreten. Bei der Hotelrezeption oder bei der Deutschen Botschaft kann man meist auch deutschsprachige Ärzte in Erfahrung bringen. Die ärztliche Versorgung muß sofort bar bezahlt werden.

Mietwagen

Mietwagen können problemlos angemietet werden. Es sind größtenteils die internationalen Autovermietungen ansässig. Der Mieter/Fahrer muß mindestens 18 Jahre alt sein, eine Kreditkarte und den Internationalen Führerschein vorlegen. Es gibt auch lokale Autovermietungen, die preislich günstiger sein können. Reservierungen können vor Abreise in Deutschland vorgenommen werden.

Motels

siehe Unterkunft

Öffentliche Verkehrsmittel

Für Überlandfahrten und für den Stadtverkehr ist der Bus das wichtigste Verkehrsmittel in den mittelamerikanischen Staaten. Es gibt 1. und 2. Klasse Busse. Die 1. Klasse Busse sind schneller als die der 2. Klasse, da sie sehr selten halten. Für die 1. Klasse müssen die Fahrkarten im voraus gekauft werden. In Mexico City gibt es zusätzlich ein gut ausgebautes U-Bahn-Netz. Am schlechtesten bestellt ist es Honduras und Nicaragua, wo ländliche Gebiete teilweise vollkommen abgeschnitten sind. In den Städten stehen ausreichend Taxis zur Verfügung, die zugleich ein beliebtes Transportmittel darstellen. Inlandsflüge und Flugverbindungen zwischen den Mittelamerikanischen Staaten funktionieren gut. Es werden sehr preisgünstige Airpasses angeboten. Nähere Informationen erteilen das Reisebüro oder der Reiseveranststalter.

Öffnungszeiten

Normalerweise sind die Geschäfte montags – freitags 9:00 – 12:00 Uhr und 14:00 – 18:00 Uhr, samstags meistens vormittags geöffnet. Es können regionale Abweichungen auftreten. In touristischen Orten sind Geschäfte auch länger geöffnet.

Post

Postämter sind normalerweise montags bis freitags 08:00 – 16:00 Uhr und samstags von 08:00–12:00 Uhr geöffnet; Hauptpostämter in Städten häufig länger.

Preise

Auf Märkten und bei „fliegenden Händlern" sind die Preise Verhandlungssache, nicht jedoch in etablierten Geschäften.

Schecks

siehe Zahlungsmittel

Segeln

Zu den Lieblingsplätzen der Segler gehören die Belize Cayes, tropische Inseln, die das zweitgrößte Korallenriff der Welt umgeben und wegen ihrer legeren Atmosphäre geschätzt werden.

Sicherheit

Die Kriminalität ist, wie in anderen Teilen der Welt, vorhanden und im ansteigen. Dennoch kann man das Risiko durch gewisse Vorsichtsmaßregeln reduzieren. Straßenlose abgelegene Gebiete, Elendsviertel und Strände nach Einbruch der Dunkelheit sollte man meiden. Auffälliges Verhalten wie tragen von Schmuck, Kameras und Videokameras ist ein Anreiz für Diebe.

Costa Rica: Insgesamt ein unproblematisches Reiseland. Ein Gefahrengebiet ist besonders die Karibikseite, vor allem zwischen Limón und Puerto Viejo.

El Salvador: Die Gefahr von bewaffneten Raubüberfällen ist im ganzen Land groß. Der Gebrauch von Schuß- und Stichwaffen ist gegeben, weshalb man bei einem Überfall die Herausgabe von Wertsachen nicht verweigern sollte. Gefahrenpunkte sind insbesondere das Zentrum und die Busbahnhöfe, und die umliegenden Orte von San Salvador, die Küstenstraße Litoral von La Libertad nach Westen, die Panamericana von San Salvador nach Santa Ana und Guatemala und die Straße von El Congo auf den Berg Cerro Verde/Isalco.

Guatemala: Sowohl im Stadtgebiet der Hauptstadt als auch im Landesinneren kommt es laufend zu bewaffneten Raubüberfällen, denen auch häufig Touristen zum Opfer fallen. Gefahrenpunkte sind insbesondere der Vulkan Pacaya, die südliche Seite des Atitlan-Sees, die Straße von Panajachel nach Guatemala City und die ländliche Gegend des nördlichen Quiché.

Mexico: Die Kriminalität ist stark angestiegen. Gefahrenpunkte sind insbesondere die südlichen Bundesstaaten Guerrero, Oaxaca und Chiapas. Von Fahrten bei Dunkelheit mit Bussen oder dem PKW wird abgeraten.

Nicaragua: Die Sicherheitslage ist durch hohe Gewalt- und Eigentumskriminalität gekennzeichnet. Gefahrenpunkte sind Nueva

Segovia, Madriz, Jinotega, Esteli, Matagalpa und Chontales. Von Reisen abseits von befestigten Straßen und bei Dunkelheit sollte Abstand genommen werden. Dies gilt auch für den Panamericana. Weitere Informationen zur Sicherheit eines Zielgebiets erteilt das Auswärtige Amt in Bonn unter der Internet Adresse: http://www. auswaertiges-amt.government.de.

Sport

Die gesamten mittelamerikanischen Staaten sind fußballbegeistert. Weitere beliebte Sportarten sind Volleyball, Basketball, Pferderennen, Schwimmen, Fischen, Surfen, Golf und Tennis. In Panama ist Baseball Volkssport.

Sprache

In den mittelamerikanischen Staaten ist die Amtssprache Spanisch, außer in Belize; dort ist sie Englisch.

Straßenverkehr

In Mittelamerika herrscht Rechtsverkehr. Nur ein geringer Prozentsatz des Straßennetzes ist befestigt. Nach Regen sind die Straßen ausgewaschen und in schlechtem Zustand; in manchen Regionen sogar unpassierbar.

Taxi

Taxis sind normalerweise ausreichend vorhanden. Wenn kein Taxameter vorhanden ist, sollte der Fahrpreis vor der Abfahrt festgelegt werden. Bei Nachtfahrten sind Zuschläge berechtigt.

Telekommunikation

Das Telefonieren ist unproblematisch, obgleich noch teilweise handvermittelt wird. Öffentliche Telefone sind meist nur für Orts- und Inlandsgespräche ausgelegt. Überseegespräche und Faxsendungen können von den Büros der Telefongesellschaften erledigt werden, was erheblich günstiger ist als im Hotel. Kartentelefone setzen sich langsam durch.

Trinkgelder

Für alle Serviceleistungen wird ein Trinkgeld erwartet. Bei Restaurantrechnungen erwartet man 10% Trinkgeld, auch wenn das Bedienungsgeld im Rechnungsbetrag enthalten ist. Für Gepäckträger sind US-$ 0,50 pro Gepäckstück und für Zimmermädchen US-$ 1,00 pro Tag angebracht. Taxifahrer erwarten kein Trinkgeld. Bei Sonderwünschen ist es angebracht, das Trinkgeld vorher zu geben.

Trinkwasser

Das Leitungswasser ist nicht überall als Trinkwasser geeignet.

Unterkunft

Es gibt Hotels aller Kategorien sowie Frühstückspensionen. Bei einfacheren Unterkünften empfiehlt es sich, das Zimmer vor Anmietung in Augenschein zu nehmen, um eventuellen Überraschungen vorzubeugen. In den großen Städten sind auch internationale Hotelketten vertreten. Motels sind nicht sehr verbreitet oder nicht existent. Vereinzelt gibt es Jugendherbergen. Nähere Informationen erteilen die zuständigen Fremdenverkehrsämter oder die Botschaften.

Versicherungen

Es empfiehlt sich, wenigstens eine Reisegepäck- und eine Auslandskrankenversicherung abzuschließen

Währungen

Land	Währung	Landeswähr.		Richtkurs DM	DM		Landeswährung	
Belize	Belize Dollar(Bz-$)	100,00 Bz-$	=	DM 76,00	DM 1,00	=	1,30	Bz-$
Costa Rica	Colon (C)	100,00 C	=	DM 0,74	DM 1,00	=	135,00	C
El Salvador	El Salvador Colon (C)	100,00 C	=	DM 19,10	DM 1,00	=	5,24	C
Guatemala	Quetzal (Q)	100,00 Q	=	DM 27,95	DM 1,00	=	3,58	Q
Honduras	Lempira (L)	100,00 L	=	DM 12,95	DM 1,00	=	7,72	L
Mexico	Mexikanischer Peso (Mex$)	100,00 Mex-$	=	DM 19,00	DM 1,00	=	5,26	Mex-$
Nicaragua	Gold Córdoba (C-$)	100,00 C-$	=	DM 19,00	DM 1,00	=	5,26	C-$
Panama	Balboa	100,00 B	=	DM 170,00	DM 1,00	=	0,59	B

Die Ein- und Ausfuhr von Fremdwährungen ist unbeschränkt; Landeswährungen in angemessenen Beträgen. Es empfiehlt, sich die Umtauschquittungen aufzubewahren, da diese häufig bei Rücktausch vorgelegt werden müssen. Bei Ein- und Ausfuhr von höheren Beträgen bzw. Transaktionen sollte vorab die zuständige Botschaft konsultiert werden.

Zahlungsmittel

Die beliebtesten und gängigsten Zahlungsmittel sind US Dollar und US-$ Travellerschecks. Kreditkarten werden in größeren Hotels, exklusiven Geschäften und Mietwagenfirmen akzeptiert.

Ansonsten empfiehlt es sich, vorab zu fragen. Die gängigsten Kreditkarten sind Visa- und Mastercard. Für den Geldumtausch stehen Banken und Wechselstuben zur Verfügung. Euroschecks werden nicht akzeptiert.

Zeitunterschied

Mitteleuropäischen Zeit bestehen folgende Verschiebungen in Stunden:

Land	Sommer	Winter	Land	Sommer	Winter
Belize	–7	–8	Honduras	–7	–8
Costa Rica	–7	–8	Mexico	W. –8	–9
El Salvador	–7	–8		O. –7	–8
Guatemala	–7	–8	Nicaragua	–7	–8
			Panamá	–6	–7

Legende: W. = Westen; O. = Osten

Zollbestimmungen

Über Zollbestimmungen informieren das Reisebüro, der Reiseveranstalter oder die zuständige Botschaft.

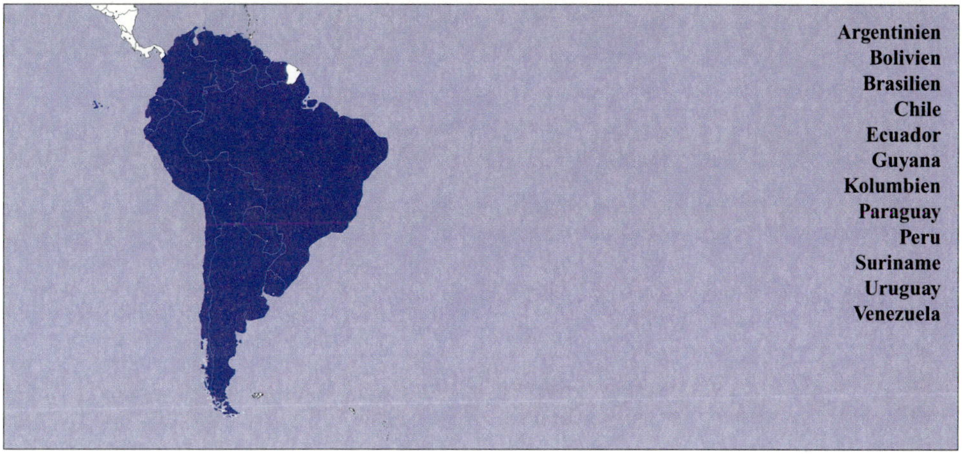

Südamerika

In der New York Times verriet ein Star-Anwalt, was für ihn zu den zehn Dingen gehört, die man im Leben getan haben sollte. An erster Stelle kam für ihn: Den Machu Picchu bei Mondschein erklimmen. Die Liste ließe sich in Südamerika durchaus fortführen, denn der Kontinent ist nicht nur eine Welt faszinierender Landschaften und uralter Kulturen: Südamerika ist ein Lebensgefühl. 13 Länder, deren koloniales Erbe geprägt wurde von Spaniern, Portugiesen, Briten, Franzosen und Niederländern. Es war nach seiner dritten Atlantik-Überquerung, als Kolumbus 1498 an der Mündung des Orinoco erstmals südamerikanisches Festland betrat. Nur ein Jahr später landete Pedro Alvarez Cabral an der brasilianischen Küste und begründete damit die spätere portugiesische Kolonie.

Es war die Gier nach Gold und Edelsteinen, die die Europäer über die Weltmeere führte, die nicht endenwollende Suche nach dem sagenhaften Eldorado, dem Land des Goldes, das die Männer vorwärtstrieb. 1532 eroberte der spanische Konquistador Francisco Pizarro Peru und tötete den Inkaherrscher Atahualpa. Geschichte, die der Regisseur Werner Herzog filmisch umsetzte: Im Epos „Aguirre, der Zorn Gottes“ wird Klaus Kinski zum grausamen Eroberer Lope de Aguirre, dem Gefolgsmann von Pizarro. Schließlich war der gesamte Subkontinent erobert und unterworfen: Eine Entwicklung, in deren Verlauf die indianischen Hochkulturen ausgelöscht wurden. Mehr als zwei Drittel der Urbevölkerung starben –

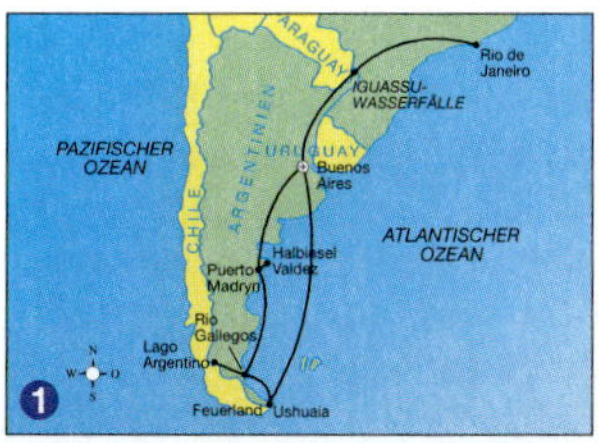

Routenvorschläge

❶ *Tango zwischen Eis und Palmen, 2 Wochen*

❷ *Impressionen Südamerikas, 2 Wochen*

Folge von Eroberungskriegen und unmenschlichen Arbeitsbedingungen der versklavten Indianer ebenso wie von eingeschleppten Krankheiten.

Über das koloniale Hispano-America berichtete anschaulich der deutsche Naturforscher und Gelehrte Alexander von Humboldt (1769–1859), der mit Erlaubnis des spanischen Königs die neuen Besitztümer der Krone bereiste.

In der ersten Hälfte des 19. Jahrhunderts schließlich werden alle Länder Südamerikas unabhängig. Vorausgegangen waren heftige Kämpfe gegen die Spanier. Der große Held Südamerikas heißt Simon Bolívar, geboren 1783 als Sohn eines wohlhabenden Spaniers in Caracas. Der in Europa ausgebildete Bolívar widmete sein Leben dem Kampf für die Unabhängigkeit. Sein Traum war der eines befreiten Kontinents, den er zusammenschließen wollte zu den Vereinigten Staaten von Südamerika. Eine Vision, die sich nur zum Teil verwirklichen ließ.

Kolumbianerin
Rio de Janeiro

Geographisch kann der Subkontinent Südamerika allerdings mit so manchem Superlativ aufwarten: er besitzt mit dem Amazonas den längsten Fluß, mit dem Amazonas-Regenwald das artenreichste Biotop der Erde und La Paz, die Hauptstadt von Bolivien, ist mit 3.635 m Höhe die höchstgelegen Stadt der Welt. Und in den 7.500 km langen Anden – sozusagen das Rückgrat des Kontinents – finden sich einige der höchsten Vulkane der Erde. In den Anden lebt der selten gewordene Kondor, ein Vogel mit einer Flügelspannweite von bald drei Metern. Die wirtschaftlich nur wenig entwickelten Andenländer Bolivien, Peru und Ecuador gehören zu den kulturell interessantesten Reisezielen, vielleicht auch, weil hier der Anteil der indianischen Urbevölkerung überwiegt. Besonders Peru gilt als Schatzkammer präkolumbischer Relikte. Und das eingangs erwähnte Machu Picchu ist die bedeutendste und besterhaltene Inkastadt. Hoch über der alten Kapitale der Inka thront die berühmte Festung, als einstige Fluchtburg versteckt auf einem Felsplateau in über 2.200 m Höhe gelegen.

Unter UNESCO-Denkmalschutz steht die Altstadt von Quito, Hauptstadt von Ecuador, eine Ansammlung von Kirchen, Klöstern und Palästen der Spanier. Quito bietet sich an als Ausgangspunkt für Touren zu den schneebedeckten Vulkanen der Umgebung wie zu den Galápagos-Inseln.

Den Norden Südamerikas bilden die an die Karibikküste grenzenden Länder Kolumbien, Venezuela, Franz. Guyana, Guyana und Surinam. „Unvergleichbar den schläfrigen Mündungen des Rheins, des Po, des Ebro, des Tajo, wo man immerhin zur Rechten und zur Linken noch deutlich die Ufer wahrnehmen kann, dehnt sich hier endlos die Weite der Wasser". Mit diesen Worten beschreibt Stefan Zweig den Eindruck, den der portugiesische Seefahrer Fernando de Magellanes von seinen Expeditionen auf dem gewaltigen Fluß hatte.

Als La-Plata-Staaten bezeichnet man die Länder Uruguay, Paraguay sowie einen Teil Argentiniens, die durch den Río de la Plata geprägt werden und zu Beginn des 19. Jh. das Vizekönigreich Río de

la Plata bildeten. Länder, in denen man in einigen Regionen an das Südeuropa vergangener Jahrzehnte erinnert wird.

Ushuaia, Feuerland
Angel Falls, Venezuela

Bald die Hälfte der Fläche Südamerikas nimmt Brasilien ein, ein Land, das auch über die am weitesten entwickelte Infrastruktur verfügt. Etwa zwei Millionen Besucher kommen jährlich, die meisten bleiben indes in Rio de Janeiro und Umgebung. Dabei hat das Land über 7.000 km Atlantikküste zu bieten und eine endlose Kette feinster Strände. Im Gegensatz zu den Andenländern besitzt Brasilien keine präkolumbischen Stätten, da sich hier keine frühe Hochkultur entwickelte. Anziehungspunkt für Besucher ist zweifellos auch das Amazonasgebiet, mit sieben Millionen Quadratkilometern das größte zusammenhängende Regenwaldgebiet der Erde.

Das nach Brasilien zweitgrößte Land Südamerikas ist Argentinien. Schon von seiner Lage zwischen dem 22. und 55. Grad südlicher Breite bietet das Land einen Mikrokosmos südamerikanischer Lebensräume: Kaktussteppen und Regenwälder, Gletscherfelder und die Weiten der Pampa. Zu Argentinien gehören Ushuaia auf Feuer-

land, die südlichste Stadt der Erde, und auch der im Südatlantik gelegene Archipel der Falkland-Inseln, auf denen Großbritannien einen Militärstützpunkt unterhält. Wer die Inseln besuchen möchte, kann dies allerdings nicht von Argentinien aus: Wohl aber bestehen Flugverbindungen von Uruguay (Montevideo) und Chile (Punta Arenas) zu den Falklands, die reiche Erdölvorkommen besitzen. Ornithologen registrieren Tausende, in Südamerika heimische Vogelarten – zu den schönsten gehören die Kolibris, die mit schnellem Flügelschlag zwischen den Blüten umherschwirren und den süßen Nektar schlürfen – zu denen sich während des Winterhalbjahres viele hundert weiterer Zugvögelarten aus dem amerikanischen Norden hinzugesellen. Die Regenwälder sind aber auch Lebensraum für Wildkatzen. Jaguar, Ozelot und Puma sind zum Glück so scheu, daß sie die Nähe von Menschen meiden. Der Jaguar, heiliges Tier der präkolumbischen Völker, jagt ohnehin nur nachts. Und falls Sie beim Besuch einer im Dschungel gelegenen Pyramidenstätte von einem furchterregenden Geheul irritiert werden: es handelt sich um Brüll-Affen! Und die Bevölkerung? Gilt als extrovertiert und höflich, auch alleinreisenden Frauen gegenüber, vorausgesetzt, diese beachten die im Lande üblichen Benimmregeln. Bei der Kleidung schätzt man es eher konservativ in Südamerika, und Strandbekleidung wie kurze Hosen sollen auch nur am Strand getragen werden.

Reisezeit ist generell das ganze Jahr über. Allerdings gilt zu beachten: in Amazonien können zwischen Dezember und April sintflutartige Regenfälle oft tagelang den Himmel verdunkeln, und je weiter gen Süden man kommt, desto kälter wird es nachts in den Monaten Mai bis Juli. Die Reisezeiten werden auch beeinflußt von den großen Volksfesten. Zum Karneval in Rio, der größten Party der Welt, sind die Hotels schnell ausgebucht, ebenso wie zur Osterwoche, die den Höhepunkt der sakralen Feste markiert. Fast ein Ge-

Name	Offizieller Name	Hauptstadt	Größe	Bevölkerung	Einw. km²
Argentinien	Argentinische Republik	Buenos Aires	2.736.690	34.600.000	13
Bolivien	Republik Bolivien	Sucre	1.084.380	7.400.000	7
Brasilien	Föder. Rep. Brasilien	Brasilia	8.456.510	161.800.000	19
Chile	Republik Chile	Santiago	748.800	14.300.000	19
Ecuador	Republik Ecuador	Quito	276.840	11.500.000	40
Guyana	Kooper. Rep. Guyana	Georgetown	196.850	835.000	4
Kolumbien	Republik Kolumbien	Bogotá	1.038.700	35.100.000	31
Paraguay	Republik Paraguay	Asunción	397.300	5.000.000	12
Peru	Republik Peru	Lima	1.280.000	23.800.000	19
Suriname	Republik Suriname	Paramaribo	156.000	423.000	3
Uruguay	Republik Uruguay	Montevideo	174.810	3.200.000	18
Venezuela	Republik Venezuela	Caracas	882.050	21.800.000	24

Legende:
MEZ = Mittel Europäische Zeit.
O.=Osten; M.=Mitte; N.=Norden

heimtip ist dagegen noch die Weihnachtsprozession in der ecuadorianischen Kolonialstadt Cuenca.

Südamerika ist ein Paradies für den Erwerb von Volkskunst. Besonders reichhaltig ist das Angebot in den Ländern mit einem hohen Anteil der indígena-Bevölkerung. In Ecuador erwirbt man herrliche Schnitzereien aus Balsa-Holz, farbenprächtige Webarbeiten aus Lama- und Alpakawolle. In Peru ist der Silberschmuck besonders filigran und kunstsinnig verarbeitet. Musikliebhaber kaufen reichverzierte Quena-Flöten in Bolivien. In Argentinien lebt die Tradition der Gauchos, und man ist gut beraten, bei den traditionellen roten Umhängen zuzugreifen, die die Cowboys bei ihren oft tagelangen Ausritten so schätzen. Eine Gelegenheit für Reiter sind die handwerklich überzeugend verarbeiteten Sättel, dazu passende hölzerne Steigbügel und Gerten aus geflochtenen Lederstreifen. Auch um die Bombachas, die typisch argentinischen Ganzleder-Reithosen, wird man in Europa beneidet. In kulinarischer Hinsicht hat Südamerika ebenfalls einiges zu bieten.

Im Subkontinent mischen sich die Einflüsse der Neuen mit der Alten Welt. Mais und Kartoffeln schätzten schon die präkolumbischen Völker, die Spanier brachten das Rind mit, und in Surinam und Guayana machten auch Holländer und Franzosen ihren Einfluß geltend. Das Meer ist Lieferant von Schalentieren – Austern, Krabben und Muscheln – wie aller Arten von Fischen. In der südchilenischen Fjordlandschaft sind seit einigen Jahrzehnten auch Lachse angesiedelt. Mittlerweile ist die Zucht soweit vorangeschritten, daß sogar exportiert wird. Churrascarias - Grillrestaurants, die deftige Steaks servieren - schätzt man in Brasilien wie in Argentinien. Und ausgerechnet in Argentinien hat auch die italienische Küche Tradition: jede Hausfrau rühmt sich dort, ein Dutzend Pastagerichte zu kennen.

In Südamerika, das stellt jeder Besucher fest, laufen die Uhren anders, und noch höher entwickelt als die Koch- ist die Lebenskunst.

Zeit zu MEZ in Std.		Sprache	Währung	Verkehr	Staatsform
Winter	Sommer				
–3	–5	Spanisch	Peso	Rechts	Republik
–5	–6	Span./Ketschua Aymara	Bs	Rechts	Präsidiale Republik
O. –4 M. –5 N. –6	–5 –6 –7	Portugiesisch	Real	Rechts	Präsidiale Republik
–4	–6	Spanisch	Ch$	Rechts	Präsidiale Republik
–6	–7	Spanisch	S	Rechts	Präsidiale Republik
–4	–5	Englisch Hindi/Urdu	G$	Rechts	Präsidiale Rep. im Commonwealth
–6	–7	Spanisch	Cols$	Rechts	Präsidiale Republik
–5	–6	Spanisch	G	Rechts	Republik
–6	–7	Span./Ketschua	Sl	Rechts	Republik
–4	–5	Holländisch	Sf	Rechts	Präsidiale Republik
–4	–5	Spanisch	N$Ur	Rechts	Präsidiale Republik
–5	–6	Spanisch	Bs	Rechts	Präsidiale Republik

Währungen:
Peso = Peso; Bs = Boliviano; Real = Real; Ch$ = Chilenischer Peso; S = Sucre;
G$ = Guyana Dollar; Col$=Kolumbischer Peso G = Guarani; Sl = Nuevo Sol; Sf = Surinam-Gulden;
N$Ur = Neuer Uruguayischer Peso; Bs = Bolivar.

Südargentinien, Cerro Torre

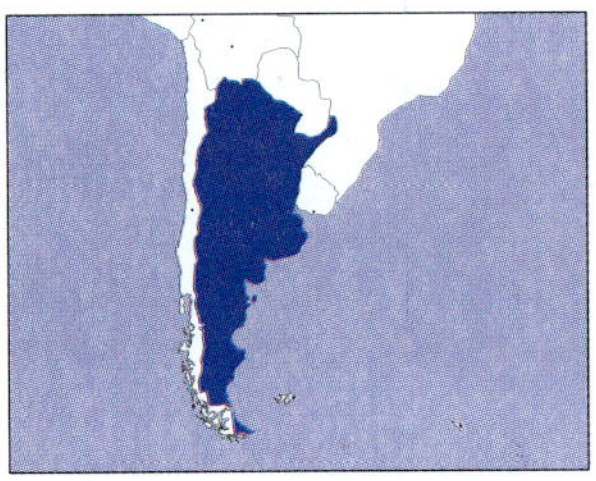

Argentinien

Natur pur, so könnte man kurz Argentinien charakterisieren, vielfältig, einzigartig und faszinierend allemal: seien es nun die imposanten Wasserfälle in tropischer Umgebung, der majestätische Gebirgszug der Anden, die unbändige, zerklüftete Gletscherwelt, die kargen und rauhen Weiten Patagoniens, die Naturgewalten am Ende der Welt, oder die Atlantikküste mit ihren Walen, See-Elefanten und Pinguinen. Und doch: all das charakterisiert das Land nur unzureichend. Zu Argentinien gehören auch der Tango, der erfrischende Mate-Tee, die pulsierende und sinnliche Hauptstadt Buenos Aires, die Gauchos, malerische Dörfer, elegante Seebäder, prunkvolle Herrenhäuser der Rinderbarone und natürlich mitreißender Fußball und nobler Polo. Argentinien hat viel zu bieten und zieht einen sanft und nachhaltig in seinen Bann.

Informationen

Botschaft der Republik Argentinien,
Adenauerallee 52, 53113 Bonn,
Tel.: 0228/2280109, Fax: 02281/214809.

Geschichte und Kultur

Internetadressen

http://www.lonelyplanet.com/dest/sam/argie.htm

Begonnen hat alles mit den Spaniern: 1516 entdeckte Juan Diaz de Solís die Mündung des Rio de la Plata, einige Jahre später wurde das Land dem spanischen Kolonialreich einverleibt. Es dauerte dreihundert Jahre, bis sich die La-Plata-Staaten von Spanien ablösten und die Unabhängigkeit ausriefen (1816). Bis in unser Jahrhundert hinein ging es turbulent im Land zu: Militärputsche gehörten ebenso zur Tagesordnung wie soziale Unruhen. Dann kam 1946 Juan Domingo Perón durch einen Militärputsch an die Macht. Seine Sozialreformen dienten vor allem der landlosen Bevölkerung und der Arbeiterschaft. Unterstützt wurde er dabei von seiner Frau Eva, die von den Massen vergöttert und liebevoll „Evita" genannt wurde. Die Politik schlug fehl: Großgrundbesitzer, Kirche und Militär stellten sich gegen ihn. Ihm blieb nur die Flucht ins spanische Exil (1955). Mit dem Land ging es wirtschaftlich und politisch bergab. Dann kam 1973 Perón zurück, diesmal frei gewählt. Bewegen konnte er nicht mehr viel, weil er schon zwei Jahre später starb. Seine zweite Frau übernahm die Regierungsgeschäfte, wurde aber 1976 vom Militär gestürzt. Unter General Jorge Videla erlebte das Land seine bitterste Zeit: die Freiheitsrechte wurden massiv eingeschränkt, über 30.000 Menschen verschwanden spurlos, Staatsterror pur. Die Mütter der Verschwundenen zeigten dem Militär die Stirn und demonstrierten jeden Donnerstag friedlich auf der Plaza de Mayo vor dem Präsidentenpalast. Sie wollten Auskunft über den Verbleib ihrer Kinder und Enkel.

Erst der verlorene Falkland-Krieg (1982) beendete die lange, erdrückende Zeit der Militärjuntas. Der 1983 demokratisch gewählte Präsident Raúl Alfonsin leitete die langersehnte Demokratisierung ein. Seit 1989 führt Carlos Saúl Menem – durchweg erfolgreich – die Regierungsgeschäfte.

Kulturell orientierte sich das Land jahrzehntelang am großen Vorbild Europa, sei es nun in der Literatur, in der Malerei oder in der Musik. Mit Roberto Arlt und noch mehr mit Jorge Luis Borges, dem bedeutendsten Lyriker, löste sich die Literatur aus der Umklammerung Europas.

In der Musik verlief die Entwicklung ähnlich. Erst kurz vor der Jahrhundertwende entwickelte sich eine eigenständige Musikrichtung: der Tango, geboren in den anrüchigen Hafenkneipen und Bordellen von Buenos Aires. 1907 kam der Tango in die feinen Pariser Salons und wurde begeistert aufgenommen – und hoffähig. Welch hohen Stellenwert der Tango in der argentinischen Gesellschaft besitzt, zeigt sich daran, daß Tango an der Universidad del Tango in Buenos Aires ein Studienfach ist.

Neben dem Tango gibt es noch eine zweite, die Nation verbindende Leidenschaft: Fußball. Nicht Kampfgeist und Ausdauer stehen im Vordergrund, sondern Fußball ist in Argentinien ein Spiel der Leichtigkeit, ideenreich und elegant, ein Genuß für das Auge.

Bei Mendoza, Puente del Inca

Geographie und Geologie

Wie ein Keil sitzt das zweitgrößte Land Südamerikas im Süden des Kontinents und läßt seinem westlich gelegenen Nachbarn Chile nur wenig Raum. Gemeinsame Grenzen gibt es im Nordwesten mit Bolivien, im Norden mit Paraguay, im Nordosten mit Brasilien und Uruguay. Mit einer Fläche von 2,78 Millionen Quadratkilometern ist das Land achtmal so groß wie Deutschland. Wer von Bolivien aus nach Argentinien einreist, sieht an der Grenze ein Schild, das stolz verkündet: bis nach Ushuaia, der südlichsten Stadt der Welt, sind es noch 3.742 Kilometer; das entspricht in etwa der Entfernung vom Nordkap bis nach Sizilien, und dies alles in einem Land. Nicht ganz so beeindruckend ist die größte Ost-West–Ausdehnung: 1.570 Kilometer.

Ein Land, das sich über 34 Breitengrade erstreckt, bietet geographisch reichlich Kontraste: im Westen dominieren die Anden mit über 30 Sechstausendern mit dem höchsten Berg der westlichen Hemisphäre, dem Aconcagua (6.959 m). Die Regenwälder im Nordosten gehen langsam in das breite Flachland über, die Pampa: eine baumlose Grasebene, Herzstück Argentiniens. Dort weiden die rund 40 Millionen Rinder, dort haben die verwegenen Gauchos ihre

Sekundärliteratur
Reiseführer deutsch

Friedrich Schmithüsen, Argentinien, Paraguay, Uruguay, Pforzheim 1997.
Rolf Seeler, Argentinien und Falklandinseln, Köln 1996.
Günther Wessel, Argentinien mit Uruguay und Paraguay, Hohenthann 1996.
Ulrich Brand, Argentinien und Uruguay, Wetzlar 1995.
Monika Schillat, Marco Polo Argentinien - Buenos Aires, Ostfildern 1994.
Susanne Asal / Lino Schäfer, Argentinien, Chile, Paraguay, Uruguay, Köln 1992.

Bei Salta, El Anfiteatro
Bei Bariloche, Lago Nahuel Huapi

Heimat. Wer den Rio Colorado nach Süden hin überquert, betritt Patagonien, eine vielfältige Landschaft: im Osten ein trockenes Steppenhochland, zu den Anden hin ein regenreiches, bewaldetes Faltengebirge mit zerklüfteten Gletschern und kristallklaren Seen, im Süden dann Feuerland mit ausgedehnten Wäldern und Hochmooren. Die klimatischen Unterschiede sind gewaltig und reichen von subtropischen Temperaturen im Norden bis hin zur klirrenden Kälte Feuerlands.

Genauso vielfältig ist die Tierwelt: in den Regenwäldern des Nordens haben Affen, Jaguare, Papageien, Tukane, Kolibris und bunte Falter ihr Refugium, in den Anden haben Kondore, die Könige der Lüfte, ihre Heimat, an der südlichen Atlantikküste tummeln sich Wale, Seelöwen und Pinguine.

Um die ursprüngliche Flora und Fauna zumindest an einigen Plätzen im Land zu erhalten, hat Argentinien in den letzten Jahrzehnten 29 Naturschutzgebiete eingerichtet.

Staat und Gesellschaft

Das europäischste Land Südamerikas hat rund 34 Millionen Einwohner, fast allesamt Nachkommen ausgewanderter Europäer, meist aus Spanien und Italien kommend. Etwa 1,9 Millionen Mestizen, also Nachkommen aus der Verbindung von Weißen und Indios, nennt die Statistik, fast vergessen die vielleicht 120.000 Indios, Nachfahren der Ureinwohner Argentiniens. Sie sind in die Gesellschaft integriert, versuchen jedoch ihre Kultur weiter zu pflegen. Das spanischsprechende Land verfügt über ein gut ausgebautes Bildungs- und Gesundheitswesen. Die Erfolge lassen sich nicht von der Hand weisen: es gibt nur etwa sieben Prozent Analphabeten, und die durchschnittliche Lebenserwartung beträgt bei Frauen 75, bei Männern 68 Jahre. Auch die Sozialgesetzgebung entspricht weitgehend europäischem Niveau.

Sekundärliteratur
Belletristik deutsch

Yann Arthus-Bertrand / Felisa Larivière, Argentinien - ein Porträt in Luftbildern, München 1997.

Bruce Chatwin / Paul Theroux, Wiedersehen in Patagonien, München 1992.

Ulrich Encke, 8mal Argentinien, München 1991.

Bruce Chatwin, In Patagonien. Reise in ein fernes Land, Reinbek 1990.

Dieter Reichardt, Tango. Verweigerung und Trauer, Frankfurt/Main 1984.

Wirtschaft und Industrie

Nicht unter der Erde, sondern über der Erde liegt der Reichtum des Landes: die unendlichen Weiten der Pampa und Patagoniens bieten beste Voraussetzungen für die Rinder- und Schafzucht. So ist es nicht verwunderlich, daß Argentinien noch heute wertmäßig mehr landwirtschaftliche Produkte (Fleisch, Leder, Wolle, Futtermittel usw.) als Industrieprodukte exportiert. Und vielleicht hatte der Falkland-Krieg etwas Positives: Da die Handelsbeziehungen zu Großbritannien seit jenen Tagen eingefroren sind, kann sich das Land rühmen, keine BSE-verseuchten Rinder im Land zu haben: ein durchschlagendes Argument für noch mehr Rindfleisch–Exporte. Die einheimische Industrie reicht aus, um die Binnennachfrage zu decken. Bei High-Tech-Produkten ist das Land weiterhin auf Importe angewiesen. Industrielles Zentrum ist der Großraum Buenos Aires, in dem ein Drittel der gesamten Bevölkerung lebt. Der Abbau der Bodenschätze wurde jahrelang vernachlässigt. Nun denkt man mittlerweile daran – bei erdrückenden 17 Prozent Arbeitslosigkeit – die besonders in der Andenregion vermuteten Bodenschätze (Gold, Silber, Kupfer, Mangan usw.) zu fördern, damit die arbeitslose Landbevölkerung in den Arbeitsprozeß zurückkehren kann. Einen verstärkten Aufschwung erhofft sich das Land von dem gemeinsamen Markt Mercosur, einer Freihandelszone der La-Plata-Staaten mit mehr als 200 Millionen Einwohnern. Ein langersehntes Ziel wurde mittlerweile erreicht: die Inflationsrate, vor Jahren noch drei- und vierstellig, bewegt sich heute auf europäischem Niveau. Aber viele Aufgaben warten noch, z.B. die Modernisierung der Industrie, die Liberalisierung des Außenhandels und der Abbau der hohen Auslandsverschuldung.

Rinderherde in Patagonien

Sekundärliteratur
Reiseführer englisch
Wayne Bernhardson / Maria Massolo, Argentina, Uruguay and Paraguay, Hawthore 1992.

Religion

Staatsreligion ist der Katholizismus. Deshalb ist es nicht verwunderlich, daß sich rund 90 Prozent der Bevölkerung zum römisch-katholischen Glauben bekennen. Der Klerus übernimmt seit Jahrzehnten eine prägende Rolle in der Gesellschaft und ist von der Bevölkerung hoch geachtet. Etwa zwei Prozent sind Protestanten, der Rest Juden und Moslems. Sekten und Heilslehren sind verboten.

Buenos Aires

Durchschnittswerte	Tagestemperatur °C	Nachttemperatur °C	Sonnentage*	Sonnenstunden / Tag	Wassertemperatur °C	Rel. Luftfeuchtigkeit %
Jan	30	18	25	9	22	67
Feb	29	18	21	8	23	71
Mär	27	16	23	7	21	75
Apr	23	12	24	6	19	79
Mai	19	10	25	6	15	82
Jun	16	7	25	5	12	84
Jul	16	7	26	4	11	83
Aug	17	7	25	5	11	78
Sep	19	9	23	6	12	77
Okt	22	12	23	7	15	75
Nov	25	14	22	8	17	71
Dez	29	17	24	9	21	68

* weniger als 1 Liter/m² Niederschlag
Quelle: Deutscher Wetterdienst, Hamburg

Bariloche

Bariloche

Der bekannte Wintersportort in den Anden schmiegt sich reizvoll an das Südufer des Lago Nahuel Huapi. Nicht umsonst trägt dieses Gebiet das Prädikat Argentinische Schweiz: viele Häuser im Chalet-Stil, gepflegte Straßen, hervorragende Infrastruktur und eine grandiose Bergwelt mit schneebedeckten Bergen, dichten Bergwäldern und romantischen Seen. Fünf Nationalparks gruppieren sich um die Stadt und laden zu unvergleichlichen Wanderungen durch die unberührte Natur ein.

Buenos Aires

Die Hauptstadt mit ihren vier Millionen Einwohnern am Rio de la Plata ist eine der interessantesten Großstädte Südamerikas: zahlreiche Kolonialbauten, Paläste im Art Nouveau und besonders die neoklassizistischen Hochhäuser lassen die vergangene Zeit wiederaufleben. Ausgangspunkt für Besichtigungen bildet die Plaza de Mayo im Herzen der Stadt: dem prächtigen Gebäude der Nationalbank, der wuchtigen Kathedrale mit dem Grabmal des argentinischen Freiheitskämpfers José de San Martin (1778–1850), dem Amtssitz des Präsidenten (Casa Rosada) und dem alten Rathaus (Cabildo), in dem sich heute das sehenswerte historische Museum befindet. Weiter zum berühmtesten Kaffeehaus der Stadt (Tortoni), zur interessanten Plaza del Congreso mit dem Kongreßgebäude, dem Parlament im Stil des Capitols, einem Monument und einer Bronze-Plastik (Der Denker) von Auguste Rodin. Aber Buenos Aires lebt vor allem von seiner Atmosphäre; diese Stadt muß man „erleben“: durch die Straßen und Parks schlendern, einen Mate-Tee schlürfen, einfach nur Zeit haben. Nachts beginnt das Leben auf den Straßen und Plätzen: Im Stadtteil San Telmo z.B. laden die verwinkelten, schmucken Gassen zum Verweilen ein: Straßencafés, Tanzlokale und Restaurants gibt es in Hülle und Fülle, und für jeden Geschmack ist etwas dabei: Buenos Aires von seiner schönsten Seite.

Bariloche

Durchschnittswerte	Tagestemperatur °C	Nachttemperatur °C	Sonnentage*	Sonnenstunden / Tag	Wassertemperatur °C	Rel. Luftfeuchtigkeit %
Jan	21	7	26	11	-	62
Feb	21	6	23	10	-	64
Mär	18	4	27	8	-	67
Apr	14	1	24	6	-	73
Mai	10	1	19	4	-	80
Jun	6	1	18	4	-	82
Jul	6	1	19	4	-	81
Aug	8	2	21	5	-	78
Sep	10	1	22	6	-	72
Okt	13	2	25	8	-	68
Nov	17	4	26	11	-	67
Dez	20	6	27	11	-	65

* weniger als 1 Liter/m² Niederschlag
Quelle: Deutscher Wetterdienst, Hamburg

Córdoba

Die zweitgrößte Stadt des Landes mit 1,2 Millionen Einwohnern liegt am Rande der Pampa und ist von Wäldern und fruchtbaren Tälern umgeben. Die von Spaniern 1573 gegründete Stadt ist heute ein wirtschaftliches und kulturelles Zentrum; die Automobilindustrie ist dort ansässig. Besonders stolz ist die Bevölkerung, daß in ihrer Stadt schon 1614 die erste Universität des Landes gegründet wurde. Rund 80.000 Studierende sorgen dafür, daß die Stadt immer noch den schmeichelnden Beinamen „La Docta", die Gebildetete trägt. Das studentische Leben prägt: es gibt unzählige Kneipen, Straßencafés, Restaurants, Tanzlokale, Discos und Theater. Das macht die Stadt liebenswert. Hinzu kommen die Sehenswürdigkeiten aus der Kolonialzeit. Der Besucher hat es einfach, alle sehenswerten historischen Gebäude gruppieren sich um die Plaza San Martin im Stadtzentrum und die angrenzenden Fußgängerzonen: die massige, gedrungene Kathedrale, der Cabildo, früher Rathaus, heute Museum, das Haus des Bischofs (Casa del Obispo Mercadilo), das Konvent und die barocke Kirche Santa Teresa, um nur einige zu nennen. Eine interessante und gepflegte Stadt.

Córdoba						
Jan	32	17	22	8	-	65
Feb	31	16	19	8	-	63
Mär	28	14	23	7	-	71
Apr	25	11	26	6	-	70
Mai	21	7	28	5	-	69
Jun	19	4	28	4	-	66
Jul	19	4	29	5	-	67
Aug	20	5	29	6	-	54
Sep	23	8	26	7	-	54
Okt	26	11	25	8	-	54
Nov	28	13	22	8	-	56
Dez	31	16	21	8	-	60
Durchschnittswerte	Tagestemperatur °C	Nachttemperatur °C	Sonnentage*	Sonnenstunden / Tag	Wassertemperatur °C	Rel. Luftfeuchtigkeit %

* weniger als 1 Liter/m² Niederschlag
Quelle: Deutscher Wetterdienst, Hamburg

Feuerland

Die südlichste Stadt der Welt und Hauptstadt Feuerlands liegt am sagenumwobenen Beagle-Kanal. Der schmucke Ort bietet sich gut für Ausflüge in die Wildnis Feuerlands an, z.B. zum Parque Nacional Tierra del Fuego (Hochmoor), zu den nördlich gelegenen Seen oder mit dem Katamaran über den Beagle-Kanal zur Estancia Harberton. Auch ist es möglich, mit einem Kreuzfahrtschiff zur Antarktis (meist 12 Tage) oder zum Kap Hoorn (sieben Tage) zu fahren.

Internetadressen

http://www.lapatagonia.com/egenera.htm

Iguazú-Wasserfälle

Im Dreiländereck mit Brasilien und Paraguay liegen inmitten eines unberührten Tropenwaldes die imposanten Wasserfälle von Iguazú: auf einer Länge von 2.700 Metern stürzen die gewaltigen Wassermassen von einer Basaltbrüstung in Kaskaden in die Tiefe. Im Gischt bilden sich farbenprächtige Regenbögen, und der feine Wassernebel zieht Insekten und Vögel wie ein Magnet an. Auf Holzstegen, Brücken und über Treppen ist es möglich, unter den Wasserfällen hindurchzugehen. Die argentinische Seite bietet gute Detaileinblicke, auf brasilianischer Seite hat der Besucher von Aussichtsplattformen aus einen herrlichen Panoramablick.

Iguazú Fälle

Mendoza

Die 1561 gegründete Hauptstadt der gleichnamigen Provinz wurde dreihundert Jahre später durch ein Erdbeben vollständig zerstört. Die Stadt, Zentrum des Weinanbaus, hat ein besonderes Flair, obwohl es keine Kolonialbauten mehr gibt: breite, einladende Ave-

Perito Moreno Gletscher

nidas mit Straßencafés, Restaurants und Boutiquen, die das Verweilen geradezu herausfordern. Dazu die vielen gepflegten Parks mit ihren schattenspendenden Bäumen und überall aufgestellten Ruhebänken. Kurz: eine grüne Stadt zum Erholen. Zum Pflichtprogramm gehört ein Besuch des Weinmuseums in der Weinkellerei Bodega Giol. Mendoza eignet sich gut als Ausgangspunkt für die Besteigung des Aconcagua

Parque Nacional Los Glaciares

Ein Naturschauspiel der Superlative im Herzen Patagoniens: wuchtige, bis zu 60 Meter hohe bizarre Gletscherwände schieben sich behäbig in einen See, bis dann die vordersten Brocken unter großem Getöse zerbersten. Am bekanntesten ist der Perito-Moreno-Gletscher, der sich pro Tag etwa 40 Zentimeter weit in den Lago Argentino schiebt. Das Naturwunder läßt sich sehr gut von Aussichtsplattformen aus beobachten.

Puerto Madryn

Die Stadt an der rauhen Atlantikküste bei Patagoniens hat vornehmlich eine Funktion: die Infrastruktur für die vielen Besucher bereitzustellen, die zur Halbinsel Valdés mit ihrer einmaligen Tierwelt und nach Punta Tombo möchten.

• • • Rund 150 Kilometer südlich von Puerto Madryn befindet sich an der Atlantikküste bei Punta Tombo die größte argentinische Pinguinkolonie: eine halbe Million der kleinen, etwa 50 bis 60 Zentimeter großen Magellanpinguine leben dort das ganze Jahr über in ihren Höhlen. Exkursionen von Puerto Madryn aus möglich.

Magellanpinguine

Valdés

Die 3.625 Quadratkilometer große und karge Halbinsel (Península Váldes), ein Naturreservat, bietet jedem Besucher ein außergewöhnliches Erlebnis: die hautnahe Beobachtung von See-Elefanten, Zahn- und Bartenwalen, Seelöwen, Magellanpinguinen und Seevögeln. Die massigen, bis zu sieben Meter langen und bis zu vier Tonnen schweren See-Elefanten halten sich vornehmlich an der Nordspitze der Halbinsel auf, Seelöwen an der südlichen Atlantikspitze. Die bis zu 15 Meter langen und 30 Tonnen schweren Wale bringen im Golfo Nuevo, einer geschützten Bucht zum Festland hin, in den Monaten September bis November ihre Jungen zur Welt. Bootsfahrten zu den Walen sind eine besondere, aber ungefährliche Attraktion.

Hochkordelliere an der bolivianisch-chilenischen Grenze

Bolivien

Viele halten Bolivien für ein Bergland. Doch neben dem dominierenden Andenhochland, aus dem der Illimani mit 6880 m Höhe herausragt, breitet sich nördlich und östlich davon Tiefland aus, bedeckt von Urwald und von der Graslandschaft des Gran Chaco. Die meisten Touristen lernen, von Peru kommend, leider nur den Titicacasee und den Regierungssitz La Paz kennen, beide etwa 3600 m hoch gelegen. Es würde sich aber lohnen, Bolivien mehr Aufmerksamkeit zu schenken, zudem seine touristische Infrastruktur auch „in der Provinz" internationalen Ansprüchen genügt, obwohl Luxus fehlt. Allerdings erst wenig für den Fremdenverkehr erschlossen ist der Urwald.

Informationen
Botschaft von Bolivien,
Konstantinstraße 16, 53179 Bonn,
Tel.: 0228/934470, Fax: 0228/355952.

Geschichte und Kultur

Bolivien, ursprünglich zum Reich der Inka gehörend, wurde in der spanischen Kolonialzeit als Oberperu von Lima aus regiert und bildete sogar noch zur republikanischen Zeit (Unabhängigkeitserklärung: 6.8.1825) für einige Jahre eine Konförderation mit Peru. 1879 kam es zu dem verhängnisvollen Salpeterkrieg mit Chile, bei dem das mit Peru verbündete Bolivien die Küstenprovinz Atacama und damit den Zugang zum Meer verlor. Boliviens Geschichte in diesem Jahrhundert ist geprägt von Putschen, Landreform und Verstaatlichung der großen Minengesellschaften.

Titicacasee

Geographie und Geologie

Die Andenregion mit mittleren Höhen von 3500 m gilt als das Kernland, obwohl das Tiefland zwei Drittel des Territoriums ausmacht. Im Altiplano (Hochland) liegen die beiden größten Seen, der Titicacasee, zur Hälfte zu Peru gehörend, und der Poopósee, ein flacher Salzsee, der im Sommer austrocknet. Das Tiefland ist Einzugsgebiet des Amazonas und des Paraná.

Indiofrauen

Internetadressen

http://www.lonelyplanet.com/dest/sam/bolivia.htm

Sekundärliteratur

Reiseführer deutsch

Thomas Pampuch, Bolivien, München 1993.

Gerd Möller, richtig reisen - Peru und Bolivien, Köln 1991.

La Paz

Durchschnittswerte	Tagestemperatur °C	Nachttemperatur °C	Sonnentage*	Sonnenstunden / Tag	Wassertemperatur °C	Rel. Luftfeuchtigkeit %
Jan	18	6	12	5	-	68
Feb	18	6	11	4	-	71
Mär	18	6	16	5	-	65
Apr	19	5	22	7	-	56
Mai	17	3	27	9	-	49
Jun	17	2	28	11	-	42
Jul	17	1	29	9	-	40
Aug	17	2	28	8	-	47
Sep	18	3	21	8	-	56
Okt	19	5	22	8	-	53
Nov	19	6	19	6	-	55
Dez	19	6	15	6	-	65

* weniger als 1 Liter/m² Niederschlag
Quelle: Deutscher Wetterdienst, Hamburg

Staat und Gesellschaft

Bolivien ist eine Präsidialrepublik, deren Verfassung oft geändert wurde.

Wirtschaft und Industrie

In dem Indioland Bolivien bestehen noch heute Wirtschaftsstrukturen des Inkareiches weiter. So existiert parallel zur Geldwirtschaft der Mittel- und Oberschicht das teilweise geldlose indianische Wirtschaftssystem, das auf Selbstversorgung und Tauschhandel beruht. Höchste wirtschaftliche Bedeutung hat der Abbau der zahlreichen Bodenschätze wie Zinn, Wolfram, Eisen, Blei, Antimon, Kupfer, Zink, Silber, Gold, Schwefel und Erdöl. Nicht unwesentlich ist der verbotene Kokaanbau.

Religion

Staatsreligion ist der römisch-katholische Glaube. Es herrscht Religionsfreiheit.

• • • Ein einmaliges Schauspiel unerwarteter indianischer Ausgelassenheit ist der Karneval in der Minenstadt Oruro. Seinen Höhepunkt findet er am Samstag vor Aschermittwoch, wenn viele prächtig herausgeputzte Gruppen durch die Straßen tanzen. Am berühmtesten ist der Diablada-Tanz, bei dem Teufel gegen Engel kämpfen. Die bunten Teufelsmasken aus Pappmaché, Gips und bunten Perlen können als Souvenir erworben werden.

Huatajata

Huatajata heißt der Hafen am Titicacasee, in dem die aus Peru kommenden Touristen eintreffen. Von hier kann man Tiahuanaco besuchen, die Ruinen einer der bedeutendsten vorspanischen Kulturen Amerikas mit dem berühmten Sonnentor. Auch bieten sich Bootsausflüge zu kleinen Inseln an, auf denen die Indios besonders hübsche Webarbeiten und Boote aus Totora (Binsenart) herstellen.

La Paz

Wer mit dem Flugzeug auf dem 4000 m hochgelegenen Flugplatz von La Paz einschwebt, sollte sich zunächst gemächlich bewegen, um sich nicht ad hoc die Höhenkrankheit einzufangen. Auch beim Sightseeing bleibt so manchem noch die Luft weg. Sehenswert das Tiahuanaco-Museum mit Funden dieser indianischen Hochkultur, die koloniale Basílica Menor de San Francisco, die schönste Kirche der Stadt, sowie die Souvenirstraße Calle Sagárnaga mit anschließendem Zaubermarkt, auf dem u.a. getrocknete Lama-Embryos als Glücksbringer verkauft werden. Ausflüge führen ins

Mondtal, einer von Erosion zerfressenen bizarren Landschaft, und in die Yungas, eine tropische Berglandschaft, die nach rund 100 km mit riskanten Kurven und einem Höhenabfall von fast 3000 m in etwa vier Stunden erreicht wird.

• • • Abends sollte man in einem Restaurant mit Folklore, den Peñas Folklóricas, einkehren. Dort erklingen indianische Instrumente, u.a. melancholische Flöten und lustige Charangos, „Mandolinen“ mit dem Panzer eines Gürteltieres.

La Paz

Potosí

Potosí, 1545 auf rund 4000 m Höhe gegründet, war im 17. Jh. nicht nur die größte Stadt Amerikas, sondern auch die wohlhabendste der ganzen Welt. Schuld daran der Cerro Rico, der „reiche Berg“, der voller hochwertigem Silbererz steckte und bei dessem Abbau acht Millionen Indios umgekommen sein sollen. Klöster, Kirchen, Paläste und die Moneda, die alte Münze, künden noch von diesem Reichtum.

• • • Ein Juwel unter den kolonialen Sakralbauten ist das restaurierte Nonnenkloster Santa Teresa. Hinter seinen Mauern schlummern unzählige Kolonialgemälde in vergoldeten Rahmen, kostbarstes Kirchengerät und holzgeschnitzte Altäre mit Goldauflage.

Sucre

Das verschlafene Sucre ist auf dem Papier immer noch Boliviens Hauptstadt. Auch hier verraten zahlreiche Kirchen und Klöster den einstigen Reichtum: Mit Perlen, Diamanten, Smaragden und anderen Edelsteinen übersät lächelt die Jungfrau von Guadelupe in einer Kapelle neben der Kathedrale; fein geschnitzt und vergoldet die Kanzel und der Hauptaltar der La-Merced-Kirche; maurischer Einfluß prägt die prächtige rot- und goldbemalte Decke der Jesuitenkirche San Miguel, überall hängen Bilder von Melchor Perez de Holguín, dem bedeutendsten bolivianischen Maler.

Indiomarkt

• • • Sonntags mache man einen Ausflug nach Tarabuco. Sein Indiomarkt gilt als der ursprünglichste von Bolivien. Die Indios kommen in malerischer rotbrauner Kleidung. Die Männer tragen merkwürdige Lederhüte, die Monteras, die spanischen Helmen nachgebildet sein sollen. Meist wollen sie nicht, daß man sie fotografiert.

Rio de Janeiro

Brasilien

Nur wenige Länder auf dieser Welt sind so facettenreich wie Brasilien. Das mag an der Größe des Landes liegen, in dem sich ein Kontinent verstecken könnte. Allein die Küste ist 7.600 Kilometer lang und bietet Traumstrände in Hülle und Fülle. Zudem gibt es wunderbare koloniale Kleinode ebenso wie die Retortenstadt Brasília. Natürlich dürfen die faszinierenden Städte Rio de Janeiro und Salvador da Bahia nicht fehlen.

Die Natur hat Brasilien verwöhnt: da gibt es das undurchdringliche Amazonien, das Überschwemmungsgebiet Pantanal und die imposanten Iguaçu-Wasserfälle. Aber noch etwas macht das Land so liebenswert: die überaus freundlichen Menschen aller Hautfarben. Karneval und Samba lassen die Lebensfreude erahnen. Nicht umsonst hat eine Studie festgestellt, daß in Brasilien die glücklichsten Menschen der Welt leben. Jeder Besucher spürt dies, und das Land zieht einen in seinen Bann. Stefan Zweig, österreichischer Schriftsteller, formuliert es treffend: „Wer Brasilien wirklich zu erleben weiß, der hat Schönheit genug für ein halbes Leben gesehen.“.

Informationen

Brasilianische Botschaft,
Kennedyallee 74, 53175 Bonn,
Tel.: 0228/959230, Fax: 0228/373696

Geschichte und Kultur

Spanier und Portugiesen waren clever: Um sich bei ihren Entdeckungen nicht in die Quere zu kommen, teilten sie kuzerhand die Welt in zwei Teile und schlossen den Vertrag von Tordesilhas (1494). Eine Trennungslinie von Nord nach Süd durch den Atlantik teilte die Welt: alles, was östlich dieser Linie entdeckt wurde, gehörte Portugal; was westlich der Linie lag, gehörte Spanien. So kam es im Jahre 1500, daß Brasilien durch den Portugiesen Pedro Alvarez Cabral entdeckt wurde. Anfangs war man mit der Neuentdeckung unzufrieden, denn man fand nicht das ersehnte Gold, sondern lediglich das tiefrote Brasilholz, das auch dem Land den Namen gab. Dann brachte der Zuckerrohranbau bescheidene Erträge. Aus den afrikanischen Besitzungen wurden rund fünf Millionen Sklaven herangeschafft, die auf den Plantagen helfen sollten.

Routenvorschlag

❶ *Höhepunkte zwischen Amazonas und Zuckerhut, 10 Nächte*

Indio beim Fischfang

Sekundärliteratur
Reiseführer deutsch
Helmuth Taubald, richtig reisen - Brasilien, Köln 1997.
Christian und Mariana Eifel, Brasilien Reise-Handbuch, Berlin 1994.

Sekundärliteratur
Reiseführer englisch
Andrew Draffen / Chris McAsey / Leonardo Pinheiro / Robyn Jones, Brazil, Hawthorne 1996.

Iguaçú

Lange dauerte es noch, bis das Land besiedelt wurde. Erst als 1693 Gold und Diamanten gefunden wurden, strömten die Menschen ins Landesinnere. Die Geschichte danach ist schnell erzählt. 1820 kam die Unabhängigkeit von Portugal, 1888 löste die Aufhebung der Sklaverei den Sturz der Monarchie aus. Dann kam die Zeit der Militärs, die sich mehr oder weniger massiv in die Politik einmischten. Erst 1985 kam es dann zu den ersten wirklich freien Wahlen. Das Militär hatte heruntergewirtschaftet und zog sich aus der Politik zurück. Seit 1995 führt Fernando Henrique Cardoso die Staatsgeschäfte.

Auf kulturellem Gebiet hat sich Brasilien freigeschwommen, in der Literatur mit weltbekannten Schriftstellern wie Jorge Amado und João Ubaldo Ribeiro, in der Malerei mit Cândido Portinari. In der Musik steht an erster Stelle natürlich der Samba mit seinen vielen Facetten; neuerdings schwimmt die afro-brasilianische Musik auf einer mächtigen Sympathiewelle.

Eine Sportart darf nicht fehlen: der Fußball. Er läßt die Nation gemeinsam leiden und gemeinsam glücklich sein. Er versetzt die gesamte Nation in einen Rausch, und das nicht erst seit Pelé und den vier gewonnenen Weltmeisterschaften.

Geographie und Geologie

Die Ausmaße sind gewaltig: Das Land mit seinen 8,5 Millionen km² nimmt fast die Hälfte des südamerikanischen Kontinents ein. Es ist das fünftgrößte Land der Erde und 24 mal größer als Deutschland. Die „grüne Hölle", wie das Amazonasgebiet wegen seiner Undurchdringlichkeit oft genannt wird, bedeckt etwa 42 Prozent der Fläche Brasiliens. Der Amazonas ist 6.000 Kilometer lang und der wasserreichste Fluß der Erde. In diesem Gebiet und im Pantanal gibt es eine unübertroffene Artenvielfalt. Um nur einige Zahlen zu nennen: 2.800 Holzarten, über 900 Orchideenarten, etwa 1.800 Vogelarten, rund 1.500 Fischarten und 15.000 Schmetterlingsarten; Großwild gibt es in Brasilien nicht, dafür aber Alligatoren, Kaimane, Jaguare, Riesenotter, Wasserschildkröten und viele Schlangenarten, unter anderem die Anaconda. In vielen Flüssen gibt es Piranhas, bis zu 30 Zentimeter große Fische, die aggressiv auf Blut reagieren.

Staat und Gesellschaft

Rund 160 Millionen Menschen leben in Brasilien, davon sind rund die Hälfte weißer Abstammung, fast 40 Prozent Mulatten, Cafuzos und Mestizen, und etwa sechs Prozent sind Schwarze. Ein Schmelztiegel der Rassen, die friedlich nebeneinander leben. Auch das ist ein Stück der Faszination von Brasilien. Keine Regierung hat es bis heute jedoch geschafft, die großen sozialen Mißstände zu beseitigen: das Einkommensgefälle zwischen Arm und Reich ist noch sehr groß, trotz Schulpflicht gibt es fast 20 Prozent Analphabeten, und die Landreform läßt seit Jahrzehnten auf sich warten. Es gibt noch viel zu tun.

Wirtschaft und Industrie

Das Land ist reich an Bodenschätzen. So verwundert es nicht, daß Brasilien heute die achtgrößte Wirtschaftsnation der westlichen Welt ist. Unermeßlich sind die Schätze an Kohle, Eisen, Bauxit, Halbedelsteinen, Kupfer, Nickel und Zinn, aber auch Gold und Erdöl sind reichlich vorhanden. Hinzu kommt die riesige und fruchtbare landwirtschaftliche Fläche, die vornehmlich für die Rinderzucht und den Anbau von Zuckerrohr, Soja und Kaffee genutzt wird. Das Land ist in vieler Hinsicht Selbstversorger. Trotzdem gibt es eine Auslandsverschuldung von rund 100 Milliarden US-Dollar, zum großen Teil eine Altlast des Militärs. Sie wollten Prestige-Objekte und haben dafür teuer bezahlt, z. B. für die Trans-Amazônica, die Retortenstadt Brasília, den Itaipu-Staudamm.

Karneval

Religion

Rund 95% der Bevölkerung bekennen sich zum römisch-katholischen Glauben. Das ist aber nur die halbe Wahrheit, denn etwa ein Drittel der Bevölkerung pflegen nebenbei afro-brasilianische Kulte, z. B. Macumba und Candomblé.

Sekundärliteratur
Belletristik deutsch

Paulo Rangel, Der grüne Tod, Wuppertal 1997.
João Ubaldo Ribeiro, Brasilien, Frankfurt/Main 1996.
Stefan Zweig, Brasilien, Frankfurt/Main 1984.
Claude Lévi-Stauss, Traurige Tropen, Frankfurt/Main 1978.
Jorge Amado, Viva Teresa, Reinbek 1977.

Belém

Am Mündungsdelta des Amazonas und etwas unterhalb des Äquators liegt die bedeutende Hafenstadt Belém. Der Fluß ist dort gigantische 250 Kilometer breit, und mittendrin liegt die Insel Marajó - so groß wie die Schweiz.

Die Millionenstadt mit ihrem durchweg feuchtheißen Klima hat einiges zu bieten. An erster Stelle ist der Markt am Hafen zu nennen. Er heißt sinnigerweise Ver-o-Peso, übersetzt: „Achte auf das Gewicht". Alles gruppiert sich um die markante Fischhalle mit ihren vier Ecktürmen – eine auffallende Eisenkonstruktion aus dem vorigen Jahrhundert. Mit kleinen Booten wird all das herbeigebracht, was der Fluß und der Regenwald hergeben: unzählige Fischarten, tropische Früchte, Para-Nüsse, Unmengen an Heilkräutern und Gemüse. Ein belebter und farbenprächtiger Ort.

Markthalle in Belém

Lohnenswert ist ein Besuch des Museums Emílio Goeldi mit der wohl umfassendsten Sammlung über Amazonien. Alles wird sehr anschaulich präsentiert.

Wer von Mitte bis Ende Oktober in der Stadt weilt, der hat Glück: dann findet das Círio-Fest statt, das größte religiöse Ereignis in der Region. Zahlreiche farbenprächtige Prozessionen mit Tausenden von Teilnehmern bewegen sich singend und betend von der Kirche da Sé zur Basilika N. S. de Nazaré. Viele Teilnehmer gehen barfuß und sind mit einem Totenhemd bekleidet.

Brasilia

Internetadressen

http://www.brazilinfo.com/

http://www.embratur.gov.br/

http://www.lonelyplanet.com/dest/sam/bra.htm

http://psg.com/~walter/brasil.html

Brasilia						
Durchschnittswerte	Tagestemperatur °C	Nachttemperatur °C	Sonnentage*	Sonnenstunden / Tag	Wassertemperatur °C	Rel. Luftfeuchtigkeit %
Jan	27	17	13	5	-	76
Feb	27	17	13	6	-	77
Mär	27	16	16	6	-	76
Apr	27	17	21	7	-	75
Mai	26	15	27	8	-	68
Jun	25	13	29	8	-	61
Jul	25	13	30	9	-	56
Aug	27	15	29	9	-	49
Sep	28	16	24	7	-	53
Okt	28	17	15	5	-	66
Nov	27	18	14	5	-	75
Dez	26	18	11	5	-	79

* weniger als 1 Liter/m² Niederschlag
Quelle: Deutscher Wetterdienst, Hamburg

Brasília

Im dritten Anlauf hat es geklappt, eine Hauptstadt am Reißbrett zu entwerfen und im Landesinnern zu bauen: Brasília. In nur fünf Jahren wurde sie fertiggestellt und übernahm 1960 den Regierungssitz. Die Stadt mit ihrer strengen Logik hat die Form eines Flugzeuges: Lúcio Costa war der Planer, Oskar Niemeyer, der international bekannte Architekt, entwarf die futuristisch anmutenden Hochbauten, die allesamt grazil und leicht wirken. Hervorzuheben sind die Kathedrale in Form einer Krone, die wohl weltweit schönste moderne Kirche, das Außenministerium (Palácio do Itamaratí), der Regierungssitz des Präsidenten (Palácio do Planalto) und, etwas außerhalb, die Residenz des Präsidenten (Palácio da Alvorada). Viele Bauten sind von kleinen, künstlich angelegten Seen umgeben. Die Retortenstadt lebt ausschließlich von ihrer Architektur und ist nicht jedermanns Sache. – Lassen Sie sich überraschen.

Búzios

Wer das Saint Tropez Brasiliens sucht, kommt nach Búzios. Brigitte Bardot war in den 60er Jahren hier und brachte den Ort in die Schlagzeilen. Seitdem zieht die junge Schickeria von Rio übers Wochenende in diesen romantischen Badeort mit mehr als 20, zum Teil sehr idyllischen Stränden und einem ausgelassenen Nachtleben. Kein Zweifel, der Ort hat Atmosphäre. Den Tag verbringt man am Strand, entspannt sich, schwimmt, taucht, surft und segelt oder unternimmt eine Buggyfahrt über die weißen Dünen. Nachts geht es dann auf die Flaniermeile des Ortes, die Rua das Pedras, die parallel zum Strand von do Canto verläuft. Dort reihen sich urige Kneipen, einladende Straßencafés, verrückte Discos und schmucke Boutiquen wie eine Perlenkette auf. – Vergnügen rund um die Uhr.

Iguaçú-Wasserfälle

Im Grenzgebiet zu Argentinien und Paraguay und nahe der Stadt Foz do Iguaçú liegen inmitten des tropischen Regenwaldes die größten Wasserfälle der Welt. Auf einer Länge von 2.700 Metern stürzen die gewaltigen Wassermassen tosend in die Tiefe. Ein Naturschauspiel, das seinesgleichen sucht. Lediglich das alt-ehrwürdige Hotel das Cataratas, mit einzigartigem Blick auf die Wasserfälle, unterbricht das saftige Grün der Landschaft.

Von der brasilianischen Seite bietet sich der beste Blick auf das Ganze, von der argentinischen Seite mehr der Blick auf die Details. Hubschrauberrundflüge zeigen die Wasserfälle aus der Vogelperspektive. Für die Besucher stehen Aussichtsplattformen zur Verfügung; es gibt Stege und einen Lift, der hinunter zur Gischt führt.

• • • Nur etwa 30 Kilometer nordwestlich der Wasserfälle steht das größte Wasserkraftwerk der Welt. Die Stützmauer des Itaipu-Staudamms ist so hoch wie der Kölner Dom; ein imposantes Bauwerk. Täglich Führungen.

Fortaleza

Strand bei Fortaleza

Besucher, die nach Fortaleza kommen, haben meist nur ein Ziel: die herrlichen Strände in der näheren Umgebung der Stadt. Touristisch hat die Millionenstadt nur wenig zu bieten. Hervorzuheben ist lediglich das Theater José de Alencar, eine 1910 erbaute Stahlkonstruktion im Art-Noveau-Stil.

Die Stadtstrände sind nicht besonders reizvoll, aber sie garantieren dafür Badevergnügen und Unterhaltung rund um die Uhr. Die herrlichen Strände mit Kokospalmen, Dünen und Klippen liegen vor den Toren der Stadt. Wer noch etwas weiter in Richtung Süden fährt, kommt zu ungewöhnlich reizvollen Stränden, die in eine wüstenähnliche Landschaft eingebettet sind.

Wer das Kunsthandwerk liebt, kommt in Fortaleza auf seine Kosten: die Stadt gilt in Brasilien als Hochburg der Klöppelkunst. Aufwendig gefertigte Hängematten und Tischdecken sind der Renner.

Manaus

Mitten in der grünen Hölle Amazoniens liegt wie eine Insel die Zwei-Millionen-Stadt Manaus, dort, wo der Rio Negro und der Rio Solimões zusammenfließen. Ab hier trägt der 6.800 Kilometer lange Strom den Namen Rio Amazonas. Mit dem Kautschukboom (etwa 1850 bis 1915) blühte die Stadt auf und kam zu unermeßlichem Reichtum. Dann schmuggelte 1876 der Engländer Wickham den Samen des Kautschukbaumes außer Landes, und das Kautschuk-Monopol war dahin. Die Stadt verfiel in Lethargie und verarmte zusehends. An jene Zeit erinnern noch zahlreiche feudale Bauten, zum Beispiel das pompöse Teatro Amazonas im Belle-Epoque-Stil, innen verschwenderisch ausgestattet. Sehenswert sind noch das alte Zollhaus aus schottischem Gelbsandstein in der Nähe der schwimmenden Docks und der Gouverneurspalast (Palácio de Rio Negro). Lohnenswert ist ein Besuch des Marktes (Mercado Municipal), eine riesige, um die Jahrhundertwende aus Frankreich importierte Eisen-

Iguaçú-Wasserfälle

Manaus

konstruktion. Der richtige Ort, um Mitbringsel einzukaufen: Hängematten, Textilien, kunstgewerbliche Gegenstände, aber auch alles, was der Regenwald und der Fluß bieten: unzählige Fischarten, Früchte, Kräuter, Blumen und Heilpflanzen.

Wer nach Manaus kommt, möchte aber den Amazonas erleben. Dazu gibt es reichlich Gelegenheit: mit einem Boot zur Encontro das Aguas, dem Zusammentreffen der Flüsse Rio Negro mit seinem dunkelbraunen Wasser und dem Rio Solimões mit seinem ockerfarbenen Wasser. Ein besonderes Naturereignis. Beliebt sind Bootstouren in die engen Seitenarme des Rio Negro oder zu einer Jungle-Lodge: oft fürstlich ausgestattete, kleine Hotels mitten im Dschungel.

••• Das Tropical Manaus ist eines der interessantesten Luxushotels in Brasilien: mitten im Naturschutzgebiet am Rio Negro gelegen, mit allem Komfort und schönen Flußstränden. Relaxen in der Natur.

Recife

Das „Venedig Brasiliens“, wie Recife wegen seiner vielen Brücken genannt wird, reizt vierfach: der Boa Viagem Strand, die historische Altstadt, der Karneval und Olinda, das koloniale Kleinod vor den Toren der Stadt. Der sieben Kilometer lange, leicht gekrümmte Boa-Viagem-Strand erinnert etwas an die Copacabana: feiner Sandstrand, wenig Palmen und im Hintergrund eine Hochhauskulisse. Zumindest einen Unterschied gibt es jedoch zur Copacabana: das Wasser ist ruhig, weil die vorgelagerten Riffe die Wellen brechen.

Der historische Stadtkern auf der Insel Santo Antônio läßt den Glanz vergangener Tage erahnen: die Praça da República an der nördlichen Inselspitze mit Gouverneurspalast, dem schönen Stadttheater (Teatro Santa Isabel) und dem Kloster Santo Antônio mit der wohl bedeutendsten kolonialen Kapelle (Capela Dourada) Brasiliens: mit viel Gold, wertvollen Gemälden, einem Gestühl aus polier-

Recife

Durchschnittswerte	Tagestemperatur °C	Nachttemperatur °C	Sonnentage*	Sonnenstunden / Tag	Wassertemperatur °C	Rel. Luftfeuchtigkeit %
Jan	30	22	19	8	27	73
Feb	30	23	16	8	27	77
Mär	30	23	15	7	27	80
Apr	30	23	11	6	27	84
Mai	29	22	10	6	27	85
Jun	29	22	8	6	27	85
Jul	27	21	8	6	26	85
Aug	28	21	12	7	26	85
Sep	28	21	15	7	26	78
Okt	29	21	20	8	26	76
Nov	30	22	12	9	27	74
Dez	30	22	22	8	27	75

* weniger als 1 Liter/m² Niederschlag
Quelle: Deutscher Wetterdienst, Hamburg

tem Jacarandá-Holz (Palisander) und filigranen Holzschnitzereien. Auch ein Besuch im alten Gefängnis ist lohnenswert: vorbildlich restauriert und heute der wohl größte Kunstgewerbemarkt von Recife. In den kleinen Zellen sind schmucke Boutiquen untergebracht und bieten geschmackvolles Kunstgewerbe an, z.B. Hängematten, Decken, Tonfiguren.

Der Karneval ist etwas anders als etwa in Rio: nicht so perfekt, nicht geplant, dafür ausgelassener und lauter. – Ein Fest der Sinne.

Nur sieben Kilometer nördlich von Recife liegt am Meer und von Kokospalmen umrahmt Olinda, eine sehenswerte koloniale Kleinstadt, die von der UNESCO wegen ihres geschlossenen Stadtbildes zum „Kulturellen Erbe der Menschheit" erklärt wurde.

• • • Wer einen der schönsten Strände Brasiliens aufsuchen möchte, kennt nur ein Ziel: den Strand von Calhetas, 40 Kilometer südlich von Recife: kleine, verspielte Buchten mit feinem Sandstrand, Kokospalmen, einem bescheidenen Restaurant am Berghang und wenig Infrastruktur. Reisebüros offerieren Tagesausflüge.

Rio de Janeiro

Wer träumt nicht davon, einmal nach Rio de Janeiro zu kommen, eine Stadt, die wie ein Magnet anzieht. Nicht umsonst: es gibt nur wenige Städte in der Welt, die eine solche Faszination ausstrahlen. Mit Rio de Janeiro verbindet man den Zuckerhut, die Christusstatue, die Edel-Strände Copacabana und Ipanema, den Tijucawald, das größte Fußballstadion der Welt (Maracanã), den unübertroffenen Karneval und vieles, vieles mehr.

Die Stadt ist eine Reise wert. Sie liegt in der geschützten Guanabara-Bucht und schmiegt sich an die steil aufsteigenden Gebirgszüge. Ganz oben, dort wo Häuser kein Fundament mehr finden, kleben an den Steilhängen die bunten Wellblechbuden der Armen (Favelas), die genauso zum Rio-Bild gehören. Die Bewohner der Favelas sind die Hauptakteure des berauschenden Karnevals von Rio. An vier Ta-

Rio de Janiero

Rio de Janeiro	Tagestemperatur °C	Nachttemperatur °C	Sonnentage*	Sonnenstunden / Tag	Wassertemperatur °C	Rel. Luftfeuchtigkeit %
Jan	29	23	21	6	25	78
Feb	30	24	20	7	25	79
Mär	29	23	23	6	26	79
Apr	28	22	21	6	25	79
Mai	26	20	24	6	24	80
Jun	25	19	24	5	23	79
Jul	25	18	26	6	22	77
Aug	26	19	25	6	22	76
Sep	26	19	21	5	22	78
Okt	26	20	22	5	22	78
Nov	27	21	21	6	23	79
Dez	29	22	19	5	24	79
Durchschnittswerte						

* weniger als 1 Liter/m² Niederschlag
Quelle: Deutscher Wetterdienst, Hamburg

gen im Jahr vergessen sie ihr Leid und stehen in farbenprächtigen, phantasievollen Kostümen im Rampenlicht. Ein kurzer, intensiver Genuß, der wieder Kraft für ein ganzes Jahr gibt. Die Hauptveranstaltungen zum Karneval finden im Sambadromo statt, quasi ein Stadion mit 60.000 Plätzen, wo nach Mitternacht die besten Sambaschulen sich der Jury stellen. Aber auch in den Straßen gibt es Umzüge und ausgelassene Stimmung rund um die Uhr. Wer außerhalb der Karnevalssaison Rio besucht, sollte sich eine der glanzvollen Sambashows anschauen, z.B. im Plataforma.

Zum Pflichtprogramm gehört ein Ausflug zum Corcovado, einem 700 Meter hohen Berg im Tijucawald. Auf dem Gipfel, erreichbar mit einer schweizerischen Zahnradbahn, steht eine 38 Meter hohe Christusstatue, die schützend ihre Arme über die Stadt ausbreitet. Von dort bietet sich ein überwältigender Blick über die Stadt und die Guanabara-Bucht. Natürlich gehört auch der Besuch des 750 Meter hohen Zuckerhutes, dem Wahrzeichen von Rio, zum Programm: ein kahler, markanter Granitkegel mit einer Aussichtsplattform. Schon die Fahrt mit der Drahtseilbahn, hautnah an der steilen Felswand vorbei, ist ein Erlebnis; ebenso der Blick über die Stadt. Nicht weit davon beginnt der weltberühmte Copacabana-Strand. Dort treffen sich die Schönheiten der Stadt, dort findet man die besten Restaurants, Hotels, Boutiquen, Kneipen und Juweliergeschäfte. Am Ipanema-Strand trifft sich die Jugend von Rio; ausgeflippt geht es dort zu.

Die Stadt bietet unermeßlich viel. Stefan Zweig kann man nur zustimmen: „Niemand nimmt gern Abschied, der hier einmal gewesen." – Até logo – auf Wiedersehen!

Salvador da Bahia

Salvador de Bahia	Tagestemperatur °C	Nachttemperatur °C	Sonnentage*	Sonnenstunden / Tag	Wassertemperatur °C	Rel. Luftfeuchtigkeit %
Jan	30	24	22	8	27	79
Feb	30	24	16	8	27	79
Mär	30	24	17	8	27	80
Apr	29	23	11	6	27	82
Mai	28	23	10	6	27	83
Jun	27	22	10	6	26	82
Jul	26	22	12	6	25	81
Aug	26	21	16	7	24	80
Sep	27	22	17	7	24	80
Okt	28	23	20	7	25	81
Nov	29	23	20	7	26	81
Dez	29	23	20	7	26	81
Durchschnittswerte						

* weniger als 1 Liter/m² Niederschlag
Quelle: Deutscher Wetterdienst, Hamburg

Viele Besucher halten Salvador da Bahia für die interessanteste Stadt Brasiliens – nicht zu unrecht: herrlich an der Allerheiligen-Bucht auf einem Hügelzug gelegen, mit überwältigender kolonialer Substanz, mit Traumstränden für jeden Geschmack, einem grandiosen Umland, einem tollen Karneval und vielen Festen. Es ist die Stadt der Schwarzen, eine mystische Stadt, und dort ist die Seele Brasiliens zuhause.

Das Stadtzentrum ist unterteilt in die Unter- und die Oberstadt. Die Hafengegend mit der markanten Markthalle (mercado modelo), einem guten Ort für Kunstgewerbe, bildet die Unterstadt.

Mit einem riesigen Aufzug kommt man zur Oberstadt, wo früher die Reichen lebten. Von dort erreicht der Besucher in zehn Minuten den Pelourinho: das größte zusammenhängende Barockviertel der Welt. Die UNESCO hat dieses Viertel zum „Kulturellen Erbe der Menschheit" erklärt: in Pastelltönen gestrichene, zweistöckige Herrenhäuser, Paläste und viele Barockkirchen säumen die engen, gepflasterten Gassen. Alles wurde vor kurzem vorbildlich restauriert. Das Viertel lebt immer mehr auf. Boutiquen, Ateliers, Kneipen und Juweliergeschäfte sind reichlich vorhanden. An jeder Ecke stehen Polizisten, um die kaufkräftigen Besucher vor Taschendieben zu schützen.

Die schönsten Strände verlaufen entlang der Atlantikküste. Weiter nördlich kommt dann die Estrada de Coco mit wahrhaft paradiesischen Stränden: feiner Sand, Kokospalmenhaine und verstreut einige Bungalowanlagen.

Die vorzügliche bahianische Küche, die vielen Inseln in der Allerheiligenbucht, die zahlreichen, farbenprächtigen Feste, afro-brasilianische Kulte, die hier dominieren, und Capoeira, der Kampftanz. Salvador da Bahia – im Herzen vieler eine unendlich reiche Stadt.

• • • Wenn sonntags und montags die Sonne untergeht, lebt in den Gassen des Pelourinho der Karneval auf: dann proben die zahlreichen Sambakapellen. Ein wunderbares Spektakel mit ausgelassenen Menschen. Mit etwas Glück kann man auch die Kultband Olodum live erleben.

Innenstadt

São Paulo

Die Stadt ist das wirtschaftliche Zentrum Brasiliens: mehr als 25 Millionen Einwohner (Groß-São Paulo) leben in dem Ruhrgebiet Südamerikas. In São Paulo arbeitet man, in Rio de Janeiro lebt man: so sagen die Brasilianer. Da ist Wahres dran. Trotzdem: die Stadt hat einiges zu bieten: weiträumige, gepflegte Parks, die besten Restaurants von Brasilien, hervorragende Museen und zahlreiche Theater, das Schlangeninstitut (Instituto Butantã) sowie das orientalische Viertel (Baixo Oriental) mit vielen koreanischen, japanischen und indonesischen Restaurants und Geschäften, mit fernöstlichem Flair.

Lohnenswert ist ein Besuch des 160 Hektar großen Ibirapuera-Parks, gestaltet von dem bekannten Landschaftsarchitekten Burle Marx, mit zahlreichen Museen, die überwiegend von dem international bekannten brasilianischen Architekten Oskar Niemeyer entworfen wurden. Eindrucksvoll ist das Museum für moderne Kunst.

Sonntags strömen die Paulistas, wie sich die Einwohner nennen, zu den etwa 80 Kilometer entfernten Stränden.

• • • Etwa 30 Kilometer westlich der Stadt liegt der kleine Ort Embu mit nur einer Attraktion: die Künstlerkolonie im historischen Stadtkern. Dort leben Maler, Bildhauer, Holzschnitzer und Töpfer und bieten in kleinen, schmucken Galerien ihre Kunstwerke an.

Fernando de Noronha

Knapp 400 Kilometer vor der Küste von Recife liegt ein kleines Archipel mit 21 Inseln: Fernando de Noronha. Wer hierhin kommt, sucht die Abgeschiedenheit in einer weitgehend unberührten Natur. Ein Refugium für Schnorchelfreunde und Taucher: eine bemerkenswerte Unterwasserwelt, einige Wracks aus der Kolonialzeit, nur wenige Meter unter Wasser, Delphine und Meeresschildkröten, die ihre Eier im heißen Sand vergraben. Dazu sehr einsame, verträumte Strände und herrliche Korallen-Bänke. Durch den strengen Naturschutz dürfen nur wenige Besucher auf die Insel.

Sao Paulo

Durchschnittswerte	Tagestemperatur °C	Nachttemperatur °C	Sonnentage*	Sonnenstunden / Tag	Wassertemperatur °C	Rel. Luftfeuchtigkeit %
Jan	27	19	15	5	-	80
Feb	28	19	14	5	-	79
Mär	27	18	20	5	-	80
Apr	25	16	22	5	-	80
Mai	23	14	25	5	-	79
Jun	22	12	25	5	-	78
Jul	22	12	26	5	-	77
Aug	23	13	26	5	-	74
Sep	24	14	22	4	-	77
Okt	25	15	21	4	-	79
Nov	26	17	19	5	-	78
Dez	26	18	17	4	-	80

* weniger als 1 Liter/m² Niederschlag
Quelle: Deutscher Wetterdienst, Hamburg

Fernando de Noranha

Ilha Grande

Die Geschichte meinte es gut mit der Insel: jahrzehntelang wurde sie gemieden, zuerst, weil einige Piraten dort hausten, dann die Sklaven dort anlandeten, schließlich Lepra-Kranke dort isoliert wurden, und vom letzten Jahrhundert an bis vor ein paar Jahren in einem Hochsicherheitsgefängnis Schwerverbrecher ihre Strafen absaßen. Das alles tat der Insel gut, weil nur wenige Menschen da waren. Nun ist das Gefängnis gesprengt, und die Insel wird behutsam für den Tourismus freigegeben. Sie hat alles, was man sich erträumt: Bilderbuchstrände, immergrünen Regenwald, entzückende Wasserfälle und eine noch bescheidene Infrastruktur. Ideales Refugium für Taucher, Drachenflieger, Angler, Erholungssuchende.

Ouro Preto

Rund 500 Kilometer landeinwärts und nahe bei der Millionenstadt Belo Horizonte liegt in einer kargen Bergwelt die prächtige Kolonialstadt Ouro Preto, von der Unesco zum „Kulturellen Erbe der Menschheit" erklärt. Mit Recht, denn die Stadt ist komplett erhalten und vorbildlich restauriert. Schmale, steile Gassen mit Kopfsteinpflaster, zweistöckige Herrenhäuser mit verspielten Holzbalkonen, die den Glanz vergangener Tage erahnen lassen, und zahlreiche, mit Gold überladene Barockkirchen prägen das Stadtbild. Dazu noch einige Glanzlichter: das ehemalige Steueramt (Casa dos Contos), das frühere Rathaus mit Gefängnis, in dem sich heute ein Museum befindet, und das Mineralienmuseum im alten Gouverneurspalast.

Zahlreiche stilvolle Restaurants, Geschäfte mit Kunstgewerbe und Juweliergeschäfte buhlen um die Gunst der Besucher.

Die Prozessionen in der Karwoche sind das größte Ereignis: die Gassen sind mit farbenprächtigen Blumenteppichen ausgelegt, und die Teilnehmer der Prozessionen treten in historischen Gewändern auf.

Pantanal

Der Pantanal steht Amazonien um nichts nach: ein riesiges Überschwemmungsgebiet mit einer einzigartigen Flora und Fauna. Wenn die starken Regenfälle einsetzen, treten die Flüsse über die Ufer und setzen das Land bis zu drei Meter unter Wasser. Es bilden sich bis zu 100 Quadratkilometer große Seen. Kleine Erhebungen ragen aus dem Wasser heraus und bilden damit die ideale Zuflucht für die vielen Tiere. Der Pantanal ist die fischartenreichste Region der Welt und beheimatet das größte Tierreservat des amerikanischen Kontinents. Fast die gesamte brasilianische Fauna läßt sich dort auf engstem Raum beobachten: Papageien, Tukane, Wildschweine, Wasserbüffel, Wildkatzen, Reiher, Ameisenbären, Falken und die Jabiru-Störche mit einer Flügelspannweite von bis zu drei Metern. Die größte Attraktion sind aber die Millionen Brillenkaimane, die dösend am Flußrand liegen. Es gibt zahlreiche Eingangsstädte zum Pantanal, z.B. Corumbá an der kolumbianischen Grenze. Am besten ist es jedoch, vom Norden her, über Poconé, in den Pantanal zu reisen. Die Transpantaneira, eine abenteuerliche Schotterpiste mit rund 130 einfachen Holzbrücken, führt bis nach Porto Jofre ins Überschwemmungsgebiet. Ein unvergessenes Naturerlebnis.

Parati

Filme, die von der Kolonialzeit handeln, werden in Brasilien nur in einem Ort gedreht: in Parati. Der schmucke Ort an der Küste liegt auf halber Strecke zwischen Rio de Janeiro und São Paulo und hat eine bemerkenswert kompakte koloniale Substanz: gepflasterte, holprige Gassen, wunderschön gepflegte Herrenhäuser mit romantischen Innenhöfen, barocke Kirchen und verspielte Brunnen. Die Zeit ist stehengeblieben, und man fühlt sich ins Mittelalter versetzt. Schlendern Sie durch die autofreie Altstadt und lassen Sie die Zeit an sich vorbeiziehen. Es gibt dafür keinen besseren Platz.

Torres del Paine-Massive

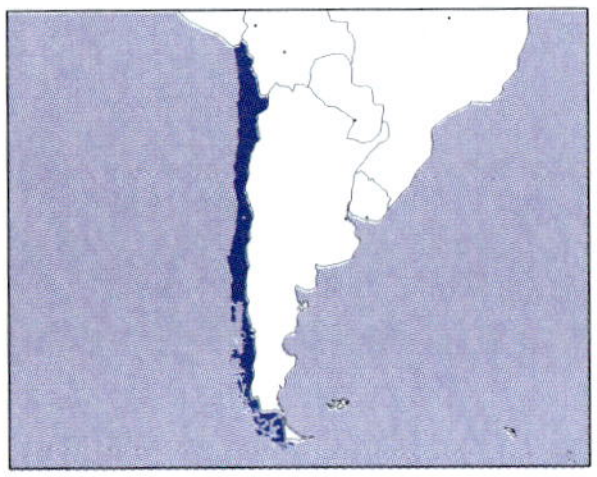

Chile

Chile ist eines der sonderbarsten und vielfältigsten Länder der Erde. Auf einer Fläche von ca. 756.600 km^2 finden sich in Chile fast alle Landschafts- und Klimatypen der Erde. Andere Staaten Südamerikas mögen dem Besucher mehr Glanzlichter präkolumbianischer oder kolonialzeitlicher Kunst bieten. In Chile kommen aber dafür Liebhaber großartiger und abwechslungsreicher Naturlandschaften ebenso auf ihre Kosten wie Freunde einer reichen und lebendigen Volkskunst. Die Offenheit und Gastfreundschaft der ca. 14 Millionen Einwohner und die gute Infrastruktur des Landes tun ein Übriges, den Aufenthalt in Chile angenehm zu gestalten.

Geschichte und Kultur

Informationen
Pro Chile, c/o Generalkonsulat von Chile
Kleine Reichenstraße 1/IV,
20457 Hamburg,
Tel.: 040/335835, Fax: 040/326957.

Erste Spuren menschlicher Besiedlung auf dem Territorium von Chile reichen mehr als 13.000 Jahre zurück. 1540, zu Beginn der spanischen Eroberung unter dem Konquistador Pedro de Valdivia, bewohnte eine Vielzahl von indianischen Völkern mit großen Unterschieden in Kultur und Wirtschaftsweise das Land. Von ihnen konnten sich nur das Volk der Mapuche, das erst Ende des 19. Jhdts. unterworfen wurde, sowie kleinere Gruppen von Aymará- und Atacameño-Indianern dem Untergang durch eingeschleppte Krankheiten und Verfolgungen sowie der Einschmelzung in das in Chile dominierende Mestizentum entziehen. 1818 erlangte das Land nach langen und wechselvollen Kämpfen unter dem Libertador („Befreier“) Bernardo O’Higgins die staatliche Unabhängigkeit von Spanien. Mitte des 19. Jhdts. setzte eine Einwanderungswelle von Europäern ein, die Chile wichtige wirtschaftliche und kulturelle Impulse gab. Für die Zukunft des Landes war der Sieg im sog. „Pazifikkrieg“ bzw. „Salpeterkrieg“ gegen Peru und Bolivien besonders bedeutsam. Mit den neugewonnenen Gebieten in der Atacamawüste gelangte Chile in den Besitz einer wahren Schatzkammer von mineralischen Rohstoffen.

Internetadressen
http://www.evolution.cl/chile/
http://www.chile-travel.com/
http://www.lonelyplanet.com/dest/sam/chile.htm

Im 20. Jhdt. war Chile lange Zeit eine Insel politischer Stabilität und relativem wirtschaftlichen Wohlstands innerhalb Südamerikas. In den rasch wachsenden Städten entstand eine große und politisch einflußreiche Mittelschicht. Mitte der 60er Jahre wurden umfangreiche Reformen (schrittweise Verstaatlichung der in ausländischem Besitz befindlichen Großminen, Agrarreform) in Angriff genommen, die zu wirtschaftlichen Schwierigkeiten und zu politischer Polarisierung führten. Dies verschärfte sich noch, als 1970 die Regierungsgewalt zu einer Linkskoalition unter dem Sozialisten Salvador Allende wechselte. Am 11.9.1973 übernahm das Militär die Kontrolle des Landes, Allende kam bei der Erstürmung des Präsidentenpalastes ums Leben. Die Jahre der Militärherrschaft unter Führung des Heeresgenerals Augusto Pinochet waren von zahlreichen Menschenrechtsverletzungen geprägt. Die Militärs verordneten Chile unter dem ökonomischen Leitbild des Neoliberalismus einen grundlegenden Wandel in Staat, Wirtschaft und Gesellschaft, der einerseits zahlreiche soziale Härten zur Folge hatte, andererseits wichtige Grundlagen für das seit Mitte der 80er Jahre anhaltende rasante wirtschaftliche Wachstum schuf. Nach einem Abstimmungssieg der Opposition im Jahre 1988 kam es zu einer schrittweisen Rückkehr zur Demokratie. 1990 übernahm wieder ein frei gewählter Präsident die Regierung des Landes.

Salar de Atacama, Salz- und Gipsformen

Geographie und Geologie

Chile hat eine Nord-Süd-Erstreckung von über 4.300 km, im Westen begrenzt vom Pazifik, im Osten von der Andenkordillere. Große Teile des Landes besitzen Gebirgscharakter, höchster Gipfel ist der Vulkan Ojos del Salado mit 6.893 m. Entsprechend groß ist die Vielfalt der in Chile anzutreffenden Klima-, Vegetations- und Geländeformen, welche von der vegetationslosen Küstenwüste Atacama und dem landschaftlich großartigen chilenischen Altiplano im Norden über die mediterran anmutenden Agrargebiete Zentralchiles und die seen- und wälderreiche „chilenische Schweiz" bis zu den Fjord- und Eislandschaften Westpatagoniens im äußersten Süden reichen. Chile ist ein geologisch junges Land, wovon zahlreiche aktive Vulkane und die häufigen Erdbeben Zeugnis ablegen.
Dem Touristen können von den klimatischen Bedingungen her folgende Reisezeiten empfohlen werden: Wüstenhafter Norden: ganzjährig; Zentralchile mit Santiago: Oktober – April; Seengebiet, Insel Chiloé und Patagonien/Feuerland: Dezember – März. Ganzjährige Badefreuden sind nur im äußersten Norden möglich, südlich von Chiloé ist das Wasser selbst für hartgesottene Schwimmer auch im Sommer zu kühl. Für Wintersport in den Anden empfiehlt sich in der (nicht sehr schneesicheren) Zentralzone der Monat August, im Seengebiet auch der September.

Sekundärliteratur
Reiseführer deutsch

Nora von Reiswitz, Chile, München 1997.
Susanne Asal, Chile, Köln 1996.
Tony Perrottet (Hrsg.), Chile, München 1996.
Rolf Seeler, Chile mit Osterinsel, Köln 1994.
Martin Velbinger, Chile. Antarktis, München 1994.

Sekundärliteratur
Belletristik deutsch

Isabel Allende, Der unendliche Plan, Frankfurt/Main 1997.
Antonio Skarmeta, Mit brennender Geduld, München 1996.
Isabel Allende, Das Geisterhaus, Frankfurt/Main 1994.

Staat und Gesellschaft

Die Verfassung Chiles datiert zu weiten Teilen aus dem Jahre 1980, wurde also zur Zeit der Militärs erlassen. Trotz mancher daraus resultierender Probleme ist Chile heute wieder eine Demokratie mit einem direkt gewählten Präsidenten (Amtsinhaber bis zum Jahr 2000 ist der Christdemokrat Eduardo Frei) und einem Zweikammerparlament. Chile ist ein zentralistisch geprägter Staat, der sich administrativ aus der Hauptstadtregion sowie weiteren 12 Regionen zusammensetzt. In ethnischer Hinsicht für südamerikanische Verhältnisse recht homogen, charakterisiert sich die chilenische Gesellschaft durch große sozioökonomische Unterschiede, die sich trotz des „chilenischen Wirtschaftswunders" weiter verschärfen. Ober-, Mittel- und Unterschicht haben im Alltagsleben relativ wenig Berührungspunkte.

Wirtschaft und Industrie

Zur Kolonialzeit eher das Armenhaus Südamerikas, konnte sich das Land ab Mitte des 19. Jhdts. durch den Export von Bergbau- und Agrarprodukten erfolgreich in die Weltwirtschaft integrieren. Seit Mitte des 20. Jhdts. ist Kupfer mit großem Abstand das wichtigste Ausfuhrgut. Zunehmend bereichern aber weitere Produkte wie Obst, Weine, Lachse, Fischmehl, Holz und Zellulose die Exportpalette. Die chilenische Industrieproduktion ist in erster Linie für den Inlandsmarkt bestimmt, die Betriebe konzentrieren sich weitgehend auf den Großraum Santiago sowie das Gebiet um Concepción. Die Mehrzahl der Chilenen arbeitet im Dienstleistungssektor, in dem der Fremdenverkehr eine wachsende Rolle spielt, auch als Devisenbringer. In der letzten Dekade konnte Chiles ein jährliches Wirtschaftswachstum zwischen 5 und 8 % erreichen. Heute zählt das Land sowohl nach wirtschaftlichen als auch nach sozialen Kriterien nicht mehr zur Dritten Welt.

Kirche Santo Domingo (XVIII. Jhdt.) in La Serena

Religion

76,7 % der chilenischen Bevölkerung gehören dem katholischen Glauben an, 12,4 % den stark wachsenden evangelischen Freikirchen (Methodisten, Pfingstkirchen u.a.). Aus Nachkommen von Einwanderern bestehen die kleinen Gemeinden von Lutheranern, Anglikanern, verschiedenen orthodoxen Kirchen, Juden und Muslims. Bei den Mapuche-Indianern haben sich Teile ihrer traditionellen Religion erhalten.

Arica

Arica (161.000 Einw.), die nördlichste Stadt Chiles, ist ein wichtiger Fischereihafen und Handelsumschlagplatz mit Peru und Bolivien. Bekannt ist Arica durch seine Schlüsselrolle im Pazifikkrieg (Erstürmung der Festung El Morro 1880 durch chilenische Truppen, heute dort kleines Museum mit guter Aussicht über die Stadt) sowie seine beliebten Strände. Im Stadtzentrum gibt es ein paar sehenswerte Gebäude, so die Kirche San Marcos und das alte Zollgebäude (Aduana), beide aus der Fabrik von Gustave Eiffel. Vor den Toren der Stadt liegen die sehenswerten Oasentäler Valle de Azapa und Valle de Lluta. Den Nationalpark Lauca im chilenischen Altiplano erreicht man über eine gut ausgebaute Straße in ca. 4 Stunden. Die herrliche Landschaft mit dem See Lago Chungará, die reiche Tierwelt und mehrere sehenswerte Dörfer der Aymará-Bevölkerung bilden zusammen einen Höhepunkt jedes Chileaufenthaltes. Vorsicht: der Park liegt auf ca. 4.500 m, Unterkunftsmöglichkeit in Putre bei ca. 3.500 m.

Arica – Durchschnittswerte	Tagestemperatur °C	Nachttemperatur °C	Sonnentage*	Sonnenstunden / Tag	Wassertemperatur °C	Rel. Luftfeuchtigkeit %
Jan	26	18	31	8	20	71
Feb	26	18	28	9	21	70
Mär	25	17	31	8	20	72
Apr	23	16	30	7	19	74
Mai	21	14	31	6	18	75
Jun	19	14	30	4	17	76
Jul	19	12	31	4	16	76
Aug	18	13	31	4	16	77
Sep	19	13	30	5	16	76
Okt	21	14	31	6	17	74
Nov	22	16	30	8	18	72
Dez	24	17	31	8	19	71

* weniger als 1 Liter/m² Niederschlag
Quelle: Deutscher Wetterdienst, Hamburg

Calama

Calama (107.000 Einw.), ursprünglich nur eine kleine Oase inmitten der vegetationslosen Atacamawüste, verwandelte sich im 20. Jhdt. in das Versorgungszentrum der nahegelegenen Kupfergroßmine Chuquicamata. Calama besitzt kaum Sehenswürdigkeiten, verfügt aber über eine gute Infrastruktur und ist somit ein idealer Ausgangspunkt für Exkursionen in die hochinteressante Umgebung. Neben der lohnenden Besichtigung der Mine Chuquicamata (rechtzeitig über Besuchsmodalitäten informieren!) sind folgende Attraktionen zu nennen: Besuch des Dorfes Chui Chui mit der alten Kirche San Francisco, nördlich davon die gut erhaltene Indianerfestung Pukará de Lasana. Weiterhin die Fahrt zur landschaftlich großartig gelegenen Oase San Pedro de Atacama (Unterkunftsmöglichkeiten vor Ort) mit sehenswerter Kolonialkirche und dem kleinen, aber international anerkannten, archäologischen Museum (Museo Arqueológico Padre Le Paige). Von San Pedro de Atacama aus erschließt sich eine Vielzahl von weiteren Möglichkeiten, so etwa der Besuch des Salzsees Salar de Atacama (Salzformationen, Flamingokolonien), des „Mondtales" Valle de la Luna (spektakuläre Landschaftsformen) sowie des in über 4.500 m Höhe befindlichen Geysirfeldes El Tatio. Da diese Exkursionen z.T. über unbefestigte Pisten in extremem Gelände führen, empfiehlt sich die Teilnahme an organisierten Touren.

Kirche San Francisco (XVII. Jhdt.) in Chiu Chiu

Castro

Castro (21.000 Einw.) ist die Hauptstadt der Insel Chiloé, welche eine ganz eigenständige Regionalkultur ausgebildet hat. Die Bewohner dieser Insel bzw. Inselgruppe leben teils von der kargen Landwirtschaft, teils vom Fischfang und dem Sammeln von Meeresfrüchten. Typisch für Chiloé ist die einzigartige Holzarchitektur, für die sich auch in Castro schöne Beispiele finden (z.B. die imposante Kirche San Francisco und die Pfahlbauten (palafitos). Per Tagesexkursion von Castro erreichbar sind die Stadt Ancud mit schönem Regionalmuseum und einem alten spanischen Küstenfort, sowie der Nationalpark Chiloé bei Cucao mit seinen einsamen Küstenlandschaften und Regenwäldern. Aber auch Dalcahue als Sitz eines berühmten Kunsthandwerksmarktes und die vorgelagerte Insel Quinchao mit ihren schönen Holzkirchen verdienen einen Besuch. Reisende sollten unbedingt die chilotische Regionalküche kosten, auch wenn diese nicht immer leicht bekömmlich ist!

Stadtzentrum von Iquique

Iquique

Zur Blütezeit des Salpeterabbaus war Iquique (145.000 Einw.) ein wichtiger Verladehafen, wovon noch manches prachtvolle Gebäude Zeugnis ablegt. Heute ist Iquique ein modernes Verwaltungs- und Fischereizentrum sowie zudem Sitz einer Freihandelszone (ZOFRI, hier günstige Gelegenheit zum Nachkauf von Filmmaterial). Schöne Sandstrände liegen etwas außerhalb der Stadt. Über eine steile Straßenauffahrt mit spektakulären Blicken auf Stadt und Meer gelangt der Besucher in das Innere der Atacamawüste. Hier locken eine Reihe von Sehenswürdigkeiten, so gut erhaltene Reste alter Salpeterminen, die eigenartige Pampa del Tamarugal, eine Salzpfanne, in welcher Tamariskenbäume einen bizarren Wald in der Wüste bilden sowie der kleine Ort La Tirana, der Mitte Juli Ziel einer berühmten Pilgerfahrt ist. Weitere Ziele sind die kleinen Oasen Matilla (Kirche) und Pica (Kirche, Thermalquellen).

La Serena

Zusammen mit ihrer Nachbarstadt Coquimbo ist La Serena (109.000 Einw) ein beliebtes Urlaubsziel für Chilenen und Argentinier. Unweit des herrlichen, 20 km langen Sandstrandes gelegen, bietet die Altstadt dem Besucher die besterhaltene Kolonialarchitektur Chiles. Eine vorausschauende Planung hat die in chilenischen Städten häufigen Stilbrüche weitgehend vermieden und vielen Neubauten ebenfalls eine „koloniale" Fassade verordnet. Abgesehen von der angenehmen Gesamtatmosphäre der Stadt verdienen vor allem die schönen Steinkirchen (z.B. San Francisco) sowie der Kunsthandwerksmarkt La Recova einen Besuch. La Serena verfügt über ausgezeichnete Hotels und Restaurants, die sich auch an der prächtigen Avenida del Mar entlangziehen. Das gebirgige Hinterland bietet dem Besucher den eindrucksvollen Kontrast von menschenleerer Halbwüste und fruchtbaren grünen Oasentälern, in denen subtropische Früchte und Weintrauben reifen. Mit einer Fahrt

Weinanbau im Elquital

ins Elquital über Vicuña nach Monte Grande, dem Kindheitsort der Poetin Gabriela Mistral (Nobelpreis 1945), kann unterwegs auch die Besichtigung einer Piscobrennerei verbunden werden, wo diese chilenische Weinbrandspezialität auch gleich probiert werden kann. Für astronomisch Interessierte empfiehlt sich eine Führung durch die weltberühmten Observatorien La Silla und El Tololo, welche hier die klaren Wüstennächte für ihre Forschung nutzen. Eine sehr frühzeitige Voranmeldung ist hierbei unerläßlich.

Wasserfall „Salto del León" im Hinterland von Pucón

Pucón

Pucón (8.000 Einw.), vielbesuchter Urlaubsort am Villarrica-See, liegt im Norden des landschaftlich überwältigenden chilenischen Seengebietes („Chilenische Schweiz"). Typisch für diese Region ist der Zusammenklang von tiefblauen, badewarmen Seen, dichten Urwäldern und eisgekrönten Vulkankegeln. Pucón ist einerseits ein eleganter Badeort mit vielfältigen Wassersportmöglichkeiten und einem Casino, andererseits aber auch ein international bekanntes Zentrum des Abenteuertourismus (Bergsteigen, Fluß-Rafting, Mountain-Bike-Touren, Trekking usw.). Im niederschlagsreichen Winterhalbjahr lockt ein modernes Skizentrum am Villarrica-Vulkan. Das ansässige Hotel- und Gaststättengewerbe genügt hohen Ansprüchen, in Architektur und Gastronomie ist mitteleuropäischer Einfluß unverkennbar. Eine Besteigung des nahen Vulkans Villarrica (2.840 m) bietet neben der Tuchfühlung mit einem der aktivsten Feuerberge Südamerikas ein atemberaubendes Panorama. Die Besteigung erfordert gute Kondition, den obligatorischen Bergführer und die notwendige Ausrüstung stellen diverse Reiseunternehmen vor Ort. Weniger ambitionierten Besuchern können u.a. ein Ausflug zum Nationalpark Villarrica (Vegetation, Lavahöhlen), der Besuch eines der vielen Thermalbäder (z.B. Termas de Huife) sowie Abstecher zu den Seen Lago Caburgua oder Lago Calafquén empfohlen werden.

Puerto Varas

Puerto Varas (16.000 Einw.) ist eine Kleinstadt am Ufer des großen Lago Llanquihue inmitten einer seit 1850 von deutschen Einwanderern gestalteten Agrarlandschaft. Heute ist Puerto Varas ein beliebtes chilenisches Touristenziel mit guter Hotellerie und Gastronomie, welche das „typisch deutsche Flair" vermarkten. Der Ort ist ein guter Ausgangspunkt für Erkundungen entlang des reizvollen Seeufers. Sehenswert ist etwa Frutillar Bajo mit hübscher Architektur und dem Museo de la Colonización Alemana, das die deutsche Pionierzeit anschaulich dokumentiert. Ein touristisches „Muß" ist der Besuch des Nationalparkes „Vicente Pérez Rosales" mit dem majestätischen Osorno-Vulkan, den imposanten Wasserfällen Saltos de Petrohué und einer Schiffahrt über den Lago Todos Los Santos nach Peulla. Von dort gibt es die Möglichkeit, die Fahrt per Bus und Schiff bis zur argentinischen Stadt Bariloche zu verlängern. Auch die nur 15 km von Puerto Varas entfernte Hafenstadt Puerto Montt mit dem großen Kunsthandwerksmarkt Angelmó und ihren auf Fisch und Meeresfrüchte spezialisierten Restaurants ist einen Besuch wert. Puerto Montt ist zudem Starthafen für verschiedene Fähr- und Kreuzfahrtschiffe, welche die großartige Fjordlandschaft Westpatagoniens erschließen, so etwa die bekannte Laguna San Rafael mit einer spektakulären, ins Meer vorstoßenden Gletscherfront.

Llanquihue-See mit Vulkan Osorno (2.625m)

Blick auf das Stadtzentrum von Punta Arenas

Punta Arenas

Punta Arenas (109.000 Einw.) am Ufer der Magallanstraße gelegen, ist die südlichste Großstadt der Erde. Punta Arenas entwickelte sich nach der Gründung 1848 rasch zu einer blühenden Stadt, deren durch palastartige Villen im Stadtzentrum dokumentierter Reichtum auf ihrem einst belebten Hafen und den riesigen umliegenden Schaffarmen beruhte. Das bittere Schicksal der indianischen Bewohner Patagoniens wird dagegen eindrücklich im Museo Regional Salesiano dargestellt, wo Salesianermönche Zeugnisse der einst hier heimischen indianischen Kulturen zusammengetragen haben. 300 km nördlich von Punta Arenas liegt die meistbesuchte Attraktion des chilenischen Patagoniens: der Nationalpark Torres del Paine, berühmt für seine wilde Bergwelt und reiche Fauna; ein Höhepunkt jeder Südamerikareise! Gute Unterkunftsmöglichkeiten bestehen sowohl im Nationalpark (rechtzeitig reservieren!) als auch im ca. 120 km entfernten Puerto Natales. Im Park bestehen in den Sommermonaten exzellente Möglichkeiten für mehrtägige Trekkingtouren. Ziele im Nahbereich von Punta Arenas sind das Fuerte Bulnes, die Rekonstruktion eines alten chilenischen Forts von 1843, sowie die Pinguinkolonie am Seno Otway. Für manchen Touristen ist Punta Arenas sogar Ausgangspunkt einer Reise nach Puerto Williams / Kap Hoorn oder gar auf die antarktische Halbinsel.

Kirche und Kloster San Francisco (XVI./XVII. Jhdt.) in Santiago

Santiago de Chile

Santiago de Chile (ca. 4,7 Millionen Einw.) ist die Hauptstadt Chiles und unbestrittenes politisches, wirtschaftliches und kulturelles Zentrum des Landes. Eine moderne und dynamische Metropole, welche dem Reisenden beste Möglichkeiten für Unterkunft, Verpflegung, Shopping und die organisatorische Planung seiner Reise durch Chile bietet. Landschaftlich großartig direkt am Fuß der steil ansteigenden Andenkette gelegen, wenngleich oft durch Smog vernebelt, ist Santiago ein wahres Kaleidoskop von Baustilen, wobei

Santiago de Chile

Durchschnittswerte	Tagestemperatur °C	Nachttemperatur °C	Sonnentage*	Sonnenstunden / Tag	Wassertemperatur °C	Rel. Luftfeuchtigkeit %
Jan	29	12	30	11	-	56
Feb	29	12	27	10	-	60
Mär	27	10	30	9		66
Apr	23	8	28	7	-	71
Mai	18	6	26	4	-	77
Jun	14	4	24	3	-	83
Jul	15	3	25	4	-	82
Aug	16	4	26	4	-	79
Sep	18	6	27	5	-	75
Okt	22	8	29	7	-	69
Nov	25	10	29	9	-	60
Dez	28	12	30	11	-	57

* weniger als 1 Liter/m² Niederschlag
Quelle: Deutscher Wetterdienst, Hamburg

die Kolonialarchitektur leider weitgehend verschwunden ist. In der betriebsamen Innenstadt konzentrieren sich auf engstem Raum Ministerien, Bankzentralen, Museen sowie Hunderte von Geschäften und Restaurants. Sehenswert sind u.a. der nach den Kämpfen von 1973 wiederhergestellte Präsidentenpalast La Moneda, Kirche und Konvent San Francisco sowie der zentrale Platz Plaza de Armas mit der Kathedrale und dem Museo Histórico Nacional (Historisches Nationalmuseum). Auch das Museo de Arte Precolumbino (Museum für präkolumbianische Kunst) verdient einen Besuch. Sucht man nach einer grünen Oase im Großstadtgetümmel, so empfiehlt sich ein Besuch des Parkes auf dem Hügel Cerro Sta. Lucía (wg. Kriminalität gewisse Vorsicht geboten!). Das Bohème-Viertel Bellavista lockt mit seinen Cafés und der Möglichkeit einer Standseilbahnfahrt auf den Cerro San Cristóbal, von dessen Gipfel man bei klarem Wetter erst einen Eindruck von der Größe dieser riesigen und heterogenen Stadt erhält. Das kulturelle Leben in Santiago ist äußerst rege, von der klassischen Oper im Stadttheater bis hin zur Avantgardekunst wird alles geboten. Die besten Einkaufsmöglichkeiten findet der Besucher fernab der Innenstadt in den Einkaufszentren Alto Las Condes und Parque Arauco im Oberschichtsviertel Las Condes.

Ein längerer Aufenthalt in Santiago sollte unbedingt zu Tagesausflügen in die attraktive Umgebung der Hauptstadt genutzt werden, so etwa in die großartige Hochgebirgslandschaft der Anden. Gute Straßen führen zu den benachbarten Wintersportorten Farellones, La Parva und Valle Nevado sowie in das weiter nördlich gelegene Portillo, Austragungsort der Skiweltmeisterschaft von 1966. Das Talsystem des Río Maipo lohnt ebenso sehr einen Besuch, ist aber schlechter wegemäßig erschlossen. Die zwei Fahrtstunden entfernte Küste bietet neben herrlichen Stränden und rauhen Felsküsten auch Besuchsziele wie die romantische Hafenstadt Valparaíso und das elegante Seebad Viña del Mar. Für Literaturbegeisterte sei der Besuch von Isla Negra empfohlen, dem bevorzugten Wohnort des chilenischen Poeten Pablo Nerudo (Nobelpreis 1971). Sein sehenswertes Haus ist heute als Museum zugänglich.

Vulkan Lonquimay mit Lavastrom

Temuco

Temuco (185.000 Einw.), eine moderne und dynamisch wachsende Großstadt mit guter infrastruktureller Ausstattung, ist umgeben von dem Hauptsiedlungsgebiet der Mapuche. Für Reisende ist Temuco ein guter Ausgangspunkt für Fahrten in die wunderschöne Umgebung der Vulkane Llaima und Lonquimay sowie für den Besuch des nördlichen Teiles des Seengebietes um Pucón.

Valdivia

Valdivia (113.000 Einw.). Der Konquistador Pedro de Valdivia persönlich gründete diese Stadt 1552 und gab ihr seinen Namen. In herrlicher Landschaft im Mündungsbereich mehrerer Flüsse gelegen, ist Valdivia in den Sommermonaten ein beliebter Ferienort.

Lange Zeit nur ein gleichermaßen vom Land (Mapuche) wie vom Meer (europäische Freibeuter) bedrohter, völlig isolierter Festungsort, erlebte Valdivia seine Blütezeit nach der Ankunft zahlreicher deutscher Einwanderer, die der Stadt wirtschaftlich wie baulich ihren Stempel aufdrückten. Zwar hat das schwere Erdbeben von 1960 vieles von der alten Pracht Valdivias vernichtet, doch auch heute sind die Spuren dieser chilenisch-deutschen Symbiose noch sehenswert. Interessant sind auch die Reste der imposanten Küstenbefestigung bei Niebla. Der Besucher sollte außerdem unbedingt die lokale Schokoladen- und Marzipanproduktion probieren, die in ganz Chile berühmt ist, sowie dem Mercado Fluvial, dem Fischmarkt am Flußufer des Calle Calle, einen Besuch abstatten.

Valparaíso

Als größter Hafen des Landes Chiles Tor zur Welt, ist Valparaíso (274.000 Einw.), das sich bis weit auf die angrenzenden, das Zentrum in Form eines Amphitheaters umgebenden Hügel erstreckt, wohl diejenige chilenische Stadt mit dem meisten Charme. Bis zu Beginn des 20. Jhdts. war die Stadt der bedeutendste Pazifikhafen ganz Amerikas. Die Eröffnung des Panamakanals und die Erdbebenkatastrophe von 1906 leiteten zwar einen gewissen Niedergang der Stadt ein, doch trotzdem (oder gerade deshalb) bietet Valparaíso dem Touristen viel Sehenswertes. Seit 1990 ist Valparaíso Sitz des chilenischen Parlaments. Tagungsort ist ein monumentaler Neubau, der auch zu besichtigen ist. Typisch für Valparaíso sind die abenteuerlich anmutenden Schrägaufzüge (ascensores) aus der Jahrhundertwende, welche die Bewohner der dicht bebauten Hügel vom Zentrum zu ihren Holzhäusern bringen. Das 1992 eröffnete Museo a Cielo Abierto verbindet als eine Art Freilichtmuseum den Besuch eines solchen typischen Viertels mit der Betrachtung von zeitgenössischer chilenischer Wandmalerei. Beim Durchstreifen der vielen malerischen, aber oft auch sehr armen Viertel von Valparaíso sollte der Tourist eine gewisse Vorsicht walten lassen. Ein ganz anderes Ambiente bietet die nahegelegene Zwillingsstadt Viña del Mar, ein in ganz Südamerika für seine Eleganz, sein Musikfestival und sein Casino berühmtes Seebad. Leider ist es um die Wasserqualität der stadtnahen Strände nicht gut bestellt, so daß man diese besser meiden sollte.

Stadt und Hafen von Valparaiso

• • • Der mit Abstand beste Reiseführer über Chile ist das leider nur auf Spanisch erschienene Werk „Turistel", welches zur Zeit aus 5 Bänden besteht. 3 Regionalbände (Norden, Zentrum mit Santiago, Süden) stehen neben einem kleinen Campingführer und einem Kartenheft. Herausgegeben von der chilenischen Telefongesellschaft CTC und jährlich aktualisiert, enthalten insbesondere die 3 Regionalführer neben guten landeskundlichen Erklärungen und detaillierten touristischen Orts- und Wegebeschreibungen viele reisetechnische Informationen sowie die bei weitem besten (und sonst nicht erhältlichen) Stadt- bzw. Ortspläne und Straßenkarten Chiles. Somit ist der Führer selbst für nicht Sprachkundige unbedingt empfehlenswert!

Panorama von Quito

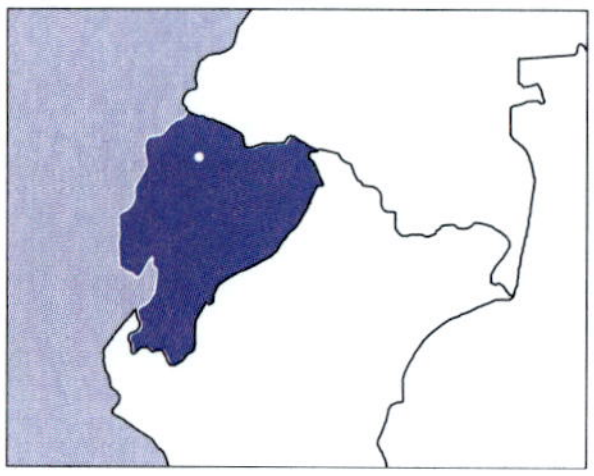

Ecuador

Das kleinste Andenland wurde nach dem Äquator benannt, der es nördlich der Hauptstadt Quito durchzieht.

Geschichte und Kultur

Ecuador besitzt mit 10.000 Jahre alten Funden besonders alte Siedlungsspuren. Näher erforscht ist nur die um 3500 v. Chr. beginnende Valdivia-Kultur. Zwischen 600 und 500 v. Chr. setzen Wanderungsbewegungen ein, und es erblüht die La-Tolita-Kultur an der Nordküste. Um 900 unterwerfen die Cara das Königreich Quito; sie werden von den Inka aus Peru vor der Ankunft der Spanier unterworfen. Ihr letzter Fürst Atahualpa starb 1533 durch die Spanier. Sebastián de Benalcázar gründete wenig später Quito neu. Das Gebiet Ecuadors gehörte danach dem spanischen Vize-Königreich Nueva Granada an. Die Unabhängigkeit von Spanien erlangte es unter Antonio José de Sucre, einem Kampfgefährten des Freiheitshelden Simón Bolívar. 1822 wurde Ecuador Teil von „Groß-Kolumbien", das schon 1830 in unabhängige Länder zerfiel, darunter auch Ecuador. Nach unruhiger Anfangszeit mit zahlreichen Putschen erlangte das Land in den 80er Jahren als Präsidiale Republik politische Stabilität.

Internetadressen

http://mia.lac.net/mintur/

http://www.lonelyplanet.com/dest/sam/ecu.htm

Geographie und Geologie

Das Land breitet sich mit großen Höhen- und Klimaunterschieden zwischen Peru, Kolumbien und der Pazifikküste aus; zum Landesterrain gehören auch der rund 1.000 km vor der Pazifikküste gelegene Archipel der Galapagos-Inseln. An der Pazifikküste herrscht heißes, tropisches Klima; die atemberaubenden Höhen- und Temperaturunterschiede zwischen Küste und dem Anden-Sattel, der Ecuador wie ein Rückgrat durchzieht, lassen sich am besten mit der steilsten Bahnstrecke der Welt, der 1874–1908 erbauten Eisenbahnverbindung zwischen Guayaquil und Alausí (2356 m) erleben (Informationen bei der Zentralen Eisenbahnverwaltung in Quito, Bolívar 443 y Benalcázar). Zahlreiche Vulkane ragen aus dem Andenrückgrat des Landes, darunter der höchste aktive der Welt, der 5.897 m hohe Cotopaxi und der höchste Landesgipfel, der erloschene 6.310 m hohe Chimborazo. Die Schneegrenze liegt etwa bei 4.700 m, so daß bei klarem Wetter an der Straße zwischen Quito und Cuenca, der sogenannten „Vulkanstraße“ (identisch mit der Panamericana), ihre schneebedeckten Gipfel eine malerische Kulisse abgeben. Im Osten, dem Oriente, fällt das Land ab, und es herrscht das tropische Treibhausklima der Amazonas-Ausläufer.

A.Guayaquil						
Jan	31	22	17	4	24	78
Feb	31	22	12	4	23	81
Mär	32	23	19	4	24	81
Apr	31	23	19	5	25	78
Mai	31	22	24	6	24	78
Jun	29	21	29	4	23	79
Jul	28	20	30	4	23	78
Aug	29	20	30	4	22	76
Sep	30	20	29	5	22	75
Okt	29	21	30	4	22	74
Nov	30	21	28	4	22	74
Dez	31	22	26	5	23	72
Durchschnittswerte	Tagestemperatur °C	Nachttemperatur °C	Sonnentage*	Sonnenstunden / Tag	Wassertemperatur °C	Rel. Luftfeuchtigkeit %

* weniger als 1 Liter/m² Niederschlag
Quelle: Deutscher Wetterdienst, Hamburg

Staat und Gesellschaft

Ecuador gehört heute zu den politisch stabilen und ruhigen Ländern der Anden. Rund 40 Prozent der insgesamt 11,51 Mio. Einwohner sind Indianer oder „indígenas“ (Eingeborene) zahlreicher, verschiedener Stämme mit eigenen Sprachen wie dem Quechua oder Cayapa. Höchsten sozialen Rang genießen die für ihre Webkunst berühmten Otavalo-Indios. In den Tiefen des südöstlichen Dschungels leben außerdem noch „wilde“ Amazonasvölker, zum Teil in Missionsdörfern.

Sekundärliteratur
Reiseführer deutsch

Jochen Molck, Ecuador, München 1997.
Wolfgang Falkenberg, Ecuador / Galapagos-Inseln. Reisehandbuch, Bielefeld / Brackwede 1996.
Günther Wessel, Ecuador mit Galapagos-Inseln, Köln 1996.
Irenäus Eibl-Eibesfeldt, Galapagos. Die Arche Noah im Pazifik, München 1991.

Wirtschaft und Industrie

Hauptexportgüter sind Bananen und – seit den Ölfunden im Oriente (1967) – Rohöl.

Sekundärliteratur
Reiseführer englisch

Alan Murphy, Ecuador & Galapagos Handbook, Bath 1997.

Religion

Missionsschulen versuchen bis heute, die Indianer in den Urwaldgebieten zur Aufgabe ihrer Götter-Kulte zu bewegen. Synkretismus ist die religiöse Mischform der offiziell meist katholischen Hochlandindios. Die weiße Oberschicht bekennt sich nahezu ausnahmslos zum Katholizismus.

Cotopaxi

Ein gut ausgeschilderter Weg führt von der Panamericana hinter der Abzweigung nach El Chaupi zum Nationalpark-Besucherzentrum des 34.000 ha großen, geschützten Geländes um den höchsten aktiven Vulkan der Erde, den 5.897 m hohen schneebedeckten Cotopaxi. Ein kleines Museum informiert dort über seltene Pflanzen der Hochlandvegetation, genannt Páramo. Der seit 1942 nicht mehr ausgebrochene Vulkan ist heute beliebtes Ziel von Bergsteiger-Gruppen. Erstmals wurde er am 28. November 1872 vom einem Deutschen und einem Kolumbianer erklommen. Ausgangspunkt ist die Schutzhütte José Ribas, die schon auf einer Höhe von 4.800 m (mit Parkplatz) liegt. Besucher finden komfortable Zimmer in dem nahen, seit rund 300 Jahren von der Familie des Marquis de Maenza bewohnten Hotel-Hacienda La Ciénaga, wo schon Alexander von Humboldt wohnte, als er 1802 Ecuador bereiste. Ebenfalls im Umkreis liegt Saquisili, wo sich die Hochlandindios der Region jeden Donnerstag zu einem noch sehr lokaltypischen Markt zusammenfinden.

Sekundärliteratur
Belletristik deutsch

Carmen Rohrbach, Der weite Himmel über den Anden. Zu Fuß zu den Indios in Ecuador, München 1989.

Internetadressen

http://www.galapagostravel.com/galapagos/

http://www.gorp.com/voyagers/galapago.htm

Galápagos

Der Traum aller Hobby-Biologen, die auf den Spuren von Charles Darwin wandeln wollen. Auf dem Archipel der Galapágos-Inseln stellte der berühmte englische Naturforscher einst fest, daß sich die Schildkröten von den verschiedenen Inseln untereinander unterscheiden; diese Entdeckung brachte ihn zu seiner bahnbrechenden, 1859 veröffentlichten Evolutionstheorie „Über den Ursprung der Arten durch natürliche Auslese“. Seit 1959 stehen die dreizehn Hauptinseln und 50 kleineren Inseln des Archipels, der rund 1.000 km vor der ecuadorianischen Küste im Pazifik liegt, als Nationalpark unter Naturschutz. Die Inseln, die für Besucher freigegeben wurden, werden von zahlreichen Ausflugsagenturen in Quito für hohe Dollar-Pauschalpreise angeflogen oder mit Kreuzfahrtschiffen

Galápagos

angesteuert. Zum besseren Schutz der einzigartigen Fauna und Flora auf dem Archipel limitierte die Regierung in Quito inzwischen die jährliche Besucherzahl, und Ranger achten auf strenge Einhaltung der Verhaltensregeln, zu denen u.a. gehört, daß die Besucherstandorte und markierten Wege nicht verlassen werden dürfen. Auf der größten Insel, der Isla Isabela mit ihren fünf aneinanderhängenden Vulkanen, sind am Punta Albermarle Nistplätze von Meerechsen, Pinguinen und Kormoranen zu sehen. Hauptattraktionen der zweitgrößten Insel, der Isla Santa Cruz mit dem heute fast 9.000 Einwohner zählenden Hauptort Puerto Ayora, sind das 1964 gegründete Charles-Darwin-Forschungszentrum (mit Museum) und ein Schildkrötenreservat; hier finden sich mit dem Hotel Angermeyer und dem Hotel Galápagos auch die besten Hoteladressen des Archipels. Die drittgrößte Insel, die Isla Fernandina, befindet sich genau auf dem Hot Spot, der vulkanisch aktiven Stelle, der der Archipel seine Entstehung verdankt; einziger Besucherstandort ist hier die Punta Espinoza mit ihrer eigentümlichen Vegetation auf Lavaformationen und dort lebenden Meerechsen. Die südöstlichste Insel, die Isla Española, lockt Schaulustige mit ihren großen Seelöwen-Kolonien in der Bahía Gardner und einem Rundwanderweg für Vogelbeobachtungen an der Punta Suárez. Wasserschildkröten und Flamingos sind das Ziel der Besucher auf der kleinsten Insel, der Isla Floreana (offiziell heißt sie Santa María). Auf der Route der Kreuzfahrtschiffe liegt die Isla Genovesa, auch „Tower“ genannt, mit Rotfußtölpel-Kolonien und einem Salzsee in einem Einsturzkrater; es ist die einzige, die sich nördlich des Äquators befindet. Für Pelikanfreunde ein Muß ist Rábida; sie liegt südlich der kargen Lavainsel Isla Santiago (Wege durch Lavafelder, gute Schnorchelmöglichkeiten beim Punta Espumilla). Zu den Standardzielen der Ausflugsschiffe gehören die großen Seevogel-Kolonien der kleinen Isla Seymour. Offen für Besucher sind außerdem die Islas Daphne (Tuffsteinkrater und Blaufußtölpel-Kolonie), die Islas Plaza (Seelöwen, Meerechsen, Landleguane) mit ihrer charakteristischen Rote Korallenstrauch-Vegetation; schließlich Santa Fé und San Cristobal mit dem rund 4000 Einwohner zählenden Puerto Baquerizo.

Galapagos						
Jan	29	23	24	6	25	80
Feb	30	23	23	8	26	82
Mär	30	22	28	7	27	82
Apr	30	22	24	8	26	82
Mai	29	22	28	8	25	80
Jun	27	21	29	8	24	78
Jul	26	20	30	7	23	78
Aug	25	19	30	6	22	79
Sep	25	19	28	5	22	78
Okt	26	19	29	5	22	77
Nov	26	19	29	5	23	74
Dez	27	21	29	8	24	76
Durchschnittswerte	Tagestemperatur °C	Nachttemperatur °C	Sonnentage*	Sonnenstunden / Tag	Wassertemperatur °C	Rel. Luftfeuchtigkeit %

* weniger als 1 Liter/m² Niederschlag
Quelle: Deutscher Wetterdienst, Hamburg

Otavalo

Sie sind die reichsten Indios Ecuadors: die Otavaleños, wie die Bewohner des rund 22.000 Einwohner-Städtchens im nördlichen Andenhochland genannt werden. Mit ihrer Webkunst, zu der sie in früher spanischer Zeit noch gezwungen wurden, und die sie Anfang dieses Jahrhunderts mit wachsendem Erfolg auf schottische Tweed-Weberei abwandelten, gelangten sie zu beachtlichem Wohlstand. Ihr Markt am Plaza Centenario im Ortszentrum gehört heute zu den größten Attraktionen Ecuadors (jeden Samstag ab 7 Uhr). Neben den Obst- und Gemüseständen, die einen guten Einblick in die Parzellenwirtschaft der Indios geben, den improvisierten Imbißstuben, wo gebratene Meerschweinchen als typische Landesdelikatesse angeboten werden, gibt es zahlreiche Souvenir-Stände, mit Decken, Blusen und Röcken der Otavaleños, Schmuck oder naiven Gemälden; der Tiermarkt findet am selben Tag im Barrio San Juan statt, ist

 Quito

Quito						
Jan	21	8	21	6	–	77
Feb	21	8	16	5	–	79
Mär	20	8	17	4	–	80
Apr	21	8	14	5	–	80
Mai	21	8	19	6	–	77
Jun	21	7	21	6	–	69
Jul	21	7	27	7	–	62
Aug	22	7	27	7	–	58
Sep	22	7	22	6	–	66
Okt	21	8	18	5	–	75
Nov	21	8	15	5	–	76
Dez	21	8	23	6	–	76
Durchschnittswerte	Tagestemperatur °C	Nachttemperatur °C	Sonnentage*	Sonnenstunden / Tag	Wassertemperatur °C	Rel. Luftfeuchtigkeit %

* weniger als 1 Liter/m² Niederschlag
Quelle: Deutscher Wetterdienst, Hamburg

aber oft schon um 8 Uhr beendet. Im Ort bieten gute Hotels wie das Ali Shungu oder El Indio Übernachtungsmöglichkeiten; einen Besuch lohnt das Instituto Otavaleño de Antropologia (Di.–Sa. 8–12, 14–18 Uhr). Und nachts locken peñas (Lokale mit indianischer Musik) wie die Peña Amauta. Kenner ziehen eine Übernachtung am nahen Lago de San Pablo vor (Busverbindung mit Otavalo), den malerisch der Vulkan Imbabura (4.560 m) überschattet. Andere sehenswerte Ziele in der näheren Umgebung sind die Laguna Yaguarcocha, wo zu präkolumbischer Zeit eine entscheidende Schlacht zwischen den ansässigen Cara-Indios und den von Peru her vordringenden Inka stattgefunden haben soll (rund 2 km nördlich der nahen Provinzhauptstadt Ibarra). Nur 15 km nordwestlich von Otavalo liegt Cotacachi, das Zentrum der ecuadorianischen Lederherstellung.

Quito

Die Landeshauptstadt Ecuadors (1,2 Mio. Einwohner) windet sich wie ein Bandwurm mit seinem Quito moderno (Neustadt, hier sind die meisten Hotels) und seiner Ciudad Colonial (der Altstadt) über ein 2.850 m hohes Hochtal zu Füßen des aktiven Vulkans Pinchincha; bei klaren Wetter bereichern der gut sichtbare Cotopaxi, der Cayambe und der Atizana noch das großartige umliegende Vulkanpanorama. Die Altstadt, heute UNESCO-Weltkulturgut, breitet sich mit ihren Gassen im typisch spanischen Schachbrettmuster rund um den Plaza de la Independencia aus; in unmittelbarer Nachbarschaft liegt das uralte Kloster La Concepción (gegründet 1577), das einst zu den reichsten der Stadt gehörte. In der angrenzenden Calle Chile beginnt ein Straßenmarkt, und bald zweigt die historische Calle Cuenca ab. Sie führt zum Museo Nacional de Arte Colonial (Mo. – Fr. 10–18 Uhr, Sa., So. 10–15 Uhr); ein Stück weiter südlich kommt man zur großen Plaza San Francisco vor der bedeutenden gleichnamigen Klosterkirche San Francisco (begonnen 1535), wo unter Leitung des flämischen Paters Jodoco Ricke die berühmte Schule von Quito, eine Akademie für die musische Schulung der Nachfahren der Inka-Führungsschicht eingerichtet wurde. Der berühmteste Absolvent war der Holzschnitzer Manuel Chili, besser bekannt unter dem Namen Caspicara (1630–1706). Über die nahe Calle Sucre kommt man zum Schmuckstück der Stadt, der überreich mit Gold ausgestatteten Jesuitenkirche La Compañía (1605 begonnen). Daß Quito Anfang dieses Jahrhunderts ein Treffpunkt der lateinamerikanischen Bohème-Szene war, zeigen wiederbelebte alte Lokale der Altstadt wie La Cueva del Oso (Plaza Grande y Calle Venezuela); von ländlichem Charme ist die historische Calle La Ronda.

Tafelberg a. d. Grenze zu Venezuela

Guyana

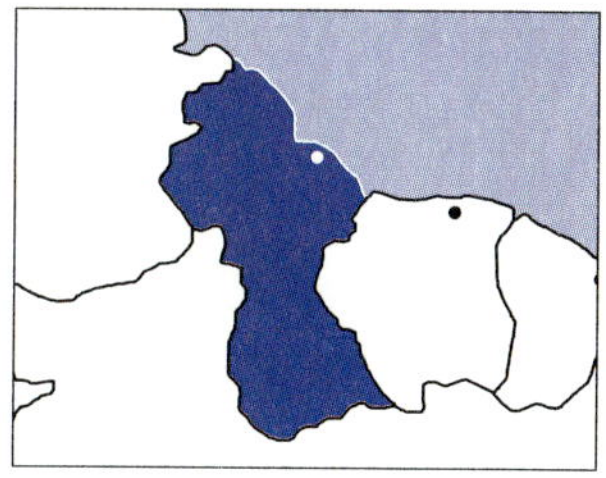

Rund 200.000 km² Landesfläche und nur eine Million Einwohner: Das infrastrukturell nur wenig erschlossene Land besteht weitgehend aus unzugänglichen Regenwäldern, stark zergliederten Fluß-mündungen und sumpfigen Lagunengebieten, hat jedoch mit seinen Stränden und Naturschönheiten durchaus touristischen Reiz. Bisher verhinderten innenpolitische Spannungen nennenswerte Besucherzahlen.

Geschichte und Kultur

Christoph Kolumbus machte die europäischen Mächte 1498 auf Guiana aufmerksam, das damals auch das heutige Französisch-Guyana, Suriname sowie Regionen von Venezuela und Brasilien umfaßte. Holländer, Franzosen und Engländer besetzten seit Anfang des 17. Jh. einzelne Gebiete des riesigen, äußerst dünn besiedelten Reiches, um landwirtschaftliche Produkte (Tabak, Kaffee, Baumwolle, Zuckerrohr) durch afrikanische Sklaven anzubauen und ins Heimatland zu importieren. Der Vorläufer des heutigen Staates (British Guyana) entstand, als die Briten 1814 den holländischen Besitz übernahmen. Nach Abschaffung der Sklaverei heuerte England zunehmend Arbeiter aus Indien an. 1966 wurde Guyana von Großbritannien unabhängig.

Guyana						
Jan	29	24	14	6	27	81
Feb	29	24	16	7	26	79
Mär	29	24	21	6	26	77
Apr	29	24	18	7	27	80
Mai	29	24	11	6	27	83
Jun	29	24	7	6	27	85
Jul	29	24	10	7	27	85
Aug	30	24	16	8	27	81
Sep	31	24	22	8	28	80
Okt	30	24	22	8	28	78
Nov	30	24	19	7	28	83
Dez	29	24	12	6	27	84
Durchschnittswerte	Tagestemperatur °C	Nachttemperatur °C	Sonnentage*	Sonnenstunden / Tag	Wassertemperatur °C	Rel. Luftfeuchtigkeit %

* weniger als 1 Liter/m² Niederschlag
Quelle: Deutscher Wetterdienst, Hamburg

Geographie und Geologie

Guyana grenzt im Nordosten mit einem sumpfigen Küstenstreifen an den Atlantik. 90 % der Menschen betreiben Landwirtschaft in der sich anschließenden schmalen Flachlandzone, die unter Meeresniveau liegt. Im Süden und Westen erstrecken sich Gebirgsketten, von denen die Flüsse vorwiegend zum Atlantik fließen. Das Landesinnere besteht im Norden aus tropischem Regenwald, im Südwesten aus trockenen Steppen.

Sekundärliteratur
Reiseführer deutsch
Carl D. Goerdeler, Südamerika, Ostfildern 1995.

Sekundärliteratur
Reiseführer englisch
Wayne Bernhardson u.a., South America on a shoestring, Hawthorn 1996.

Staat und Gesellschaft

Eine Hälfte der Bevölkerung ist indischen Ursprungs; 30 % Schwarze, die übrigen Mulatten, Mestizen, Indigene, Weiße und Chinesen. Die Analphabetenrate beträgt 15 %. Die innenpolitischen Spannungen werden von Auseinandersetzungen zwischen den beiden großen Ethnien und dem Auftrag der Verfassung bestimmt, Guyana vom Kapitalismus zum Sozialismus zu führen. Gegenwärtig wird dieses Ziel nicht explizit verfolgt.

Wirtschaft und Industrie

Die Ausbeute der reichen Boden- und Naturschätze des Landes liegt in staatlicher Hand und wird in Form von Kooperativen betrieben. Breiten Raum nimmt die Agrarproduktion ein, jedoch sind weniger als 1 % der Landesfläche kultiviert. Zucker und Bauxit werden in größerem Umfang exportiert.

Internetadressen
http://www.cs.uwindsor.ca/users/c/cgr/guyana/tour/router.html
http://www.lonelyplanet.com/dest/sam/guy.htm

Religion

Die vielen Bevölkerungsgruppen gehören unterschiedlichen Religionen an: jeweils 35 % sind Hindus und Protestanten, 15 % Katholiken und 10 % Moslems.

Georgetown

Holzkirche

Mit 200.000 Einwohnern ist die Hauptstadt Georgetown Verkehrszentrum und größter Exporthafen. Von den Franzosen an der rechten Seite der Flußmündung des Demerara gegründet (1782), war die Siedlung danach in holländischer und britischer Hand. Diese Einflüsse und der Reichtum der Kolonialherren spiegeln sich in einem prächtigen, doch von Verfall bedrohten Stadtzentrum wieder. Hier findet man noch zahlreiche holländische und britische Holzhäuser, in bunten Farben gestrichen. Jedoch sind nach einer verheerenden Feuersbrunst im Jahre 1945 viele Gebäude aus Beton hinzugekommen. Die breiten und grünen Boulevards werden von Wasserkanälen gesäumt. Die Lage an der Flußmündung mit jährlichem Hochwasser führte dazu, daß viele Gebäude auf Stelzen stehen. Als weiteren Schutz legten die Holländer im Zentrum der sich drei Kilometer am Flußufer erstreckenden Stadt eine Befestigung an, die gegenwärtig restauriert wird. Sehenswert ist die anglikanische St. George's Cathedral in der North Road, 1892 ganz in Holz errichtet und mit gewaltigen Ausmaßen; der Turm ist über 40 m hoch. Die City Hall (Rathaus) in der Avenue of the Republic, drei Jahre früher in neogothischem Stil erbaut, besteht ebenfalls aus Holz und ist mit ihrem Turm und den geschnitzten Balkonen ein Kunstwerk. Das Gerichtsgebäude (Law Courts) in der High Street wurde 1878 mit einer Fassade im Tudor-Stil versehen. Weitere imposante Holzgebäude der Kolonialzeit sind der Präsidentenpalast (Guyana House) in der Main Street aus dem Jahre 1852 und das eindrucksvolle Parlament

(Parliament Building) in der Avenue of the Republic. Die wechselvolle Geschichte des Landes spiegelt sich im Guyana Museum in der Straße Company Path. Wer keine Gelegenheit findet, die Naturschönheiten des Landesinneren zu besuchen, erfreut sich der Palmen und Orchideen im Botanischen Garten in der Homestretch Avenue; der angeschlossene kleine Zoo beherbergt u.a. Rundschwanz-Seekühe. Auch der zentrale Markt aus holländischer Zeit, Stabroek Market in der Water Street, eine Eisenkonstruktion mit einem gothischen Uhrturm, lohnt mit seinem bunten Angebot, besonders an lokalem Kunsthandwerk, durchaus einen Besuch.

• • • Lohnenswert ist eine Fahrt mit dem Schiff ins 70 km südwestlich gelegene Bartica, am Zusammenfluß von Essequibo und Mazaruni, wo sich per Bus, Kleinflugzeug oder Boot Diamanten- und Goldminen besichtigen lassen.

Manatee (im Botanischen Garten)

Kaieteur-Wasserfall

In den bis 2.770 m hohen Bergen der Pakaraima Mountains finden sich einige der schönsten Wasserfälle des Landes. 250 km südwestlich von Georgetown stürzen die Kaieteur Falls des 100 m breiten Potaro River 250 m in die Tiefe. Reisebüros in Georgetown bieten organisierte Touren mit Kleinflugzeugen; dabei sieht man weitere 30 Wasserfälle aus der Luft, einige bis zu 500 m hoch. Abenteuerlustige besuchen den Wasserfall in einer 7 Tage-Reise (von Georgetown oder Bartica, hin und zurück mit diversen Schiffsverbindungen). Da der Wasserfall im Kaieteur National Park liegt, kann man mit etwas Glück auch einige der tropischen Tiere (Ozelot, Gürteltiere, Affen) beobachten.

Lethem

Die im Südwesten des Landes an der brasilianischen Grenze gelegene Kleinstadt Lethem kann nur per Kleinflugzeug erreicht werden. Es lassen sich Ausflüge in die tropischen Regenwälder der Umgebung unternehmen. Interessant sind die Überreste der ersten Jesuitensiedlung des Landes (1911) in St. Ignatius, 2,5 km außerhalb der Ortschaft. Die fischreichen Flüsse ziehen nordamerikanische Angler an, die das Abenteuer schätzen. Als Führer durch den Dschungel bieten sich Indigene aus kleineren Siedlungen der Umgebung an, die Besucher in ihre Dörfer einladen und auch zu den Moco Moco-Wasserfällen bringen. Beliebt ist ein Halbtagsausflug mit Picknick und Baden in den glasklaren Kaskaden.

Kurupung Wasserfall

Linden

Linden ist mit 35.000 Einwohnern die zweitgrößte Stadt des Landes, 100 km südlich von Georgetown am Demerara-Fluß gelegen und daher mit dem Schiff zu erreichen; der Ort ist mit der Hauptstadt auch durch eine asphaltierte Straße verbunden.

San Agustin

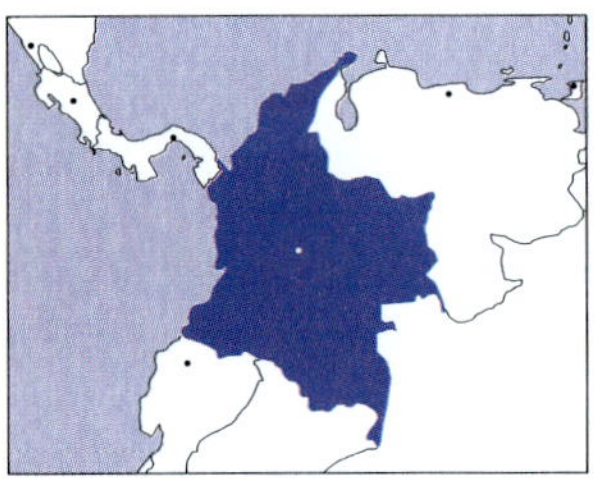

Kolumbien

Obwohl der Name anderes vermuten läßt, erreichte Kolumbus niemals die Küste dieses Landes.

Geschichte und Kultur

Eine noch kaum erforschte Indio-Kultur des Landes hinterließ in San Agustín rund 2500 Jahre alte mächtige Steinskulpturen. Funde weisen andere präkolumbische Kulturen des Landes als Meister der Goldschmiedekunst aus, darunter die Tayrona der Karibikküste, die sich außerdem mit Ciudad Perdida in den Bergen der Sierra Nevada als Experten tropenregenfest angelegter Siedlungen erwiesen.

Überwiegend lebten Carib- und Chibcha-Indios im indianischen Kolumbien, als es die Spanier Gonzalo Jiménez de Quesada (Bogotá), Rodrigo de Bastidas und Pedro de Heredia (Santa Marta und Cartagena an der Karibikküste) zwischen 1503 und 1538 eroberten. Bogotá wurde danach Hauptstadt des spanischen Vizekönigreichs „Nueva Granada".1819, nach rund neunjährigem Freiheitskampf unter Simón Bolívar, war es kurze Zeit Teil des freien Reichs „Großkolumbien", das 1861 in die Einzelstaaten zerfiel, darunter Kolumbien. Heftige Bürgerkriege zwischen Liberalen und Konservativen pflasterten den Weg der Republik Kolumbien in die Gegenwart. Inzwischen besitzt es eine der fortschrittlichsten demokratischen Verfassungen Lateinamerikas – bei anhaltender innerer Krise durch die Präsenz verschiedener Guerrilla-Gruppen und vor allem der Kokain-Kartelle in Cali und Medellin.

Internetadressen

http://www.infortur.com.co/

http://www.latinworld.com/countries/colombia/

http://www.lonelyplanet.com/dest/sam/col.htm

http://www.presidencia.gov.co/

Sekundärliteratur

Reiseführer deutsch

Andreas Drouve, San Andrés. Reise-Handbuch und Inselkunde, Singen 1997.

Gerhard Dilger, Kolumbien, München 1996.

Jenny Pearce, Kolumbien - Im Innern des Labyrinths, Stuttgart 1992.

Karl-Arnulf Rädecke, richtig reisen - Venezuela, Kolumbien und Ecuador, Köln 1990.

Geographie und Geologie

Das viertgrößte Land Südamerikas grenzt an zwei Ozeane (Atlantik und Pazifik), im Süden an die Amazonas-Region (und die Länder Venezuela, Brasilien, Peru, Ecuador) und im Nordwesten an Panama. Weite fruchtbare Ebenen (Llanos) prägen den Osten. Quer über das ganze Land verlaufen die vom Río Magdalena und Río Cauca geteilten drei Anden-Kordilleren; im Nordosten bei Santa Marta beginnen sie mit der Sierra Nevada und dem höchsten Berg des Landes, dem 5.780 m hohen Pico Cristobál Colón; und im Norden setzen sie sich nach Ecuador fort.

Maisernte

Staat und Gesellschaft

Kolumbien ist Mestizenland: die 35 Mio. Einwohner sind überwiegend Mischlinge zwischen den ursprünglich im Land beheimateten, kriegerischen Carib- und Chibcha-Indios und den eingewanderten Spaniern. An den Küsten mischten sie sich noch mit den Nachfahren afrikanischer Sklaven. Die verschiedenen Ursprungskulturen spiegeln sich bis heute im ungewöhnlich reichen Brauchtum (Tanz, Musik, Kunsthandwerk) der jeweiligen Regionen wider. Obwohl eine der ältesten Demokratien Lateinamerikas, ist es von inneren Kämpfen geschüttelt. Nicht zuletzt durch die im Land etablierten Kokain-Kartelle. Folge der heimlichen Gewaltherrschaft der Kartelle, gegen die eine unterbezahlte Staatspolizei praktisch machtlos ist: die Zunahme von Selbstjustiz bzw. generell eine Gewöhnung an Gewalt. Die Gefahr, daß Urlauber in diese inneren Kämpfe verwickelt werden, ist jedoch gering, sofern sie Konfliktsituationen und Gefahrenzonen meiden (z.B. Standorte der Guerilla); aktuelle Auskünfte erhält man über die Botschaften in Bogotá.

Sekundärliteratur
Reiseführer englisch
Stephen L. Hilty / William L. Brown, A guide to the Birds of Colombia, New Jersey 1986.

Wirtschaft und Industrie

Das Land ist überreich an Bodenschätzen, darunter Gold, Smaragde, aber auch Erdöl und Steinkohle. Berühmt ist die Qualität seines Kaffees, daneben werden Bananen, Kakao und im Hochland Schnittblumen produziert. Die Wirtschaft wird unterschwellig gestützt durch den illegalen Kokainhandel. Die mit ihm ins Land fließenden gigantischen Mengen an Schwarzgeldern beherrschen inzwischen durch Investitionen (Geldwäsche) weite Teile des privaten und öffentlichen Lebens in Kolumbien.

Religion

Bis zur neuen Verfassung von 1991 war der Katholizismus in Kolumbien noch gesetzliche Staatsreligion. Inzwischen ist es den verschiedenen ethnischen Gruppen erlaubt, ihren Ursprungskulten nachzugehen.

Bogotá

Sekundärliteratur
Belletristik deutsch

Gabriel García Márquez, Nachricht von einer Entführung, Köln 1996.
Gabriel García Márquez, Von Liebe und andere Dämonen, Köln 1995.
Gabriel García Márquez, Liebe in den Zeiten der Cholera, München 1994.
Gabriel García Márquez, Hundert Jahre Einsamkeit, München 1994.

Cartagena

Bogotá

Krasse Gegensätze sind charakteristisch für die nächtlich kühle und bei klarem Wetter mittags hochsommerlich heiße 5-Millionen-Metropole Kolumbiens, die sich in einem Anden-Hochtal auf 2600 m Höhe mit ihren von Süd nach Nord durchnumerierten Calles (Querstraßen) und Carreras oder Avenidas (Längsstraßen) ausbreitet. Vor allem das Wohlstandsgefälle von Nord nach Süd der langgestreckten Stadt ist augenfällig. Zum Teil unvorstellbare Armut regiert in den südlichsten „Barrios“ (Vierteln). Tagsüber geschäftig, aber nachts nur noch belebt von Obdachlosen, ist auch das „Centro“, wo die meisten Sehenswürdigkeiten der Stadt liegen, außerdem einige der besten Hotels wie das Hotel Tequendama, ebenso das Touristbüro der Corporacion Nacional de Turismo (Calle 28, No, 13a–15). Schräg gegenüber vom Hotel Tequendama an der Hauptschlagader der Stadt, der Septima (Carrera 7) fällt der mächtige ehemalige Gefängnisbau des Museo Nacional (Carrera 7, Nr. 28-66, Di.–Sa. 9–17, So. 10–16 Uhr) auf; es zeigt einen Querschnitt durch die präkolumbische, koloniale und postkoloniale Geschichte des Landes. Einige Blocks weiter südlich an der Plaza Bolívar befindet sich das Regierungszentrum mit dem Capitolio Nacional (Sitz des Kongresses) und mit der 1565 angeblich auf einem Musica-Tempel begonnenen und 1803 nach einem Erdbeben erneuerten Kathedrale; in unmittelbarer Nachbarschaft erhebt sich der Palacio de Nariño (Präsidentenpalast). Ein Muß für Besucher ist hier vor allem das nahe Museo de Oro (Goldmuseum) der Banco de República mit seiner weltweit einzigartigen Sammlung präkolumbischer Goldfunde, die eine Ahnung vom Goldrausch der spanischen Conquistadoren geben (Carrera 6a, Nr. 15-82, Di.–Sa. 9-16.30 und So. 10–16.30 Uhr). Wenige Schritte südlich weiter beginnt das jüngst restaurierte Kolonialviertel La Candelaria mit den ältesten Häusern Bogotás, in die einige gute Restaurants einzogen. Überragt wird das Centro von Bogotás Hausberg Montserrate und seiner weißen, kleinen Wallfahrtskapelle (von Ausflügen zu Fuß wird wegen akuter Diebstahlgefahr abgeraten). Amüsierzentrum der Bogotanos ist die überreich mit Diskotheken, Bars und Restaurants bestückte und Zona Rosa an der Septima auf der Höhe der Calle 82. Stimmungsvoller geht es mit Blick auf das lichterfunkelnde nächtliche Bogotá in den Panoramalokalen und Diskos auf dem Andenkamm „La Calera“ zu.

Cartagena

Wahl-Wohnort des Literaturnobelpreisträgers Gabriel García Márquez, schönste Stadt Kolumbiens, von manchen gar als schönste Amerikas gerühmt. 1984 wurde die Stadt von der UNESCO zum Weltkulturgut erklärt. In spanischer Kolonialzeit war Cartagena Lagerplatz und Verschiffungshafen für die in den Minen des Andenhinterlands gewonnenen Smaragd-, Gold- und Silberschätze, daneben ein bedeutender Sklaven-Handelsplatz und Sommersitz der Vizekönige Nueva Granadas. Cartagena (700.000 Einwohner), das an einer tiefen natürlichen Bucht der Karibikküste liegt, besitzt die größte erhaltene Festungsanlage der Karibik; sie wurde 1536-1798 zum Schutz gegen englische Piraten erbaut und beinhaltet einen fast vollständig erhaltenen, begehbaren Mauerring, der eine prachtvoll restaurierte, kolonial-spanische Altstadt umschließt, daneben zahlreiche Forts und Fortalezas; besonders eindrucksvoll ist der Besichtigung der Geheimgänge in der Festung San Felipe. Die Altstadt bietet sich mit ihren zahlreichen Lokalen zu einem ausgiebigen nächtlichen Bummel an (Tips: die Bar El Mirador über dem Patio-Restaurant „Bodegón de la Candelaria", die Jazz-Bar La Quemada und das Escollera de la Marina). Das einzige 5-Sterne Hotel in der Altstadt, das in den Mauern eines alten Klosters erbaute Hotel Santa Clara, erwähnt García Márquez in seinem Roman „Von Liebe und anderen Dämonen". Viel erzählt er über die Stadt auch in seinem Roman „Die Liebe in den Zeiten der Cholera". Zu den sehenswerten historischen Gebäuden der Altstadt gehört der 1776 fertiggestellte Inquisitionspalast (mit Museum) am Parque de Bolivar; er erinnert an die in der Stadt besonders lange praktizierte spanische Inquisition (bis 1811). Zu den schönsten der alten Kirchen gehört die Kirche San Pedro Claver (benannt nach dem Schutzpatron der Sklaven). Nahe der Plaza de Coches (ehemaliger Sklavenhandelsplatz) liegt der Glockenturm, der aus der Altstadt hinaus zur eng mit Appartment-Hochhäusern und Hotels bebauten Bade-Halbinsel Bocagrande mit ihren grausandigen Stränden führt. Von Cartagena lohnen Ausflüge zu den vorgelagerten Islas del Rosario (superklares Wasser, schöne Strände), zum Parque Tayrona Santa Marta (rund anderthalb Stunden mit dem Auto) und nach San Andrés.

San Andrés						
Jan	29	24	19	8	27	81
Feb	29	24	20	9	27	79
Mär	30	24	27	9	27	78
Apr	30	24	26	9	27	78
Mai	31	25	23	8	27	81
Jun	30	25	16	6	27	83
Jul	30	25	15	6	27	83
Aug	30	25	14	7	27	83
Sep	31	25	14	6	28	84
Okt	30	24	11	6	28	84
Nov	30	24	12	6	27	84
Dez	29	24	14	7	27	82
Durchschnittswerte	Tagestemperatur °C	Nachttemperatur °C	Sonnentage*	Sonnenstunden / Tag	Wassertemperatur °C	Rel. Luftfeuchtigkeit %

* weniger als 1 Liter/m² Niederschlag
Quelle: Deutscher Wetterdienst, Hamburg

San Andrés

Die Hauptinsel des gleichnamigen Archipels, nördlichster Militärstützpunkt Kolumbiens, zollfreie Einkaufszone und das „Sylt" der Hochland-Kolumbianer, seit 1991 auch deutsches Charterflugziel, liegt etwa eine Flugstunde von Bogotá entfernt auf der Höhe Nicaraguas, umschlossen von einem Korallenriff und einer in sieben Blaus schimmernden, karibischen See. Der einzigartige Charme dieser in einer Stunde mit dem Motorrad umrundeten kleinen Insel beruht auf schönen Palmenstränden vor einer lebenslustigen kleinen Inselhauptstadt, einer familiären Atmosphäre, in der sich Touristen aus Deutschland, Italien, Spanien und dem kolumbianischen Festland mischen, und ihrer englisch-spanischen Mischkultur. Die schwarzen einheimischen „isleños", die überwiegend in dem urigen Dorf San Luis wohnen (Tip: Kelas Strandbar und Hotel Decameron), stammen von jamaicanischen Siedlern ab, sprechen einen eigenen afro-englischen Slang; ihre Musik ist der Reggae. Daneben ertönt in den Diskotheken wie dem Atlantida auch Salsa aus Cali oder Merengue aus der Dominikanischen Republik. Etwa 20 Flugminuten von San Andrés entfernt liegt die stillere, zum Archipel gehörige Insel Providencia, einst ein wichtiger Stützpunkt für den englischen Piraten Henry Morgan (späterer Gouverneur von Jamaica); an schönen Strandbuchten gibt es hier einfache Hotels.

Strand von San Andrés

Itaipu, das größte Wasserkraftwerk der Welt

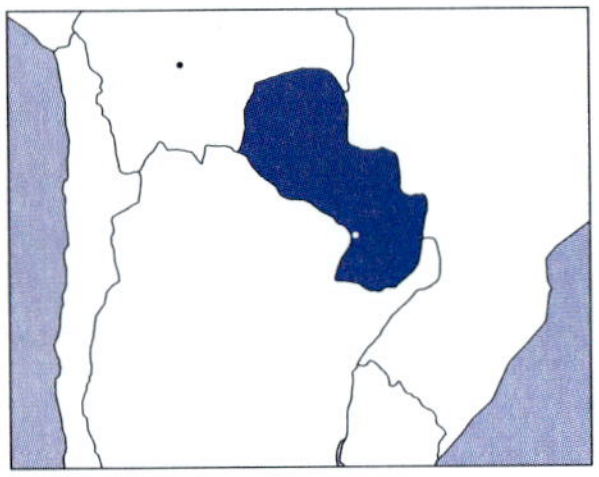

Paraguay

Der etwa 400.000 km^2 große Staat im Herzen des südamerikanischen Kontinents gehört bislang zu den vom internationalen Fremdenverkehr eher vernachlässigten Ländern. Dabei bietet das Land, das im Osten an Brasilien grenzt, im Nordwesten an Bolivien und im Süden und Südwesten an Argentinien, zahlreiche landschaftliche Schönheiten. Naturfreunde schätzen die artenreichen subtropischen Regenwälder.

Geschichte und Kultur

Spanische Entdecker erreichten 1536 die Region, damals von friedliebenden Guaraní-Indianern bevölkert, die die Neuankömmlinge freundlich aufnahmen. Nuestra Señora Santa María de la Asuncíon (die heutige Hauptstadt) wurde die erste Siedlung der Spanier. 1609 begannen Jesuiten mit ihrer Missionstätigkeit, die in starkem Kontrast stand zu der anderer lateinamerikanischer Länder. Erklärtes Ziel des Statthalters Hernando Arias de Savedra war – neben der Christianisierung – die politische Selbstverantwortung. Die Jesuiten ließen den Indianern deshalb Bildung im klassischen Sinne angedeihen, errichteten zusammen mit ihnen 30 Siedlungen und erbauten Kirchen und Klöster. 1811 erhält Paraguay die Unabhängigkeit von Spanien. Wegen Landstreitigkeiten geführte Kriege mit den Nachbarstaaten gegen Ende des 19. und Anfang des 20. Jh. schwächen die politische und wirtschaftliche Stabilität des Landes. Ab 1954 übernimmt der als Sohn eines Bayern und einer Indianerin in Paraguay geborene Alfredo Stroessner die Macht und errichtet eine Diktatur. Verfechter der Menschenrechte werden brutal unterdrückt. 1989 wird Stroessner durch einen Militärputsch gestürzt.

Informationen

Fremdenverkehrsamt von Paraguay,
Fischbacher Straße 81,
67691 Hochspeyer,
Tel.: 06305/993050,
Fax: 06305/993052.

Internetadressen

http://www.eskimo.com/~krautm/
http://www.lanic.utexas.edu/la/sa/paraguay/
http://www.lonelyplanet.com/dest/sam/par.htm

Geographie und Geologie

Das Land wird vom Río Paraguay geteilt: in den gebirgigen Landesteil „Oriente“ (um 700 m Höhe), in dem nahezu die gesamte Bevölkerung lebt, und die westlichen Ebenen von „Gran Chaco“ , ein nahezu menschenleeres Gebiet, mit Wiesen und weiten Ebenen.

Die älteste Dampflok der Welt

Staat und Gesellschaft

Die Bevölkerung (4,1 Mio.) setzt sich offiziell aus 95 % Mestizen und 2 % Guaraní sowie Weißen und Asiaten zusammen. Augenscheinlich ist das indianische Erbe bei der Mestizen-Bevölkerung von Paraguay stärker vertreten – und neben Spanisch ist Guaraní zweite Amtssprache. Die Analphabetenrate liegt bei etwa 12 %.

Wirtschaft und Industrie

Land- und Forstwirtschaft sind die bedeutendsten Wirtschaftszweige. Angebaut werden Baumwolle, Reis und Maniok, vorwiegend in den Tälern der Ostregion, während in den Trockensavannen Rinderzucht betrieben wird. Paraguay exportiert Strom (Wasserkraftwerke) und Textilien.

Religion

90 % der Bevölkerung sind römisch-katholisch.

Asunción

Die am Ostufer des Río Paraguay erbaute Hauptstadt (650.000 Einw.) ist die einzige Metropole des Landes. Von der Hafenstadt erfolgt ein beträchtlicher Teil des Im- und Exports auf dem Wasserweg. Obwohl ihre Gründung bereits im 16. Jh. erfolgte, verfügt Asuncíon über nur wenige Bauwerke aus der Kolonialzeit. Zahlreiche Plazas und Jacaranda-geschmückte Boulevards tragen zum beschaulichen Eindruck der Großstadt bei, an der Südamerika-Kenner besonders ihren provinziellen Charakter schätzen. In weiten Teilen fühlt man sich eher in einem Dorf, und gepflegte Villen, umgeben von Parkanlagen, vermitteln einen wohlhabenden Eindruck. Den ältesten Stadtteil mit Gebäuden aus dem 19. Jh. findet man unweit des Río Paraguay. Die meisten der einstöckigen, im spanisch-maurischen Stil errichteten Bürgerhäuser fielen während der Regierungszeit des Diktators Francia (1766–1840) der Spitzhacke zum Opfer. Zu den wenigen erhalten gebliebenen Gebäuden der Kolonialzeit gehört die Casa de la Independencia, das „Haus der Unabhängigkeit“, an der Ecke der Straßen 14 de Mayo und Presidente Franco. Es enthält ein kleines historisches Museum. Nach dem Vorbild des Louvre errichtet wurde der Palacio del Gobierno (1854), zwei Querstraßen nordwestlich der Plaza Constitución. Das repräsentative

Paraguay						
Jan	33	22	24	8	–	67
Feb	33	22	21	8	–	70
Mär	32	21	24	8	–	69
Apr	28	18	23	7	–	75
Mai	26	15	25	6	–	76
Jun	22	13	25	5	–	75
Jul	23	14	27	6	–	70
Aug	25	14	26	6	–	68
Sep	26	15	25	6	–	65
Okt	29	18	24	7	–	65
Nov	31	19	12	8	–	68
Dez	33	21	24	8	–	67
Durchschnittswerte	Tagestemperatur °C	Nachttemperatur °C	Sonnentage*	Sonnenstunden / Tag	Wassertemperatur °C	Rel. Luftfeuchtigkeit %

* weniger als 1 Liter/m² Niederschlag
Quelle: Deutscher Wetterdienst, Hamburg

Sekundärliteratur
Reiseführer englisch
Wayne Bernhardson / Maria Massolo, Argentina, Uruguay, Paraguay, Hawthorn 1992.

Sekundärliteratur
Belletristik deutsch
Hubert Krier, Tapferes Paraguay, Tübingen 1986.

zweigeschossige Bauwerk mit großartigem klassizistischem Portal sowie einem darüber errichteten Turm beherbergt den Amtssitz des Präsidenten. Hier werden Staatsgäste empfangen und ist das Außenministerium untergebracht. An der Ostseite der Plaza ragen die beiden Glockentürme der weithin sichtbaren Kathedrale in den Himmel. Besucher des klassizistischen Bauwerks aus dem 19. Jh. bewundern besonders den kunstvoll geschnitzten hölzernen Altar.

• • • 10 km westlich der Stadt und jenseits des Flusses leben die Maca-Indianer in einem Reservat, das ihnen nach ihrer Flucht aus Gran Chaco während des Krieges mit Bolivien (1930–35) zugewiesen wurde. Sie wohnen in Hütten, tragen Stammestracht, stellen Kunsthandwerk her und leben vom Tourismus. In der Calle Colón, die am Hafen beginnt, läßt sich hochwertiges Kunsthandwerk erstehen.

Encarnación

370 km südöstlich von Asunción liegt am Paraná-Fluß, gegenüber der argentinischen Stadt Posadas, Encarnación (50.000 Einw.), von der Hauptstadt über eine Straße, per Eisenbahn und mit dem Schiff zu erreichen. Die ehemalige Missionsstation der Jesuiten hat ihren kolonialen Charakter weitgehend verloren und ist zu einem wohlhabenden Exporthafen avanciert. Die Stadt ist Ausgangspunkt für die Weiterreise nach Argentinien (Buenos Aires), Brasilien und Uruguay. Ihre hügelige, grüne Umgebung verlockt zu zahlreichen Tagesausflügen.

20 km nordöstlich der Stadt findet man inmitten reizvoller Hügel mit Orangenhainen die Ruinen der Jesuitenmission von Trinidad. Die weitläufige Anlage, 1706 gegründet, wurde restauriert. Tropische Vögel begleiten die Besucher. Auf dem Weg dorthin stößt man bei Jesús (10 km) auf eine kleinere restaurierte Missionsstation der Jesuiten. Encarnación ist ebenfalls Ausgangspunkt für einen Besuch (über Land oder mit Kleinflugzeug) der berühmten brasilianischen Wasserfälle von Iguaçú.

Asunción

Anden

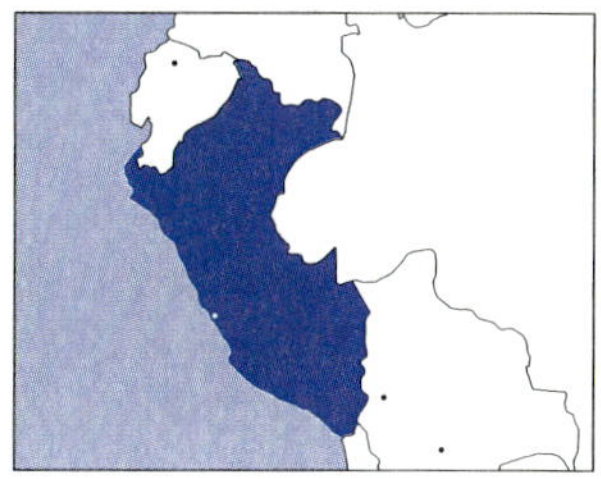

Peru

Kein anderes Land in Südamerika kann so viele archäologische Sehenswürdigkeiten vorweisen wie Peru. Präspanische Kulturen wie die von Tiahuanaco, Chavín, Mochica und Chimú setzen Glanzlichter. Auch sind die Zeugnisse aus spanischer Kolonialzeit prächtig wie fast nirgendwo sonst. Nicht alles Gold der Inka wurde nach Europa verschifft, einiges verwandelte sich vor Ort in Paläste, Klöster und Kirchen, wie man sie selbst in Spanien lange suchen muß. Zudem verfügt Peru über eine äußerst vielfältige Natur, teilt sich sein Territorium doch in grundverschiedene Landschaften auf, nämlich Küstenwüste, Andenhochland und Amazonas-Urwald. Natürlich ist in solch einem Land, das Besucher aus aller Welt anzieht, die touristische Infrastruktur gut ausgebaut. Dummerweise aber haben die Peruaner ihre Manaña-Mentalität bis in die Zeit der Handys „hinübergerettet". So nehme derjenige, der die Schönheiten Perus genießen möchte, ein Wort mit auf den Weg, nämlich „Pasencia". Es heißt Geduld.

Informationen

Generalkonsulat von Peru, Rossmarkt 14, 60311 Frankfurt/Main, Tel.: 069/20301, Fax: 069/295740.

Geschichte und Kultur

Da die alten Peruaner keine Schrift kannten – die Quipus (Knotenschrift) diente lediglich buchhalterischen Angaben, kann ihre Geschichte fast nur nach den archäologischen Funden zusammengepuzzelt werden. Besonders die Mochica stellten alles in anschaulich modellierten Keramiken dar, selbst ihre Sexpraktiken. Immerhin wissen wir, daß es mehrere Hochkulturen zu verschiedenen Zeiten und an verschiedenen Plätzen gegeben hat. Die Europäer – die Spanier 1532 unter Francisco Pizarro – stießen auf die Inka, die nicht gerade die Kunstsinnigsten waren, aber große Strategen. Sie regierten ein Riesenreich, das vom heutigen Kolumbien bis nach Chile und Argentinien reichte. Am 28. Juli 1821 erlangte Peru unter José de San Martín und Simón Bolívar die Unabhängigkeit.

Internetadressen

http://www.lonelyplanet.com.au/dest/sam/peru.htm
http://www.peru-explorer.com/page1.htm
http://www.wp.com/andes/

 Sierra

Geographie und Geologie

Der vom Südpol kommende kalte Humboldtstrom bewirkt, daß es fast an der gesamten 3.000 km langen Küste Perus nicht zu Regenbildung kommt. Das Resultat ist eine Extremwüste mit Lima als Flußoase. Parallel zum Pazifik-Gestade zieht sich die Andenkette mit vereisten Tropengipfeln von über 6.000 m Höhe hin. Das fruchtbare Hochland (Sierra) zwischen den Bergen liegt im Schnitt auf 3.500 m Höhe. Am Ostabhang der Kordilleren fließen alle Flüsse in den Amazonas, den tropischer Regenwald umgibt. Deutschland paßt in Peru, das drittgrößte Land Südamerikas, mehr als dreimal hinein.

Staat und Gesellschaft

Peru ist eine präsidiale Republik. 45 Prozent der Gesamtbevölkerung stellen die Indios dar, Hochland- und Urwaldbewohner von meist großer Armut. 10 Prozent der Peruaner haben europäische Vorfahren. Die Mestizen, Mischlinge aus Weißen und Indios, machen 40 Prozent aus. Der Rest sind Schwarze und Asiaten.

Sekundärliteratur
Reiseführer deutsch

Matthias Wittber, Peru, München 1997.
Rainer Lössl, Peru. Bolivien, München 1995.
Gerd Möller, richtig reisen - Peru und Bolivien, Köln 1991.
Jürg-Peter Huber, Peru, München 1987.

Wirtschaft und Industrie

Das Goldland Peru ist immer noch reich an Bodenschätzen. Hauptausfuhrprodukte dieses Bereiches sind Kupfer, Gold, Zink, Silber, Blei und Eisenerz. Auch Erdöl wird gefördert. Die meisten Minengesellschaften und andere Großfirmen wurden in den 70er Jahren von Militärjuntas verstaatlicht, sind aber größtenteils reprivatisiert worden. Grundlage der peruanischen Wirtschaft bildet nach wie vor der Agrarsektor. Die Kartoffel stammt aus Peru, aus dem Hochland. Beträchtlich, wenn auch in offiziellen Statistiken nicht vorkommend, ist der Anbau von Koka. Schließlich zählt die Fischerei zu den wichtigsten Wirtschafts- und Exportzweigen. Das produzierende Gewerbe, auf Lima, Callao, Chimbote, Chiclayo und Trujillo konzentriert, bringt vor allem Nahrungsmittel, Getränke, Fischmehl, Textilien und Chemieprodukte hervor.

Kathedrale von Puno

Religion

Peru ist ein römisch-katholisches Land. Der Kirche mit beträchtlichem Besitz kommen viele Privilegien zugute, u.a. Steuerfreiheit. Die Verfassung garantiert jedoch Religionsfreiheit. Bei den Indios vermischt sich Christliches mit Heidnischem. Ein Beispiel dafür ist das Schneesternfest (Qollur-Riti) am Hang des Auzangate bei Cuzco, und zwar jeweils im Mai oder Juni kurz vor Fronleichnam. Zehntausende von buntgekleideten Indios strömen dort auf 5.000 m Höhe zusammen, musizieren, tanzen und nehmen ein Stück vom glücksbringenden Eis (Wasser) mit nach Hause.

• • • Massen von Touristen wälzen sich über den sonntäglichen Indiomarkt von Pisac (bei Cusco), doch nur wenige durchwandern die

Inkaruinen auf dem Berg darüber. Das Ruinenareal des vorspanischen Pisac ist dem von Machu Picchu ähnlich, aber fünfmal größer wie jenes. Und da es weitaus weniger besucht wird, kann man den Zusammenklang von Natur und Kultur ungestört genießen. Man findet gut erhaltene Stadttore, einen mächtigen Sakralbezirk mit einem von den Spaniern lädierten Intihuatana (Sporn, an dem die Sonne angebunden wurde), einen Höhlenfriedhof, einen 16 m langen Tunnel, Vorratsspeicher, Agrarterrassen, Steintreppen usw. Dazu herrliche Ausblicke in Flußtäler und auf schneebedeckte Gipfel.

Sonntagsmarkt in Pisac

Arequipa

Arequipa (2.300 m ü. M.) zu Füßen der Vulkane Misti und Chachani ist ein koloniales Juwel mit zahlreichen Kirchen, Adelspalästen und Plazas sowie romantischen Winkeln. Einzigartig das ehemalige Kloster Santa Catalina, in dem fast 400 Jahre lang Nonnen mit ihren Mägden wohnten (erst 1970 größtenteils aufgelassen). Da Arequipa aus weißem, vulkanischen Tuffstein erbaut ist, nennt man es die „Weiße Stadt". Besonders hübsche Vorderfronten mit überquellendem Steinmetzdekor haben die kleinen Kirchen der Vororte Cayma und Yanahuara. Durch farbenfreudige Wandmalereien (in Seitenkapelle) zeichnet sich die Jesuitenkirche La Compañía aus.

• • • Durch seine meisterlichen Steinmetzarbeiten gehört der Kreuzgang von La Compañía zum Schönsten, was Arequipa zu bieten hat. Besonders abends bei dezenter Ausleuchtung zeigt sich seine ganze Pracht.

Sekundärliteratur
Belletristik deutsch

Mario Vargas Llosa, Die Anführer, Frankfurt/Main 1995.

Mario Vargas Llosa, Tod in den Anden, Frankfurt/Main 1997.

Cuzco

Wer in der einstigen Inkahauptstadt Cuzco (gut 3.400 m ü. M.) Paläste von Atahualpa, Huayna Cápac oder Túpac Yupanqui vorzufinden hofft, wird mit katholischen Kirchen und Klöstern vorliebnehmen müssen. Die Spanier zerstörten die heiligen Stätten der Inka und errichteten auf Sonnentempeln christliche Kathedralen, die es in sich haben. Daneben sind die Reste der inkaischen Zyklopenmauern immer noch beeindruckend. Unbedingt besuchenswert die Kathedrale sowie die Kirchen La Compañía und Santo Domingo – alle mit wertvollen Gemälden, Chorgestühl und Altardekorationen. In letzterer befand sich das Coricancha, das größte Heiligtum der Inka mit der goldenen Sonnenscheibe, um die die verstorbenen (mumifizierten) Herrscher saßen. In der Gasse Hatun Rumiyoc kann der berühmte zwölfeckige Stein bewundert werden, der nach Inkamanier mörtellos so kunstvoll in das Mauerwerk eingefügt ist, daß sich keine Messerspitze in die Fugen schieben läßt. Die „schönste Holzschnitzarbeit der Welt" versteckt sich in der kleinen Kirche von San Blas: eine barocke Kanzel aus Zedernholz. Oberhalb Cuzcos dann reine Inka-Architektur, und zwar Sacsayhuamán, eine Rückzugsfestung mit gigantischen Zickzackmauern. Ein Stück weiter der Kenko, ein dem Totenkult geweihter riesiger Kalksteinblock mit Altären und Opferrinnen, darunter eine Höhle mit einem exakt bearbeiteten monolithischen Stein.

Cuzco

Durchschnittswerte	Tagestemperatur °C	Nachttemperatur °C	Sonnentage*	Sonnenstunden / Tag	Wassertemperatur °C	Rel. Luftfeuchtigkeit %
Jan	19	7	12	5	–	64
Feb	19	6	13	4	–	66
Mär	20	6	18	6	–	65
Apr	21	4	21	7	–	61
Mai	22	2	29	8	–	55
Jun	21	1	29	8	–	48
Jul	22	1	30	8	–	47
Aug	22	2	29	8	–	46
Sep	21	4	25	7	–	51
Okt	22	6	22	6	–	51
Nov	22	5	17	7	–	52
Dez	21	6	15	5	–	59

* weniger als 1 Liter/m² Niederschlag
Quelle: Deutscher Wetterdienst, Hamburg

Cuzco, Ort der goldenen Sonnenscheibe
Bahnstrecke Cuzco-Machu Picchu

••• Wer es einrichten kann, komme am 24. Juni zum Wintersonnenwende-Fest, dem berühmten, aber überlaufenen Inti-Raymi. Vor der mächtigen Kulisse von Sacsayhuamán wird inkaischer Pomp zelebriert. In einem Farbenrausch treten der Inka und sein Hof auf, umtost von indianischer (inkaischer?) Musik. Vorsicht vor Langfingern.

Iquitos

Am Ufer des Amazonas liegt, eingebettet im Überschwemmungsurwald, Iquitos, eine Stadt, die keine Straßenverbindung zum übrigen Peru hat, in die aber, Brasilien durchquerend, kleine Überseeschiffe gelangen. Touristen kommen, um den Tropendschungel mit seinen Pflanzen und Tieren hautnah kennenzulernen. So logieren sie meist auch mittendrinnen, in mehr oder weniger komfortablen Urwald-Lodges, und unternehmen Flußfahrten und Wanderungen. In Iquitos selber wird der „schwimmende Stadtteil" Belén besucht, in dem die Häuser praktisch Wohnboote sind, die bei Niedrigwasser auf dem Flußgrund liegen und bei Hochwasser auf dem braunen Naß dümpeln (Höhenunterschied des Amazonas: mehr als 10 m).

••• Wer mit Iquitos auf Tuchfühlung gehen will, lasse sich mit einer Motorrikscha durch die heiße, quirlige Stadt fahren. Dieses luftige Gefährt besteht aus einem Motorrad mit angebauter zweisitziger Rikscha.

Iquitos

Durchschnittswerte	Tagestemperatur °C	Nachttemperatur °C	Sonnentage*	Sonnenstunden / Tag	Wassertemperatur °C	Rel. Luftfeuchtigkeit %
Jan	32	22	17	5	-	80
Feb	31	21	15	5	-	81
Mär	32	22	19	5	-	80
Apr	31	22	17	5	-	83
Mai	32	22	18	6	-	83
Jun	31	21	17	6	-	81
Jul	31	20	19	7	-	81
Aug	32	20	20	7	-	80
Sep	33	21	20	7	-	77
Okt	33	22	19	6	-	78
Nov	33	22	18	6	-	79
Dez	32	22	18	5	-	80

* weniger als 1 Liter/m² Niederschlag
Quelle: Deutscher Wetterdienst, Hamburg

Lima

Lima war einst die strahlende Residenz der spanischen Vizekönige in Südamerika. Einiges aus jener Zeit ist noch vorhanden. Seitdem in den 70er Jahren die Reichen das historische Zentrum verlassen haben und die Residenzviertel Miraflores und San Isidro zum Mittelpunkt der Hauptstadt machten, ist leider das Umfeld der Adelspaläste und Kirchen ärmlich und kriminell geworden. Also Vorsicht vor trickreichen Taschendieben. Die wichtigste Kirche ist die Ka-

Lima

Lima, Kathedrale mit Prozession

thedrale an der Plaza de Armas, an der auch der Regierungspalast steht. In ihrer ersten rechten Seitenkapelle befindet sich die Überreste des Eroberers Francisco Pizarro. In der San-Pedro-Kirche, ein paar Blocks weiter, liegen Vizekönige begraben. Sie ist – innen – das prächtigste Gotteshaus Limas; ihre kunstvoll geschnitzten Altäre sind verschwenderisch mit Blattgold belegt. Besuchenswert auch die San-Francisco-Kirche, vor allem wegen des angegliederten Konventes, eines eindrucksvollen Beispiels des spanisch-maurischen Mudéjar-Stils (heute teilweise Museum). Unter dem Kirchenschiff liegen die makabren Katakomben mit Tausenden von menschlichen Knochen, Limas erster Friedhof (zugänglich). Mehrere Kolonialpaläste haben schöne Innenhöfe und die typischen holzvergitterten Balkone.

Die großen Museen liegen nicht im Stadtzentrum. Unbedingt besuchen sollte man das Goldmuseum mit unschätzbar wertvollen Goldobjekten aus dem vorspanischen Peru, meist Grabbeigaben. Auch Gold, aber vor allem Keramik aus den nordperuanischen Chimú- und Mochica-Kulturen – insgesamt mehr als 50.000 Stücke – präsentiert das Museo Rafael Larco Herrera. Clou ist eine Kollektion erotischer Darstellungen in Ton („alles schon mal dagewesen“). Zwei Museen führen in die altperuanische Geschichte ein: das Archäologische und Völkerkundliche Museum in Pueblo Libre vor allem mit echten Funden und das Museo de la Nación u.a. mit Nachbildungen archäologischer Stätten. Nur knapp 30 km von Lima entfernt breitet sich der Ruinenkomplex von Pachacamac aus, einst Wallfahrtsort mit einem Orakel. Limas Strände sind mäßig, gut dagegen, ja bestens, zahlreiche Restaurants und Diskotheken.

• • • Romantisch Veranlagte sollten am Spätnachmittag in den Vorort Barranco fahren. Dort besaßen vor der Jahrhundertwende reiche Limeñer ihre Wochenend-Residenzen. Besonders hübsch die blumenumrankten Villen bei der Puente de los Suspiros (Seufzerbrücke).

Lima

Durchschnittswerte	Tagestemperatur °C	Nachttemperatur °C	Sonnentage*	Sonnenstunden / Tag	Wassertemperatur °C	Rel. Luftfeuchtigkeit %
Jan	27	19	28	6	19	80
Feb	27	20	27	6	20	80
Mär	26	20	30	6	21	81
Apr	24	18	30	6	19	83
Mai	22	17	31	4	18	84
Jun	20	16	28	2	17	83
Jul	19	15	29	1	16	83
Aug	19	14	28	1	16	84
Sep	19	14	30	1	17	84
Okt	20	15	31	2	17	82
Nov	23	17	30	4	17	81
Dez	25	18	30	4	18	80

* weniger als 1 Liter/m² Niederschlag
Quelle: Deutscher Wetterdienst, Hamburg

Machu Picchu

Machu Picchu

Machu Picchu ist ein Höhepunkt der Perureise. 1911 wurde die verlassene und überwucherte heilige Stadt auf der abgeflachten Kuppe eines Urwaldberges entdeckt (2.450 m ü. M.). Ungeklärt, was es mit diesem inkaischen Ort, u.a. als „Hort der Sonnenjungfrauen" bezeichnet, auf sich hatte. Deutlich an den Ruinen ablesbar, daß viele Bauten einen großen Tempelbereich bildeten. Auch auf dem spitz aufragenden Huayna Picchu, der mühselig zu besteigen ist, schlummern einige Ruinen.

• • • Allein schon, um die teilweise lauten Touristen mal hinter sich zu lassen, lohnt ein Abstecher zur Inkabrücke von Machu Picchu. Dort erst hört man die Natur, nämlich Vogelgezwitscher und Plätschern von Wasser, und man „spürt" den morbiden Duft der Tropen.

Puno

Puno selber ist weniger interessant, dafür der Titicacasee vor seiner Tür (3.800 m ü. M.). Hier starten die Bootsausflüge zu den „schwimmenden Inseln" der Uros und nach Taquile, jenem felsigen Eiland, auf dem Hochlandindios Touristen Einblick in ihr karges Leben gewähren. Putzig dort, daß die Männer stricken.

• • • Einmal sollte man sich in Puno vom Titicacasee abwenden und eine Exkursion per Land machen, nach Sillustani. Dort stehen auf einer Halbinsel rätselhafte Grabtürme (Chullpas) aus Basalt- und Trachytblöcken. Im Umayo See davor eine scheinbar von Menschen abgeflachte runde Insel.

Trujillo

Nach Trujillo mit seinen pastellfarbenen Kolonialhäusern reist, wer die einstige Hauptstadt des Chimú-Reiches sehen will, die Reste von Chan-Chan. Alle seine Bauten, darunter verzierte Paläste, sind aus Adobes, sonnengetrockneten Lehmziegeln, errichtet. Das riesige staubige Trümmerareal blieb nur erhalten, weil es an der Küste fast nie regnet. Nahe Trujillo auch zwei sehenswerte Pyramiden; eine der Sonne und eine dem Mond geweiht, waren sie einst bedeutende Heiligtümer der Chimu.

• • • Erstaunen ruft ein Besuch der Privatsammlung Cassinelli hervor. Diese befindet sich unter einer Tankstelle und präsentiert Hunderte von Keramikfunden aus der Umgebung. Überraschenderweise zeigen einige Porträtdarstellungen negroide und chinesische Züge, als hätten bereits im alten Peru Afrikaner und Asiaten gelebt.

Suriname

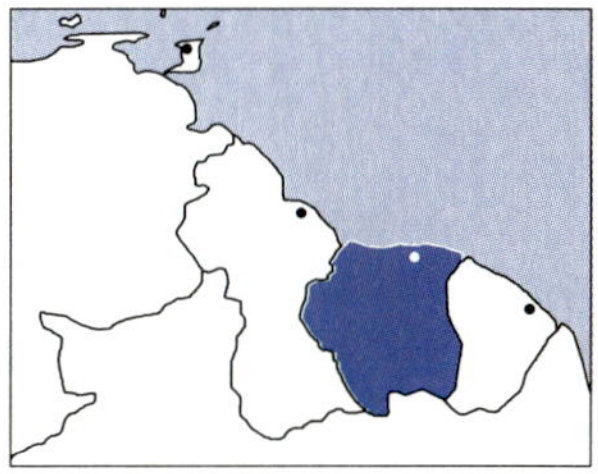

Die ehemalige niederländische Kolonie hat sich seit zehn Jahren politisch stabilisiert und ist damit – und mit ihren Naturschönheiten – zu einem touristischen Anziehungspunkt für Kenner geworden. Reizvoll sind auch die kulturellen Hinterlassenschaften der zahlreichen in Suriname lebenden Ethnien. Die mangelnde Infrastruktur des Landes hat jedoch bisher nennenswerten Besucherzahlen entgegengestanden.

Geschichte und Kultur

Die Region Guiana im Nordosten von Südamerika wurde von den Spaniern 1499 entdeckt und von Holländern, Briten und Franzosen in Besitz genommen. Die so entstandene (vorher auch von Briten besiedelte) niederländische Kolonie Suriname wurde 1975 – auf friedlichem Wege – unabhängig. Ihre kulturellen Besonderheiten werden von einer großen Vielfalt ethnischer Gruppen bestimmt.

Geographie und Geologie

Suriname (160.000 km²) liegt zwischen Guyana (westlich) und Franz. Guayana (östlich) am Atlantik und wird im Süden von Brasilien begrenzt. Die 30 bis 80 km breite Küstenebene, teilweise sumpfig, wandelt sich nach Süden hin zu einer etwa 30 km breiten hügeligen Savanne. Es schließt sich Hochland an, das bis 1.230 m (Julianatop) ansteigt und gekennzeichnet ist von Regenwald und einem ausgedehnten Flußsystem. Zahlreiche große Flüsse entwässern das Land in den Atlantik. Die Küste wird von Mangroven bestimmt, das Landesinnere von tropischen Regenwäldern.

Internetadressen

http://www.lonelyplanet.com/dest/sam/sur.htm

Suriname

Durchschnittswerte	Tagestemperatur °C	Nachttemperatur °C	Sonnentage*	Sonnenstunden / Tag	Wassertemperatur °C	Rel. Luftfeuchtigkeit %
Jan	30	23	13	6	–	86
Feb	30	23	15	6	–	83
Mär	30	23	17	6	–	83
Apr	31	23	14	6	–	84
Mai	30	24	8	5	–	86
Jun	30	23	7	6	–	86
Jul	31	23	11	8	–	85
Aug	32	23	17	9	–	82
Sep	33	24	21	9	–	78
Okt	33	24	22	9	–	79
Nov	32	23	18	8	–	81
Dez	31	23	13	6	–	86

* weniger als 1 Liter/m² Niederschlag
Quelle: Deutscher Wetterdienst, Hamburg

Staat und Gesellschaft

85 % der Bevölkerung (450.000) leben im Bereich der Küstenebene. Neben Kreolen (Mulatten) und Indern (je ein Drittel) leben in Suriname Minderheiten von Indonesiern aus Java (15 %), Schwarzafrikanern (10 %), Chinesen (3 %), Indigenen (3 %) und Niederländern (2 %). Die ethnische Zusammensetzung der Bevölkerung sorgte bis in jüngste Zeit für Spannungen, in deren Verlauf 200.000 Surinamesen in die Niederlande auswanderten. Das linksgerichtete Militärregime wurde 1988 von einer präsidialen Republik abgelöst.

Wirtschaft und Industrie

Wie das benachbarte Guyana verfügt Suriname über reiche Bauxitvorkommen, die zu Aluminium verarbeitet werden. Die Landwirtschaft erhielt während der Kolonialzeit durch Befestigung der Sumpfgebiete starken Auftrieb, jedoch wird nur 0,5 % der Landesfläche genutzt. Exportiert werden Zuckerrohr, Reis und Bananen. Die Landwirtschaft wird gegenwärtig mit EG-Hilfe ausgeweitet.

Sekundärliteratur
Reiseführer deutsch
Wayne Bernhardson u.a., Südamerika-Handbuch, Bremen 1998.
Carl D. Goerdeler, Südamerika, Ostfildern 1995.

Religion

Es herrscht Religionsfreiheit: Die Inder bekennen sich zum Hinduismus, die Mulatten zum Christentum und die Javaner sind Moslems; daneben existieren weitere religiöse Minderheiten.

Albina

Auf dem Weg von der Hauptstadt Paramaribo auf der Küstenstraße ins 145 km östlich gelegene Albina passiert man indische Dörfer mit von weitem sichtbaren, farbenprächtigen Hindu-Tempeln ebenso wie die wohlhabende Bauxitstadt Moengo, erkennbar an ihren tropischen Parks und den Bungalows der Angestellten. Schließlich passiert man Siedlungen von Schwarzafrikanern (Nachkommen von Sklaven), in denen das dörfliche Leben dem in Westafrika ähnelt. Albina liegt 30 km südlich der breiten Mündung des Marowijne-Flusses (Grenze zu Franz. Guyana) und ist daher idealer Ausgangspunkt für Bootstouren in die Dschungelgebiete des östlichen Surinams. Einige kleine einheimische Unternehmen (am Flußufer) sind darauf spezialisiert, Ausrüstung zu vermieten und Touristen per Kanu mit Außenbordmotor flußaufwärts nach Süden zu bringen. Lohnenswert ist auch ein Besuch des an der Flußmündung liegenden Naturschutzgebietes Galibi (3 Std.), in dem eine große Vielfalt an Wasservögeln beobachtet werden kann.

••• Regelmäßiger Fährdienst besteht von Albina nach St. Laurent, auf der gegenüberliegenden Seite des Flusses in Franz. Guyana gelegen. Hier findet man zahlreiche Fischrestaurants am Flußufer, einige werden gar für ihren Wein französischer Herkunft gerühmt.

Nieuw Amsterdam

Die Hauptstadt des überwiegend von Javanesen bewohnten Distrikts Commewijne liegt am rechten Flußufer des Surinamees gegenüber Paramaribo, zu erreichen über zwei Brücken wie mit der Fähre. Ein altes holländisches Fort überwacht in Nieuw Amsterdam den Zusammenfluß von Surinamee und Commewijne. Im Hof der Festungsanlage zeigt ein kleines Museum Exponate aus der Kolonialepoche des Landes. In der unmittelbaren Umgebung der Stadt entdeckt man großzügige Plantagenhäuser der ehemaligen Landesherren, teilweise sogar zu besichtigen.

Paramaribo

Die Hauptstadt des Landes liegt am linken Ufer des Flusses Surinamee, 12 km vom Atlantik entfernt. Obwohl heute eine moderne Hafenstadt mit 200.000 Einwohnern (überwiegend Kreolen), über den der gesamte Handel Surinams abgewickelt wird, hat sich der holländische Charakter Paramaribos erhalten. So ziehen sich niederländisch anmutende Kanäle entlang der Straßen, und die Fassaden der Giebelhäuser zeigen holländisches Dekor. Das Leben ist multikulturell. Die Vielfalt der Ethnien blüht auf allen Plätzen, und der Zentralmarkt ist ein Schaufenster für den kulturellen Reichtum des Landes. Sehenswert ist der Präsidentenpalast am Eenheidsplein, umgeben von niederländischen Häusern aus dem 18. und 19. Jh.. Das restaurierte Fort Zeelandia beherbergt das Nationalmuseum zur wechselvollen Geschichte und Kultur des Landes. Vielfalt herrscht auch unter den sakralen Bauwerken, erblickt man doch Moscheen mit großartiger Fliesenkunst ebenso wie eindrucksvolle katholische Gotteshäuser. Mehrere hinduistische Tempel entdeckt man in der Koningstraat, und die jüdische Synagoge (1854) wurde in der Herenstraat errichtet. Die römisch-katholische Kathedrale St. Peter und St. Paul ist gar eine der größten Holzkirchen Südamerikas. Und in der Reformationskirche (1835) erklärte Königin Juliana 1975 die Unabhängigkeit Surinams von den Niederlanden.

Sekundärliteratur
Reiseführer englisch

Wayne Bernhardson u.a., South America on a shoestring, Hawthorn, 1996.
John Brooks, South American Handbook, 1996.

Präsidentenpalast

Wildpferde

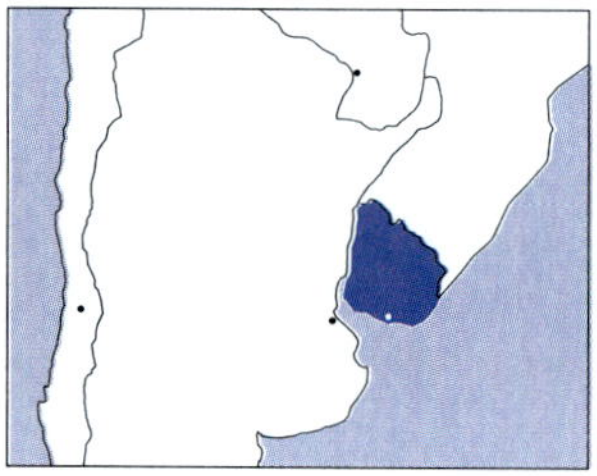

Uruguay

Ein europäisch anmutendes Land, gelegen zwischen Brasilien und Argentinien. Riesige Weideflächen prägen die Ebenen. Als touristische Ziele haben sich Montevideo, die Hauptstadt Uruguays, sowie einige Badeorte an der Atlantikküste etabliert. Die Saison dauert von Weihnachten bis Ostern. Danach kehrt Ruhe ein an den weiten Stränden. So gilt Punta del Este bei den Reichen und Berühmten als Saint Tropez Amerikas und wird weithin gerühmt. Dennoch: In touristischer Hinsicht ist das 180.000 km² große Land mit dem hohen Lebensstandard kaum vermessen. Nur wenige europäische Besucher kommen nach Uruguay, dem herausragende koloniale wie landschaftliche Sehenswürdigkeiten fehlen.

Informationen

Botschaft von Uruguay, Tourismusabteilung, Gotenstraße 1-3, 53175 Bonn, Tel.: 0228/366036, Fax: 0228/361410.

Internetadressen

http://www.city.net/countries/uruguay/montevideo/

Geschichte und Kultur

Im 1516 von dem spanischen Kapitän Juan Díaz de Soliz entdeckten Land erfolgte die erste Siedlungsgründung erst 1680. Da Uruguay weder Gold noch Silber besaß, hielt sich das Interesse der Konquistadoren in Grenzen. Jesuiten und Franziskaner begannen jedoch schon bald mit ihrer Missionstätigkeit. Die ersten Rinder wurden von dem spanischen Entdeckungsreisenden Hernando Arias 1607 auf einer seiner Südamerika-Expeditionen ins Land eingeführt. In den Unabhängigkeitskriegen avancierte Uruguay zum Streitobjekt zwischen Argentinien und Brasilien. Beide Länder erkannten Uruguays im Jahre 1825 proklamierte Unabhängigkeit erst drei Jahre später an. Schon zu Beginn des 19. Jh. galt das südamerikanische Land als eines der fortschrittlichsten und wohlhabendsten Latein-amerikas. Der im Jahre 1903 zum Präsidenten gewählte José Batlle y Ordóñez schuf in zwei Amtsperioden das Fundament eines umfassenden Sozialsystems: Arbeitslosen- und Unfallversicherungen, 8-Stunden-Tag, gesetzlich festgelegte Mindestlöhne, Mutterschutzgesetze. Es herrscht Schulpflicht, und die Analphabetenrate liegt unter 5 %. 1984 wurde mit der Wahl von Präsident Julio María

Sanguinetti die seit 1976 bestehende Militärdiktatur beendet. Parallel dazu konnte in den folgenden Jahren ein Wirtschaftsaufschwung verzeichnet werden.

Cowboy

Geographie und Geologie

Uruguay grenzt im Westen an Argentinien und im Norden an Brasilien. Mehr als die Hälfte der Landesfläche sind geprägt von sog. Campos, weiten Grasfluren, daneben finden sich Hügelländer (um 150 m Höhe) und breite Küstenebenen. Zugunsten der Weidewirtschaft ist die Primärvegetation weitgehend verschwunden. Lediglich im Nordwesten findet sich subtropischer Feuchtwald.

Staat und Gesellschaft

Nach der seit 1967 gültigen Verfassung ist Uruguay eine präsidiale Republik. Das Land ist verwaltungstechnisch eingeteilt in 19 Provinzen, sog. Departamentos, die teilautonomen Status genießen. Etwa 90 % der drei Millionen zählenden Bevölkerung sind europäischer Abstammung. Mulatten und Mestizen bilden Minoritäten, während die indianische Urbevölkerung ausgestorben ist. Fast die Hälfte der Bevölkerung lebt in der Hauptstadtregion. Einen weiteren Siedlungsschwerpunkt bilden die am Río de la Plata gelegenen südlichen Provinzen.

Wirtschaft und Industrie

Bedeutendste Wirtschaftszweige sind die Nahrungs- und Lederindustrie. Industriebetriebe (Metall-, Zement-, Glaswaren-, Textil- und chemische Fabriken) konzentrieren sich im Stadtgebiet von Montevideo. Uruguay lebt im wesentlichen von seinen riesigen Rinder- und Schafherden. Zu Anfang des Jahrhunderts exportierte es in einigen Jahren mehr Rindfleisch als Argentinien. Zum Anbau kommen hauptsächlich Mais, Reis, Weizen, Zuckerrohr, Erdnüsse und Kartoffeln. Uruguay exportiert – hauptsächlich Fleisch und Leder – nach Brasilien, USA sowie in die EG-Länder.

Religion

Etwa 90 % der Bevölkerung sind römisch-katholisch.

Sekundärliteratur
Reiseführer deutsch

Friedrich Schmithüsen, Argentinien, Paraguay, Uruguay, Pforzheim 1997.
Günther Wessel, Uruguay, Dreieich 1996.
Günther Wessel, Argentinien, Uruguay, Paraguay, Hohenthann 1996.

Sekundärliteratur
Reiseführer englisch

Wayne Bernhardson / Maria Massolo, Argentina, Uruguay, Paraguay, Hawthorn 1992.

Fortin San Miguel - Rocha

Colonia del Sacramento

Die 160 km nordwestlich von Montevideo am Río de la Plata liegende Kleinstadt (20.000 Einw.) wurde im Jahre 1680 von portugiesischen Siedlern, die aus Brasilien stammten, gegründet. Colonia del Sacramento ist damit eine der ältesten Städte Uruguays und besitzt koloniale Atmosphäre. In der auf einer kleinen Halbinsel liegenden Altstadt (Barrio Historico), geprägt von engen Kopfsteinpflastergassen, weist die beschauliche Siedlung einige schöne alte Bauwerke auf. Die Plaza Mayor wird umringt von kleinen Läden, untergebracht in kolonialen Häusern, sowie zwei Museen. Im Museo Portugués (11.30–18 Uhr) sind antikes Mobiliar, alte Seekarten wie Kacheln zu sehen, im Museo Municipal (11.30–18 Uhr) Exponate zur Stadtgeschichte. Sehenswert ist auch die 1680 erbaute spanische Kirche Iglesia Matríz, das älteste Gotteshaus Uruguays. Restauriert wurde die Bastion del Carmen, Teil der alten Stadtmauer. Palmenbeschattet ist der Paso de San Gabriel, der im äußersten Westen am Meer entlangläuft. Da mehrmals täglich Tragflügelboote Colonia mit der argentinischen Hauptstadt Buenos Aires verbinden (Fahrtzeit etwa eine Stunde), trifft man zahlreiche Touristen in der Stadt. Auch etablierten sich Freiluft-Cafés und exquisite Steakhäuser.

• • • Selbst Argentinier rühmen die Restaurants von Colonia del Sacramento. Die besten liegen in der Avenida General Flores in der Altstadt.

Montevideo

Das kulturelle wie wirtschaftliche Zentrum des Landes ist Montevideo, 1726 gegründet. 1830 erfolgte die Ernennung zur Hauptstadt. Montevideo (1,6 Mio. Einw.) erstreckt sich am Nordufer der breiten Mündung des Río de la Plata im Süden Uruguays. Zu Beginn des 20. Jh. avancierte es zur „Schweiz Südamerikas“ und galt als eine der elegantesten Städte Lateinamerikas. Breite Boulevards und palmenbestandene Plazas ebenso wie temperamentvolle Tango-Bars prägen noch heute den Charakter der Stadt. Montevideo ist Sitz zweier in ganz Lateinamerika angesehener Universitäten, zahlreicher Theater und Museen sowie eines prachtvollen Botanischen Gartens. Als Industriestandort besitzt die Stadt ferner den bedeutendsten Hafen des Landes und ist Verkehrszentrum. Vom hiesigen Busbahnhof fahren komfortable Reisebusse in alle Landesteile. Der Internationale Flughafen befindet sich unweit der Hauptstadt.

Das kulturelle Herz Montevideos bildet die Plaza Independencia, umgeben von herrlichen kolonialen Bauwerken, von Arkaden flankiert. Eine Konstante im sich schnell verändernden Stadtbild stellt das Victoria Plaza Hotel, einst das beste Haus am Platz, dar. Einige der Kellner des Café-Restaurants können auf ein halbes Jahrhundert Hotelzugehörigkeit blicken. Dementsprechend familiär ist der Service. Und nach wie vor trifft sich Montevideos Gesellschaft täglich gegen 16 Uhr in den Salons zum Kaffee. Besucher steigen auf die Aussichtsterrasse des Daches. Den Mittelpunkt der Plaza schmückt

Sekundärliteratur
Belletristik deutsch

Klaus Bodemer / Marta Licio / Detlev Nolte, Uruguay zwischen Tradition und Wandel, Hamburg 1993.
Ernesto Kroch, Uruguay zwischen Diktatur und Demokratie - ein lateinamerikanisches Modell? Frankfurt/Main 1991.

eine Statue, die José Gervasio Artigas (1764–1850), dem uruguayischen Nationalhelden und Begründer der Unabhängigkeitsbewegung, gewidmet ist. Im Hintergrund dominiert der Palacio Salvo, ein verschnörkeltes, 26stöckiges Turmgebäude, eine Mischung aus Neuschwanstein und Walt Disneys Cinderella-Schloß. Die Hauptstadtbewohner lieben diesen in den 20er Jahren entstandenen Orientierungspunkt. Auch der große Architekt Le Corbusier, bekannt für seine schnörkellose Handschrift, besah sich ungläubig das Bürohochhaus und bezeichnete es als „rigolo" – putzig. In strahlendem Marmor-Weiß glänzt der Parlamentspalast. Das klassizistische und säulengeschmückte Bauwerk von 1925 gehört zu den eindrucksvollsten der öffentlichen Bauten. Treffpunkt ist auch die hübsche Plaza del Entrevero. Im Schatten der Bäume verzehren Büroangestellte in der Mittagspause ihren Lunch. Besucher fotografieren den berühmten Bronze-Brunnen des uruguayischen Bildhauers José Belloni: Wasserfontänen berieseln die kunstvoll ineinander verschlungenen Reiter. Beliebt ist bei Einheimischen der Parque Batlle y Ordóñez, benannt nach dem großen Reformpräsidenten, der nach der Einführung der Sozialgesetzgebung auch den Stierkampf, die Todesstrafe und die Machtbefugnisse der Kirche abschaffte. Auch diesen Park ziert ein Werk des Bildhauers José Belloni aus dem Jahre 1934: La Carreta („Der Ochsenwagen").

Das westliche Ende der Bucht nimmt der 118 m hohe Cerro ein, gekrönt von einem 1724 errichteten Fort. Heute ist hier ein sehenswertes Militärmuseum untergebracht. Der Besuch lohnt sich auch deswegen, weil man vom Fort einen Panoramablick über die Hauptstadt und die Bucht genießt. Freunde des weißen Leders zieht es in das Fußballmuseum, untergebracht im 70.000 Zuschauer fassenden Centenario-Stadion. Zahlreiche Fotos von Pele und anderen Fußballstars, signierte Bälle und Memorabilia zieren die Räume. Die Hauptstadtbewohner schätzen die hervorragenden Freizeitmöglichkeiten, die ihnen Montevideo bietet. Als „Copacabana" Uruguays gilt die Playa Pocitos. Sie verfügt über die größte touristische Infrastruktur, hier liegen Hotels, Restaurants und Nachtclubs. Als edelster (und teuerster, was die für Getränke geforderten Preise anbe-

Montevideo						
Jan	28	17	25	10	21	66
Feb	28	17	23	10	22	68
Mär	26	16	26	8	21	72
Apr	22	12	24	7	19	76
Mai	19	10	25	6	15	78
Jun	15	8	25	5	13	82
Jul	15	7	25	5	12	81
Aug	16	7	24	6	11	77
Sep	18	9	24	7	12	75
Okt	20	11	25	8	15	73
Nov	24	14	24	10	18	69
Dez	27	16	24	10	19	65
Durchschnittswerte	Tagestemperatur °C	Nachttemperatur °C	Sonnentage*	Sonnenstunden / Tag	Wassertemperatur °C	Rel. Luftfeuchtigkeit %

* weniger als 1 Liter/m² Niederschlag
Quelle: Deutscher Wetterdienst, Hamburg

Montevideo, Kongreßpalast
Montevideo, Karneval

Punta del Este

langt) Strandabschnitt gilt Carrasco, in unmittelbarer Nähe zum Internationalen Flughafen. Treffpunkt nach dem (Sonnen-) Baden ist das luxuriöse Casino-Hotel.

• • • Lederwaren findet man in Uruguay zuhauf. Eine gute Gelegenheit, ein paar hochwertige Mitbringsel zu erwerben, ergibt sich in der Avenida 18 de Julio; dort reihen sich die Spezialgeschäfte aneinander und bieten zu niedrigen Preisen Schuhe, Taschen, Bekleidung, Souvenirs.

Punta del Este

Der schillernde Badeort Punta del Este (15 000 Einw., während der Saison das Vierfache), liegt auf einer langgestreckten, etwa 7 km breiten Halbinsel an der Riviera Uruguays, rund zwei Autostunden (140 km) östlich von Montevideo. Hier trifft sich, was Rang und Namen hat, hier besitzt die lateinamerikanische Hochfinanz edle Villen im Kolonialstil. Hier treffen sich Staatschefs zum Hochseeangeln – wie seinerzeit George Bush und der argentinische Präsident Carlos Menem. Herz der Stadt ist der historische Leuchtturm, von den spanischen Konquistadoren gegen Ende des 18. Jh. mitten auf der Halbinsel errichtet. Heute ist er umgeben von gepflegten, parkartigen Gärten und niedrigen Villen. So will man es, daß im Zentrum von Punta del Este kein Bauwerk den nur 45 m hohen Leuchtturm überragt. Man vertreibt sich die Zeit mit Baden im eigenen Pool oder an einem der 15 weißen Sandstrände, von schattenspendenden Pinien bestanden. Punta del Este wird gerühmt für sein kristallklares Wasser auf der einen Seite und die Brandungswellen auf der anderen Seite der Peninsular. Die hiesigen Golfplätze schätzte schon die monegassische Fürstenfamilie, und in den beiden Jachthäfen ankern jede Menge Traumschiffe. Für die jährlich stattfindenden Filmfestspiele (klein, aber edel) gewinnt man regelmäßig Hollywood-Größen. Vorgelagert ist die winzige Isla Gorriti, mit einsamen Stränden und Eukalyptus-Bäumen. Tierliebhaber lassen sich per Boot zur Isla de los Lobos fahren. Auf dieser als Naturschutzgebiet ausgewiesenen Insel leben Kolonien seltener Seevögel und Seelöwen. Auf der kleinen Insel befindet sich auch ein Leuchtturm, der den Eingang zum Río de la Plata markiert und zu den größten Südamerikas gehört.

• • • Eines der schönsten Häuser des Landes ist das „Palace" (Gorlero y 11, Tel./Fax: 4 19 19), ein Hotel im kolonialen Ambiente mit tropischen Pflanzen und riesigen, schattigen Veranden, auf denen Rattan-Schaukelstühle bereitstehen und den ganzen Tag kühle Drinks gereicht werden. Das Fischrestaurant „Vieja Marina" ist ein „Muß", hier trifft sich eine internationale Clique, und nebenbei serviert man südamerikanische Spezialitäten.

Venezuela

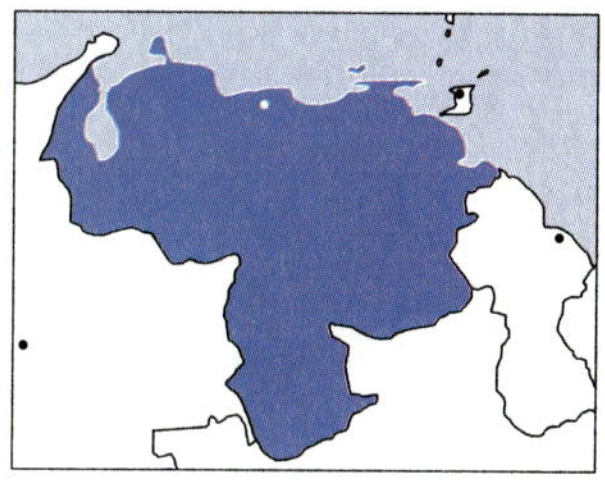

Kolumbus passierte die Küste während seiner dritten Reise im Jahr 1498; ein Jahr später sichteten Alonso de Ojeda und Amerigo Vespucci von der Küste aus Pfahlbauten am Maracaibo-See, die sie an Venedig erinnerten. Daraufhin nannten sie das Land „Veneciola".

Geschichte und Kultur

Erste Besiedelungsspuren (Jäger und Sammler) reichen zurück bis in das Jahr 14.000 vor Christus; zwischen 4.000 v. Chr. und 1.000 n. Chr. besiedeln erst friedliebende Arawak die Region, die später von kriegerischen Carib-Indianern verdrängt werden. Als Alonso de Ojeda um 1500 auf der kleinen Insel Cubagua vor der Isla Margarita die erste spanische Niederlassung Nueva Cadiz gründete, waren an der Küste Kannibalismus und Sklaverei verbreitet. Spuren

Informationen

Fremdenverkehrsamt von Venezuela, c/o Centro de Informacion Latinoamericano, Am Burghof 11, 66625 Nohfelden, Tel.: 06852/900599, Fax: 06852/900555.

Routenvorschläge

1. *Zwischen Karibik und Regenwald, 1 Woche*
2. *Kontrastreiches Venezuela, 2 Wochen*
3. *Venezuela Total, 1 Woche*
4. *Ursprüngliches Venezuela, 2 Wochen*
5. *Naturerlebnis Venezuela, 1 Woche*

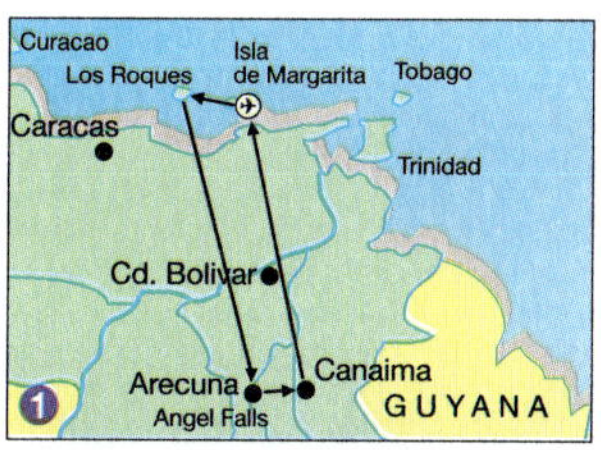

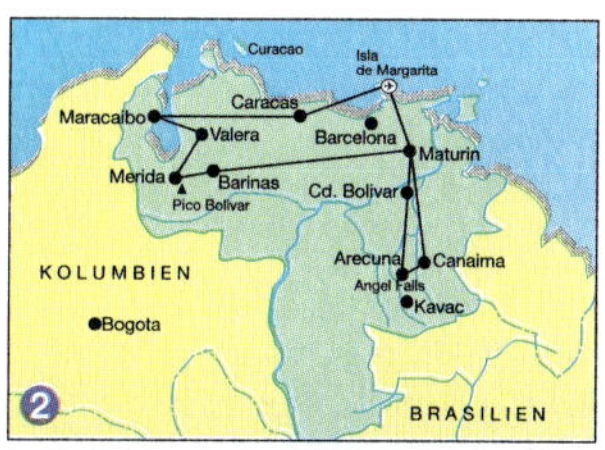

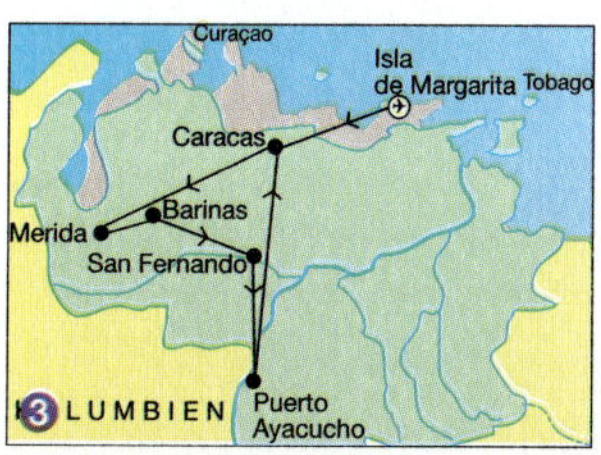

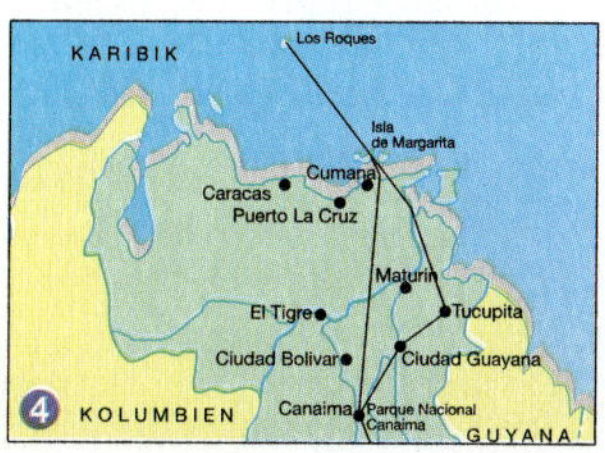

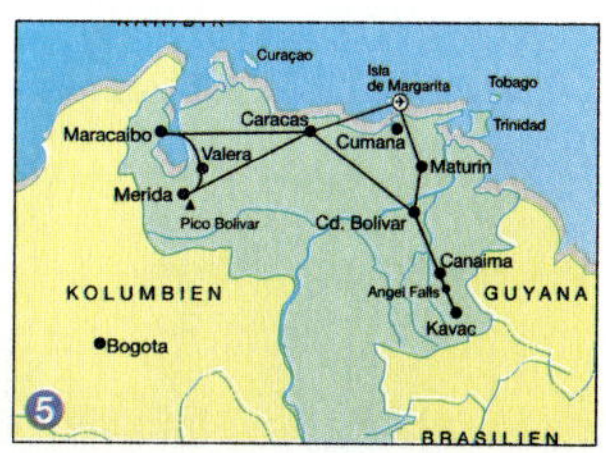

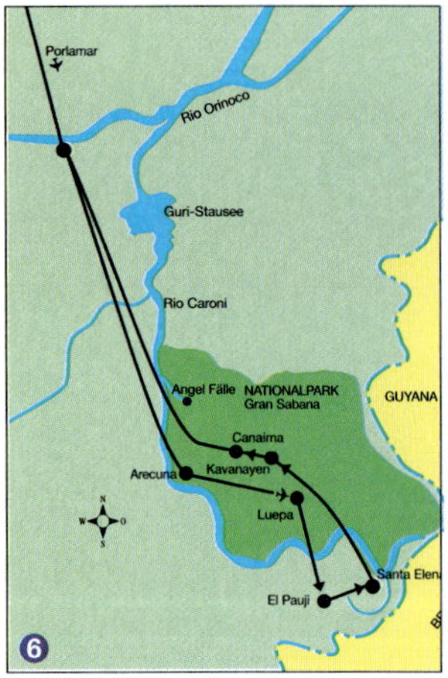

6 *Verlorene Welt, 1 Woche*

Internetadressen

http://www.venezuela.mit.edu/tourism/brochure/

http://www.cyberway.com.sg/%7Enosotros/venez.htm

http://www.lonelyplanet.com/dest/sam/ven.htm

indianischer Hochkulturen gab es nicht. Kriegerische Auseinandersetzungen mit ansässigen Carib-Indianern, die von den Spaniern zur Perlenfischerei gezwungen wurden, prägten diese frühe Kolonialzeit. Die Spanier überließen die Kolonialisierung der Region zunächst dem deutschen Bankhaus der Welser, das unter Ambrosius Dalfinger mit Coro die heute zweitälteste Stadt Venezuelas gründete. Dalfinger wird 1533 von einem Indianerpfeil getötet, die anderen „Köpfe" der Welser (Philipp von Hutten und Bartolomäus Welser) werden von den Spaniern wegen Nichterfüllung ihres Vertrags („conquistar y poblar" – erobern und bevölkern) hingerichtet. Es folgte eine Epoche zahlreicher Stadtgründungen (darunter 1567 Caracas) und der beginnenden Plantagenwirtschaft (Zuckerrohr, Kakao und Kaffee). Mit dem encomienda-System wurde die indianische Urbevölkerung zu Leibeigenen des jeweiligen „patrons" degradiert. Viele Indios starben an eingeschleppten Krankheiten, andere zogen sich in die Urwälder zurück. Der Anteil der indianischen Bevölkerung ging damals drastisch zurück. Mit der Vergabe des Außenhandel-Monopols an die Compañia Guipuzcoana in La Guaira an der Karibikküste, nahe Caracas, entwickelt die lange stiefmütterlich von der Hauptstadt Nueva Granada (heute Bogotá) aus verwaltete Region Venezuelas eine erste bescheidene Eigenständigkeit. Beseelt vom Wunsch nach Unabhängigkeit, treibt der in Caracas geborene Simon Bolívar ab 1811 die Loslösung Nueva Granadas von Spanien voran. Die Unabhängigkeitskriege dauerten bis zum entscheidenden Sieg bei Carabobo im Jahr 1821 an. Zwei Jahre zuvor hatte Bolívar in Angustura (heute Ciudad Bolívar) bereits die unabhängige Republik Großkolumbien für das Gebiet des alten Nueva Granada ausgerufen. Das Reich zerbrach nach dem Tod Bolívars 1830 und zerfiel in Einzelstaaten – die Geburtsstunde Venezuelas. Es folgten Jahre innerer Kämpfe zwischen der Oberschicht und dem Militär mit wechselnden, zum Teil diktatorisch regierenden Machthabern bis zur Zeitenwende im Jahr 1908. Damals wurde Erdöl in Maracaibo gefunden. Eine Zeit korrupter Machthaber bricht an, darunter die letzte Militärdiktatur unter Marcos Pérez Jiménez (1952–58). Unter Betancourt (1959) formiert sich erstmals die bis heute bestehende Präsidial-Demokratie.

Gebirgsdorf

Geographie und Geologie

Heiße Karibikküste, feuchtheißer Urwald, Savanne, Steppe und Gebirge bis 5007 m Höhe – Venezuelas landschaftliche Kontraste sind gewaltig. Im tiefen Süden grenzt das Land an die Amazonas-Region von Brasilien und das Reservat der Yanomami-Indios. Im Osten erheben sich flache Tafelberge (Tepuis), die erdgeschichtlich noch aus der Zeit stammen, als der amerikanische Kontinent noch mit Afrika und Europa eins war. Östlich rahmen Venezuela die Regenwälder von Guyana; mit ihren Gold- und Diamatenadern lockt diese Region Schatzsucher aus allen Nationen. Bei Ciudad Guyana erhebt sich der Cerro Bolivar, ein zu 58% eisenhaltiger Berg, der industriell abgebaut wird. Östlich mündet der Orinoco-Strom mit seinem, über unterirdischen Ölfeldern liegenden, riesigen Delta in den Atlantik. Auf der Höhe der vorgelagerten Insel Trinidad, die geologisch ein Teil von Venezuela ist, knickt die venezolanische Küste nach Westen ab und rahmt nun die karibische See mit ihren vorgelagerten Inseln (Isla Margarita), historischen Küstenorten wie Cumaná und Badezentren wie Puerto La Cruz oder Maiquetía bei der Metropole Caracas ein. Dahinter wölbt sich die Bucht des Golfo Triste mit dem Nationalpark Morrocoy. Die weitere Küste verwandelt sich nun in staubtrockenes Land. Auf der Höhe der vorgelagerten holländischen Antillen Aruba, Bonaire und Curaçao ragt die Halbinsel Paraguaná mit ihren Sandverwehungen ins Meer. Im äußersten Westen schließt die venezolanische Karibikküste mit dem größten See Südamerikas und der zweitgrößten Stadt Venezuelas ab: dem Maracaibo-See und der Ölmetropole Maracaibo. Quer durch das Hinterland verläuft ein breiter, zum Teil von Ölfeldern unterlagerter Steppengürtel: die Llanos. Es ist das Land der „Hatos", wie die großflächigen Farmen hier genannt werden, Heimat der sangesfreudigen Llaneros, die das ganze Land mit ihren kernigen Männer-Balladen erfreuen. Puerto Ayacucho im tiefsten Süden ist dann das Tor zum urwüchsigen Stromland Amazonien; der Orinoco verbindet sich hier mit Seitenarmen des Amazonas. Westlich zur Grenze, nach Kolumbien hin, erheben sich schließlich die Anden mit ihren fünf schneebedeckten Gipfeln, der höchste erreicht eine Höhe von 5007 m (Pico Bolívar).

Angel Falls

Sekundärliteratur
Reiseführer deutsch

Carl D. Goerdeler, Venezuela und Isla Margarita, Ostfildern 1997.
Werner Golder, Venezuela, Köln 1997.
Klaus Nahr, Venezuela, München 1996.
Susanne Asal, Venezuela, Köln 1995.
Gesine Froese, Merian live. Venezuela, München 1995.

Staat und Gesellschaft

Venezuela wurde durch die Kolonialzeit unfreiwillig zu einem multiethnischen Land, das krasse Klassenunterschiede charakterisieren. Auf der sozialen Rangstufe ganz oben stehen nach wie vor die Nachfahren der spanischen Eroberer; Weiße besetzen nahezu alle hohen Ämter. Mischlingskinder zwischen den europäischen Einwanderern, Indianern und den Nachfahren eingeschleppter Sklaven (rund 60%) stellen die breite Mittelschicht. Die indianische Urbevölkerung wurde während der frühen Kolonialzeit nahezu ausgerottet; mit den letzten, in den Urwäldern Amazoniens lebenden Indios machen sie heute nur noch zwei Prozent der Bevölkerung aus.

Wirtschaft und Industrie

Tragende Säule der Wirtschaft ist die Erdölindustrie; hinzu kommen die anderen Bodenschätze, an denen das Land überaus reich ist: Eisen, aber auch Gold und Diamanten. Neue mittelständische Betriebe wie Möbel-, Textil oder Schuhfabriken bieten neben der Landwirtschaft nach der Landreform 1978 weitere Arbeitsplätze. Das Wirtschaftswachstum liegt etwa bei 4 Prozent jährlich.

Religion

Die überwiegende Bevölkerung des Landes bekennt sich zum Katholizismus, den die Spanier ins Land importierten. Allerdings erfreuen sich in jüngerer Zeit die protestantischen Sekten und Erweckungsbewegungen immer größeren Zulaufs. Die Indios in den Urwäldern Amazoniens huldigen unverändert ihren heidnischen Göttern.

Canaima

Barcelona

Charterflugreisende, die Puerto La Cruz gebucht haben, kommen hier an. Und viele kehren wenigstens einmal vor dem Rückflug in die Stadt zurück, denn Barcelona (rund 125 000 Einwohner) gehört zu den älteren Stadtgründungen des Landes und besitzt in der Altstadt sehenswerte Gebäude. Besonders die zentrale Plaza Boyacá ist hübsch von Kolonialhäusern gerahmt; außerdem liegt hier die Hauptkirche der Stadt, die Kathedrale San Cristobal (18.Jh.). In der angrenzenden Calle Juncal besticht das Museo de la Tradicion (Di–So 8–17 Uhr) mit seinem schönen Innenhof, von dem sechs Säle mit Exponaten (Stadtdokumente, alte Waffen und Kirchenkunst) abzweigen; das Haus wurde 1671 erbaut und ist das älteste der Stadt. Rund drei Blocks weiter nördlich finden sich auf einem eingezäunten Gelände mit dem Namen „Casa Fuerte" die kargen Überreste eines ehemaligen Franziskanerklosters, aus dem die Mönche 1811 vertrieben wurden, weil sie den Unabhängigkeitskampf nicht unterstützen wollten; die Freiheitskämpfer, die daraufhin dort einzogen, kamen im Kampf mit den spanischen Truppen um.

Canaima

Fast täglich landen Maschinen mit Kurzurlaubern auf dem Rollfeld des komfortablen Camp Canaima, das malerisch an der Schwarzwasser-Lagune des Río Carrao und den seitlich rauschenden Hacha-Wasserfällen liegt. Es ist das touristische Zentrum des riesigen Parque Nacional de Canaima in der von Tafelbergen (Tepuis) durchsetzten Gran Sabana, die mit ihrer großartigen Landschaft, mit Urwalderlebnis und zahlreichen Expeditionstouren lockt. Zum Pflichtprogramm eines Besuchs gehört der Rundflug mit den kleinen Propellermaschinen über die Ebenen der Tafelberge, darunter der Auyantepuis, von dem die dünnen Angel Falls rund 1000 m in die Tiefe stürzen. Gern erzählen die Piloten dazu die Geschichte ihres Entdeckers Jimmy Angels, der sie 1936 während eines Buschflugs sichtete und dann auf der Ebene des Auyantepuis bruchlandete; angeblich soll er Tage dazu gebraucht haben, um vom Gipfel in den Dschungel abzusteigen und sich zum nächsten Dorf durchzuschlagen. Heute ist der Umkreis des Auyantepuis und des Camp Canaima von zahlreichen kleineren Urlauber-Camps durchsetzt, darunter das Camp Ucaima, das einem Abenteurer der Anfangszeit gehörte, dem legendären Dschungel-Rudi. Von den Reiseführern beim Canaima-Camp werden Einbaumbootsfahrten über den Río Caroni angeboten, die mit einem Spaziergang zum kleinen Salto Sapo gipfeln, unter dem „geduscht" werden kann. Anbieter von Gran Sabana-Touren verknüpfen einen Besuch von Canaima oft noch mit einem Trip zum Dschungelcamp Kavac oder gar mit einer Fahrt bis nach Santa Elena am Fuße des gigantischen Roraima-Tepuis.

Canaima Nationalpark

Caracas

So mancher, der sich das erste Mal vom Flughafen Maiquetía an der Küste El Litoral ins nahe Caracas aufmacht und über die Autopista durch die aufsteigenden Berge schlängelt, ist angesichts des Stadtbildes, das sich nach rund 20minütiger Fahrt schließlich von Venezuelas 5-Millionen-Metropole bietet, zunächst geschockt. Eingequetscht liegt sie da auf 900 m Höhe im schmalen Hochtal des Guaire-Flußes, gespickt von Hochhäusern, die mit den umliegenden Bergen um die Höhe wetteifern, durchschlungen von mehreren Etagen gigantischer Autopista-Bänder und gerahmt von Elendsvierteln, die zur Begrüßung mit langen Müll-Zungen die Berghänge herunterlecken. Ein städtebauliches Monster, das erst bei näherer Betrachtung Charme entfaltet, z.B. während eines Spaziergangs über die schönste Geschäftsstraße, die Sabana Grande (U-Bahn-Station), wo Straßencafés und bunte Verkaufsstände einen Hauch Bohème-Atmosphäre verbreiten. Oder während eines Spaziergangs durch das historische Zentrum (U-Bahn-Station Capitolio), wo man durch die Fußgängerzone zum 1872 erbauten Capitolio (Sitz des

Caracas	Tagestemperatur °C	Nachttemperatur °C	Sonnentage*	Sonnenstunden / Tag	Wassertemperatur °C	Rel. Luftfeuchtigkeit %
Jan	26	15	27	8	–	93
Feb	26	15	25	9	–	92
Mär	28	16	29	9	–	88
Apr	28	17	26	8	–	92
Mai	28	18	23	8	–	94
Jun	27	18	17	8	–	93
Jul	26	17	18	9	–	94
Aug	27	17	20	9	–	93
Sep	28	17	19	9	–	93
Okt	27	17	20	9	–	93
Nov	27	17	22	9	–	94
Dez	26	16	25	7	–	94
Durchschnittswerte						

* weniger als 1 Liter/m² Niederschlag
Quelle: Deutscher Wetterdienst, Hamburg

Parlaments) spazieren und seine goldene Kuppel bestaunen kann, die innen prächtig mit Schlachtszenen aus dem Unabhängigkeitskrieg bemalt ist. Besonders sympathisch ist die alte Plaza Bolivar, wo man den Künstlern über die Schulter schauen kann, wie sie im Schatten des Bolivar-Reiterstandbilds ein bißchen Montmatre spielen und mit raschen, sicheren Zeichenbewegungen Passanten porträtieren; ein optischer Genuß ist hier auch der Anblick der angrenzenden „Casa Amarilla" mit ihren schönen alten Holzbalkonen (Sitz des Außenministeriums). Ein paar Schritte weiter zur benachbarten Plaza Jacinto befinden sich das Geburtshaus von Simon Bolívar, das Casa Natal del Libertador und das Museo Bolivariano (Di–So 10–12 und 14–16 Uhr). Sie laden dazu ein, sich ein genaueres Bild von den familiären Verhältnissen des 1830 im Alter von 47 Jahren verstorbenen Nationalhelden Simon Bolívar zu machen. Das Landhaus, in dem er seine Jugend verbrachte, ist heute ebenfalls Museum: genannt Cuadra Bolívar (es liegt in der Av. Oeste 18 zwischen Piedras und Bárcenas, Di–So 10–12 und 14–16 Uhr). Lohnender ist der Besuch des Museo de Arte Colonial (Quinta Anauco, Av. Panteón, San Bernandino, Di–Sa 9–11.30 und 14–16 Uhr, So 10–17 Uhr), das in einer wunderschön von Mango- und Kakaobäumen beschatteten ehemaligen Hacienda untergebracht ist, in der Simon Bolívar oft zu Gast gewesen sein soll. Kuriosität neben ausgesucht schönem Kolonial-Mobiliar: eine von fließendem Bachwasser gespeiste, in den Boden eingelassene Badewanne. Leidenschaftliche Museumsgänger finden natürlich in einer Metropole wie Caracas auch Kunstsammlungen von Weltrang wie in der Galería de Arte Nacional (Plaza Morales, Metrostation Bellas Artes, Di–Fr 9–17, Sa und So 10–17 Uhr) oder im Museo de Arte Contemporáneo (Di–So 10–18 Uhr) im Torre Este der ansonsten wenig einladenden Betonstadt und Shoppingzone Parque Central. Ungleich elegantere Shopping-Zentren sind das Centro Comercial Ciudad Tamanaco oder „Centro Comercial Paseo Las Mercedes". Eine Einstimmung auf die unterschiedlichen Landschaften Venezuelas wie ihrer Fauna und Flora gibt das Museo de Ciéncias Naturales (Plaza Morales, Di–So 9–12 und 14–17 Uhr). Zahlreiche Parks lockern die Stadt auf; der schön-

Caracas
Caracas

ste ist der 500 ha große Parque del Este „Romulo Betancourt" (eigene Metrostation) mit Seen, Sport- und Kinderspielplätzen, Cafés und Restaurants, Vogel-Volieren und dem zweitgrößten Schlangen-Terrarium Südamerikas. Nachtschwärmer finden in den vornehmen Vierteln El Rosal (Tip: Juan Sebastian Bar, Av. Venezuela) oder Las Mercedes (Tip: Discos Magic, Oz und Palladium) jede Menge guter Bars, Restaurants und Diskotheken. Für Ausflüge in die Umgebung bieten sich neben Trips zur Küste (siehe La Givaira/El Litoral) der Hausberg von Caracas mit seinem Nationalpark an: der 2.159 m hohe Pico de Avila (Seilbahnstation in San Berndino) oder das hübsche Dorf El Hatillo im Südwesten der Stadt. Zum Standardprogramm der Ausflugsagenturen in den Spitzenhotels gehört auch stets ein Tagesausflug in die Schwarzwaldstadt Colonia Tovar (rund eine Stunde Anfahrt), das 1843 von einem Grüppchen aus Baden stammender Deutscher gegründet wurde und heute in Venezuela mit seiner Schwarzwaldarchitektur und so „fremdartigen" Speisen wie Sauerkraut mit Schweinswürstchen eine vielbesuchte Kuriosität ist.

Ciudad Bolivar

Hoch auf einem Granitfelsen an einer 300 m breiten Verengung des lehmig-braunen, breiten Orinoco erbaut, atmet diese heiße Stadt (250.000 Einwohner) schon einen Hauch des Abenteuers. Der Besucher im Goldgräber-Hinterland und der Gran Sabana erwartet. Spürbar ist auch schon der Dunst des nahen Orinoco-Deltas mit seinen Indio-Dörfern an der Mündung des Flusses in den Atlantik. Bis 1846 hieß die Stadt nach der Flußenge „Angostura", ein Name, der durch den hier von einem Deutschen entwickelten Magenbitter Weltruhm erlangte (die Firma zog nach dem Unabhängigkeitskrieg nach Port-of-Spain auf Trinidad um). Zu Ehren Simon Bolívars, der Angostura zur Hauptstadt des kurzlebigen Reichs „Großkolumbien" (1817–1821) erklärt hatte, wurde sie 1846 in Ciudad Bolívar umbenannt. Der alte Name erhielt sich in der Bezeichnung für die

Ciudad Bolivar

Bolivar-Museum

einzige Brücke, die den Orinoco überspannt, der 1678 m langen, 1967 fertiggestellten Hängebrücke Puente Angostura.

Von einzigartigem Charme ist der Paseo Orinoco, die hoch über dem Fluß liegende Uferpromenade in der Altstadt. Im Rücken des Gran Ciudad Hotel Bolívar liegen die historischen Gebäude wie die Casa del Congreso de Angostura und die Casa del Correo del Orinoco, die beide Dokumente über die Zeit der Stadt als Hauptstadt Großkolumbiens zeigen. Besonders sehenswert ist das außerhalb der Altstadt auf Universitätsgelände (La Sabanita) gelegene Museo Geológico y Minéro de la Guayana, da es anschaulich über die Bodenschätze der Umgebung informiert. Dort sind Kopien der berühmtesten Diamantfunde zu sehen, außerdem Dokumente zur Petroleum- und Mineraliengewinnung und geologische Karten Venezuelas (tgl. 8–12 und 14–18 Uhr). Interessierte können den Besuch gleich mit einem Ausflug zum nahen Cerro Bolívar ergänzen, einem Berg, der zu 58 Prozent aus purem Eisen besteht; die industrielle Doppelstadt Ciudad Guyana, die aus den Orten Puerto Ordaz / San Feliz entstand (zusammen rund 500.000 Einwohner, von Ciudad Bolívar über eine schnelle Autopista erreichbar), verdankt diesem Berg, der seit einigen Jahrzehnten abgebaut wird, ihre Entstehung. Führungen veranstaltet die Firma Minerven, Mo-Fr 8.30 –11 und 14 –16 Uhr). 35 km südöstlich von Ciudad Bolivar liegt eine andere bedeutende wirtschaftliche Energiequelle Venezuelas: der 1963–1968 am Río Caroni erbaute Guri-Staudamm mit dem leistungsstärksten Wasserkraftwerk der Welt. Führungen bietet die Elektrizitätsgesellschaft tgl. um 9, 10.30, 14.15 und 15.15 Uhr an.

Etwa eine Autostunde von Ciudad Guyana entfernt, erinnern die Castillos de Guyana La Vieja, zwei typisch spanische Festungsanlagen aus dem 17. und 18. Jahrhundert, an die Piratenzeit in der einst heiß umkämpften Orinoco-Einfahrt. Mehrere Tage sollte einplanen, wer Dörfer des 25.000 km^2 großen Orinoco-Deltas mit seinen rund 40 Flußarmen erkunden will. Die Sumpf- und Insellandschaft steht als Nationalpark Mariusa unter Naturschutz; Ausgangspunkt der Ausflüge zu den Pfahlhäusern der Warao-Indios oder der „Kanu-Menschen“ ist stets die Provinzhauptstadt Tucupita.

Pfahlhaus bei Sinamaica

Coro

Gegründet 1527, ist Coro nicht nur die zweitälteste Stadt Venezuelas, sondern auch die schönste Kolonialstadt des Landes. Erster Gouverneur der Stadt wurde zwei Jahre nach der Gründung der Deutsche Ambrosius Dalfinger vom Augsburger Bankhaus der Welser, dem der verschuldete Karl V. die venezolanische „Provinz" als Pfand zugesprochen hatte. Die Welser ließen sich jedoch vom Goldrausch der frühen Kolonialjahre anstecken und vernachlässigten ihren Auftrag, die „Provinz" systematisch zu erschließen und zu besiedeln, was sie wenig später Kopf und Kragen kosten sollte. Der illegale Handel mit den vorgelagerten holländischen Inseln Bonaire und Curaçao brachte der Stadt (heute rund 130.000 Einwohner) danach eine bescheidene Blüte, in der sie bis heute stecken geblieben zu sein scheint. An die jüdischen Kaufleute, die vom liberalen Curaçao übersiedelten, erinnert bis heute der älteste jüdische Friedhof Lateinamerikas am westlichen Stadtrand. Das Innenstadtviertel wurde 1993 von der UNESCO zum Weltkulturgut der Menschheit erklärt. Idealer Ausgangspunkt für einen Altstadtspaziergang ist die Tourist-Information am parkähnlichen Paseo Alameda. Schmuckstück des Platzes ist die 1583 begonnene Catedral Basilica Menor (auch Basilica Menor de Coro genannt); innen an der Holzbalkendecke sind fünf Mahagoni-Leuchter aufgehängt; ein Juwel kolonialen Barocks ist der Altar. In der nahen Calle 14 Zamora liegt die Casa de las Ventanas de Hierro mit ihrem imposanten Barock-Portal aus dem 18. Jahrhundert. Wenige Schritte weiter in der Calle Zamora findet sich die schmucke Casa del Sol, nach dem Sonnenmotiv an der Eingangstür benannt und heute Gerichtsgebäude der Stadt. Ebenfalls in der Calle Zamora liegt das beste Museum der Stadt, das Museo Diocésano „Lucas Guillermo Castillo"; es zeigt eine einzigartige Sammlung religiöser Kunst, teilweise – zum Schutz der Exponate – in abgedunkelten Räumen (Di–Sa 9–12 und 15–18 Uhr, So 9–13 Uhr). Hauptstraße des immer noch ziemlich verschlafenen Ortes ist die Fußgängerzone der Calle Talavera, wo eine Heladeria zum Eisnaschen einlädt, und wenige Schritte weiter danach die Casa de los Senior zum Einkauf regionaltypischer Souvenirs. Vor allem findet man dort auch das liebenswerte kleine Heimatmuseum im 1759 erbauten Haus eines früheren Stadt-Bürgermeisters, das Museo de Arte Coro (die interessantesten Exponate sind die Skizzen zur Restauration der Stadt). Das beste Hotel im Ort ist das 1994 eröffnete „Miranda Cumberland" in der Avenida Josefa Camejo.

Lohnende Ausflugsziele von der Stadt aus sind die viel fotografierten und in natura überraschend kleinen Sanddünen Médanos de Coro am „Hals" zur Halbinsel Paraguaná, über die ein trockener, aber bei Windsurfern begehrter, scharfer Wind weht. Von Brettverleihern unabhängige Freaks dieser Sportart finden hier ein phantastisches Revier, allerdings im kleinen Fischerdorf Adicora auf der Halbinsel nur Billigstquartiere.

In die Anfangszeit der Eroberung Venezuelas entführt die „Straße der Kirchen" über Santa Ana (Dorfkirche aus dem 16. Jahrhundert), das unterhalb des markanten Cerro Santa Ana auf Paraguaná liegt; im kleinen Museo Indigenista wird hier außerdem in kleinem, privaten Rahmen das Erbe der einst ortsansässigen Caquetia-Indios ge-

Isla Margarita

Durchschnittswerte	Tagestemperatur °C	Nachttemperatur °C	Sonnentage*	Sonnenstunden / Tag	Wassertemperatur °C	Rel. Luftfeuchtigkeit %
Porlamar						
Jan	28	24	23	9	27	96
Feb	29	24	24	9	27	96
Mär	30	25	30	9	27	95
Apr	31	25	29	8	28	95
Mai	31	26	29	9	28	95
Jun	30	26	24	8	28	94
Jul	30	26	24	8	28	93
Aug	31	26	24	9	29	93
Sep	31	26	26	9	29	94
Okt	31	26	26	8	29	95
Nov	30	26	21	8	28	94
Dez	29	24	20	8	27	95

* weniger als 1 Liter/m² Niederschlag
Quelle: Deutscher Wetterdienst, Hamburg

pflegt. Die Kirchenstraße führt weiter nach Moruy (Kirche von 1760), Buena Vista (Kirche aus dem 17. Jahrhundert) und Pueblo Nuevo (Kirche von 1758). Auf der Halbinsel-Westseite liegt der große Hafen von Punto Fijo. Im südlichen Hinterland Coros erhebt sich die Sierra Falcónia mit dem 1590 gegründeten Ort San Luis und der nahen Höhle Cueva de Peregüey (Tip: Unterkunft in der Posada Pension de Rodriguez).

Cumaná

Daß es sich bei dieser hübsch in einer Bucht östlich von Puerta La Cruz gelegenen Stadt (200.000 Einwohner) um die älteste Venezuelas handelt, ist ihr leider kaum noch anzusehen. 1512 gegründet, stand hier die erste Festung des Landes gegen die Angriffe der kriegerischen Cumanagoto-Indios und Guaiquerí-Indios. Machten die Spanier Gefangene, wurden diese zur Perlenfischerei vor der Küste Cumanás gezwungen.

Heute ist die von Erdbeben mehrfach zerstörte Stadt schön vom Castillo San Antonio de la Eminencia (17. Jh.) aus zu überblicken. An der Plaza Bolívar, gegenüber vom Gouverneurssitz, findet sich das sehenswerte koloniale Museo Eloy Blanco, Geburtshaus des venezolanischen Schriftsstellers Andrés Eloy Blanco (1896–1955). Das Museo Sucre (tgl. 9–11 und 15–20 Uhr) am Parque Ayacucho ist dem berühmtesten Sohn der Stadt gewidmet: Antonio José Sucre, der Ecuador befreite.

Cumaná bietet ruhige gute Hotels an seinen Weststränden; die bedeutendste Sehenswürdigkeit im Umkreis ist die rund 140 km südöstlich der Stadt gelegene Cueva del Guácharo (tgl. 8–16 Uhr), eine Tropfsteinhöhle, in der die nachtaktiven und lichtscheuen Guácharos (Fettvögel) leben, die Humboldt als erster Europäer studierte.

Isla Margarita

Doppelinsel vor der Karibikküste Venezuelas, die mit ihren rund 300 000 Einwohnern in vieler Hinsicht eine Welt für sich ist. Ursprünglich bewohnt von Guaquerí-Indios, die von den Spaniern zur Perlenfischerei gezwungen wurden, tat sie sich in den Zeiten der Unabhängigkeitskriege mit ihren tapferen Kämpfern hervor und wurde daraufhin mit dem Provinznamen Nueva Esparta belohnt (Neusparta). Ihr Sonderstatus (seit 1975) als Freihandelszone machte sie zum Lieblingsziel der Venezolaner. Als vergleichsweise preiswertes Karibikziel mit schönen Stränden, vor allem im Nordwesten (z.B. Playa El Agua), wurde es auch ein beliebtes Charterflugziel für Europäer. Die Insel besteht aus zwei Teilen, der trockenen und menschenleeren Peninsula Macanao (beliebtes Ziel für Jeeptouren) und der Hauptinsel mit der Inselhauptstadt Porlamar und dem hübschen La Asunción in der Inselmitte, der sich als ältester Ort (1561 gegründet) in eine idyllisch blühende Berglandschaft schmiegt. Verbunden sind beide Inselteile durch einen schmalen Damm und der Laguna de la Restinga (Bootsausflüge in Mangro-

Isla Margarita, Bahia de Plata

wenwildnis). Hoch im Norden liegt der malerische Fischerort Juanariego mit der Festung La Galera, von der sich vor allem zur Sonnenuntergangszeit ein phantastischer Blick auf die Bucht bietet (die Strände La Galera und Playa Caribe liegen weiter nördlich).

Quirliges städtisches und touristisches Zentrum der Hauptinsel ist die Inselmetropole Porlamar; die Altstadt besitzt noch ihren typischen lateinamerikanischen Charme. Besonders schön ist ein Spaziergang vom baumschattigen Plaza Bolívar zum Paseo Rómulo Gallegos mit seinem Leuchtturm aus dem 17. Jahrhundert; östlich entwickelte sich eine elegante Duty-Free-Shoppingmeile; die Strände mit den zum Teil gigantischen Hotels ziehen sich östlich der Stadt bis zum historischen kleinen Ort Pampatar entlang. Hier findet sich auch die sehenswerte Casa de la Aduana (erbaut 1863, heute Sitz des Tourist-Büros von Nueva Esparta).

La Guaira/El Litoral

Bedeutendste Stadt an der Karibikküste vor Caracas, der sogenannten El Litoral. Zu ihr werden neben La Guaira noch Maiquetía (Internationaler Flughafen von Caracas), Catia la Mar und das elegante Macuto mit seinen Yachthäfen und First-Class-Hotels gezählt. La Guaira wurde schon1598 gegründet und war Sitz der baskischen Handelsgesellschaft „La Real Compañia Guipuzciana", der Phillip V. das Monopol über den Warenaustausch zwischen Venezuela und Spanien erteilt hatte. In ihrem ehemaligen Handelshaus, der „Casa Guipzcoana" (erbaut 1734), ist heute ein indianisches Museum untergebracht (tgl. 8–18 Uhr); es liegt an der Durchfahrtsstraße von Macuto nach Caracas. La Guaira ist der Containerhafen für Caracas.

Los Roques

Ein Traum für Inselfans, Taucher und Segler, mit superklar schimmerndem Wasser und Korallenriffen, rund 130 km vor der Karibikküste gelegen. Der ganze Archipiélago Los Roques besteht aus 50 Inselchen (cayos) und steht unter strengem Naturschutz. Er kann deshalb nur per Package-Tour besucht werden, wie sie z.B. ab Caracas, Porlamar (Isla Margarita) angeboten wird. Die einzigen Unterkunftsmöglichkeiten sind Fischer-Pensionen oder der erstklassige Club El Pelicano.

Maracaibo

Am schönsten nähert man sich der wohlhabenden 2-Millionen-Stadt über die 9 km lange Hängebrücke Puente General Rafael Urdaneta, die in 50 m Höhe den Maracaibosee überquert, der eigentlich eine gigantische Meeresbucht ist (155 km lang und 120 km breit). Maracaibo, das sich erst im 17. Jahrhundert nach dem schützenden Bau des Forts San Carlos (20 km nördlich der Stadt bei San Rafael) entwickeln konnte, ist heute das Zentrum der westlichen Ölindustrie. Durch den Ölboom mußten Kolonialbauten weichen; der klägliche Rest rund um die Calle La Tradición wurde unter Millionenaufwand restauriert. Im Zentrum besitzt die Stadt einige sehr schöne Häuser im Art-Deco-oder Bauhausstil und eine zum Kunstzentrum veredelte Markthalle aus der Jahrhundertwendenzeit. Die Hafenstraße Avenida Libertador gleicht einem riesigen Bazar, der das Treiben im großen Mercado de los Pulgas (Flohmarkt) noch in den Schatten stellt. Überall sieht man hier die Indio-Frauen der nördlich an der Grenze zu Kolumbien gelegenen Salzwüste La Guajira (Tip: Guajira-Markt in Los Filudas, 45 Autominuten nördlich der Stadt). Bedeutendste Sehenswürdigkeit in der Umgebung ist die Laguna de Sinamaica (eine Autostunde nördlich der Stadt), in der mit Booten zu Pfahlbauten gefahren werden kann, wie sie vor rund 500 Jahren den Spanier Alonso de Ojeda an Venedig erinnerten.

Los Roques

Mérida

Im ewigen Frühling des Andenhochlandes auf 1.625 m gelegen, rahmen die alte Universitätsstadt, die früher enge Kontakte zur Schwesteruni im heute kolumbianischen Bogotá unterhielt, die höchsten Gipfel Venezuelas ein: der 4.765 m hohe Hausberg Pico Espéjo, zu dem die längste Seilbahn der Welt (3.188 m) hinaufführt; von oben sind die Gipfel der anderen zu sehen, des Pico Humboldt (4.942 m) und des höchsten im Land, des Pico Bolívar (5.007 m). Gegründet 1558, wurde Mérida durch mehrere Erdbeben zerstört, so daß kaum noch koloniale Bausubstanz übrig blieb. Die Kathedrale und das Rathaus an der zentralen Plaza Bolívar stammen aus dem 19. Jahrhundert; sehenswert ist das Museo Arqueológico (Di-So 9-12 und 15-18 Uhr), ebenso der Mercado (zwei Blocks weiter), der einen guten Einblick in die Früchte des Hochlandes gibt (z.B. Erdbeeren). Studentisches Ambiente lockert die ansonsten eher strenge und moderne Stadt auf; Treffs sind z.B. die Heladeria mit einer Riesenauswahl an Eissorten (Av. Indepedencia) oder die Bodegón de Pancho in der Av. de Las Américas.

Für die meisten Besucher ist die Stadt vor allem Ausgangspunkt für Ausflüge in die erfrischende Kühle malerischer Hochlanddörfer Jají. Einen guten Einblick in die Kaffee-Pflanzerzeit der Region bietet die Hacienda La Victoria in Santa Cruz (rund 60 km südlich von Mérida).

Das Verkehrsbüro Cormetur in der Av. Interseccion 1 Y2 Plazoleta Cruz Verde Millán hält eine Reihe von Faltblättern für Themen-Autoausflüge in die Umgebung parat; die „Ruta de la Artensanía“ führt z.B. östlich durch die imposante Berglandschaft, u.a. zum Freilichtmuseum Los Aleros (Restaurants, Läden, Musik). Selbstfahrer sollten einen Tag für einen Ausflug in den Nationalpark Sierra Nevada einplanen (200 Gletscherseen und zahlreiche Paramó-Wiesen, Eingang bei Apartaderos).

Zu den schönsten Hotels des Landes gehört das Hotel Los Frailes am Río Santo Domingo, tief in der östlichen Bergwelt Méridas, das in den Mauern eines 300 Jahre alten ehemaligen Klosters untergebracht wurde (Buchungen nur über Avensa).

Mérida

Bei Mérida

Indiosiedlung am Amazonas

Puerto Ayacucho

Die Nähe des dampfenden Urwaldes ist in dieser Stadt schon zu spüren, die mit ihren rund 10.000, überwiegend indianischen, Bewohnern die jüngste Distrikthauptstadt des Landes (seit 1924) und Ausgangspunkt für Ausflüge in das Amazonas-Gebiet ist. Das Gebiet, in dem sich die Amazonas-Seitenflüsse Río Negro und der Río Orinoco mit dem Río Casiquiare verbinden, wurde von der Regierung größtenteils unter Schutz gestellt; hier leben Indiostämme, die schon Humboldt beschrieb, wie die Guahibo, Piaroas, Guaicas oder Guaharibos. Einen Einblick in ihre Kultur gibt das kleine Museo Etnológico an der Vicarío Apostólico. Zahlreiche Läden verkaufen ethnisches Kunsthandwerk und indianische Waffen, z.B. Pfeile (Tip: Artesanía Amazonas in der Calle Ev. Roa Nr 35). Ein Luxus-Busch-Camp befindet sich rund 15 km südlich der Stadt: das Camturama Amazonas Resort. Agenturen bieten (Boots-) Ausflüge u.a. zum magischen Berg der Piaroa-Indios an, dem Cerro Autana, zur Missionsstation auf der Orinoco-Insel Isla Raton oder zur „Wasserrutsche" des Tobogán de la Selva, einem 20 m langen Granitstein, über den der Río Cuao fließt.

Puerto La Cruz

Rund 12 km vom Flughafen in Barcelona entfernt, entwickelte sich in den vergangenen Jahren aus dem unscheinbaren Fischerdorf Pozuelos erst der Ölhafen Guanta für das schwarze Gold aus dem Orinocodelta und dann die heute beliebteste Ferienstadt an der Karibikküste: Puerto La Cruz (230.000 Einwohner). Urlauber aus aller Welt treffen sich hier an Venezuelas schönster Strandpromenade, dem Paseo Colón (Kunstgewerbemarkt ab 18.30 Uhr), den zahlreiche Bars, Restaurants und Hotels auf der anderen Seite säumen. Nachts verwandelt er sich mit den angesagten Lokalen in den Seitenstraßen in eine belebte Amüsiermeile (Tip: Disco La Bambola in der Av. Alberto Ravell oder das Chic e Choc am Paseo Colón). Östlich, beim besseren Viertel Lecherías mit seinen kleinen Stränden, wuchs seit 1971 auf einem ehemaligen Salinengelände eine gigantische Lagunenstadt nach dem Muster südfranzösischer Yachthäfen heran: der Complejo Turistico El Morro, den rund 22 km lange Kanäle durchziehen. Hier findet sich auch das architektonisch reizvollste Hotel, das Golden Rainbow Maremars Resort, das als Dorf („La Aquavilla") konzipiert wurde. Schönstes Ausflugsziel von Puerto La Cruz aus ist der östlich gelegene Nationalpark Mochima. Er umfaßt insgesamt 950 km^2 Wasserfläche, Buchten, Inseln und zahlreiche verschwiegene Palmenstrände, darunter die berühmtesten des Landes: Playa Colorado, Playa Las Maritas und Playa Blanca. Transportmöglichkeiten bieten die Fischer mit ihren Booten entlang der Straße nach Cumaná.

San Fernando de Apure

Hauptstadt der Llaneros, deren Cowboy-Romantik im ganzen Land auf Kassetten und CD`s zu bekommen ist. Die verstaubte kleine Stadt (60.000 Einwohner) liegt inmitten der endlosen Llanos-Ebenen am Río Apure; freitagabend sollte man mal in Bars wie die Piano Bar El Pedrino (Av. Bolívar) reinschauen, um die Balladen der kernigen Llaneros zu hören. Die meisten Besucher meiden die Stadt und quartieren sich direkt in der Weite der Llanos in Hatos ein. Die bekannteste ist die Hato Doña Bárbara, die nach dem Roman „Doña Bárbara" von Roman Gallegos benannt wurde; sie liegt etwa drei Autostunden westlich von San Fernando und wird in der fünften Generation von der Familie Estreda betrieben. Eine eigene Flugpiste besitzt die Hato Pinero (rund 5 Autostunden nördlich von San Fernando); ebenso die Hato El Frío an der Ruta 19 westlich von San Fernando; zur Viehfarm gehören 45.000 Rinder und eine Forschungsstation. Alle bieten komfortable Zimmer und Ausflüge zu Pferd, mit Jeeps oder dem Boot.

Santa Elena de Uairén

Kleiner Ort an der Grenze zu Brasilien, der sich immer mehr zum Treffpunkt von Travellern entwickelt. Er liegt am Ende der rund 300 km langen Straße (Ruta 10), die von Ciudad Guyana durch Goldgräberorte wie El Dorado in die Tiefe der Gran Sabana und des Nationalparks Canaima führt. Mit seinen einfachen Unterkünften (z.B. Campamento Yakoo) ist er ein idealer Ausgangspunkt für Touren zu den Naturschönheiten der Umgebung. Bei Kilometer 290 der Ruta 10 z.B. sprudelt der Quebrada de Jaspe-Wasserfall über rotbraun schimmernde Stufen aus Jaspisstein. Ausgangspunkt für Touren auf den 2.810 m hohen Tafelberg Roraima im Ländereck Venezuela, Brasilien und Guyana ist das nahe Dorf San Francisco de Yuruaní (km 263 der Ruta 10). Etwa 60 km von Santa Elena entfernt liegt El Paují mit dem Öko-Camp Campamento Weimure, und 65 km westlich von Santa Elena findet sich das Indiodorf Cavanayén mit einer 1942 gegründeten Missionstation und einer über 150 Jahre alten Kirche in der Nähe der Karuai-Wasserfälle. Ein Abenteuer besonderer Art ist eine Paddeltour durch die enge Kavac-Schlucht.

Apotheken

In Großstädten und Ballungsgebieten sind Apotheken vorhanden. Handelsübliche Medikamente sind verfügbar. In ländlichen Gebieten und im Landesinneren kann es zu Engpässen kommen. Medikamente, die regelmäßig eingenommen werden müssen, sollten von zu Hause und im Handgepäck mitgenommen werden.

Autoverleih

siehe Mietwagen

Banken

Die Banken sind montags bis freitags zu folgenden Zeiten geöffnet:

Land	Öffnungszeiten	Land	Öffnungszeiten
Argentinien	10:00 - 16:00 Uhr	Peru	im Sommer
Bolivien	09:00 - 12:00 Uhr		09:00 - 12:30 Uhr
	14:00 - 16:30 Uhr		im Winter
Brasilien	10:00 - 15:00 Uhr		09:00 - 12:30
Chile	09:00 - 14:00 Uhr		15:00 - 18:00 Uhr
Ecuador	09:00 - 13:30 Uhr	Uruguay	08:00 - 12:00 Uhr
Kolumbien	09:00 - 15:00 Uhr	Venezuela	08:00 - 11:30 Uhr
Paraguay	07:30 - 11:00 Uhr		14:00 - 16:30 Uhr

Bevölkerung

Argentinien: Über 80% der Argentinier sind Weiße und überwiegend italienischer, spanischer und deutscher Abstammung. Der Rest setzt sich aus Mestizen und Ureinwohnern zusammen. Der gesellschaftliche Status, Wohlstand, Familie und persönliche Beziehungen sind für den Argentinier wichtig. Man zeigt älteren Menschen gegenüber Respekt und pflegt Freundschaften. Über 90% der Bevölkerung können lesen und schreiben. Die Lebenserwartung bei Frauen liegt bei über 70 Jahren und bei Männern bei knapp 70 Jahren.

Bolivien: Die Bevölkerung setzt sich aus indianischen Ureinwohnern, überwiegend Ketschua, Mestizen und Aymará zusammen.

Bolivianer leben für den Augenblick und genießen gesellschaftliche Ereignisse. Über 80% können lesen und schreiben. Die Lebenserwartung bei Frauen und Männern liegt bei etwa 60 Jahren.

Unterwegs in Peru

Brasilien: Weit über die Hälfte der Einwohner sind europäischer, meist portugiesischer Abstammung. Der Rest der Bevölkerung setzt sich aus Mulatten, Mestizen und Schwarzen zusammen. Ein Großteil der Ureinwohner lebt im Gebiet des Amazonas. Die Menschen sind freundlich, gesellig und lebensfroh. Sie genießen den Augenblick und lieben Zusammenkünfte. Etwa 86% können lesen und schreiben. Die Lebenserwartung bei Frauen ist Ende und bei Männern Mitte 60.

Chile: Über 90% der Einwohner sind europäischer Abstammung oder Mestizen. Der Rest setzt sich aus Ureinwohnern zusammen. Chile hat den höchsten Lebensstandard auf dem südamerikanischen Kontinent. Die Chilenen sind ein sehr stolzes Volk. Sie sind humorvoll, höflich und respektieren ältere Menschen. Ca. 97% können lesen und schreiben. Die Lebenserwartung bei Frauen liegt bei 78 und bei Männern bei 70 Jahren.

Ecuador: Der überwiegende Teil der Bevölkerung sind Mestizen. Der Rest setzt sich aus Indianern und Menschen spanischer und afrikanischer Herkunft zusammen. Die Vielzahl der Kulturen spiegelt sich in den einzelnen Regionen wider und reichen von Weltoffenheit bis zur Zurückhaltung. Ca. 92% können lesen und schreiben. Die Lebenserwartung bei Frauen liegt bei 73 und bei Männern bei 67 Jahren.

Guyana: Über 50% der Bevölkerung sind Inder und über 40% Mulatten und Schwarze. Der Rest sind Indios, Europäer und Chinesen. Die Menschen leben in einer Aufbruchsstimmung und lassen ehrgeiziges Verhalten erkennen. 98% können lesen und schreiben. Die Lebenserwartung bei Frauen liegt bei 69 und bei Männern bei 64 Jahren.

Kolumbien: 58% der Bevölkerung sind Mestizen, gefolgt von 20% Weißen und 15% Mulatten. Der Rest setzt sich aus Schwarzafrikanern, Zambos und Indios zusammen. Die Kolumbianer sind ein stolzes Volk und sehr auf Höflichkeit und persönliche Beziehungen bedacht. 92% können lesen und schreiben. Die Lebenserwartung bei Frauen ist 72 und bei Männern 66 Jahre.

Marktszene

Paraguay: Ca. 94% der Bevölkerung sind Mestizen. Über 50% der Menschen leben in Städten. Es ist ein stolzes und traditionsbewußtes Volk. Knapp über 90% können lesen und schreiben. Die Lebenserwartung bei Frauen liegt bei ca. 73 und bei Männern bei ca. 67 Jahren.

Peru: Die Bevölkerung setzt sich überwiegend aus Indios, Mestizen und Menschen europäischer Abstammung zusammen. Nur ca. 4% sind Schwarze, Japaner und Chinesen.

Die Menschen sind freundlich und allem Fremden gegenüber aufgeschlossen. Viele Indios fühlen sich von Mestizen und Bewohnern europäischer Abstammung diskriminiert. Ca. 90 % können lesen und schreiben. Die Lebenserwartung bei Frauen liegt bei 69 und bei Männern bei 65 Jahren.

Suriname: Die Bevölkerung repräsentiert eine bunte Palette von Nationalitäten, Rassen. Der dominierende Teil der Menschen setzt sich aus Indern, Kreolen, Indonesiern und Schwarzen zusammen. Indianer, Chinesen und Weiße runden dieses Bild ab. Die Vielzahl von Kulturen und Traditionen spiegelt sich in der Lebensart der Menschen wider. Ca. 95% können lesen und schreiben. Die Lebenserwartung bei Frauen liegt bei 74 und bei Männern bei 67 Jahren.

Uruguay: Fast 90% der Bevölkerung sind europäischer Abstammung. Der Rest sind Mestizen und Menschen mit afrikanischen Vorfahren. Der Lebensstandard zählt zu einem der höchsten in Südamerika. Die Bevölkerung ist freundlich, achtet auf den Zusammenhalt der Familien und respektiert ältere Menschen. 98% können lesen und schreiben. Die Lebenserwartung bei Frauen liegt bei 77 und bei Männern bei 70 Jahren.

Venezuela: Etwa 70% der Bevölkerung sind Mestizen, 20% sind europäischer Abstammung; der Rest sind Mulatten und Schwarze. Die Menschen genießen den Augenblick; sie sind offen, aufgeschlossen, humorvoll und vor allem stolz. Ca. 91% können lesen und schreiben. Die Lebenserwartung bei Frauen liegt bei ca. 75 und bei Männern bei ca. 70 Jahren.

Camping

Camping ist in den südamerikanischen Länder meist nicht möglich oder nicht zu empfehlen. Informationen erteilen die Fremdenverkehrsämter oder die Abteilung Touristik der zuständigen Botschaft.

Devisen

siehe Währungen

Diplomatische Vertretungen

Vertretung	Land	Stadt	Anschrift	Telefon	Fax
BRD (B)	Argentinien	Buenos Aires	Villanueva 1055, 1426 Buenos Aires	00541/778-2500	778-2550
Österreich (B)		Buenos Aires	Calle French 3671, 1425 Buenos Aires	00541/802-7195	805-40 16
Schweiz (B)		Buenos Aires	Avenida Santa Fe 846 12° piso, 1059 Buenos Aires	00541/311-6491	311-6495
BRD (B)	Bolivien	La Paz	Avenida Arve 2395, La Paz	00591/2430 850	431 297
Schweiz (B)		La Paz	Edificio Petrolero, Piso 6, Avenida 16 de Julio 1616, La Paz	00591/353 091	391 462
BRD (B)	Brasilien	Brasilia	Avenida des Nacoes, lote 25, 70415-900 Brasilia-DF	005561/244-7273	244-6063
Österreich (B)		Brasilia	Avenida das NaVcoes lote 40, 70426-900 Brasilia	005561/243-3373	243-5233
Österreich (GK)		Rio de Janeiro	Avenida Atlantica, 22070-001 Rio de Janeiro	005521/227-0040	227-1734
Schweiz (B)		Brasilia	Avenida das NaVoes, lote 41, 70448-900 Brasilia	005561/244-5500	244-5711
Schweiz (GK)		Rio de Janeiro	Rua Candido Mendes 157, 11° andar, 20241-220 Rio de Janeiro	005521/242-8035	252-3991
BRD (GK)		Curitiba	Avenida Joao Gualberto, 1237, 80030-001 Curitiba-PR	005541/252-4244	252-2321
BRD (GK)		Porto Alegre	Rua Prof. Annes Dias 112.11° andar, 90.020 Porto Alegre	005551/224-9592	226-4909
BRD (GK)		Recife	Avenida Dantas Barreto, 191, Edf. Sto. Antonio, 4° andar 50010-360 Recife-PE	005581/424-3488	424-2666
BRD (GK)		Rio de Janeiro	Rua Presidente Carlos de Campos, 417, 22231-080 Rio de Janeiro-RJ	005521/553-6777	553-0184
BRD (GK)		Sao Paulo	Avenida Brigadeiro Faria Lima, 1383, 12 andar, Jardim Paulistano, CEP 01451-000, Sao Paulo-SP	005511/814-6644	815-7538
BRD (B)	Chile	Santiago de Chile	Calle Agustinas 785, 7. Stock-Santiago de Chile	00562/633-5031	633-6119
Österreich (B)		Santiago de Chile	Barros Errazriz 1968, piso 3, Santiago de Chile	00562/223-4774	204-9382
Schweiz (B)		Santiago de Chile	Edificio Forum, pisa 16, Avenida Procidencia, Santiago de Chile	00562/232-2693	232-1872
BRD (B)	Ecuador	Quito	Edificio „Banco de Colombia“, 5 Piso, Avenida Patria y 9 de Octubre, Quito	005932/225 660	563 697
Schweiz (B)		Quito	Edificio Xerox, 2. Pisa, Avenida Amazonas 3617, Quito	005932/434 113	449 314

Vertretung	Land	Stadt	Anschrift	Telefon	Fax
BRD (B)	Kolumbien	Bogota	Carrera 4 No. 72-35, Piso 6 Edificio Sisky, Bogota	00571/212-0511	210-4256
Österreich (B)		Bogota	Carretera 11, No. 75-29, Santa Fé de Bogota	00571/235-6628	217-2404
Schweiz (B)		Bogota	Cra 9a, No 74-08, Piso 11, Edificio Profinanzaz, Santa Fé Bogota	00571/255-3945	235-9630
BRD (B)	Paraguay	Asunción	Avenida Venezuela 241, Asunción	0059521/214 009	212 863
Österreich (GK)		Asunción	Edificio Internacional Faro, General Diaz 525 c.c. 582, Asunción	0059521/443 910	444 815
Schweiz (B)		Asunción	Juan E. O'leary 409, Edificio Parapiti/esq. Estrlla, 4° piso Asunción	0059521/448 022	445 853
BRD (B)	Peru	Lima	Avenida Arequipa 4202-4210, Lima 18-Miraflores	005114/442-4919	422-6475
Österreich (B)		Lima	Avenida Central 643, San Isidro, Lima	005114/428 851	421 807
Schweiz (B)		Lima	Avenida Salvaverry 3240, Lima 27, San Isidro	005514/624 090	626 577
BRD (B)	Uruguay	Montevideo	La Cumparsita 1417/1435, Montevideo	005982/925 222	923 422
Österreich (GK)		Montevideo	Maldonado 1193, Montevideo	005982/914 000	254357
Schweiz (B)		Montevideo	Ing. Federico Abadie 2934, Montevideo	005982/704 315	715 031
BRD (B)	Venezuela	Caracas	Edif. Panaven, II. Stock, Avenida San Juan Bosco, Esquina 3a Transversal, Altamira, Caracas	00582/261-0181	261-0641
Österreich (B)		Caracas	Avenida la Estancia, Edificio Torre las Mercedes, Piso 4, Chuao, Caracas	00582/913 863	929 508
Schweiz (B)		Caracas	Torre Europa, Piso 6, Avenida Francisco de Miranda, Campo Alegre, Caracas 1060	00582/951-4064	951-4816
Legende: B = Botschaft; GK = Generalkonsulat					

Einkaufen

Die Einkaufsmöglichkeiten sind breit gefächert und reichen von exklusiven Boutiquen bis hin zu bunten Märkten; hier sind die Preise günstig und Handeln ist angesagt. Ländertypische Artikel sind Kunsthandwerk, indianischer und antiker Schmuck, Wandteppiche, Lederwaren, Kleidung aus Lamawolle, Keramik, Silber, Messing- und Kupferarbeiten, CDs mit südamerikanischer Musik. In Brasilien sind Edelsteine eine Besonderheit; es empfiehlt sich, seriöse Juweliere aufzusuchen und bei „günstigen" Angeboten von Straßenhändlern ein gewisses Mißtrauen walten zu lassen.

Einreise

Über Einreisebestimmungen informieren das Reisebüro, der Reiseveranstalter oder die zuständige Botschaft.

Eisenbahn

In Argentinien (veraltet), Bolivien (mäßig), Brasilien (meist Nahverkehr), Ecuador (mäßig), Kolumbien (größtenteils stillgelegt), Peru (schlecht) und Venezuela (kaum für Personenverkehr).

Elektrizität

In Südamerika beträgt die Spannung 110 Volt; in Argentinien und den brasilianischen Städten Salvador, Brasilia und Recife 220 Volt. Es empfiehlt sich, umschaltbare Geräte mitzuführen. Flachstecker sind erforderlich.

Essen und Trinken

Essen und Trinken ist für Südamerikaner ein Stück Kultur. Man ißt lange und mit Genuß. Die Küche ist wohlschmeckend gewürzt, aber meist nicht scharf. Je nach Region sind die Speisen, wegen der ethnischen Einflüsse, sehr unterschiedlich. In Argentinien und Bolivien liebt man gegrillte Steaks, im bolivianischen Hochland scharfe Fleischeintöpfe, in Brasilien Fisch mit Tomate, Kokosmilch, Koriander und Maniokmehl. In den größeren Städten findet man auch internationale, französische, chinesische und spanische Küche. Fischgerichte und Meeresfrüchte erfreuen sich großer Beliebtheit. Es wird viel Bier und Rum getrunken. Es gibt gute brasilianische Weine aus den Südstaaten sowie aus Chile und Argentinien. Die Preise sind moderat.

Fax

siehe Telekommunikation

Feiertage

Neujahr, Karneval, Karfreitag, Ostern, Tag der Arbeit und Weihnachten werden wie in Europa begangen. Folgende Tabelle spiegelt die außerordentlichen Feiertage wider.

Land	Feiertage
Argentinien	12. Mai : Jahrestag der Mairevolution • 10. Juni: Tag der Falkland Inseln • 20. Juni: Flaggentag • 9. Juli: Unabhängigkeitstag • 17. August: Todestag des Generals José de San Martin • 12. Oktober: Kolumbustag.
Bolivien	19. März: Vatertag • 23. März: Tag des Meeres • 27. Mai: Muttertag • 6. August: Unabhängigkeitstag • 1. November: Allerheiligen.
Brasilien	21. April: Gedenktag an Joaquim José de Silva Xavier • Fronleichnam • 7. September: Unabhängigkeitstag • 12. Oktober: Kolumbustag • 2. November: Allerseelen • 15. November: Tag der Republik.
Chile	21. Mai: Tag der Seeschlacht von Iquique • 18. Sept.: Unabhängigkeitstag • 19. Sept.: Tag der Armee • 12. Okt.: Kolumbustag • 1. Nov.: Allerheiligen.
Ecuador	24. Mai: Tag der Befreiung • 10. August: Unabhängigkeitstag • 9. Oktober: Unabhängigkeit von Guayaquil • 2. November: Allerseelen • 6. Dezember: Unabhängigkeit von Quito.

Sonnenuntergang in Kolumbien

Land	Feiertage
Kolumbien	6. Januar: Dreikönigstag • 19. März: Sankt Josephs Tag •29. Juni: Fest der Heiligen Peter und Paul • 20. Juli: Unabhängigkeitstag • 7. August: Gedenktag der Schlacht von Boyacá • 15. August: Mariä Himmelfahrt •12. Oktober: Dia de la Raza • 1. November: Allerheiligen • 11. November: Gedenktag der Unabhängigkeit von Cartagena.
Paraguay	6. Januar: Dreikönigstag • Karneval • 1. März: Heldengedenktag • 14. - 15. Mai: Tag der Unabhängigkeit • 12. Juni: Tag des Waffenstillstands von Chaco • 30. Juli: Dia de la Armistad • 15. August: Gründungs tag von Asunción • 25. August: Tag der Verfassung • 29. September: Tag des Sieges von Boquerón • 12. Okt.: Kolumbustag • 1. Nov.: Allerheiligen.
Peru	29. Juni: Peter und Paul • 28. Juli: Unabhängigkeitstag • 29. Juli: Nationalfeiertag • 30. August: Tag der heiligen Rosa von Lima • 8. Oktober: Tag der Marine • 1. November: Allerheiligen • 8. Dezember: Fest der unbefleckten Empfängnis.
Uruguay	19. April: Gedenktag an die Freiheitskämpfer von 1825 • 25. August: Unabhängigkeitstag.
Venezuela	19. April: Tag der Unabhängigkeitserklärung • 24. Juni: Tag der Schlacht von Carabobo • 5. Juli: Unabhängigkeitstag • 24. Juli: Geburtstag von Simón Bolivar • 12. Oktober: Kolumbustag.

Bogota-Augustin

Flughafengebühren

Bei der Ausreise werden Flughafengebühren erhoben, die je nach Abflughafen bei internationalen Flügen zwischen US-$ 12,00 und US-$ 20,00 und bei nationalen Flügen zwischen US-$ 7,00 und US-$ 10,00 liegen. Bei Pauschalreisen, z. B. von Meier's Weltreisen, sind die Gebühren im Reisepreis enthalten.

Flugverkehr

Die Fluganbindungen von vielen europäischen Städten nach Südamerika sind gut. Von Deutschland bestehen Direktverbindungen mit LTU nach San Andrés, nach Venezuela mit LTU, Condor und Lufthansa.

Fotografieren

Filme sind in allen Ländern erhältlich, aber wesentlich teurer als in Deutschland. Es sollte ausreichend Filmmaterial mitgenommen werden. Bei hohen Temperaturen die Filme kühl aufbewahren. Zum Teil sind die Durchleuchtungsgeräte auf den Flughäfen nicht filmsicher. Es empfiehlt sich, einen „Filmsafe" (Box oder Beutel), der die Filme vor Strahlen schützt zu verwenden und die Filme nicht in das Reisegepäck zu packen. Für höchste Bildqualität empfiehlt es sich, die Stunden zwischen 11:00 und 15:00 Uhr zum Fotografieren zu meiden. Beim Fotografieren von Einheimischen vorsichtig vorgehen, da viele gereizt und verärgert reagieren.

Frauen

In allen südamerikanischen Ländern dominieren die Männer.

Führerschein

Der Internationale Führerschein ist gesetzlich vorgeschrieben.

Fußgänger

In den südamerikanischen Ländern wird aggressiv gefahren. Vorsicht beim Überqueren der Straße, da der Autofahrer erwartet, daß der Fußgänger auf sich selbst achtet. Sollte es „Fußgängerübergänge" geben, so finden diese wenig Beachtung bei den Autofahrern.

Geld

siehe Zahlungsmittel

Geschäftszeiten

siehe Öffnungszeiten

Gesundheit

Je nach Land und Region ist die Ansteckungsgefahr von Krankheiten verschieden hoch. Man sollte sich über die Risiken in den geplanten Zielgebiete informieren und rechtzeitig den Hausarzt konsultieren, um eventuelle prophylaktische Maßnahmen zu erörtern und eine Reiseapotheke zusammen zu stellen. Bei Reisen in Dschungelgebiete ist das Malariarisiko und bei schlechten hygienischen Bedingungen die Gefahr von Typhus gegeben. Aids ist weit verbreitetet und größte Vorsicht ist geboten. Um Durchfallerkrankungen vorzubeugen, sollte der Genuß von Leitungswasser gemieden werden. Die Zufuhr von eiskalten Getränken in den überhitzten Körper kann zu Magen- und Darmverstimmungen führen. Bei Auftreten von Durchfallerkrankung ist auf viel Flüssigkeits- und Glukose-Elektrolytzufuhr zu achten. Glukose-Elektrolyt-Mischungen sind in Apotheken erhältlich. Während der ersten Tage körperliche Anstrengungen, übermäßiges Essen und Alkoholgenuß meiden, um dem Körper die Umstellung auf die neuen Verhältnisse zu erleichtern. Kostenlos kann man die jeweils aktuelle Ausgabe von: „Ärztlicher Ratgeber für Auslandsaufenthalte" gegen Einsendung eines mit drei DM frankierten DIN-A5 Rückumschlags anfordern bei: BAD, Flughafen Halle 4, 40474 Düsseldorf. Weitere Gesundheitstips erteilt das Auswärtige Amt in Bonn unter der Service-Telefonummer 0228-171645 oder unter der Internetadresse http://www.auswaertigesamt.government.de.

Gewichte

siehe Maße und Gewichte

Hotels

siehe Unterkunft

Impfungen

Über Impfungen informieren das Reisebüro, der Reiseveranstalter, das Gesundheitsamt, der Hausarzt und das Auswärtige Amt unter der Service Nummer 0228-171645. Außerdem bietet die Firma TIP unter der kostenpflichtigen Abruf-Fax-Nr. 0190 252 350 500 aktuelle Informationen (DM 1,20 pro Minute).

Jugendherbergen

siehe Unterkunft

Kleidung

Die Südamerikaner sind sehr konservativ und achten auf korrekte Kleidung. Tagsüber ist leger elegante Kleidung angebracht; abends und für das Nachtleben ist elegante Kleidung erforderlich (Kleid oder Kostüm für die Damen, Jackett und Krawatte für die Herren). Kurze Hosen und Sandalen sind in Badeorten passend, jedoch in größeren Städten nicht angebracht. Für Reisen in das Hochland warme Kleidung einpacken, da die Nächte sehr kalt werden. Für Ausflüge und Touren entsprechende Schuhe mitführen.

Klima

siehe Klimatabellen, die den jeweiligen Ländern zugeordnet sind. Die Tabellen wurden vom Deutschen Wetterdienst erstellt.

Kreditkarten

siehe Zahlungsmittel

Kreuzfahrten

In Südamerika kreuzen, das bedeutet, einen faszinierenden Kontinent so kennenzulernen, wie es nur wenigen vergönnt ist. Die Wunderwelten des Amazonas können bereist werden, während im Pazifik die einzigartige Tierwelt der Galapagos-Inseln auf Entdeckungen wartet: See-Elefanten, Seelöwen und große Robbenherden, die noch keine Scheu vor dem Menschen kennen, Albatrosse und seltene Seevögel. Beliebt sind kombinierte Touren, bei denen man beispielsweise nach Ecuador fliegt, dort mehrere Tage Land und Leute kennenlernt, bevor man auf das Schiff steigt, um in Richtung Galapagos-Inseln auszulaufen. Ebenfalls veranstaltet werden vielwöchige Traumreisen, auf denen die südamerikanischen Gewässer von Brasilien bis Feuerland befahren werden.

Maße und Gewichte

In den südamerikanischen Ländern gilt das metrische System.

Medien

Es sind in allen Ländern Tageszeitungen in der Landesprache verfügbar, vielfach gibt es englische Zeitungen, und auf Flughäfen von Großstädten kann man internationale Publikationen kaufen. Radio und Fernsehen ist meistens nur in der Landessprache. Die Deutsche Welle kann zu bestimmten Tageszeiten empfangen werden. Einzelheiten kann man vor der Abreise beim „Technischen Dienst" der DW unter Tel.: 0221-389 32 08 erhalten.

Medizinische Versorgung

In allen größeren Städten ist die medizinische Versorgung gewährleistet. Im Landesinneren und in ländlichen Gebieten können Schwierigkeiten auftreten. Bei der Hotelrezeption oder bei der Deutschen Botschaft kann man meist auch deutschsprachige Ärzte in Erfahrung bringen. Die ärztliche Versorgung muß sofort bar bezahlt werden.

Mietwagen

Mietwagen können problemlos angemietet werden; die internationalen Autovermietungen sind ansässig. Der Mieter/Fahrer muß mindestens 18 Jahre alt sein, eine Kreditkarte und den Internationalen Führerschein vorlegen. Es gibt auch lokale Autovermietungen, die preislich günstiger sein können.

Motels

siehe Unterkunft

Öffentliche Verkehrsmittel

In den südamerikanischen Staaten sind Busse das wichtigste Verkehrsmittel. Vereinzelt bedient man sich im Nahverkehr der Eisenbahn (z. B. Brasilien); im Stadtverkehr sind Busse, Minibusse, Sammeltaxis und Taxis die gängigsten Transportmittel. In Großstädten wie Buenos Aires, São Paulo, Rio de Janeiro, Caracas und Santiago gibt es U-Bahnen.

Öffnungszeiten

Normalerweise sind die Geschäfte zu folgenden Zeiten geöffnet:

Land	Öffnungszeiten
Argentinien	09:00 - 13:00 / 16:00 - 19:00 Uhr montags bis freitags 09:00 - 13:00 Uhr samstags
Bolivien	09:00 - 12:00 / 14:00 - 18:00 Uhr montags bis freitags 09:00 - 12:00 Uhr samstags
Brasilien	09:00 - 11:30 / 14:00 - 18:00 Uhr montags bis freitags 09:00 - 12:00 Uhr samstags
Chile	09:00 - 12:30 / 14:00 - 20:00 Uhr montags bis freitags 09:00 - 13:00 Uhr samstags
Ecuador	09:00 - 13:00 / 15:00 - 19:00 Uhr montags bis freitags 09:00 - 13:30 Uhr samstags
Kolumbien	09:00 - 12:00 / 14:00 - 18:00 Uhr montags bis freitags
Paraguay	07:30 - 12:00 / 15:00 - 19:00 Uhr montags bis freitags
Peru	10:00 - 13:00 / 16:00 - 20:00 Uhr montags bis freitags
Uruguay	09:00 - 12:00 / 14:00 - 19:00 Uhr montags bis freitags 09:30 - 12:30 Uhr samstags
Venezuela	09:00 - 12:00 / 14:00 - 18:00 Uhr montags bis freitags 09:00 - 12:00 Uhr samstags

Post

Postämter sind in jedem Fall montags bis freitags vormittags geöffnet; Hauptpostämter in Großstädten meist auch nachmittags. Die Post nach Europa kann bis zu zwei Wochen unterwegs sein. Postämter auf Flughäfen sind auch samstags geöffnet.

Preise

Auf Märkten und bei „fliegenden Händlern“ sind die Preise Verhandlungssache, nicht jedoch in etablierten Geschäften.

Segeln

Europäische Segler haben den Kontinent bisher kaum entdeckt. Doch wem der Sinn nach Abenteuer steht: Kreuzen vor der Küste Brasiliens zählt zu den Reisen, die man nie wieder vergißt.

Sicherheit

Die Kriminalität ist, wie in anderen Teilen der Welt, vorhanden und im ansteigen. Dennoch kann man das Risiko durch gewisse Vorsichtsmaßregeln reduzieren. Straßenlose, abgelegene Gebiete, Elendsviertel und Strände nach Einbruch der Dunkelheit sollte man meiden. Gefahrenschwerpunkt sind stark frequentierte Fußgängerzonen, Busbahnhöfe, überfüllte Busse und U-Bahnen (Taschendiebe). Auffälliges Verhalten, das demonstrative Tragen von Schmuck, Fotoapparaten, Videokameras und Handtaschen sind ein Anreiz für Überfälle. Nach Einbruch der Dunkelheit sollte man alleine keine Spaziergänge unternehmen und stets nur geringe Geldbeträge bei sich tragen. Es empfiehlt sich, Wertsachen, Kreditkarten, höhere Geldbeträge und Reisedokumente im Hotelsafe zu deponieren. Keine Wertsachen offen liegen lassen – Gelegenheit macht Diebe. Besonders gefährdete Gebiete sind Großstädte in Brasilien, insbesondere Rio de Janeiro und São Paulo, in Ecuador das Grenzgebiet zu Peru, in Peru das Grenzgebiet zu Ecuador in der Provinz Amazonas und Kolumbien. Weitere Informationen zur Sicherheit eines Zielgebiets erteilt das Auswärtige Amt in Bonn unter der Internet Adresse http://www. auswaertiges-amt.government.de.

Kolumbien

Sport

Der gesamte südamerikanische Kontinent ist fußballbegeistert. Weitere beliebte Sportarten sind Volleyball, Basketball, Pferderennen, Schwimmen, Fischen, Jagen und Motorsport.

Sprache

In allen südamerikanischen Ländern ist die Amtssprache Spanisch, außer in Brasilien (Portugiesisch), Suriname (Holländisch) und in Guyana (Englisch, Hindi und Urdu).

Straßenverkehr

In Südamerika herrscht Rechtsverkehr. Viele Straßen sind unbefestigt und teilweise in schlechtem Zustand.

Taxis

Taxis sind normalerweise ausreichend vorhanden. Wenn kein Taxameter vorhanden ist, sollte der Fahrpreis vor der Abfahrt festgelegt werden. Bei Nachtfahrten werden Zuschläge erhoben.

Telekommunikation

Die Telekommunikationsysteme in den südamerikanischen Staaten sind sehr unterschiedlich. In Brasilien, Chile und Peru können die Verbindungen im Selbstwählverfahren erledigt werden. In anderen Ländern ist man zur Zeit mit der Modernisierung befaßt, so daß das Selbstwählsystem noch nicht überall flächendeckend vorhanden ist. Besonders in ländlichen Gegenden kann es zu Engpässen kommen. Für öffentliche Münzfernsprecher benötigt man Jetons, die normalerweise an Kiosken, Zeitungsständen und Imbißstuben erhältlich sind. Telefonkarten finden immer öfter Anwendung (z.B. in Venezuela). Faxe können in Hotels oder direkt bei den (preisgünstigeren) Telefongesellschaften aufgegeben werden.

Trinkgelder

Für alle Serviceleistungen wird ein Trinkgeld erwartet. Bei Restaurantrechnungen erwartet man 10% Trinkgeld, auch wenn das Bedienungsgeld im Rechnungsbetrag enthalten ist. Es ist Sitte, den Rechnungsbetrag großzügig aufzurunden. Für Gepäckträger sind US-$ 1,00 pro Gepäckstück und für Zimmermädchen US-$ 1,00 pro Tag angebracht.

Trinkwasser

Das Leitungswasser ist nicht unbedingt als Trinkwasser geeignet .

Unterkunft

Es gibt Hotels aller Kategorien, sowie Frühstückspensionen. Bei einfacheren Unterkünften empfiehlt es sich, das Zimmer vor Anmietung in Augenschein zu nehmen, um eventuellen Überraschungen vorzubeugen. Jugendherbergen gibt es in 10 brasilianischen Staaten; sie stehen auch Erwachsenen zur Verfügung.

Veranstaltungen

Monat	Land	Stadt/Region	Veranstaltung
Januar	Argentinien	Córdoba	Folklore-Festival
	Brasilien	Salvador	4-tägiges Fest Unseres Herrn Jesus
	Brasilien	Nordost Region	Ortsfeste
	Brasilien	Salvador	Festa do Bonfim
Februar	Brasilien	Salvador	Lemanjá-Fest
Febr./März	Brasilien	landesweit	Karneval
März	Argentinien	Mendoza	Weinfest
März/April	Brasilien	Ouro Preto	farbenprächtige Prozessionen
März/April	Brasilien	Nova Jerusalem	Passionsspiel
Juni	Brasilien	Manaus	Amazonas Volksfest
Juni/Juli	Brasilien	landesweit	Festas Junias - Straßenfeste zu Ehren der Heiligen Johannes, Petrus, Antonius
Juni/Juli	Brasilien	Maranhão	Bumba-Meu-Boi Prozessionen und Umzüge
Oktober	Brasilien	Blumenau	Oktoberfest
	Brasilien	Belém	Ciro-Fest mit farbenprächtigen Prozessionen
November	Argentinien	San Antonio de Areco	Rodeo-Woche

Versicherungen

Es empfiehlt sich, wenigstens eine Reisegepäck- und eine Auslandskrankenversicherung abzuschließen.

Währungen

Die Ein- und Ausfuhr von Landes- und Fremdwährungen in angemessenen Beträgen ist unbeschränkt. Bei höheren Beträgen empfiehlt es sich, die zuständige Botschaft vorab zu konsultieren.

Land	Währung	Richtkurs Landeswähr.		DM	DM		Landeswähr.
Argentinien	Argentinischer Peso	100,00 Peso	=	DM 148,00	DM 1,00	=	0,70 Peso
Bolivien	Boliviano (Bs)	100,00 Bs	=	DM 28,00	DM 1,00	=	3,57 Bs
Brasilien	Brasilianischer Real	100,00 Real	=	DM 146,00	DM 1,00	=	0,69 Real
Chile	Chilenischer Peso (Ch-$)	100,00 Ch-$	=	DM 0,40	DM 1,00	=	250,00 Ch-$
Ecuador	Sucre (S)	100,00 S	=	DM 0,05	DM 1,00	=	2.000,00 S
Guyana	Guyana Dollar (G-$)	100,00 G-$	=	DM 117,00	DM 1,00	=	0,85 G-$
Kolumbien	Kolumbischer Peso (Col-$)	100,00 Col-$	=	DM 0,16	DM 1,00	=	625,00 Col-$
Paraguay	Guarani (G)	100,00 G	=	DM 0,08	DM 1,00	=	1.250,00 G
Peru	Nuevo Sol (Sl)	100,00 Sl	=	DM 60,00	DM 1,00	=	1,66 Sl
Suriname	Suriname Gulden (Sf)	100,00 Sf	=	DM 0,42	DM 1,00	=	238,00 Sf
Uruguay	Neuer Uruguayischer Peso	100,00 N$Ur	=	DM 18,40	DM 1,00	=	5,43 N$Ur
Venezuela	Bolivar (Bs)	100,00 Bs	=	DM 0,31	DM 1,00	=	323,00 BS

Zahlungsmittel

Die beliebtesten und gängigsten Zahlungsmittel sind US Dollar und US-$ Travellerschecks.

Kreditkarten werden nicht überall akzeptiert. Bei Bezahlung mit Kreditkarten werden häufig Aufschläge bis zu 10% berechnet. Visa- und Mastercard sind am weitesten verbreitet. Für den Geldumtausch stehen Banken und ausreichend Wechselstuben zur Verfügung. Es wird davor gewarnt, Geld auf der Straße zu tauschen, da dies in einigen Ländern sogar mit Gefängnis bestraft wird. Eine Ausnahme hierzu bildet Peru, da hier der Straßenumtausch legal und seriös ist. In ländlichen Gebieten kann nur mit Bargeld bezahlt werden. Euroschecks werden nicht akzeptiert.

Zeitunterschied

Zur Mitteleuropäischen Zeit bestehen folgende Verschiebungen in Stunden:

Land	Sommer	Winter	Land	Sommer	Winter
Argentinien	-5	-3	Guyana	-5	-4
Bolivien	-6	-5	Kolumbien	-7	-6
Brasilien	O. -5	-4	Paraguay	-6	-5
	M. -6	-5	Peru	-7	-6
	N. -7	-6	Suriname	-5	-4
Chile	-6	-4	Uruguay	-5	-4
Equador	-7	-6	Venezuela	-6	-5

Legende: O. = Osten; M. = Mitte; N. = Norden

Zollbestimmungen

Über Zollbestimmungen informieren das Reisebüro, der Reiseveranstalter oder die zuständige Botschaft.

Autoren

Ulrike Beinlich	Antingua & Barbuda, Bahamas, Barbados, Grenada, Karibik
Günter Eggers	Chile
Gesine Froese	Cuba, Dominikanische Republik, Ecuador, Guatemala, Kolumbien, St. Lucia, Trinidad & Tobago, Venezuela
Wolfgang Merkel	Honduras
Christian Mülhausen	Argentinien, Brasilien
Birgit Müller-Wöbcke	Costa Rica, El Salvador, Guayana, Jamaica, Nicaragua, Paraguay, Südamerika, Suriname, Uruguay
Winfried E. Ortwald	ABC-Inseln
Klaus Trompeter	Karibik A–Z, Mittelamerika A–Z, Südamerika A–Z
Ralf-D. Uhlig	Bolivien, Panama, Peru
Manfred Wöbcke	Mexico

Abbildungen

Bahamas Tourist Board 25, 26, 27, 28, 29 (beide)
Barbados Tourism Authority 32 (links), 33
Hans-Peter Braunger 176, 177, 178 (beide), 179, 180
Dirk Dobra 213, 214, 215 (beide)
Günter Eggers 198, 199, 200, 201, 202, 203, 204 (beide), 205 (beide), 206, 207
Gesine Froese 54 (links), 59, 60, 61, 70, 71, 75, 76 (unten), 77 (unten), 117, 118, 119, 120 (beide), 218 (unten), 243 (beide), 249 (rechts)
Gerhard Heck 136, 138, 141 (unten), 146 (oben), 147 (unten), 148 (unten), 150, 152, 153, 154, 155
Thomas Hoffmann 183 (beide), 184, 185
Wolfgang Merkel 122, 124 (beide), 125, 126
Meier's Weltreisen Titel (oben, Mitte rechts), 9, 10, 11, 12 (beide), 13 (rechts), 14 (beide), 17 (beide), 18, 20 (beide), 21, 23 (beide), 24 (beide), 31, 32 (rechts), 35, 37, 38, 39, 40 (links), 42 (beide), 43 (beide), 44, 46, 47, 48, 49, 51, 53, 54 (rechts), 55 (unten), 56, 58, 63, 64, 65 (beide), 67, 74 (oben), 77 (oben), 79 (links), 81 (beide), 82 (beide), 83 (beide), 90, 97 (alle), 98, 99 (beide), 100, 101, 102 (beide), 103 (beide), 104 (beide), 106, 107, 108, 110 (rechts), 111, 112, 113, 127, 130, 131, 132, 133, 134, 137, 139 (beide), 143 (unten), 144, 145, 148 (oben), 149, 156, 157 (beide), 159 (unten), 172 (beide), 173 (beide), 181, 182 (beide), 187, 188 (beide), 191 (unten), 193, 195, 197, 219, 228, 237, 238, 239 (beide), 240, 241, 244, 245, 248, 249 (links)
Klaus Trompeter Titel (links, Mitte links, rechts), 13 (links), 15 (beide), 16 (beide), 19, 40 (rechts), 45, 52, 55 (oben), 62, 68, 69 (beide), 72, 73 (beide), 74 (unten), 76 (oben), 78, 79 (rechts), 86 (oben), 87, 88, 89, 91, 92, 93, 94 (beide), 128, 129, 140, 141 (oben), 142, 143 (oben), 146 (unten), 151, 161, 164, 165, 166, 168, 174, 189 (unten), 190, 191 (oben), 192, 196, 208, 210, 212, 216, 217 (beide), 218 (oben), 223, 224 (oben), 226 (rechts), 227 (links), 242 (beide), 246, 247, 250, 252, 253 (beide), 256, 257, 258, 261, 262
Ralf-D. Uhlig 158, 159 (oben), 160 (beide), 224 (unten), 225, 226 (links), 227 (rechts)
Wolf Winter 8, 30, 36, 41, 80, 86 (unten), 175, 186, 189 (oben)
Manfred Wöbcke 22, 105 (beide), 109, 110 (links), 114, 116, 121, 147 (oben)

Alle Routenkarten wurden mit freundlicher Unterstützung von Meier's Weltreisen abgebildet.

Haftungsausschluß:

Die Autorinnen und Autoren der in diesem Handbuch dargestellten Länder, Orte und Sehenswürdigkeiten haben zum Teil mehrere Jahre in den von ihnen beschriebenen Regionen gelebt; die Daten erheben jedoch keinen Anspruch auf Vollständigkeit und erscheinen im Sinne des Produkthaftungsrechts trotz sorgfältiger Recherchen ohne Gewähr.
Für schriftliche Hinweise auf Veränderungen und Ergänzungen ist die Redaktion dankbar.

Adresse:

Tourism Marketing Service GmbH
Alleestraße 2
65439 Flörsheim

Danksagung:

Wir danken den Autoren, Fotografen und Verlagen für die freundliche Abdruckerlaubnis. Eventuell konnten nicht alle Rechteinhaber ermittelt werden. Berechtigte Ansprüche werden selbstverständlich abgegolten.
Wir danken denjenigen Fremdenverkehrsämtern, welche die Redaktion mit Informationen und Bildmaterial unterstützt haben. Unser besonderer Dank gilt den Damen Nicole Dieckmann, Inge Küpper und Regina Holz von Meier's Weltreisen, ohne deren Engagement manche aktuelle Information nicht hätte veröffentlicht werden können.

DWD

Sämtliche Klimadaten wurden vom Deutschen Wetterdienst geliefert.
Individuelle, detaillierte Klimaberatungen für alle überseeischen Gebiete erteilt der Deutsche Wetterdienst, Geschäftsfeld Seeschifffahrt in Hamburg, Telefon: 040 3190 8844/5, Fax: 040 3179 6408.
Aktuelle Wettervorhersagen können auch bequem, Tag und nacht, telefonisch gegen eine Gebühr von nur 0,12 DM pro 6 Sekunden abgerufen werden (Telefon: 01901 16400). Oder besser noch: Sie fordern den „Wetter Atlas“ an, der die entsprechenden Durchwahlnummern für eine Vielzahl europäischer und außereuropäischer Zielorte enthält (Telefon: 069 8297 6231).